# 토니 부잔의
# 마인드맵® 북
## THE MIND MAP® BOOK

자연구조 도판 1

# 토니 부잔의
# 마인드맵® 북
## THE MIND MAP® BOOK

토니 부잔·배리 부잔 지음
권봉중 옮김

비즈니스맵

이 책을 두뇌의 세기와 마음의 밀레니엄에서
인간 지능의 발전과 자유를 위해 싸우고 있는 세상 모든 마음의 전사들에게 바친다.

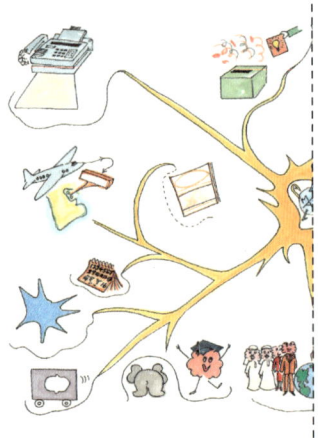

# 차례

## : 감사의 글

우리 형제는 이 책을 출간하는 데 도움을 준 수많은 분들에게 다시 한 번 깊은 감사를 드린다. 먼저 이 엄청난 여행을 시작할 수 있도록 우리를 존재하게 한 부모님, 고든 Gordon과 장 부잔Jean Buzan에게 감사하며, 특히 이 책의 원고를 준비하는 데 크게 기여해주신 어머니에게 감사드린다.

마치 자신의 책을 집필하는 작가처럼 《마인드맵® 북》의 저술에 열정적으로 많은 도움을 준 반다 노스Vanda North, 시각과 이미지가 지닌 본질과 중요성, 그리고 두뇌, 기억력, 창의력과 예술과의 관계에 대해 심오한 통찰력을 지닌 미술가 로레인 질Lorraine Gill, 10여 년에 걸쳐 진행된 이 집필 작업 동안 끊임없이 격려와 지지를 보내준 데보라 부잔 Deborah Buzan, 우리 형제와 이 책을 계속 지지해주고 모든 사람들이 마인드맵을 사용하는 세상을 꿈꾸어 우리에게 감명을 준 마이클 J. 겔브Michael J. Gelb, 함께 독서하며 수많은 시간을 보낸 친구들, 그중에서도 특히 다양한 자료를 제공해준 린Lynn, 갑작스러운 도약은 작은 도약에 불과하다는 것을 깨닫게 해준 고故 폴 콜린스Paul Collins, 우리에게 열정을 불어넣어 주면서 진지하게 비평도 해준 주디 콜드웰Judy Caldwell, 수년 동안 마인드맵핑 개념을 지지하여 큰 힘과 용기를 준 존 험블John Humble에게 감사의 말을 전한다.

그리고 이 책이 출간되기까지 10여 년에 걸쳐 헌신적 도움과 막대한 개인적 지원을 아끼지 않았던 션 아담Sean Adam, 마인드맵 가족스터디 기법을 최초로 성공시킨 조지 휴즈 George Hughes, 방사사고와 마인드맵을 케임브리지대학교의 우수 학생들에게 적용한 에드워드 휴즈Edward Hughes, 항상 긍정적으로 생각하도록 격려해준 앤드류 스트라이너 Andrew Strigner 박사, 변함없이 지지를 보내주는《브레인 북Brain Book》의 작가 피터 러셀 Peter Russell, 마인드맵 개념 발전에 많은 도움을 준 제럴딘 슈바르츠Geraldine Schwartz, 타이핑하느라 애쓴 필리다 윌슨Phyllida Wilson,《마인드맵® 북》을 집필하는 동안 회사의 모든 시스템을 매우 잘 유지해준 토니의 사무실 직원들(캐롤 코커Carol Coaker, 케이트 모렐 Kate Morrell, 레슬리 비아스Lesley Bias)에게도 깊이 감사드린다.

　이 책이 나오기까지 물심양면으로 애쓴 BBC 팀원들(닉 샤프만Nick Chapman, 크리스 웰러 Chris Weller, 쉴라 에이블만Sheila Ableman, 데보라 테일러Deborah Taylor, 켈리 데이비스Kelly Davis, 케이트 지Kate Gee, 사라 키드Sara Kidd, 제니퍼 프라이Jennifer Fry), 여름 휴식을 제공해주 어 작업을 다시 시작하는 데 도움을 준 마틴Martin과 앨리슨 커샴Alison Cursham, 아낌없 는 성원과 지지를 보내주고 그린햄 홀Greenham Hall의 아름다운 집과 정원을 빌려준(실제 로 이 책의 많은 부분이 이곳에서 쓰였다) 케이로Caro, 피터Peter, 도리스Doris, 탄야Tanya, 줄리 안 에이레Julian Ayre의 배려에 감사드린다.

　마지막으로 더없이 훌륭한 집과 작업 공간을 제공해준 폴리Folly 가족, 마인드맵 컴퓨 터 소프트웨어를 최초로 개발한 피터 배렛Peter Barrett, 그리고 모든 마인드맵퍼들, 방사 사고를 구현하는 사람들, 브레인클럽의 회원들에게 감사의 말을 전한다.

## 토니 부잔Tony Buzan

토니 부잔은 세계적인 일류 작가이자 강사다. 세계 여러 나라의 정부와 기업체, 전문직 단체, 대학 및 학교에서 고문으로 있으며 두뇌와 학습법, 사고기술에 관해 강연하고 있다. 그는 사람들이 '두뇌의 맥가이버칼(Swiss Army Knife: 다용도 스위스 군용 칼. 한국에서도 선풍적인 인기를 끌었던 미국 ABC방송의 드라마 〈맥가이버〉의 만능해결사 주인공 '맥가이버'의 이름을 따서 흔히 맥가이버칼이라 부른다–옮긴이)'이라 부르는 사고 툴 마인드맵Mind Maps®의 창시자다! 브레인트러스트Brain Trust라는 자선 단체와 유즈유어헤드/브레인클럽Use Your Head/Brain Club의 설립자이고, 마인드스포츠위원회Mind Sports Council와 부잔협회Buzan Organization의 의장이다. 또한 방사사고Radiant Thinking와 멘털 리터러시Mental Literacy라는 개념을 최초로 주창했다.

1942년 영국 런던에서 태어난 토니 부잔은 1964년에 브리티시컬럼비아대학교를 졸업했으며 심리학, 영어, 수학, 일반과학에서 수석을 차지했다. 1960년대 말에서 1970년대 초에는 〈데일리 텔레그래프The Daily Telegraph〉 사社(영국의 유력 일간지–옮긴이)에서 근무했고, 멘사Mensa의 국제적 잡지인 〈인터내셔널 저널 오브 멘사International Journal of MENSA〉의 편집장을 역임했다.

토니 부잔의 저서 82편 중에서 고전으로 꼽히는 《유즈 유어 헤드Use Your Head》를 비롯한 마인드 세트 시리즈(《유즈 유어 헤드》《유즈 유어 메모리Use Your Memory》《마스터 유어 메모리Master Your Memory》《스피드 리딩 북The Speed Reading Book》《마인드맵 북The Mind Map®
Book》는 그를 세계적인 베스트셀러 작가의 대열에 올려놓았다. 그의 책들은 세계 100개
국이 넘는 나라에서 출간되었으며, 30개 언어로 번역되었다. 워터스톤스Waterstones(한국
의 교보문고와 비슷한 영국 서점 체인-옮긴이) 서점과 익스프레스뉴스페이퍼 그룹Express
newspaper group은 지난 천년간 가장 위대한 도서 1000권 중 한 권으로, 그리고 현 시대
를 살아가는 천년 동안 꼭 읽어야 할 필독서로 최근 《유즈 유어 헤드》를 선정했다.

토니 부잔은 〈유즈 유어 헤드 시리즈〉(BBC TV), 〈오픈 마인드Open Mind 시리즈〉(ITV),
두뇌에 관한 1시간짜리 특집 다큐멘터리 〈마법의 베틀The Enchanted Loom〉(신경생리학계의
권위자 찰스 셰링턴Charles Sherrington 경이 두뇌를 '마법의 베틀'이라고 표현한 데서 유래한 용어. 이
책 38쪽을 참고하라-옮긴이)〉 등 수많은 위성방송, 텔레비전, 비디오, 라디오 프로그램과 토
크쇼에서 세계적인 미디어 스타로 명성을 떨치고 있다. 그가 최근 만든 비디오 〈마인드
파워Mind Power〉(BBC 비디오)는 IVCA(International Visual Communications Association) 페스티
벌에서 최고상을 수상한 것으로, 비즈니스 분야에 마인드맵핑 개념을 어떻게 적용하고
활용하는지를 가르쳐준다. 또 〈패밀리 지니어스Family Genius〉는 전 가족의 두뇌 능력을
향상시키고자 마인드 세트의 원리(토니 부잔의 마인드 세트 시리즈에서 다루고 있는 마인드맵, 기
억법, 속독법의 원리를 말한다-옮긴이)를 통합한 비디오다.

그는 정부 기관과 다국적기업(BP, IBM, 월트디즈니 등)에서 고문으로 있으며, 세계 일류
기업체와 대학 등의 단체에서 강사로 활동하고 있다. 영국, 싱가포르, 멕시코, 바레인,
쿠웨이트, 리히텐슈타인 등에서는 정부 조직과 함께 주요 교육 정책을 수립하고 시행하
고 있다.

토니 부잔은 세계기억력대회World Memory Championships인 '메모리아드The Memoriad'
의 설립자인 동시에 '세계속독대회World Speed Reading Championships'의 설립자다. 그리
고 2000년까지 전 세계 74개국에서 2만 5000명이 참가한 '두뇌 올림픽 게임'인 '마인드
스포츠올림피아드Mind Sports Olympiad'의 공동 설립자다. 또한 그는 4000편이 넘는 시를
쓰기도 한 세계에서 가장 높은 '창의적 IQ'의 소유자다.

메달을 수상한 선수이기도 한 토니 부잔은 국제올림픽 코치들과 영국 올림픽 조정팀
의 고문일 뿐만 아니라 영국 올림픽 체스팀의 고문이기도 하다. 그는 국제심리학자협회

International Council of Psychologists의 회원이자 교육개발연구소Institute of Training and Development의 연구원이고, 영국 관리자협회Institute of Directors 회원으로 활동하고 있다. 그는 학습 장애가 있는 사람들을 도울 뿐 아니라 YPO(Young Presidents Organization: 젊은 경영인 협회) 리더십 상을 수상한 것을 비롯해 일렉트로닉데이터시스템스(EDS: Electronic Data Systems Corporation)로부터는 업적을 인정받아 불가능한 것에 도전하여 성취하는 자에게 주어지는 이글 캐처Eagle Catcher 상을 수상했다.

## 배리 부잔Barry Buzan

배리 부잔은 런던정치경제대학교(LSE: London School of Economics. 런던대학교 칼리지로 영국 사회과학 분야의 최고 대학교이며 유명한 정치인, 법조인, 경제인이 많이 배출되었는데 존 F. 케네디도 이 학교 출신이다–옮긴이)에서 국제관계학과 교수로 재직하고 있다. 1995~2002년에는 웨스트민스터대학교의 국제학 교수이면서 코펜하겐대학교의 갈등과 평화 연구센터에서 연구소장을 역임했다. 또한 그는 1988~1990년에 영국국제학협회British International Studies Association의 의장을 지냈다. 브리티시컬럼비아대학교를 1968년에 졸업하고 박사 학위는 1973년 런던정치경제대학교에서 받았다. 그는 1970년부터 마인드맵의 이용과 개발에 힘써왔고 1981년부터 형인 토니 부잔과 함께《마인드맵® 북》집필 작업을 시작했다.

그는 역사와 국제 시스템 분야의 전문가로 세계사, 정치학, 경제학, 과학, 사회학 분야에서 광범위한 지식을 가지고 있다. 국제안보의 개념적 측면과 국제관계이론에 관하여, 그리고 유럽, 남아프리카, 남아시아, 동남아시아, 동북아시아, 중동 등의 지역안보에 관해 폭넓은 저술 활동과 강의를 해왔다. 로렌스 프리드먼Lawrence Freedman은 그를 가리켜 '국제관계 분야의 당대 일인자'라 평했다.

학문적 경력 전반에 걸쳐 배리 부잔은 방대하고 복잡한 주제에, 학술적·대중적 프레젠테이션뿐만 아니라 기사, 논문, 책을 기획하고 집필하는 데도 마인드맵을 사용해왔다. 주요 저서로는《해저 정치학Seabed Politics》(1976)《국민, 국가 그리고 두려움: 국제관계에서의 국가 안보 문제People, States and Fear: The National Security Problem in International Relations》(1983, 1991년에 개정판 발행)《남아시아의 불안과 강력한 권력South Asian Insecurity and the Great Powers》(1986)《전략 연구 입문: 군사 기술과 국제관계An Instruction to Strategic Studies: Military Technology and International Relactions》(1987) 찰스 존스Charles Jones, 리처드 리틀Richard Little과 공동 집필한《무정부 논리학The Logic of Anarchy》(1993)《안보: 분석을 위한 새로운 틀Security: A New Framework for Analysis》(올 와에브Ole Waever · 잡 드 와일드Jaap de Wilde와 공동 집필, 1998),《미래에 대한 기대Anticipating the Future》(제럴드 세갈Gerald Segal과 공동 집필, 1988),《세계 정치에서의 군비의 동학The Arms Dynamic on World Politics》(에릭 헤링Eric Herring과 공동 집필, 1998),《세계사의 국제 체계: 국제관계에 관한 연구 비평 International Systems of World History: Remaking the Study of International Relations》(리처드 리틀과 공동 집필, 2000),《지역과 권력: 국제안보의 구조Regions and Powers: The structure of International Security》(올 와에브와 공동 집필, 2003) 등이 있으며 현재도 활발한 저술 활동을 하고 있다.

비즈니스맵 출판사가 저의 마인드 세트 시리즈 (《유즈 유어 헤드Use Your Head》《유즈 유어 메모리Use Your Memory》《마스터 유어 메모리Master Your Memory》《더 스피드 리딩 북The Speed Reading Book》《마인드맵® 북The Mind Map® Book》)을 한국에서 출간한다는 소식을 듣고 저는 유난히 기쁜 맘을 감추지 못했습니다.

최근 한국은 정보통신 기술(IT) 발달과 이를 사용하는 데 있어서 세계 3대 강국 중 하나로 이름을 떨치고 있습니다. 이번에 출간하는 마인드 세트 시리즈를 계기로 한국이 '두뇌 과학 기술' 분야에서도 세계의 리더가 되길 기대합니다! 제가 기뻐하는 또 다른 이유는 우리 집안의 가계도를 보면 수백 년 전의 우리 선조가 바로 한국인이었기 때문입니다. 한국 제2의 도시 부산은 결국 저의 집안 이름과 연관이 있는 지명이라 할 수 있지요!

1995년 《마인드맵® 북》의 역사적인 첫 출간 이래로 믿을 수 없는 놀라운 발전이 '마인드맵 세계'에서 일어났습니다. 첫째, 전 세계에 걸쳐 마인드맵을 사용하거나 사용하기 시작한 사람이 현재 10억 명을 넘어서고 있습니다. 둘째, 《마인드맵® 북》 첫 출간 이래로 15년 동안 세계적인 '두뇌 관련 학술지'에서 마인드맵을 앞다투어 다루고 있습니다. 그 대부분은 인간의 마음이 지닌 강력한 힘과 창조성을 그대로 반영하는 마인드맵에 놀라움을 표하고 있습니다. 셋째, 전 세계 유수의 기업과 교육기관이 마인드맵을 채택하고 있습니다. 또 빌 게이츠, 마하티르 모하마드 전前 말레이시아 총리, 비센테 폭스 전 멕시코 대통령, 앨 고어 전 미국 부통령 등 세상을 이끌어가는 많은 인물들이 현재 마인드맵을 사용하고 있습니다. 넷째, 마침내 컴퓨터로도 사람이 손으로 마인드맵을 사용하는 것과 비슷한 방법으로 마인드맵을 배울 수 있게 되었습니다. 바로 '아이마인드맵iMind Map'인데 이것은 현재 개발이 완료되어 출시되었습니다! 다섯째, 건물의 3층 높이와 4층 넓이의 세상에서 가장 큰 마인드맵이 싱가포르에서 만들어졌습니다. 앞으로 나올 《마인드맵® 북》 개정판에서 여러분은 이 모든 것을 볼 수 있을 것입니다.

이 책은 감동적이면서도 영감을 불러일으키는 이야기로 가득하며 손으로 직접 그린 마인드맵의 다양한 예와 아이마인드맵 소프트웨어로 만든 작품이 풀컬러로 실려 있습니다. 그리고 일상생활에서 마인드맵을 어떻게 사용하고 적용하는지 여러분에게 폭넓은 가르침을 줍니다. 《마인드맵® 북》을 읽고 있는 동안 여러분은 나라와 인종을 초월한 사람들로 이루어져 빠르게 성장하고 있는 매혹적인 커뮤니티에 어느새 합류하고 있다는 걸 깨닫게 될 것입니다. 그들 모두는 뇌 기능을 더욱 효율적이면서도 자연스럽게 즐기도록 해주는 도구와 놀라운 두뇌를 탐구하는 여행을 하고 있는 것입니다.

많은 사람들이 저에게 "일상생활에 마인드맵을 어떻게 활용하나요?"라고 묻습니다. 그 질문에 대한 저의 대답은 언제나 간단합니다. "여러분이 주로 사용하는 가로로 줄이 쳐진 노트나 포스트 잇을 사용할 수 있는 곳이라면 어디에서든 마인드맵을 사용할 수 있습니다! 예를 들어 저는 하루 일과를 계획하고, 책을 집필하고, 인터뷰를 준비하고, 쇼핑 리스트를 만들고, 문제를 해결하고, 친구들을 위한 특별 이벤트를 준비하고, 협상에서 형세를 파악하고, 연간 및 월간 계획을 짜고, 중요한 이메일이나 기타 통신물을 작성할 때 등 모든 생활에 마인드맵을 활용하고 있습니다." 머릿속에서 아이디어를 끄집어내야 하는 상황에서는 언제 어디서나 마인드맵이 여러분에게 최고의 방법이 될 것입니다. 마인드맵을 손으로 직접 작성해도 좋고 컴퓨터로 작성해도 좋습니다.

《마인드맵® 북》에서 여러분은 개인이나 가족, 단체나 기업 활동의 모든 영역에 마인드맵을 어떻게 활용하는지 다양한 사례들을 만나보게 될 것입니다.

## 토니 부잔의 말

대학교 2학년 때 나는 의도적으로 도서관에 가서 두뇌와 그 사용법에 관한 책이 어디에 있느냐고 물었다. 그랬더니 그 사서는 곧바로 나를 도서관의 의학서 코너로 안내하는 것이 아니겠는가! 사서에게 나는 뇌수술을 하려는 것이 아니라 뇌를 사용하고자 한다고 설명했더니 그 사서는 친절하게도 그런 책은 없다고 알려주었다. 나는 놀란 상태로 도서관을 빠져나왔다.

주변의 다른 학생들처럼 그 당시 나도 전형적인 '순례 과정'을 겪고 있었다. 학업량이 늘어나면서 내 두뇌는 학업에 필요한 사고력, 창의력, 기억력, 문제해결, 분석, 작문 등으로 인한 부담과 피로로 숨이 막혀감을 서서히 느꼈다. 게다가 다른 학생들과 마찬가지로 나는 학습 효과가 줄어들 뿐만 아니라 필요한 정보를 흡수하지 못하게 되어 그 결과 노트 필기와 공부를 더욱 열심히 할수록 역설적으로 결과는 더 좋지 않았다.

어떤 상황이든 이를 머릿속에서 논리적으로 전개하려고 애쓰면 애쓸수록 결론은 파국으로 치달았다. 만일 공부를 중단한다면 필요한 정보를 흡수하지 못할 것이고 그 결과 더욱더 열심히 공부를 하고, 더 많이 필기하고, 더 많은 시간을 투자한다 해도 실패의 소용돌이에 빨려들어가게 될 뿐이었다.

해법은 나의 지능과 사고기술을 사용하는 방법에 있다고 생각했다. 그래서 도서관을 방문했던 것이다.

그날 도서관을 빠져나오면서, 내가 필요로 했던 책을 찾을 수 없었던 것이 오히려 다행이라는 생각을 했다. 그 책을 구할 수 없다면 오히려 너무나도 중요한 미개척 분야를 내가 개발할 기회가 주어지기 때문이었다. 이후 나는 다음과 같은 기본적인 질문과 관련된 모든 지식 분야를 연구하기 시작했다.

- 학습 방법을 어떻게 배울 것인가?
- 나의 사고의 본질은 무엇인가?
- 기억하기 가장 좋은 기법은 무엇인가?
- 창의적 사고(원래는 창조적 사고Creative Thinking가 정확한 의미이나 한국에서는 대부분 창의적 사고로 통용되므로 이후 이 책에서는 창의적 사고로 표기할 것이다. 창조력Creativity도 마찬가지로 국내에서 통용되는 용어에 맞춰 창의력Originality으로 표기하기로 한다. 따라서 이 책에서 등장하는 모든 창의적 사고라는 용어는 Creative Thinking을 의미하며, 창의력도 Creativity를 의미한다−옮긴이)를 하는 데 가장 좋은 기법은 무엇인가?
- 빠르고 효과적인 독서에 가장 좋은 기법은 무엇인가?
- 일반적인 사고를 하는 데 가장 좋은 기법은 무엇인가?
- 새로운 사고기법을 개발하거나 그 기법을 완성시킬 가능성은 있는가?

이 질문들에 대한 결론에 다다르기 위해 나는 심리학, 두뇌신경생리학, 의미론, 신경언어학, 정보이론, 기억력과 기억술, 지각, 창의적 사고, 그리고 일반과학 등을 연구하기 시작했다. 그러면서 차츰 두뇌의 여러 가지 물리적 특성과 지적 기능이 분리되기보다 서로 조화를 이루며 작용하게 된다면 인간의 두뇌가 훨씬 효과적이고 능률적으로 기능한다는 것을 깨달았다.

사소한 것들이 가장 중요하고 만족스러운 결과를 가져다주었다. 예를 들어 단어와 색상이라는 2가지 두뇌 기능을 간단히 결합시키자 나의 노트 필기가 바뀌었다. 단지 2가지 색만 추가했을 뿐인데 노트 내용에 대한 기억은 100퍼센트 이상 향상되었다. 그리고 더 중요한 사실은 내가 노트 필기를 즐기기 시작했다는 것이다.

전체적인 구조가 조금씩 모습을 드러내기 시작하면서 나는 취미 삼아 '학습 장애' '구제불능' '난독증' '머리가 나쁜' '비행 청소년' 이란 말들로 평가되던 학생들을 가르치기 시작했다. 이른바 '실패자' 로 분류되던 이 학생들은 훌륭한 학생으로 빠르게 변모해갔고, 그들 중 상당수는 각자의 학급에서 톱클래스의 성적으로 올라갔다.

바바라Babara라는 여학생은 학교에서 지금까지 확인된 바로는 IQ가 가장 낮은 학생이었다. 바바라는 나에게 학습법을 배운 지 한 달 만에 IQ를 160까지 끌어올렸고, 마침내 대학에서 수석으로 졸업했다. 뛰어난 재능을 타고난 미국인 청년 패트Pat는 학습 장애가 있는 학생으로 평가되고 있었지만, 수많은 창의력과 기억력 테스트의 기록을 깨뜨리고 나서 "나는 학습 장애를 갖고 있지 않았어요. 잘못 배우고 있었을 뿐입니다!" 라고 말했다.

1970년대 초에 인공지능 붐이 일어나면서 나는 메가바이트 컴퓨터 한 대를 구입했는데, 컴퓨터와 함께 1000쪽에 달하는 운영 매뉴얼을 받았다. 생각해보면 우리는 지금까지 알려진 컴퓨터보다 4제곱이나 더 강력하면서도 복잡한 바이오컴퓨터를 몸에 지닌 채 발달된 문명 세상에서 살아가고 있다. 도대체 우리 두뇌의 운영 매뉴얼은 어디에 있는 것인가?

내가 한 연구를 바탕으로 일련의 책들을 집필하기로 결심한 것은 바로 그때였다. 그때 구상한 책들은 '두뇌와 두뇌 사용에 관한 백과사전' 이라 칭할 만한 것이었다. 1971년에 집필을 시작하여 시간이 지남에 따라 쓰고자 하는 이미지가 뚜렷해졌는데, 이것이 바로 방사사고와 마인드맵핑의 발전된 개념이었다.

초기에는 마인드맵핑을 주로 기억하는 데 사용하는 도구로 파악했다. 그러나 배리 부잔과 몇 달 동안 토론한 끝에 마인드맵이 창의적 사고에도 똑같이 중요하게 적용될 수 있다는 것을 확신하게 되었다.

배리 부잔은 매우 다른 관점에서 마인드맵 이론을 연구해왔고, 나의 마인드맵핑 개발을 가속화시킴으로써 마인드맵 발전에 지대한 공헌을 했다. 그의 이야기는 상당히 흥미롭기에 직접 들어보는 것이 좋겠다.

## 배리 부잔의 말

나는 런던에 정착한 직후인 1970년에 토니에게서 마인드맵이란 개념을 처음 접했다.

그 당시 마인드맵은 형성 단계에 있었고, 단순히 키워드로 노트하는 것과는 구별되는 그 자체의 주체성을 갖춰나가고 있었다. 그것은 학습 방법과 인간 두뇌의 이해에 대한 토니의 폭넓은 목표 중 일부에 불과한 것이었다. 마인드맵 개발 과정에서 본다면 나는 토니의 작업에 가끔씩만 참가하는 주변 인물에 불과했지만, 박사 학위 논문을 쓰는 데 마인드맵을 적용하면서부터 마인드맵 이론에 깊숙이 관여하기 시작했다.

내가 마인드맵핑에 매료된 것은 토니의 마음을 사로잡고 있던 노트 필기 적용이 아니라 노트 작성에 적용하는 것이었다. 나날이 늘어나는 막대한 양의 연구 자료들을 조직화하는 것뿐만 아니라, 평화운동은 왜 항상 정해진 목표를 달성하지 못하는가 하는 정치 문제에 관한 생각들을 정리할 필요가 있었기 때문이다. 내가 경험한 바로는 마인드맵은 중심 생각들을 재빨리 파악하여 서로의 연관성을 명백하게 알려주는 매우 강력한 사고 도구였다. 사고 과정과 실제로 단어를 종이에 적는 것 사이에 매우 유용한 중간 단계를 제공해주었다.

이후 나는 동료 대학원생들의 성공과 실패를 좌우하는 주요 요소는 바로 생각하는 것과 생각을 글로 작성하는 것 사이의 간격을 어떻게 메우느냐의 문제라는 것을 곧 깨달았다. 많은 이들이 이 간격을 메우지 못했다. 그들의 연구 과제에 대한 지식은 점점 더 방대해지는 데 반해 늘어나는 세부 사항들을 통합해 글로 작성하는 능력은 점점 줄어들고 있었다.

마인드맵은 내게 엄청난 경쟁력을 제공해주었다. 원고를 쓰고 다시 정리하는 과정에서 시간 낭비 없이 생각을 조합할 수 있었고, 사고와 글쓰기 과정을 따로 분리하여 진행함으로써 더욱 명확하면서도 광범위하게 생각할 수 있었다. 글을 쓰기 시작할 때쯤이면 이미 써야 할 글의 명확한 구조와 확고한 방향 감각을 가지고 있었기 때문에 글쓰기가 훨씬 쉬우면서도 빨랐고, 또한 무엇보다 즐거웠다. 나는 예정보다 빨리 박사 학위를 땄다. 동시에 또 다른 책을 썼고 국제관계에 관한 새로운 계간지를 창간하고 편집하는 데 참여했으며, 대학 신문의 편집 고문이 되었고 모터사이클을 즐겼고, 결혼도 했다(아내와 함께 결혼서약서를 마인드맵으로 작성했다). 이런 경험 때문에 나는 창의적 사고기법에 열광하게 되었다.

마인드맵은 학문적인 연구에 접근할 때면 언제나 중심적인 역할을 했고, 매우 높은 수준의 책, 기사, 논문 등의 결과물을 계속해서 만들어내도록 해주었다. 그리고 나는 방대한 정보의 무게로 인해 대부분의 사람들이 전문가가 될 수밖에 없는 분야에서조차 다방면의 지식을 가진 만능박사로 인정받을 수 있었다. 이해할 수 없을 정도로 복잡한 이론적 문제들을 명확하게 글로 표현할 수 있었던 것은 모두 마인드맵 덕분이었다. 마인드맵이 내 학문 활동에 미친 영향은 처음 만나는 사람들의 인사말에 가장 잘 반영되어 있다. "생각했던 것보다 훨씬 젊으시군요. 어떻게 그렇게 짧은 시간에 그렇게 많은 작품을 쓸 수 있습니까?"

생활과 일에서 마인드맵의 극적인 효과를 경험한 후 나는 토니가 개발하고 있던 마인드맵의 폭넓은 적용 영역 중에서, 특히 창의적 사고의 중요성을 대중에게 전하는 전도사가 되었다.

1970년대 말에 토니는 마인드맵에 관한 전문적인 책이 한 권 있어야겠다는 결론을 내렸고, 내가 이 프로그램에 참여할 방법을 논의해왔다. 우리는 수십 년 동안 서로 다른 스타일로 마인드맵을 개발해왔다. 토니는 가르치고 글을 쓰는 과정에서 마인드맵의 적용 범위를 더욱 확대하여 두뇌 이론과 마인드맵 기법을 연계했고, 많은 규칙들을 만들어냈다.

반면 나는 그동안 학자로서 매우 좁은 이랑을 경작해왔다. 토니의 마인드맵과는 달리 색상도 이미지도 거의 없는 몇 가지의 형태적인 요소들만으로 마인드맵의 기본 구조를 발전시켜 나갔다. 처음에는 프로젝트 작성에만 마인드맵을 사용하다가 점차 그 효과를 보게 되면서 강의와 경영 관리 업무에도 마인드맵을 적용했고, 대단위 연구 프로젝트를 구조화하고 그 이론을 증명하기 위해 마인드맵을 사용하면서 오랜 기간에 걸쳐 깊이 생각하는 방법을 배웠다.

우리가 이 책을 공동 집필하게 된 데에는 몇 가지 이유가 있었다. 첫 번째 이유는 우리 두 사람의 지식을 종합하면 더 나은 책을 만들 수 있을 것이라는 생각이 들었기 때문이다. 두 번째 이유는 우리가 마인드맵에 대한 깊은 열정을 서로 공유하고 있었고, 둘 다 세상 사람들이 마인드맵을 좀 더 많이 이용할 수 있도록 널리 알리고 싶어 했기 때문이다. 세 번째 이유는 학생들 중 몇 명에게 마인드맵핑 기법을 가르치려 했을 때 경험했던 좌절감 때문이다. 여러 번 실패를 거듭한 후에야 나는 사람들에게 기법만 가르치는 것이 아니라 생각하는 방법도 가르쳐야 한다고 말했던 토니의 말이 옳았다는 것을 깨달았다. 나는 "이 책이 나처럼 생각하고 일하는 방법을 가르쳐줄 겁니다"라고 말하면서 사람들에게 건네줄 수 있는 책을 쓰고 싶었다.

이후 계속된 집필 과정은 꽤 오래 걸렸다. 우리는 서로에게 자신의 생각을 충분히 이해시키기 위해 정기적으로 대화를 나누었다. 하지만 꼭 일정 간격을 지킨 것만은 아니었다. 두뇌 이론, 창의력과 기억력의 연계, 마인드맵의 규칙과 기법, 스토리 구성, 다른 연구 결과와의 연계 등 이 책의 약 80퍼센트는 모두 토니의 작업이다. 또한 이 책에 실린 이야기도 토니의 것이다. 나는 주로 책을 구성하고 마인드맵의 진정한 힘은 생각의 기본 질서를 이루는 주개념(마인드맵의 형식적인 측면에서 본다면 주가지에 해당된다-옮긴이)을 자유롭게 사용하는 것이라는 요지를 정리했다. 그 밖에 비판하고 잔소리를 하기도 했으며, 토니를 지지하고 공동 아이디어를 만드는 역할도 했다.

우리가 서로의 통찰력을 완전히 이해하고 인정하기까지는 오랜 시간이 걸렸다. 하지만 결국 우리는 거의 완벽한 합일점에 도달했다. 비록 더디게 진행되었지만, 공동 집필 작업은 때때로 작가가 혼자서 성취할 수 있는 것보다 훨씬 더 광범위하고 깊이 있는 책을 만들어낼 수 있다. 이 책이 바로 그런 책이다.

## 토니 부잔의 말

배리가 말했듯이, 우리는 마인드맵 자체를 《마인드맵® 북》 집필에 사용했다는 점에서 우리의 이론을 실행했고, 실행한 것을 토대로 설명했다. 15년이라는 집필 기간 전반에 걸쳐 우리는 먼저 각자 마인드맵을 브레인스토밍하여 구상했고, 그 다음에 만나서 우리의 생각을 연결했다. 충분히 토의한 후에는 다음에 진행할 생각들을 교환하고 자연현상을 관찰하면서 시간을 보냈다(마인드맵의 부화단계 157쪽, 194쪽 참조-옮긴이). 그리고 각자가 다음 단계에 대한 생각들을 마인드맵하고는 다시 만나서 서로의 생각을 비교했다.

완성된 책에 대한 마인드맵은 각 장의 마인드맵을 낳았고, 이 마인드맵은 그 장의 본문을 이루는 기본 형태가 되었다. 배리와의 공동 집필 과정은 '형제', 특히 '형제애'라는 단어에 새로운 의미를 부여했다. 책에서 언급된 것처럼, 우리는 함께 작업하면서 시너지 효과를 누렸을 뿐만 아니라 각자의 마음속에 들어 있던 모든 요소를 포함하는 하나의 그룹 마인드를 창조했다는 것을 깨달았다.

《마인드맵® 북》이 독자 여러분에게도 발견의 전율, 탐구의 흥분, 창의적인 생각을 생성하는 진정한 기쁨을 제공하고 세계의 또 다른 사람들도 이 경험을 공유하길 기대한다.

MIND MAP

마인드맵은 《마인드맵® 북》의 기초가 된 《유즈 유어 헤드》의 출간과 함께 1974년 봄에 세상에 정식으로 소개되었다. 그리고 1995년 4월 21일 영국 런던에 있는 로열앨버트홀Royal Albert Hall에서 《마인드맵® 북》 출간 기념식이 성대하게 열렸다.

매년 방사사고와 마인드맵을 사용하는 사람들의 수는 기하급수적으로 늘어나고 있다. 현재 전 세계의 마인드맵퍼는 약 2억 5000만 명이 넘는 것으로 추정된다. 그리고 그들은 지구상의 모든 나라에서 마인드맵 기법을 사용하고 있다.

방사사고와 마인드맵을 사용하는 사람들끼리 서로 지원하고 소통하기 위해 마인드맵퍼협회Mind Mappers' Society가 구성되었다. 협회의 목적은 방사사고, 마인드맵, 그리고 멘털 리터러시를 2010년까지 지구상의 인류 모두에게 소개하는 것이다.

자연구조 도판 2

## 《마인드맵 북》의 목적

이 책은 자극과 도전, 그리고 기쁨이 있는 모험의 세계로 여러분을 안내할 것이다. 자신의 두뇌와 그 기능에 대한 놀라운 사실들을 알게 될 것이고, 자유로운 정신세계로 나아가는 중요한 첫걸음을 내딛게 될 것이다.

《마인드맵 북》은 다음과 같은 목적을 가지고 있다.

1 사고 확장의 새로운 개념인 방사사고를 소개한다.
2 모든 생활 영역에 방사사고를 가장 효과적으로 활용할 수 있도록 마인드맵이란 혁신적인 도구를 소개한다.
3 타고난 사고 과정을 조절하고 계발할 수 있다는 것을 증명함으로써 엄청난 지적 해방감을 제공하고, 인간이 창조적으로 사고할 수 있는 능력이 무한함을 보여준다.
4 방사사고를 실제 경험하도록 하여 지적 기능과 이해력을 향상시킨다.
5 새로운 세상을 탐험하는 흥분과 발견의 감흥을 제공한다.

## 각 부의 구성

이러한 목적을 이루기 위해서 이 책은 5개 부와 부록으로 구성되어 있다.

## 1부 자연구조

1부에서는 인간의 두뇌와 그 디자인, 구조, 기능에 관한 가장 최근의 정보를 소개한다. 역사상 위대한 많은 사상가들(이 책에서는 위대한 두뇌들로 표현된다)이 사용했던 두뇌 기능들이 사실 알고 보면 누구나 사용할 수 있는 기능이라는 것을 보여준다. 그리고 이러한 사실에도 불구하고 95퍼센트 이상의 사람들이 사고력, 기억력, 집중력, 동기 부여, 생각의 조직화, 의사결정, 계획 등의 분야에서 왜 어려움을 겪는지에 대해서도 이유를 설명할 것이다. 또한 방사사고와 마인드맵을 소개하고 그것이 왜 두뇌 기본 구조의 자연 파생물인지, 정신 활동을 어떻게 극적으로 향상시킬 수 있는지를 증명한다.

## 2부 마인드맵의 토대

2부에서는 좌뇌와 우뇌의 기술을 실생활에 적용시켜 봄으로써 어떻게 각 뇌를 독립적으로 사용할 수 있는지, 또 어떻게 하면 두뇌 사용에서 얻을 수 있는 이점을 최대한 증대시켜 특수한 방법으로 좌뇌와 우뇌를 결합시킬 수 있는지를 보여준다.

## 3부 마인드맵의 구조

3부에서는 방사사고와 마인드맵을 가장 효과적으로 사용하기 위해서 지켜야 할 일련의 규칙과 권고 사항을 제시한다. 이 규칙과 권고 사항은 사고의 자유와 정확성을 높여준다. 그리고 마인드맵을 가장 잘하는 방법을 조언해주는 동시에 자신만의 마인드맵 스타일을 개발하도록 안내할 것이다.

## 4부 마인드맵의 적용

4부에서는 마인드맵을 활용할 수 있는 모든 지적 활동에 관한 개요를 제시한다. 간단히 언급하자면 선택하기(의사결정), 자신의 생각을 조직화하기(Note-making: 노트 작성), 다른 사람의 생각을 조직화하기(Note-taking: 노트 필기), 창의적 사고와 고급 브레인스토밍, 기억력과 상상력 키우기, 그룹 마인드 창조 등이다.

## 5부 마인드맵의 활용

5부는 마인드맵 응용에 관한 매뉴얼이다. 이 매뉴얼을 좀 더 하위 분야별로 나누어보면 다음과 같다.

- 개인
- 가족
- 교육
- 비즈니스와 전문직
- 미래

이 제목들은 마인드맵이 가장 자주 사용되는 분야를 나타낸다. 각 분야에서 여러분은 특별하고도 실용적인 마인드맵 기술을 모두 배우게 될 것이다. 이 마인드맵 기술은 지적 활동과 업무에서 언제든지 활용할 수 있는 만능 도구 상자를 제공할 것이다. 여기서 다루는 특수 응용 분야로는 자기분석, 문제해결, 기억력, 글쓰기, 경영 관리, 회의 등이 있다. 마지막에는 컴퓨터 마인드맵 소개와 맨털 리터러시 미래를 일견하는 것으로 마무리한다.

## 부록

부록에는 앞에서 언급한 내용에 대한 보충 자료와, 독자의 즐거움과 오락을 위해 제공된 자료들이 실려 있다. 자연구조 도판에 대한 설명을 여기에서 볼 수 있으며, 위대한 두뇌들이 작성한 노트는 퀴즈로 제시했다.

### 위대한 두뇌들의 노트 퀴즈

여기에는 예술, 과학, 정치, 문학 분야에서 뽑은 세계 최고의 위대한 사상가 14인의 노트 17개를 모아놓았다. 퀴즈를 푸는 요령은 각 노트와 그것을 작성한 사람을 연결하여 맞추는 것이다. 이 책이 인쇄될 당시까지 최고 점수는 17점 중 7점이었다. 여러분이 점수를 갱신할 수 있을지 한번 도전해보라(정답은 368쪽에 있다)!

### 자연구조 도판

이 책 전반에 걸쳐 동물, 식물, 광물 등 자연의 구조를 나타내는 이미지들이 많이 나온다.

이 이미지들은 임의로 선택할 수 있는 퀴즈 형태로 배열되어 있다. 그 목적은 여러분이 자연의 지도를 인식하는 능력을 갖추고 있는지를 알아보기 위한 것이다. 각 자연구조는 그 나름의 독특한 방식으로 여러분의 두뇌 구조와 사고 패턴을 반영한다. 이 책이 인쇄될 당시 퀴즈의 최고 점수는 31점 중 15점이었다(정답은 366쪽을 보라).

### 참고 문헌

두뇌에 관한 소설, 통속 과학, 나아가 전통적인 과학 서적들이 여기에 실려 있다. 또한 여러분이 이 한없이 매력적인 주제에 좀 더 깊이 들어가 보고자 한다면 꼭 참고해야 할 수많은 연구 논문들도 소개하고 있다. 이 책에서 참고 문헌의 연구 자료 인용은 †로 표시된다.

## 각 장의 구성

### 1 각 장의 짜임

각 장에는 다음과 같은 주요 구성 요소가 들어 있다.

- 자연구조 도판: 마인드맵과 방사사고의 형태를 반영하는 자연계의 이미지를 보여준다.
- 각 장의 개요
- 서문: 각 장의 주제를 소개한다.
- 본문
- 결문: 각 장을 그 다음 장과 연결시켜 준다.

### 2 박스로 표시된 본문

이 책 전반에 걸쳐 박스로 표시된 부분이 많이 나온다. 이것은 교육에 참가했던 수강생들에게 특히 도움이 되었던 것들로서, 이를 강조하기 위해 박스로 표시했다.

### 3 연구 자료

문장 첫머리의 ✝는 이 책 전반에 걸쳐 제시된 권고 사항을 따르는 것이 왜 중요한가를 보여주기 위해 제공된 연구 자료를 표시한 것이다.

## 연습하기

《마인드맵 북》에 제시된 연습문제를 풀다 보면 새로운 차원의 이해력과 전문적 지식을 얻게 될 것이다. 연습문제는 퀴즈와 도전, 탐구 형태로 구성되어 있다. 이때 마인드맵 용지(백지 A3 용지)와 펜촉이 좋은 12가지 색 이상의 펜 세트, 4가지 색 이상의 형광펜과 한 자루의 일반 펜을 사용하는 것이 가장 좋다.

## 마인드맵의 지식 습득 단계

마인드맵에 관한 지식의 수준과는 상관없이 처음 이 책을 접할 때는 아주 빠른 속도로 마음 내키는 대로 아무 부분이나 읽어나가면 된다. 구조를 대충 훑어보면서 특별히 관심 있는 분야를 찾아 첫 번째 목표를 정한다. 이렇게 하고 난 다음에는 지식과 경험 수준에 따라서 접근 방법을 달리한다.

### 1 초보 단계

마인드맵에 관한 지식도 없고 경험도 전혀 없는 초보자는 《마인드맵 북》을 학습 교재로 삼아 계속 읽어나가라. 이 접근 방법에 대한 간단명료한 요약이 필요하면 14장의 170쪽을 참고하여 보라(공부 기술에 관한 더욱 자세한 설명은 토니 부잔의 저서 《유즈 유어 헤드》 9장을 참고하라).

### 2 중급 단계

마인드맵에 관해 어느 정도의 지식이 있고 실생활에 기본적인 적용을 하기 시작한 단계에 있다면 한 번 더 공부 기술을 복습하라. 이 책을 바탕으로 공부 기술을 완벽한 수준으로 끌어올리고, 이와 더불어 5부 '마인드맵의 활용'에서 자신의 특정 목표를 추구하도록 하라.

### 3 고급 단계

마인드맵에 관한 상당한 경험이 있는 고급 단계라면 좀 더 심화된 지식이 필요한 부분이나 새로운 정보가 실려 있는 부분에 초점을 맞추어 이 책의 첫 세 부분(1부, 2부, 3부)에 집중하여 읽기를 권한다. 그러고 나서 자신의 현재 기술을 강화하고 갈고닦고 보완하려면 이 책의 5부 '마인드맵의 활용'을 자세히 읽어라.

자신이 어떤 단계에 있든지 이 책을 읽어나가는 동안에, 혹은 읽은 후에는 《마인드맵 북》 전체를 마스터 마인드맵으로 작성하길 권한다.

### 피드백

《마인드맵 북》은 미완의 작품이고, 앞으로도 그럴 것이다. 그러므로 이 책의 발전에 도움을 주는 독자들의 피드백에 대해 깊은 감사를 드린다.

### 1 이야기

여러분 자신의 이야기 혹은 친구나 친지, 아는 사람들에 관한 어떤 이야기라도 좋다. 주목할 만한 또는 놀랄 만한 방법으로 마인드맵을 사용하는 사람의 이야기를 알고 있다면 알려주기 바란다.

### 2 연구 자료

《마인드맵 북》에서 강조하는 부분들을 지지하는 연구나 실험에 대해 알고 있다면, 가능한 한 자세한 참고 사항과 함께 부잔센터(www.buzankorea.co.kr)로 연락해주기 바란다.

### 3 덧붙일 사항

앞으로 나올 마인드맵의 증보판에 첨가되었으면 하는 내용이 있으면(새로운 장이나 새로운 부 등 무엇이든 간에) 우리에게 알려주면 감사하겠다.

### 4 위대한 두뇌들의 노트

우리는 많은 자료가 필요하다. 위대한 두뇌들의 노트를 가지고 있다면 보내주기 바란다.

### 5 연습/게임

마인드맵 기술 개발에 도움이 될 수 있는 연습 자료나 게임 자료가 있으면 보내주기 바란다. 자신이 직접 개발한 자료나 개발한 사람에 대한 초안을 보내주면 훌륭한 참고 자료가 될 것이다.

### 6 마인드맵

《마인드맵 북》의 증보판에 삽입할 만한 샘플을 가지고 있다면, 원형이나 우리가 참고로 할 만한 컬러 사진을 보내주기 바란다.

### 7 참고 문헌

마인드맵에 도움이 될 만하다고 생각되는 다른 참고 서적이나 연구 자료를 가지고 있다면 자세한 사항을 우리에게 일러주기 바란다.

## 《마인드맵 북》의 활용

지금 여러분은 자신만의 독특한 개성과 함께 독자적으로 개발한 일련의 학습 기술로 이 책을 읽고 있다. 따라서 자신에게 알맞은 속도와 리듬으로 읽고 있을 것이다. 이런 점에 비추어볼 때 자신의 상태를 고려해서 수준을 측정하는 것이 중요하다. 이 책에 실려 있는 사례들은 반드시 지켜야 할 표준으로서가 아니라 여러분의 목표 달성을 도와주고 이끌어줄 지침으로 이용되어야 한다.

여러분이 《마인드맵 북》을 처음부터 끝까지 완독했다면 다시 한 번 더 빠른 속도로 읽기를 권한다. '완전히 읽은 후 다시 읽는다는 것'은 오랜 친구를 다시 만나는 것과 같고, 각각의 단편적인 내용까지도 깊이 이해하는 통찰력을 지닌 박식한 독자로 만들어줄 것이다.

# 1부

# 자연구조

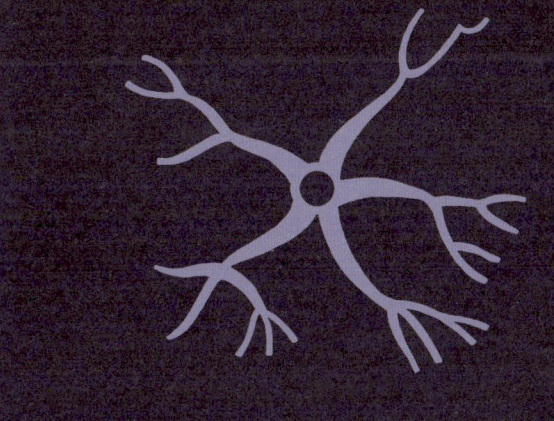

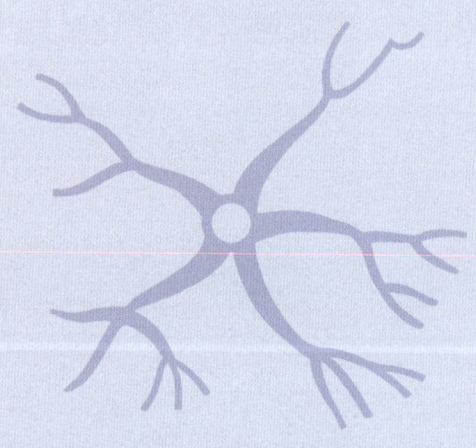

여러분이 누구이고, 어디에 있든 지금 여러분은 이 우주에서 가장 아름답고,
가장 난해하고, 가장 복잡하고, 가장 신비롭고도 강력한 무엇인가를
사용해 이 책을 읽고 있다. 그것은 바로 자신의 두뇌다.

진화 모델로서 우리 인간의 나이는 4만 5000살에 불과하다. 그리고 이제 우리는 인류 발달 과정에 변화를 초래할 대변혁의 시점에 서 있다. 350만 년이라는 인류 지능 발달의 역사 이래 처음으로 인간은 지능 그 자체를 이해하고 분석하고 교육하는 것이 가능하다는 것을 깨닫게 되었다. 지능이 지능 그 자체를 연구함으로써, 현재 전 세계에서 일반적으로 통용되는 전통적인 사고방식보다 훨씬 더 자유롭고도 강력한 새로운 사고방식의 개발이 가능해졌다.

인류가 인간 두뇌의 구조와 기능에 관한 정보를 모으기 시작한 것은 불과 몇 세기 전의 일이다. 두뇌에 관한 엄청난 사실들은 곧 두뇌를 주제로 한 수많은 논문이나 기사들의 출간으로 이어졌다. 사실 인간 두뇌에 관해 지금까지 수집된 모든 정보의 95퍼센트는 지난 20년 동안 축적된 것이 대부분이다. 비록 두뇌를 완전히 이해하려면 아직 가야 할 길이 멀지만(우리가 아는 것은 단지 두뇌의 아주 작은 단면일 뿐이라는 것이 연구가 거듭되면서 더욱 확실해지고 있다) 적어도 다른 사람이나 자신에 대한 생각을 바꿔야 한다는 것은 이제 충분히 깨닫고 있다.

그렇다면 지금까지 발견된 사실들은 무엇이며, 다음 질문에 대한 대답은 또 무엇인가?

1 우리의 두뇌는 어떤 성분으로 이루어져 있는가?

2 우리는 정보를 어떻게 처리하는가?

3 두뇌의 주요 기능은 무엇인가?

4 중추기능은 두뇌 전체에 어떻게 분포되어 있는가?

5 가장 쉬운 학습 방법은 무엇이고, 가장 쉽게 기억하는 것은 무엇인가?

6 인간의 두뇌는 근본적으로 패턴을 만들어내고 패턴을 추구하는 장치인가?

7 극히 평범하면서도 동료들보다 훨씬 뛰어난 기억력을 지닌 사람들은 어떤 기술을 사용하는가?

8 왜 수많은 사람들이 자신의 두뇌 능력과 기능에 실망하고 좌절하는가?

9 자연스러우면서도 적절한 사고법은 무엇인가?

10 인간의 사고를 자연스럽고도 적절하게 표현한다면?

1부에서는 세포와 거시적 측면에서 두뇌의 놀라운 자연적 구조를 소개하고 두뇌 기능의 주요 원리들을 설명하면서 이 모든 질문에 대한 답을 제시한다. 그리고 위대한 두뇌들이 누구나 사용할 수 있는 기능들을 어떻게 사용했는지, 95퍼센트 이상의 사람들이 자신의 정신 기능에 만족하지 못하는 이유가 무엇인지를 보여준다. 1부의 마지막 장에서는 두뇌에 기반을 둔 새로운 최첨단 사고방식, 즉 방사사고와 방사사고의 자연적 표현인 마인드맵을 소개한다.

**1**

THE MIND MAP BOOK

# 놀라운 두뇌

## 개요

- 서문
- 현대의 두뇌 연구
- 학습심리학/기억심리학
- 게슈탈트 – 전체성
- 방사사고 연상결합기로서의 두뇌
- 인류 지능 발달사
- 결문

## 서문

이 장에서 여러분은 최근의 생물생리학적 연구와 신경생리학적 연구라는 콩코드 비행기를 타고 저 놀라운 바이오컴퓨터인 인간 두뇌 속으로 연구 여행을 떠나게 된다.

여러분은 두뇌가 얼마나 많은 뇌세포로 이루어져 있으며 그 세포들이 얼마나 놀라울 정도로 복잡하면서도 정교한 방법으로 상호 작용하고 있는가를 알게 될 것이다. 또한 두뇌의 정보처리 시스템의 본질과 좌뇌와 우뇌에 관해 밝혀진 최근 연구 결과들도 알게 될 것이다. 그리고 기억력의 특징과 작용, 그 외 두뇌의 다른 주요 기능에 대해 읽어 내려가다 보면 두뇌의 용량과 잠재력이 무한하다는 사실을 깨닫게 될 것이다.

## 현대의 두뇌 연구

### 뇌세포

신경생리학계의 권위자로 유명한 찰스 셰링턴Charles Sherrington 경은 뇌세포를 연구한 후 다음과 같은 시적인 말을 남겨 수많은 이들에게 감동을 주었다.

인간의 두뇌는 수백만 개의 번쩍이는 베틀 북이 이 모양 저 모양으로 패턴을 바꾸어가며 매번 의미 있는 무늬를 짜내는 마법의 베틀이다. 비록 변하지 않는 무늬는 아니지만 다른 무늬와 변화무쌍한 조화를 이룬다. 그것은 마치 은하수가 우주 무도회에서 춤을 추기 시작하는 것과 같다.

MIND MAP

인간의 두뇌에는 약 1조 개(1,000,000,000,000)의 뇌세포가 있는 것으로 파악된다.

뉴런Neuron이라 불리는 각각의 뇌세포는 방대한 전기화학 복합체와 강력한 마이크로 데이터 처리 및 전송 시스템을 가지고 있다. 이러한 복잡성에도 불구하고 뉴런의 크기는 옷핀의 머리 정도밖에 안 된다. 이 각각의 뇌세포는 마치 하나의 몸통에 수십, 수백, 수천 개의 촉수를 달고 있는 거대한 문어 같은 모습이다.

뉴런을 확대해서 보면 각 촉수가 중심 세포, 즉 세포핵에서 방사형으로 나뭇가지처럼 뻗어 있음을 알게 된다. 이 뇌세포 가지는 수지상돌기Dendrite(나뭇가지와 같은 구조라는 의미)라고 불린다. 수지상돌기 중에서 축색돌기Axon라는 특히 크고 긴 가지가 있는데, 이것은 세포가 정보를 전달하는 주요 출입구다.

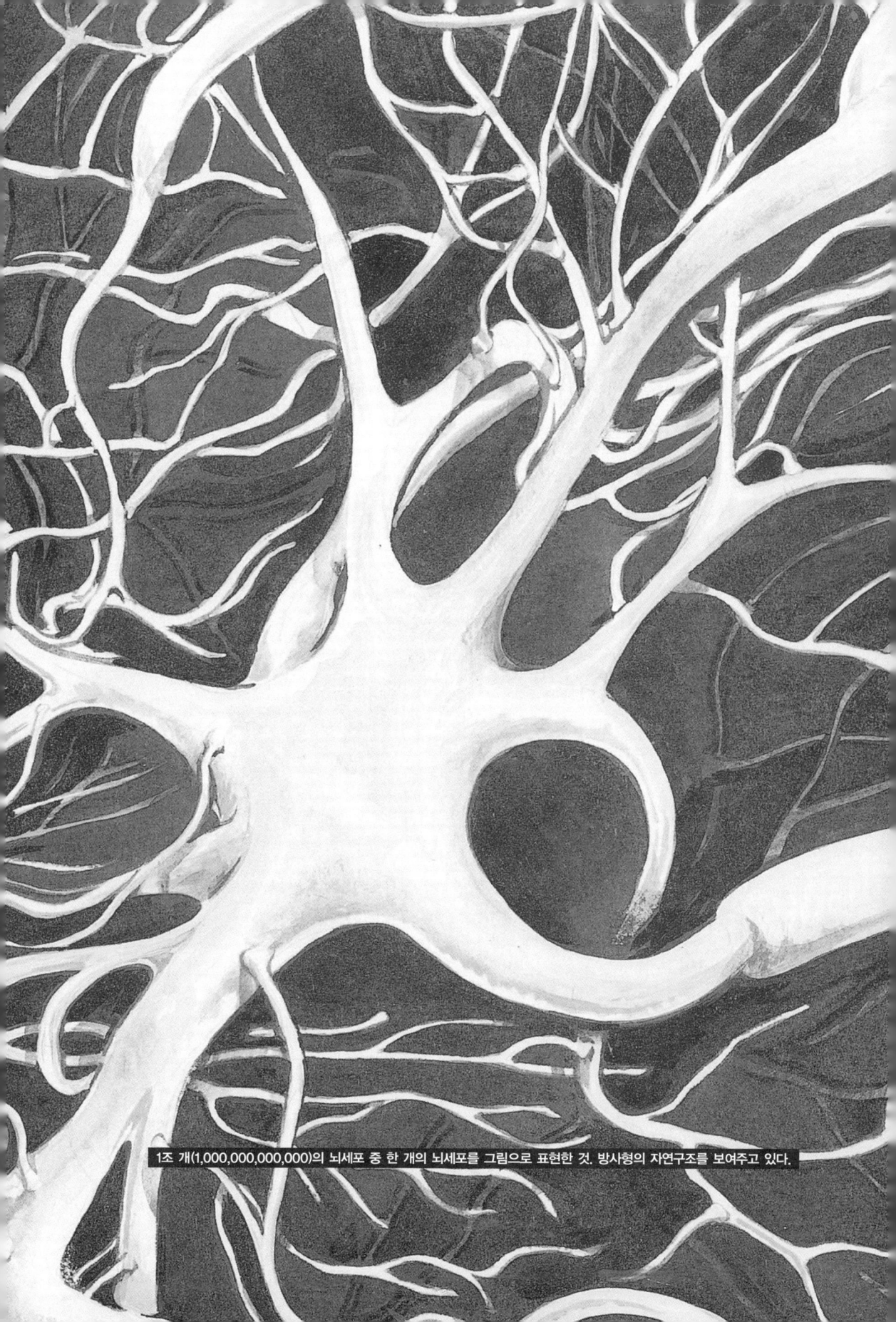

1조 개(1,000,000,000,000)의 뇌세포 중 한 개의 뇌세포를 그림으로 표현한 것. 방사형의 자연구조를 보여주고 있다.

각 수지상돌기와 축색돌기의 길이는 1밀리미터에서 1.5미터까지 다양하며, 그 주변에는 수지상돌기 가시Dendritic Spines와 시냅스 버튼Synaptic Buttons이라는 조그마한 어린 버섯처럼 생긴 볼록한 부분이 있다(39쪽 그림 참조).

이 초극미의 세계로 좀 더 들어가보면 각 수지상돌기 가시/시냅스 버튼에는 인간의 사고 과정에서 주요 메시지를 운반하는 화학 물질 덩어리가 들어 있다.

하나의 뇌세포에서 나온 하나의 수지상돌기 가시/시냅스 버튼은 다른 뇌세포에서 나온 시냅스 버튼과 연결되고, 뇌세포에 전기 충격이 가해지면 둘 사이에 있는 액체로 가득 찬 미세한 공간을 통해 화학 물질이 전달된다. 이 공간을 시냅스 간격Synaptic Gap이라고 부른다.

화학 물질이 수신 시냅스 버튼의 표면에 전달되면 수신 뇌세포를 통과하는 충격을 만들어내고, 그 충격은 화학 물질이 인접한 뇌세포로 전달되도록 방향을 돌린다(자세한 그림은 43쪽을 참조하라).

간단하게 설명했지만 시냅스 사이를 파도처럼 밀어닥치는 생화학적 정보의 캐스케이드(Cascade: '폭포'라는 뜻도 있지만 생화학 용어로 일련의 단계적인 반응을 뜻하기도 한다—옮긴이)는 그 양과 복잡성에서 경외심이 일어날 정도로 장엄하다. 이를 소우주적 용어로 '나이아가라 폭포Niagara Falls'라고 한다.

하나의 뇌세포는 매초 수십만 개의 연결점을 통해 들어오는 정보들을 수신한다. 세포는 거대한 전화교환국과 같은 역할을 수행하면서, 들어오는 모든 정보의 자료를 100만분의 1초 만에 계산을 해서 적절한 경로로 다시 내보낸다.

수신된 메시지나 생각, 재생된 기억 등이 한 뇌세포에서 다른 뇌세포로 전달될 때 생화학적 전자경로가 만들어진다. 이 각각의 뉴런 경로를 '기억 흔적Memory Trace'이라고 부른다. 이 기억 흔적, 즉 두뇌 지도는 현대 두뇌 연구에서 가장 흥미로운 분야 중 하나이고, 그 연구 결과는 매우 놀라운 사실을 우리에게 알려주고 있다.

MIND MAP

우리가 한 가지 생각을 할 때마다 그 생각을 전달하는 경로에 가해지는 생화학적 저항과 전자 저항은 감소한다. 이것은 숲속에 길을 내는 것과 같은 이치다. 처음에는 나무 아래

풀숲을 헤쳐나가야 하기 때문에 힘들다. 하지만 두 번째 그 길을 지날 때는 처음보다 훨씬 수월할 것이다. 그 길을 다니면 다닐수록 그만큼 저항은 줄어들게 된다. 그래서 여러 번 반복하고 나면 마침내 그 길은 아주 넓고 평탄한 도로가 된다. 두뇌의 기능도 이와 마찬가지다. 생각의 패턴 혹은 생각의 지도를 반복하면 할수록 그에 따르는 저항도 줄어든다. 그러므로 반복은 본질적으로 반복의 가능성을 증가시키는 성질이 있다. 다시 말하면 '정신적 사건', 즉 생각하는 일이 일어나면 일어날수록 다시 일어날 가능성이 그만큼 더 높아진다는 것이다. 이것은 매우 중요한 의미를 지닌다.

숲속의 길 이야기로 되돌아가서 설명하자면, 반복된 사용은 그 길의 장애물을 제거하게 되고 교통량의 증대를 가져온다. 이렇게 길과 경로를 만들어 사용할수록 여러분의 사고는 더욱 명석하고 빨라질 뿐만 아니라 훨씬 능률적으로 변화할 것이다. 인간 지능의 한계는 여러 면에서 이러한 생각의 패턴을 창조하고 사용하는 능력에 달려 있다고 할 수 있다.

1973년 겨울, 모스크바대학교의 페트르 코즈미키 아노킨Petr Kouzmich Anokhin 교수는 인간 두뇌 세포의 본질에 관한 60년에 걸친 연구조사 결과를 공식적으로 발표했다. 〈자연 지능과 인공지능의 형성The Forming of Natural and Artificial Intelligence〉이라는 논문에서 그는 다음과 같은 결론을 내렸다.

MIND MAP

"인간의 두뇌에는 약 1조 개의 뉴런이 있는데 이 뉴런 하나하나는 그 뒤에 0이 28개나 붙을 정도로 결합 가능성을 지니고 있다! 하나의 뉴런이 이 정도의 잠재력을 지니고 있다면 두뇌 전체는 어느 정도일지 거의 상상하기 어렵다. 이것은 두뇌에서 일어날 수 있는 결합·교환의 가능성을 모두 계산한다면 1 뒤에 붙는 숫자가 1천50만 킬로미터나 된다는 것을 의미한다."
"지금까지 이렇게 엄청난 두뇌의 잠재력을 모두 활용한 사람은 인류 역사상 단 한 명도 없었다. 우리가 인간 두뇌의 한계에 대해 어떠한 비관적 평가도 내릴 수 없는 이유가 바로 이 때문이다. 인간의 두뇌는 무한한 잠재력을 지니고 있다!"

자연구조 도판 3

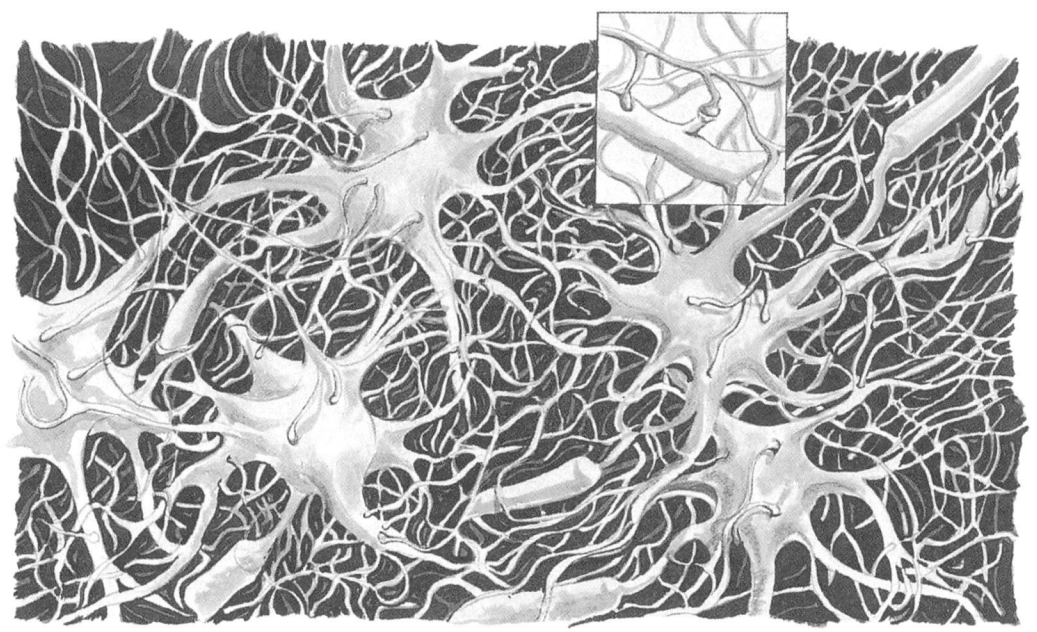

두뇌 전반에 걸쳐 일어나는 '뉴런의 수용 능력'을 단적으로 보여주는 5개의 뇌세포. 이 그림은 실제 두뇌의 아주 작은 부위를 1000분의 1배 크기로 단순화하여 표현한 것이다.

이 엄청난 잠재력은 어떻게 해서 생긴 것일까? 그것은 우리가 알고 있는 우주에서 가장 큰 '수용 능력'을 가진(뇌세포가 또 다른 뇌세포들을 수용하고 있는) 두뇌 때문이다. 한 개인의 뇌세포는 대략 1만 개 이상의 뇌세포들을 동시에 연결하고 수용할 수 있다.

MIND MAP

헤아릴 수 없을 만큼 무수히 많은 사고 패턴, 즉 생각의 지도가 생성, 양육되고 성장하는 것은 바로 이 희미하게 빛나면서 끊임없이 작용하는 수용 능력 때문이다. 방사사고는 인간의 사고 구조와 사고 프로세스를 그대로 반영한다. 마인드맵은 자신의 방사사고를 비춰주는 외적 거울이고 거대한 사고 발전소인 두뇌 세계로 이끌어주는 역할을 한다.

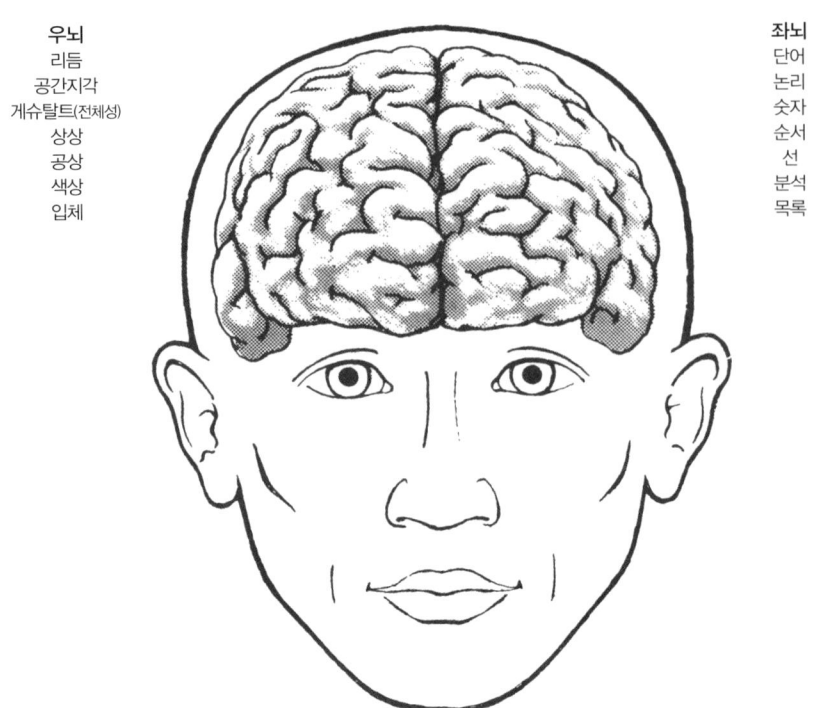

**우뇌**
리듬
공간지각
게슈탈트(전체성)
상상
공상
색상
입체

**좌뇌**
단어
논리
숫자
순서
선
분석
목록

얼굴 정면에서 바라본 두뇌의 대뇌피질. 그림에 나타난 대뇌피질의 기능은 기록하고 생각하는 데 사용될 수 있는 지적 기능들이 어떻게 구성되어 있고, 어떻게 작용하는지를 보여준다.

## 두뇌의 대뇌 반구

1960년대 말 캘리포니아대학교의 로저 스페리Roger Sperry 교수는 그동안의 연구 업적으로 노벨상을 수상한 직후, 두뇌에서 가장 진화한 부분인 대뇌피질(피질이란 바깥 세포, 즉 외피를 의미한다)에 대한 연구 결과를 발표했다.

스페리 교수는 대뇌피질의 양면, 즉 양 반구에 의해 주요 지적 기능이 분리된다는 사실을 발견했다(위 그림 참조). 오른쪽 반구는 리듬, 공간지각, 게슈탈트(전체성), 상상, 공상, 색상, 입체 등의 지적 영역을 지배하는 반면 왼쪽 반구는 단어, 논리, 숫자, 순서, 선, 분석, 목록 등의 강력한 정신적 기능을 지배하는 것으로 밝혀졌다.

그 후 온스타인Ornstein, 자이델Zaidel, 블로치Bloch의 연구에서 이러한 사실들이 확인되었고 다음과 같은 사실도 밝혀졌다.

> 비록 각각의 반구가 어떤 특정 영역의 활동을 지배하고 있긴 하지만, 사실상 기본적으로는 모든 영역을 관장하고 있다. 로저 스페리에 의해 양분된 정신 기능은 사실 두뇌 전체에 골고루 분포되어 있는 것이다.

그러므로 어떤 사람을 두고 좌뇌가 뛰어난 사람이라든가 우뇌가 뛰어난 사람이라고 단정 짓는 현재의 풍조는 기대에 반하는 결과를 초래하는 것이다. 마이클 블로치Michael Bloch는 자신의 논문 〈Tel/Syn〉에서 "우리가 스스로를 '좌뇌형 인간' 또는 '우뇌형 인간'이라 규정지어버린다면, 새로운 전략을 개발할 수 있는 능력을 제한하는 꼴이 된다"고 말했다. "나는 ○○라는 정신 기능에는 서툴다, 내게 그러한 재능은 없어"라고 말하는 것은 거짓이고 오해다. 만약 자신이 어떤 특정 정신 기능에 취약하다면, "나는 아직 ○○라는 재능을 개발해야 해"라고 말하는 것이 적합한 표현이다. 우리가 가진 모든 정신 기능을 표현하고 실생활에 적용하는 데 유일한 장애물은 표현하고 적용하는 방법을 모른다는 것이다. 우리가 이용할 수 있는 기능의 범위에는 두뇌의 왼쪽이나 오른쪽 반구에 분포되어 있는 모든 기술이 포함된다.

1 언어
 · 단어
 · 상징
2 숫자
3 논리
 · 순서
 · 목록
 · 선
 · 분석
 · 시간

- 조합

**4 리듬**

**5 색상**

**6 이미지**

- 공상
- 시각화

**7 공간지각**

- 입체
- 게슈탈트(전체 그림)

방사사고와 마인드맵은 이 모든 요소들을 담고 있다.


## 학습심리학/기억심리학

학습이 진행되는 동안 인간의 두뇌는 주로 다음과 같은 것들을 잘 기억한다는 사실이 연구 결과 밝혀졌다.

- 학습 기간 중 처음에 받아들인 정보('초기 효과')
- 학습 기간 중 마지막에 받아들인 정보('최근 효과')
- 이미 저장된 정보 및 패턴과 연상결합된 정보, 또는 현재 학습하고 있는 것과 다른 관점으로 연결된 정보
- 눈에 띄거나 독특한 방식으로 강조된 정보
- 오감 중 어느 하나에 특히 강하게 와 닿는 정보
- 특별히 흥미를 느끼게 해주는 정보

다음 그래프와 함께 위에 나열한 항목들은 두뇌가 작용하는 방식을 이해하는 데 매우 중요한 정보를 제공해준다.

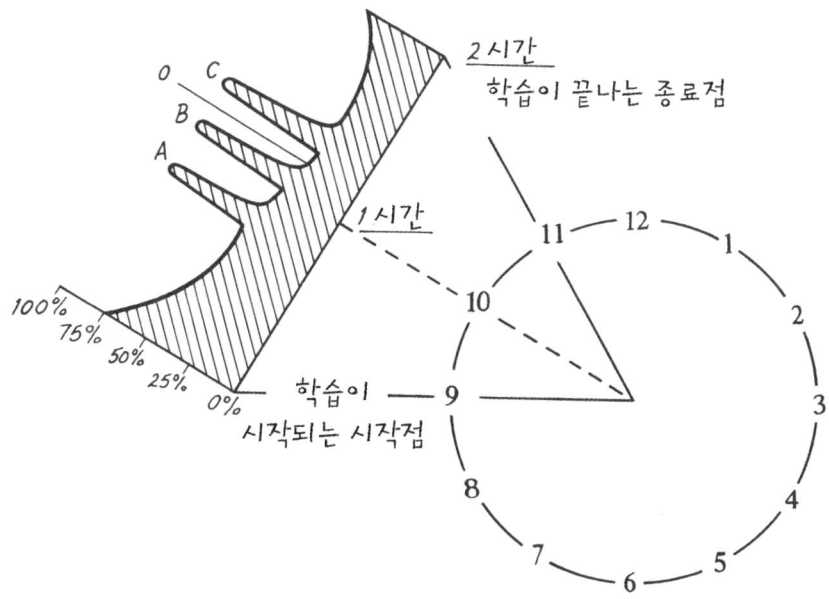

학습이 진행되는 동안의 회상력의 최고점과 최저점을 나타내고 있는 그래프. 회상력이 최고점에 달하는 이유는 새로운 학습이론의 토대를 세우는 데 중요한 역할을 한다(46~48쪽 참조).

내가 마인드맵 이론을 개발하게 된 동기는(대부분의 사람들은 '좌뇌·우뇌 이론' 이라고 생각하고 있지만) 사실 바로 이 정보 때문이었다. 1960년대에 여러 대학에서 학습심리학과 기억심리학을 강의하는 동안 나는 내가 가르치고 있는 이론과 실제로 내가 행하고 있는 것 사이에 심각한 모순이 있음을 깨닫기 시작했다.

나의 강의 노트는 전통적으로 사용해오던 직선식 노트였는데, 그 방식은 언제나 잊어버리기 쉽고 커뮤니케이션이 제대로 이루어지지 않았다. 나는 회상력에서 2가지 중요 요소는 '연상결합' 과 '강조' 라고 역설하면서 기억에 관한 강의의 기본 도구로 직선식 노트를 사용하고 있었다. 정작 나의 노트에는 그 요소들이 모두 빠져 있었던 것이다!

그 후 '나의 노트에서 연상결합과 강조에 도움이 되는 것이 무엇일까? 라는 질문을 끊임없이 해온 결과, 1960년대 말에서 1970년대 초 즈음에는 마인드맵에 관한 초기 개념을 확립하기에 이르렀다(학습이 진행되는 동안의 회상력에 관한 정보는 나의 책《유즈 유어 헤드》를 참고하라). 정보처리의 본질, 뇌세포의 구조와 기능에 관한 지속적인 연구와 대뇌피질에 관한 학술 연구는 독창적인 이론에 확신을 가져다주었고 든든한 버팀목이 되었다. 이렇게 해서 나의 마인드맵 이론은 탄생했다.


## 게슈탈트 – 전체성

우리의 두뇌는 패턴과 완성을 추구하는 경향이 있다. 예를 들어 '하나, 둘, 셋……' 이라 말하면 대부분의 사람들은 '넷' 이라고 덧붙이고 싶은 충동을 강하게 느낀다. 마찬가지로 누군가 '너한테 해줄 정말 재미있는 이야기가 있는데 말이야……. 참, 미안해. 아무에게도 말하지 않기로 했는데 깜박했어' 라고 한다면 여러분의 마음속에는 그 이야기를 마저 듣고 싶은 욕구가 치밀어오를 것이다! 이러한 패턴과 완성을 추구하는 두뇌의 타고난 성향은 마인드맵의 구조에 의해 그 욕구가 충족된다. 마인드맵은 자신이 관심 있는 생각이나 문제를 포괄적으로 조사하고 끊임없이 연상결합을 일으키면서 그 생각이나 문제를 끝까지 규명하게 한다.


## 방사사고 연상결합기로서의 두뇌

두뇌라는 이 놀라운 장치는 다음 설명처럼 수용, 저장, 분석, 출력, 관리라는 5가지 주요 기능을 지닌다.


1 **수용**: 몸의 오감을 통해 받아들이는 모든 것

2 **저장**: 정보 저장 능력과 회상 능력 모두를 포함하는 기억

3 **분석**: 패턴 인식과 정보처리

4 **출력**: 사고를 포함한 모든 커뮤니케이션 혹은 창조적 행동

5 **관리**: 모든 정신적 · 육체적 기능 관리


이 5가지 카테고리는 모두 서로의 기능을 보완하면서 강화시켜 준다. 예를 들어 재미있다거나 동기가 있으면 여러분은 정보를 '수용' 하기가 훨씬 쉽다. 정보 수용 과정이 두뇌

기능과 조화롭게 융화된다면 역시 정보 '수용'이 훨씬 쉽다. 정보를 효율적으로 수용한다면 여러분은 정보를 더욱 쉽게 '저장'하고 '분석'하게 될 것이다. 역으로 정보를 효율적으로 '저장'하고 '분석'한다면 정보를 '수용'하는 여러분의 능력은 배가될 것이다.

복잡한 정보를 처리하고 배열, 정리하는 작업을 포함한 '분석' 기능도 '수용'된 정보를 '저장'하고 결합시키는 능력을 요구한다. '분석' 능력도 분명히 정보를 '수용'하고 '저장'하는 능력에 의해 영향을 받는다. 이 3가지 기능들이 모여 네 번째 기능을 이룬다. 즉 '수용' '저장' '분석'된 정보는 마인드맵, 말, 몸짓 등을 통해 '출력' 또는 표현을 하게 된다.

다섯 번째 카테고리인 '관리' 기능은 건강, 사고방식, 주변 상황 등을 포함한 정신적·육체적 기능 모두를 두뇌가 전반적으로 관리하는 것을 말한다. '수용' '저장' '분석' '출력' 이 4가지 기능들의 잠재력이 최대한 발휘되려면 건강한 정신과 육체가 필수이기 때문에 이 관리 기능은 특히 중요하다.


## 인류 지능 발달사

인류 지능의 역사는 바로 두뇌가 효과적인 커뮤니케이션 방법을 추구해온 역사라고 할 수 있다. 최초의 인간이 최초의 선을 그었을 때 인간 의식의 대변혁이 촉발되었고, 그 이래로 마인드맵은 가장 최근의 발달 단계에 서 있다(좀 더 심도 있는 내용을 알고자 한다면 로레인 질Lorraine Gill의 논문 *Line is manmade*를 참고하라).

인류는 자신의 '마음의 그림'을 표출할 수 있다는 것을 깨닫기 시작하자 지능이 빠른 속도로 발전했다. 최초의 기호는 오스트레일리아 원주민의 초기 동굴벽화를 시작으로 그림으로 발전했다. 문명이 발달함에 따라 그림은 상징으로 응축되었고 나아가 알파벳, 중국의 한자나 이집트의 상형문자 같은 필기 문자로 발전했다. 서구 사상의 발달과 로마 제국의 광대한 영향으로 그림에서 문자로의 변천이 완전히 이루어졌다. 그 뒤 2000년 동안 문자는 이미지를 우스꽝스러운 모습으로 간주하면서 인류 문명을 지배해왔다.

처음 기호를 만든 인간은 인간 지능의 진화에 있어서 말 그대로 거대한 도약을 이루어냈다. 이는 그들이 최초로 인간 정신세계의 자취를 구체적으로 표출했기 때문이었다. 그렇게 그들은 기호로 표현함으로써 당시의 시간과 공간에서 자신의 생각을 확립하고 펼쳐나갈 수 있었다. 인간 지능은 이제 무한한 시간과 공간을 가로질러 지능 그 자체와 의사소통할 수 있게 되었다.

상징, 이미지, 부호는 마침내 문자 기록으로 발전했고 이 중요한 진척은 메소포타미아 문명, 중국의 황하 문명과 같은 대규모 문명의 발상과 발전의 길을 열었다. 이 문명 발상지의 주인들은 아직 문자 기록을 하지 못해 과거 위대한 성현들의 지혜와 지식을 접할 수 없는 타 지역의 사람들보다 훨씬 많은 혜택을 누렸다. 넓었던 강물이 좁은 수문을 통과할 때처럼 정보를 수집하려는 추세가 수세기를 지나면서 점차 가속화되었고, 급기야는 오늘날의 '정보 폭발(컴퓨터와 각종 통신 매체의 발달로 정보의 양이 폭발적으로 증가하는 현상. 오늘날 이 정보 폭발로 인해 정보 스트레스와 정보 범죄가 증가하고 정보 오용에 의한 사고 발생이 늘고 있다-옮긴이)'이 초래되었다. 지금 우리가 겪고 있는 '정보 폭발'은 문자만이 정보를 올바르게 학습하고 분석하고 보급하는 유일한 수단이라고 생각하는 데 일부 원인이 있다.

문자를 사용한 기록이 정보를 받아들이고 분석하고 전달하는 데 있어서 정말로 가장 좋은 방법이라면 왜 그렇게 많은 사람들이 학습, 사고, 창의력, 기억력 분야에서 어려움을 겪는 것일까? 왜 그들은 자신의 무능력, 자신감 상실, 흥미 감소에 불만을 토로하고 자신의 집중력 저하, 기억력 저하, 사고력 저하에 불평하는가? 이런 문제점에 직면한 사람들이 일반적으로 보이는 반응은 자기 비하, 성적 미달, 무관심, 그리고 엄격하고 독선적인 규칙 수용 등이다. 이러한 반응은 나아가 두뇌가 정상적인 기능을 다하지 못하도록 방해한다.
우리가 단어, 문장, 논리, 숫자 등을 문명의 주춧돌로 정해버렸기 때문에 우리 두뇌는 그것만이 올바른 방법이라 간주하고 표현 방식을 제한하여 사용하고 있다. 왜 우리는 이렇게 하는 것일까? 그것은 우주진화론적 견지에서 볼 때 우리 인간은 아직 갓 태어난 아기이기 때문이다. 따라서 우리는 잠시나마 불편한 입장으로 우리 스스로를 놓고 실험했어야 했는데 하지 않았다는 견해도 이해할 만하다 하겠다. 이 불편한 입장에 관해서는 이어지는 바로 다음 장에서 설명하고, 그 다음 장에서는 그에 대한 해결책을 제시할 것이다.

## 결문

우리는 이제 인간의 두뇌가 어마어마한 힘을 지니고 있으며, 물꼬를 터주기만을 기다리고 있다는 것을 생리학적·심리학적 증명을 통해 알게 되었다. 그러면 두뇌의 진정한 잠재력은 무엇이고 그 잠재력을 이용하는 방법은 또 무엇인지 알아내기 위해서는 역사상 '위대한 두뇌'로 알려진 사람들을 살펴볼 필요가 있다. 다음 장에서 우리는 과거의 위대한 사상가들을 만나 그들의 연상결합 능력, 출력 능력, 방사사고 능력을 정말로 최대한 사용했는지를 물어볼 것이다.

# 2

# 위대한 두뇌들

## 개요

- 서문
- 위대한 두뇌들
- 두뇌 기능을 최대한 폭넓게 사용하라
- 결문

## 서문

예술, 과학, 정치, 문학, 군사, 비즈니스, 교육 분야에서 '위대한 두뇌들'로 알려진 사람들은 모두 자신이 사고하는 데 도움이 되는 노트를 사용했다. 1장에서 밝힌 두뇌 작용에 관한 정보에 비추어 이 장에서는 역사상 위대한 인물들이 자신의 사고력을 얼마나 사용했는지 살펴보고자 한다. 여러분에게는 위대한 두뇌들을 분석하고 모방할 수 있는 절호의 기회가 될 것이다!

## 위대한 두뇌들

'노트가 지저분하다' 거나 '낙서투성이' 라고 항상 핀잔만 들어온 사람들은 다음 이야기에서 위로를 받고 정당성을 얻을 수 있을 것이다!

지난 25년 동안 강의를 해오면서 나는 '위대한 인물' 로 간주되어온 사상가들 중 한 사람의 노트를 학생들에게 보여주고 그 노트의 작성자를 맞춰보라는 질문을 하곤 했다. 실험에 참가한 모든 학생들은 레오나르도 다 빈치, 아인슈타인, 피카소, 다윈이나 다른 유명한 음악가, 과학자, 정치인을 언급했다(하지만 대부분 노트의 주인을 잘못 추측하는 말이었다).

이 실험은 우리가 레오나르도 다 빈치나 아인슈타인 같은 사람들이 남들보다 자신의 두뇌 기능을 훨씬 광범위하게 사용하여 위대한 업적을 이룩했다고 생각한다는 것을 여실히 보여준다. 다음의 사례들은 이러한 추측을 뒷받침해주고 있는데, '위대한 두뇌들' 은 정말로 타고난 재능을 더 많이 사용했고, 직선식 사고를 주로 사용한 동시대인들과는 달리 방사사고와 마인드맵 원리를 직관적으로 사용했었다는 것을 입증한다.


## 두뇌 기능을 최대한 폭넓게 사용하라

자신의 노트든 타인의 노트든 우수한지 아닌지를 재빨리 판단하는 방법은 앞 장에서 열거한 두뇌 기능들을 살펴본 다음, 그 기능들 중에서 과연 몇 개나 그 노트와 맞아떨어지는가를 확인하는 것이다. 많으면 많을수록 우수한 노트다.

다음 쪽의 노트 중 하나는 레오나르도 다 빈치의 노트다. 그는 단어, 상징, 순서, 목록, 선, 분석, 조합, 시각적 리듬, 숫자, 이미지, 입체, 게슈탈트를 사용했다. 이 노트는 자신의 생각을 완벽하게 표현한 생각 정리의 전형이다. 또 다른 노트는 피카소의 것으로 역시 다 빈치의 노트와 같은 맥락에서 이해할 수 있다. 부록에 있는 위대한 두뇌들의 노트 퀴즈를 풀기에 앞서 연습으로 다음 노트들 중에서 다 빈치의 것과 피카소의 것을 맞추어보라. 부록에 있는 위대한 두뇌들의 노트 퀴즈는 위대한 사상가들이 자신의 두뇌 기능들을 어떻게 최대한 활용했는지 많은 예들을 통해 보여준다.

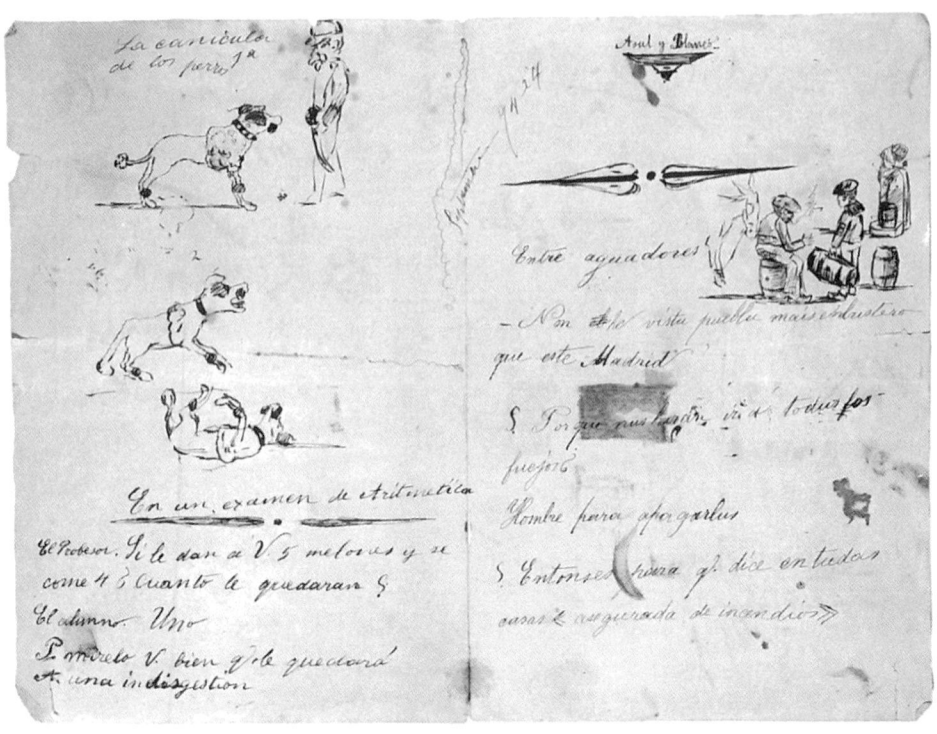

위대한 두뇌 노트 1

위대한 두뇌 노트 2

## 결문

이 노트들은 과거 위대한 두뇌들의 사고 과정을 표현한 것으로, 동시대의 동료들보다 타고난 두뇌 능력을 훨씬 더 많이 사용했음을 보여준다. 우리도 그들과 똑같이 타고난 두뇌 능력을 지니고 있으므로 충분히 사용할 수 있다. 그런데 왜 수많은 사람들이 사고력, 창의력, 문제해결력, 기획력, 기억력, 변화에 대처하는 능력 등에서 엄청난 어려움을 겪는 것일까? 그 이유는 다음 장 '궁지에 몰린 두뇌'에서 살펴보기로 하자.

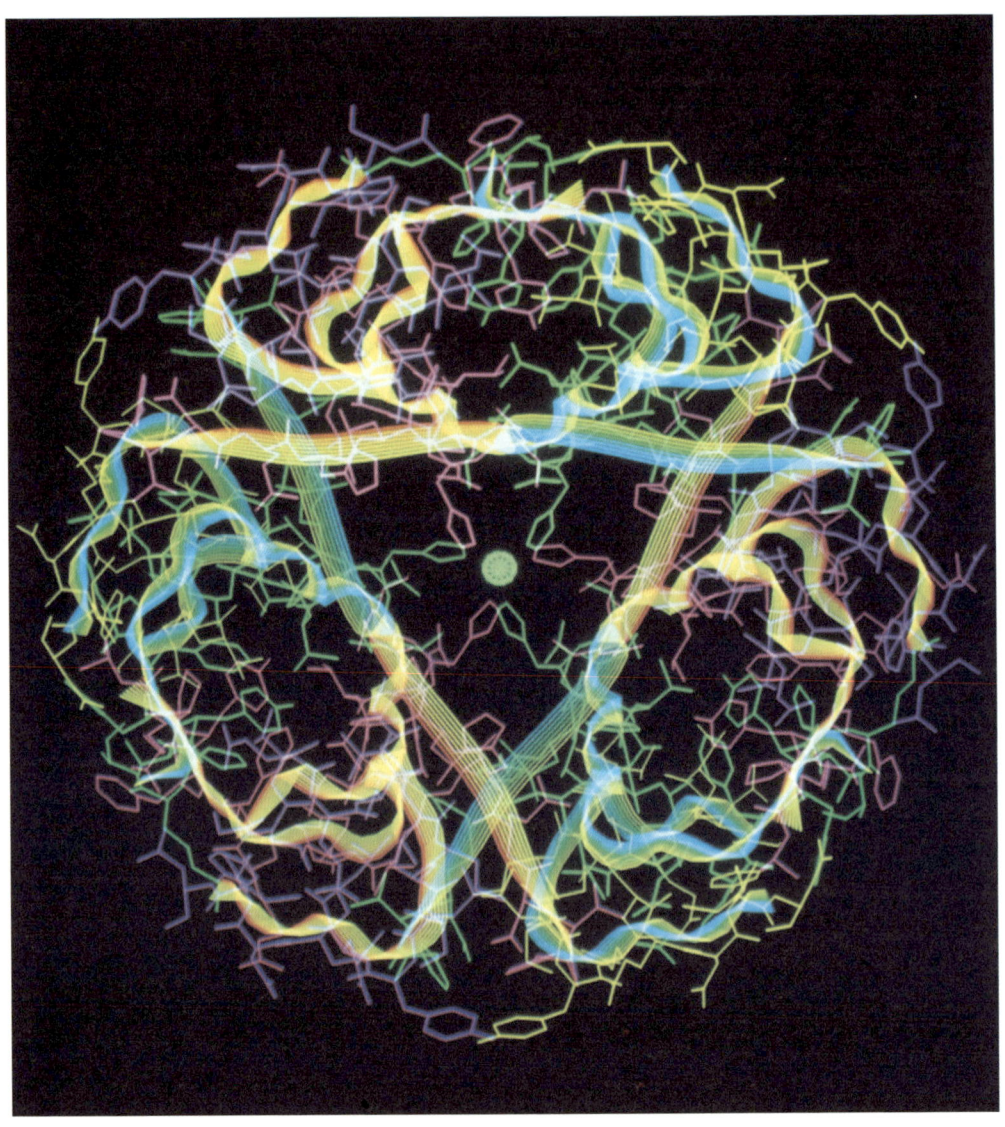

자연구조 도판 4

# 3

# 궁지에 몰린 두뇌

## 개요

- 서문
- 전형적인 직선식 노트
- 전형적인 노트 작성과 노트 필기의 주요 유형
- 전형적인 노트 작성과 노트 필기에 사용되는 도구
- 기존 노트의 단점
- 비효율적 노트가 두뇌에 미치는 영향
- 노트 작성과 노트 필기에 관한 연구 결과
- 결문

## 서문

이 장에서는 오늘날 전 세계적으로 통용되고 있는 노트 작성법Note-making system과 노트 필기법Note-taking system의 본질적인 약점을 파헤친다. 다양한 유형의 노트 작성과 노트 필기의 효과를 분석함으로써 우리는 두뇌에 역행하기보다는 두뇌와 조화를 이루는 노트법을 도출해낼 수 있다.

## 전형적인 직선식 노트

노트 작성과 노트 필기의 차이를 명확하게 구별하는 것은 매우 중요하다. 노트 작성은 자신의 생각을 창의적이고 혁신적인 방법으로 조직화하는 것을 의미한다. 반면 노트 필기는 책, 기사, 강의 등으로 표현된 다른 누군가의 생각을 요약하는 것을 의미한다.

지난 20년 동안 나와 동료들은 학교와 대학, 그리고 여러 전문직에 종사하는 각계각층의 사람들을 대상으로 그들의 노트 작성과 노트 필기 유형을 연구해왔다. 이 연구는 세계 각국에서 시행되었는데 관찰, 질문, 실제 실험 등 다양한 방식으로 이루어졌다.

그 실험 중 하나는 한 그룹의 각 구성원에게 '두뇌, 혁신, 창의성, 그리고 미래' 라는 주제로 5분 이내에 혁신적이고 창의적인 연설문을 준비하도록 하는 것이었다. 여러 종류의 종이와 컬러펜, 그리고 다른 필기도구 사용을 허용했고, 아래에 열거한 요소들을 노트에 포함하도록 했다.

- 기억
- 커뮤니케이션과 프레젠테이션
- 혁신과 창의성
- 계획 세우기
- 분석

- 의사결정
- 시간 관리
- 문제해결
- 유머
- 청중 참여

여러 가지 필기구와 다양한 종이 사용이 허용되었음에도 불구하고, 대다수가 전형적으로 선이 그어져 있는 종이를 선택했고 한 가지 색상의 펜(주로 검정색이나 청색)만을 사용했다. 그 결과가 사뭇 흥미롭다.

## 전형적인 노트 작성과 노트 필기의 주요 유형

오른쪽 그림은 실험에 사용된 3가지 유형을 보여주고 있다.

| 유형 | 요소 | 도구 |
| --- | --- | --- |
| **1** ══════ | 기억 | 단어 |
| | 커뮤니케이션과 프레젠테이션 | 숫자 |
| | 혁신과 창의성 | 순서 |
| **2** ──── | 계획 | 선 |
| | 분석 | 목록 |
| | 의사결정 | 논리 |
| **3** I a b c II a b a b III a b c | 기타 | 분석 |
| | | 단색(한 가지 색상) |

언어나 국적에 상관없이 전 세계의 모든 학생과 그 외 전문직에 종사하는 노트 작성자와 노트 필기자의 95퍼센트가 사용하는 3가지 주요 노트 유형. 왜 그들이 '궁지에 몰린 뇌'가 되었는지 알겠는가(59~66쪽 참조)?

### 1 문장/이야기형

이야기 형식으로 커뮤니케이션되는 모든 것들을 단순히 글로 옮겨 쓸 때 사용된다.

### 2 목록형

떠오르는 생각들을 기록하는 데 사용된다.

### 3 숫자와 철자 혼합형

상위 범주와 하위 범주로 이루어진 위계 조직적 이치에 따라 기록할 때 사용된다.

많은 사람들이 이 3가지 주요 유형의 다양한 요소들을 결합해서 사용한다. 그러나 흔히 '무질서하다'거나 '지저분하다'고 표현되는 다소 희귀한 형태인 제4의 노트 유형이 있다. 곧 알게 되겠지만 제4의 노트 유형은 마인드맵과 매우 유사하다.

현재 전 세계적으로 통용되고 있는 전형적인 노트 작성과 노트 필기 시스템은 모두 똑같다. 중동과 아시아 언어권에서 사용되고 있는 노트가 외형상으로는 서구의 노트와 다르게 보일지 모르지만, 사실은 똑같은 요소를 사용하고 있다. 비록 중국, 일본, 아랍의 문자가 가로가 아니라 세로로 써내려가고, 오른쪽에서 왼쪽으로 글을 쓰지만 그래도 직선으로 정보를 표현하는 것은 같다(63쪽 참조).

우리가 방문한 모든 초 · 중 · 고등학교와 대학, 그리고 기업체에서 실험에 응한 사람들의 95퍼센트 이상이 이 3가지 주요 유형을 사용하고 있었다.


## 전형적인 노트 작성과 노트 필기에 사용되는 도구

앞서 설명한 3가지 유형에 사용되는 주요 도구는 다음과 같다.


### 1 직선식 패턴

노트는 대개 직선으로 쓰인다. 문법, 연대기적 순서, 그리고 위계 조직적 순서 또한 직선으로 사용된다.

### 2 상징

철자, 단어, 숫자가 이에 속한다.

### 3 분석

분석이 사용되긴 하지만, 내용보다는 직선 형태를 너무 강조해서 오히려 분석이 직선적 특성의 영향을 받는다.


45~46쪽을 잠깐 넘겨보면 상징, 직선, 단어, 숫자, 분석 등 현재 통용되는 전형적인 노트 필기의 주요 요소들은 인간 대뇌피질에서 이용할 수 있는 여러 도구들 중 단지 3개뿐이라는 사실을 알 수 있다. 이 전형적인 노트에는 다음과 같은 요소들이 빠져 있다.

- 시각적 리듬
- 시각적 패턴
- 색상
- 이미지(심상)
- 시각화

- 입체
- 공간지각
- 게슈탈트(전체성)
- 연상결합

전형적인 노트에서는 빠져 있는 위의 요소들이 총체적 두뇌 기능에서는 필수 요소다. 특히 학습하는 동안의 회상력에는 절대적인 영향을 미친다. 따라서 우리의 연구에 참가한 대부분의 사람들이 노트 필기에서 좌절감을 느꼈던 것도 사실 그리 놀랄 일이 아니다. 노트 작성, 노트 필기 하면 가장 흔히 떠오르는 단어는 '지루함' '벌' '두통' '손가락 경련' '숙제' '시험' '시간 낭비' '실패' '딱딱함' '우울' '두려움' '공부' '학습' 등이다.

게다가 노트의 95퍼센트 이상이 한 가지 색상, 즉 단색(대개 검정색, 청색)을 사용했다. '단색monotone'이라는 단어는 '단조로운monotonous'이라는 단어의 어원이다. 인간이 지루함을 느끼면 두뇌는 무엇을 하게 될까? 신경을 끊고, 전원을 끄고 잠을 잔다. 읽고 쓸 줄 아는 인구의 95퍼센트 이상이 자신과 타인을 지루하게 만들고, 주의를 산만하게 만들고, 무의식의 상태로 빠져들게 하는 방법으로 필기를 하고 있다.

그리고 그 방법은 지금도 사용 중이다. 이 사실을 확인하려면 전 세계의 학교와 대학, 도시의 도서관을 살펴보면 된다. 그 도서관에 있는 사람들의 절반 이상이 무엇을 하고 있는가? 잠자고 있다! 우리의 학문의 장은 거대한 공공 침실이 되어가고 있는 것이다!

MIND MAP

전 세계적으로 학습자들이 보이는 이 '수면병'이라는 반응은 지난 수세기 동안 우리 대다수가 노트 작업을 할 때 대뇌피질의 절반도 안 되는 용량만을 사용해왔다는 사실에 기인한다. 또한 두뇌는 좌반구와 우반구의 기능들이 서로 결합되면 발전과 성장이라는 상승의 소용돌이를 창조해내는데, 우리는 이러한 방식으로 두뇌 기능을 사용하지 않기 때문이다. 대신에 거부하고 잊어버리게 만드는 노트 작성법과 필기법을 우리 두뇌에 강요해왔다! 이러한 2가지 요인이 합쳐져 우리는 지금 큰 대가를 치르고 있는 것이다.

자연구조 도판 5

سيداتي وسادتي، السلام عليكم وأهلاً بكم

إلى عالم الدفاع والأمن. وفيه هذا الأسبوع:

* لماذا تبرث كوريا الشمالية من مشاهدة من انتشار الأسلحة

النووية؟

* وتحليص بناء القوات البحرية في منطقة الخليج.

* والنقاش الاسترائيلي الدائر في فرنسا حول مستقبل العلاقة

العسكرية مع حلف شمالي الأطلسي.

عالم الدفاع والأمن يأتيكم إعداد من القسم العربي

في هيئة الإذاعة البريطانية في لندن.

---

이 아라비아어 노트는 글을 쓰는 방향이 왼쪽에서 오른쪽이냐, 오른쪽에서 왼쪽이냐, 아니면 아시아 언어권에서처럼 가로로 글을 쓰느냐, 세로로 글을 쓰느냐와는 상관없이 전 세계에 걸쳐 노트 필기 유형은 비슷하다는 것을 보여준다(59~60쪽 참조).

# 기존 노트의 단점

## 1 키워드를 가린다

중요한 생각은 키워드에 의해 전달된다. 키워드(보통 명사나 강변화 동사가 키워드가 된다. 이는 영어의 기준이고 한글은 언어 특성이 이와 다름을 감안하기 바란다–옮긴이)는 읽거나 들을 때마다 관련 연상결합의 물보라를 불러일으킨다. 전형적인 기존 노트에서는 종종 이 키워드가 중요하지 않은 단어에 가려지거나 다른 데서 나타난다. 이 요인들은 두뇌가 핵심 개념들 사이에서 적절한 연상결합을 일으키지 못하도록 방해한다.

## 2 기억하기 어렵게 만든다

단조로운(한 가지 색으로 쓰인) 노트는 시각적으로 지루함을 준다. 그래서 단조로운 노트는 두뇌에서 거부되고 기억에서 쉽게 사라진다. 게다가 전형적인 노트는 종종 모두 비슷한 목록 형태를 하고 있다. 그러한 단조로움의 극치는 두뇌를 반최면 상태로 몰아넣어 그 내용을 거의 기억할 수 없게 만든다.

## 3 시간 낭비다

전형적인 노트 작성법과 필기법은 모든 면에서 시간 낭비를 가져온다.

- 불필요한 필기를 해서 시간을 허비한다.
- 불필요한 노트를 읽는 데 시간을 허비한다.
- 불필요한 노트를 다시 읽어보는 데 시간을 허비한다.
- 가려진 키워드를 찾아내느라 시간을 허비한다.

## 4 두뇌에 창의적인 자극을 주지 못한다

전형적인 노트의 직선식 표현은 두뇌가 연상결합을 하지 못하도록 방해하여 결과적으로 창의력과 기억력을 떨어뜨린다. 특히 목록 스타일의 노트를 접하게 되었을 때 우리 두뇌는 끊임없이 '마지막이다' 혹은 '끝났어'라고 인식하게 된다. 어떤 일을 다했다는 인식은 사고 과정을 둔화시키고 억제하는 최면 상태와 거의 흡사하다.

## 비효율적 노트가 두뇌에 미치는 영향

비효율적인 노트 작성법과 필기법을 반복해서 사용하면 우리의 두뇌에 다음과 같은 문제가 발생한다.

· 두뇌가 혹사를 견디지 못해 반항하게 되고, 그 결과 집중력이 떨어진다.
· 공부하는 것이라면 본질에서 벗어난 것이라도 무엇이든지 노트에 필기하는 시간 낭비형 습관을 지니게 된다.
· 자신의 정신적 능력에 대한 자신감을 잃게 된다.
· 어린아이들이나 학습법을 충분히 배운 운 좋은 사람들에게서 볼 수 있는 학습 의욕을 잃어버리게 된다.
· 지루함과 좌절감으로 고통스러워한다.
· 무의식적으로 자신과 역행함으로써 열심히 할수록 진행 속도는 느려진다.

MIND MAP

우리가 현재 주로 사용하는 노트 작성법과 노트 필기법은 이윤 감소를 초래한다. 우리에게 필요한 것은 이윤 증대 시스템이다.

✝ 이와 관련된 2가지 이야기가 있다. 첫 번째는 스프링거Springer와 도이치Deutch가 쓴 《좌뇌와 우뇌Left Brain Right Brain》(1985년)에 기록되어 있는 한 자폐증 소녀 이야기다. 저자는 뛰어난 예술적 재능이, 심각한 언어 장애를 지닌 자폐증 환자에게서도 종종 발견된다고 말한다. "나디아Nadia는 세 살 반의 나이에 실물 그대로의 그림을 아주 자세하게 그려내고 있었다……." 저자는 이러한 특별한 재능이 우반구의 기능 덕택이라고 주장했다. 그리고 나중에 나디아의 그림 그리는 재능은 "치료가 계속됨에 따라서 점점 쇠퇴해갔다"고 기록하고 있다. 나디아가 좌뇌와 우뇌의 양 기능을 모두 사용하는 방법을 어느 정도 배웠더라면 언어 기능을 개발함과 동시에, 타고난 예술적 기능도 계속해서 발전시킬 수 있었을 것이다. 이를 가능케 하는 적절한 도구가 바로 마인드맵이다.

두 번째 이야기는 아홉 살 때 A학점을 받은 뉴욕에 사는 한 소녀에 관한 것이다. 10살이 되자 그 소녀는 B학점을 받는 학생이 되었고, 11살에는 C학점을 받았다. 12살이 되자 D학점을 받았고, 거의 전 과목에서 낙제를 할 지경에 이르렀다. 선생님과 부모님은 모두 당혹스러워했다. 그도 그럴 것이 소녀는 매년 열심히 공부를 해왔고, 분명히 머리도 좋았다.

소녀의 부모는 나에게 그녀를 데려왔다. 길고도 슬픈 대화를 나눈 후에, 소녀가 갑자기 얼굴을 밝게 빛내며 말했다.

"제가 해마다 점점 더 잘하고 있는 것이 한 가지 있어요."

나는 물었다.

"그게 뭐지?"

그녀는 대답했다.

"노트요."

소녀의 대답이 번개처럼 나의 머리를 쳤다. 그제야 의문이 풀렸다. 그녀는 학교에서 좋은 성적을 얻기 위해서는 더 많이 노트를 만들고 더 나은 노트를 만들어야 한다고 생각하고 있었던 것이다. 소녀에게 '더 나은' 이란 말은 더 많은 문장을 한 마디 한 마디 성실하게 더욱 깔끔하게 정리한다는 것을 의미했다. 그 결과 소녀는 순진하게도 자신이 공부한 것을 잘못 이해하고 잊어버리도록 만드는 활동에 더욱더 많은 노력과 시간을 쏟아부었던 것이다. 이 방법은 완벽한 기억력을 소유했던 체르체프스키Chereshevsky라는 러시아인이 기억한 내용을 잊어버리기 위해서 일부러 사용했던 방법이었다! 소녀는 자신의 문제점을 깨닫자 곧 마인드맵을 배웠고 상황을 완전히 바꿀 수 있었다.


## 노트 작성과 노트 필기에 관한 연구 결과

아래의 내용은 노트 작성과 노트 필기에 관한 많은 학술적 연구, 특히 엑시터대학교의 하우Howe 박사의 연구에 의해 입증된 사실이다.

✝ 하우 박사의 연구 목적은 서로 다른 유형의 노트가 지닌 효과를 평가하려는 것이었다. 그 효과는 학생들이 자신이 노트한 것을 얼마나 잘 발표할 수 있느냐에 따라 판단했는데, 이 발표는 학생들이 자신의 노트를 얼마나 완전하게 종합적으로 이해하고 있는지를

보여준다. 학생들은 또한 복습 목적으로 노트를 사용할 수는 있었지만, 더 이상 노트를 볼 수 없는 시험과 같은 상황에서 정확한 회상력을 발휘하여 심사숙고한 대답을 해야 했다. 다음은 그 결과로서 효과가 낮은 것에서 높은 것 순으로 되어 있다.

1 주어진 노트를 그대로 베낀 것

2 자신이 직접 만든 노트를 그대로 베낀 것

3 주어진 노트를 요약·정리한 것

4 자신이 직접 만든 노트를 요약·정리한 것

5 주어진 노트를 키워드로 정리한 것(이것은 노트를 받은 학생이 적절한 연상결합을 할 수 없기 때문에 효과가 낮은 것으로 입증되었다)

6 자신의 노트를 키워드로 정리한 것

MIND MAP

하우 박사의 연구는 좋은 노트에는 간결성, 효율성, 개인의 적극적 개입이 매우 중요한 역할을 한다는 것을 보여준다.

## 결문

지금까지 살펴본 것처럼 현재 주로 사용하고 있는 노트 작성법과 노트 필기법은 우리 두뇌의 엄청난 학습 잠재력 중 한 부분만을 사용할 뿐이다. 또한 위대한 두뇌들이 모두가 사용 가능한 두뇌 능력을 훨씬 더 많이 사용했다는 사실도 알았다.

이제 다음 장에서는 두뇌를 더욱 명료하고 자연적이고 효율적으로 사용하는 방법인 방사사고를 소개한다.

**4**

THE MIND MAP BOOK

# 방사사고

## 개요

- 서문
- 두뇌의 정보처리 시스템
- 결문

## 서문

이 장은 1장부터 3장까지의 정보를 통합하고 여러분에게 방사사고를 소개한다. 방사사고는 인간 두뇌를 이해하고 이용하고 육성함에 있어서 중요한 진화적 단계다.

## 두뇌의 정보처리 시스템

잘 익은 배를 먹거나 꽃향기를 맡거나 음악을 듣거나 흐르는 시냇물을 바라보거나 사랑하는 사람을 만지거나, 혹은 단지 추억에 잠길 때 우리의 두뇌에서는 어떤 일이 일어날까? 그 대답은 한마디로 표현될 만큼 간단할 수도 있고 놀랄 만큼 복잡할 수도 있다.

두뇌로 들어가는 각각의 정보, 즉 모든 감각과 기억과 생각(단어, 숫자, 부호, 음식, 향기, 선,

두뇌에 들어 있는 하나의 정보 단위를 표현한 그림(68~69쪽 참조)

색상, 이미지, 박자, 음조, 감촉 등 모든 감각과 느낌을 포함한다)은 하나의 중심 구체에서 수십, 수백, 수천, 수백만 개의 갈고리들이 방사상으로 뻗어나가는 형상으로 표현할 수 있다(위 그림 참조). 각 갈고리는 하나의 연상결합을 나타내고, 각각의 연상결합은 그 자체가 무한한 연결고리로 배열되어 있다. 우리는 여러분이 지금까지 사용한 연상결합의 수를 기억력, 데이터베이스, 지식의 보고 등으로 표현한다. 이 글을 읽으면서 여러분은 세상에서 가장 발달된 분석 능력과 저장 능력을 갖춘 컴퓨터가 작고 초라하게 보일 정도의 어마어마한 데이터 처리 시스템이 우리 두뇌 속에 들어 있음을 확신할 수 있을 것이다(위 그림 참조). 이

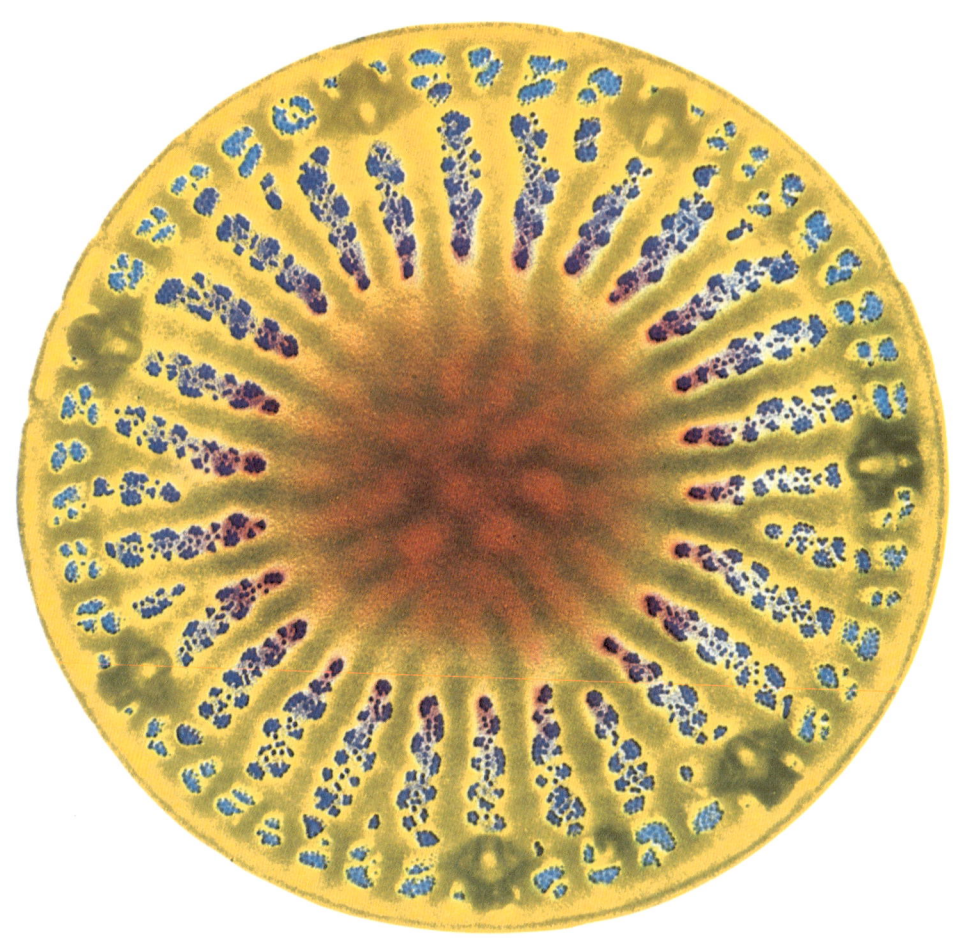

자연구조 도판 6

렇게 수많은 갈고리로 된(복합세로좌표) 정보처리 및 저장 시스템을 사용한 결과, 우리 두뇌는 세계에서 가장 위대한 지도 제작자가 본다면 자신의 눈을 믿을 수가 없어 숨이 막힐 정도의 엄청난 정보 지도를 이미 갖고 있다. 이를 재빨리 계산해보면 이미 존재하고 있는 정보의 데이터베이스와 그 데이터베이스에서 방사상으로 뻗어나오는 연상결합들은 100만의 4제곱 배의 데이터 연상결합들로 구성되어 있음을 알게 될 것이다.

　† 몇몇 사람들은 자신들의 두뇌가 거의 꽉 차서 포화 상태라고 설명하면서 학습을 그만두는 변명으로 이 엄청난 데이터베이스를 이용하기도 하고, '정말로 중요한 것'을 저장할

우리 두뇌의 사고 패턴은 뻗어 있는 나뭇가지 모양의 거대한 수지상樹枝狀 연상결합기 (BAM: Branching Association Machine)라 할 수 있다. 즉, 사실상 무한하다 할 수 있는 양의 데이터 노트에서 생각의 가지들이 방사상으로 뻗어나와 있는 슈퍼 바이오컴퓨터라고 생각할 수 있다. 이 구조는 두뇌의 육체적 구조를 이루고 있는 신경망을 반영한다.

공간을 남겨두면서 저장해야 하기 때문에 새로운 것을 학습하지 않으려는 근거로 이 데이터베이스를 이용하기도 한다. 그러나 그런 변명에 걱정할 이유가 없다. 왜냐하면 파리의 마크 로젠버그Mark Rosenweig 박사의 연구에서 밝혀졌듯이 100년 동안 매초 10개의 자료 (각 자료는 단순한 단어나 이미지)를 두뇌에 집어넣는다고 해도 그것은 두뇌 저장 용량의 10분의 1도 채 사용하지 않는 것이기 때문이다.

우리의 두뇌가 이렇게 어마어마한 저장 용량을 소유할 수 있는 것은 우리 신체의 신진대사 과정을 구성하는, 믿을 수 없을 정도로 복잡하게 뒤얽혀 있는 통로 덕분이다. 신진대사가 이루어지는 통로의 작은 부분조차도 놀랄 정도로 복잡한 구조로 되어 있다(1장 '현대의 두뇌 연구', 38~43쪽 참조). 그리고 아노킨Anokhin 교수가 강조했듯이, 이 경이적인 저장 용량조차도 이미 저장되어 있는 자료를 이용해서 패턴을 만드는 두뇌의 능력과 비교하면 아주 작아 보인다(165쪽 참조). 아무리 많은 자료를 저장하고 연상결합이 이루어져도 생각의 새로운 패턴과 결합들이 방사상으로 뻗어나가는 잠재력은 그것의 100만의 4제곱 배나 된다!

새로운 자료를 통합하고 방사사고로 조직화하는 방법을 사용하면 학습은 더욱더 쉬워진다.

이 거대한 정보처리 능력과 학습 능력으로부터 마인드맵으로 표명되는 방사사고의 개념이 탄생했다.

**방사사고**('방사'란 중심체로부터 사방으로 뻗어나가거나 중심체 방향으로 움직이는 것을 의미한다) 는 중심점으로부터 뻗어나오거나 중심점으로 연결하는 연상결합적 사고 과정을 말한다. '방사'의 다른 의미로는 '밝게 빛나는' '기쁨과 희망으로 눈을 반짝이는 환한 표정', 그리 고 '유성우의 초점'('생각의 폭발'과 비슷한 표현이다) 등이 있다.

어떻게 하면 이 새롭고 흥미로운 사고 방법에 접근할 수 있을까? 마인드맵을 이용하면 된다. 마인드맵이란 방사사고의 외적 표현이다. 마인드맵은 항상 하나의 중심 이미지에서 방사상으로 뻗어나오는 구조를 가진다. 모든 단어와 이미지는 그 자체가 연상결합의 부副 중심이 되고, 전체적으로는 공통의 중심으로부터 멀어지거나 공통의 중심에 접근하는 잠 재적으로 무한한 일련의 수지상 패턴을 만들어낸다. 비록 마인드맵이 2차원적 용지에 그 려지기는 하지만 공간과 시간, 색상을 포함하는 다차원적 실재를 나타내고 있다.

이 강력한 도구를 어떻게 적용하는지를 배우기에 앞서 마인드맵을 만들어내는 두뇌의 작동 원리를 이해하는 것이 가장 중요하다. 또한 방사사고가 자연적인 것이며 사실상 모 든 인간의 두뇌에서 언제나 작용해온 무의식적인 방법이라는 것을 이해하는 것도 중요하 다. 사고 과정의 진화적 발달에서, 우리는 다차원적인 발전소를 충분히 사용하는 대신 단 한 줄기의 방사선만을 사용해온 것이다.

## 결문

방사사고를 하는 두뇌는 자신의 사고 과정의 패턴을 그대로 반영하는 방사 형태로 자신 을 표현해야 한다. 다음 장에서 보겠지만 그 형태는 바로 마인드맵이다.

# 5

# 미래형 사고

## 개요

- 서문
- 마인드맵의 정의
- 마인드맵 사용자가 말하는 마인드맵
- 결문

## 서문

이 장에서는 인간 사고의 다음 진화 단계인 마인드맵을 방사사고의 자연적 표현이라고 정의를 내린다.

## 마인드맵의 정의

MIND MAP

마인드맵은 방사사고를 표현한 것이다. 그러므로 인간 마음의 자연적 기능이다. 또한 그것은 잠겨 있는 두뇌의 잠재력으로 들어갈 수 있는 만능열쇠를 제공하는 강력한 그래픽

기술이다. 마인드맵은 실생활의 모든 면에 적용할 수 있고, 학습을 향상시키고 사고를 명료하게 하여 인간 활동의 질을 높여줄 것이다. 마인드맵은 다음과 같은 4가지 중요한 특징을 지니고 있다.

a) 주의를 집중할 주제는 중심이미지에서 구체화된다.
b) 주제에 대한 주요 테마는 중심이미지에서 나뭇가지처럼 방사상으로 뻗어나간다.
c) 연상결합으로 연결된 가지 위에 키이미지나 키워드를 올린다. 이때 덜 중요한 주제는 상위 가지에 하위 가지로 연결하여 표현한다. 즉, 중요도에 따라 상위 가지와 하위 가지로 구분하여 연결한다.
d) 가지는 마디가 서로 연결되어 있는 구조를 취한다.

마인드맵은 재미, 아름다움, 그리고 개성을 더하기 위해서 색상, 그림, 부호, 입체 등으로 효과를 더해 강조할 수 있다. 이렇게 하면 창의력과 기억력, 특히 정보를 회상하는 능력을 향상시킨다.

마인드맵은 두뇌의 저장 용량과 저장 효율을 구별할 수 있도록 도와준다. 마인드맵은 자신의 저장 용량이 어느 정도인지 실제 맵핑을 통해 파악할 수 있게 해주고, 목표를 달성하는 데 효율적일지 아닐지를 알 수 있게 해준다. 효율적으로 자료를 저장하면 저장 용량은 배로 늘어난다. 이것은 마치 잘 정리된 창고와 그렇지 않은 창고와의 차이점, 또는 책이 잘 분류되어 있는 도서관과 그렇지 못한 도서관과의 차이점 같은 것이다.

## 마인드맵 사용자가 말하는 마인드맵

5살 난 꼬마에서부터 비즈니스, 교육 등 모든 분야에 이르는 사람들까지 마인드맵을 사용하고 있는 사람들은 다음과 같이 말하고 있다.

"사고 장치Neme Machine!"('네메Neme'란 '유전자적 사고'를 의미한다)
"스스로를 관리하게 해주는 장치"
"두뇌 훈련 도구"

"마음을 비춰주는 거울"

"두뇌 보호 장치"

"두뇌 화산"

"지능 향상 장치"

"목표 위주의 사고 네트워크"

"정보 구현 장치"

"요약 장치의 축도"

"초논리적 사고의 초기 단계"

"가장 이해하기 쉬운 창의적 사고기술"

"다차원적 기억(향상)법"

"의식적 자기 관리 뇌파도"

"두뇌의 내적 사고 패턴/지도의 외적 표현"

"두뇌를 즐겁게 사용하는 방법"

"정신적 자유로 가는 통로"

"마인드맵은 두뇌가 우아하면서도 부드럽게 빠른 속도로 방대한 저장 능력을 갖출 수 있도록 해주는 대뇌피질이 지닌 모든 기능과 지능의 외적 표현"

"직선식 노트 필기는 산업 시대, 마인드맵은 우주와 정보화 시대"

또 어느 사용자는 처음으로 마인드맵을 사용했을 때의 기분을 이렇게 표현했다. "그것은 마치 평생 동안 먼지와 얼룩으로 더럽혀진 채로 달려온 자동차 앞유리를 갑자기 마인드맵이란 윈도우 브러시로 깨끗하게 청소한 것 같은 느낌이었다."

MIND MAP

이 모든 표현들은 모두 마인드맵을 적절하게 설명하고 있다. 사용자들의 이야기를 종합해 보면 마인드맵은 1차원적인 직선식 사고방식에서 2차원적인 수평적 사고를 거치고 다차원적인 방사사고로 발전하는 과정의 마지막 단계라고 표현할 수 있다.

**결문**

두뇌의 작용과 잠재력에 대한 사전 지식으로 무장한 여러분은 이제 복잡하고 난해한 대뇌피질 세계로의 여행 준비를 마쳤다. 이 여행은 여러분 두뇌의 잠재력을 표출하고 자유롭게 해줄 토대를 마련해주고, 일련의 브레인스토밍 연습을 거쳐서 마인드맵핑의 완전한 기술에 이르게 할 것이다.

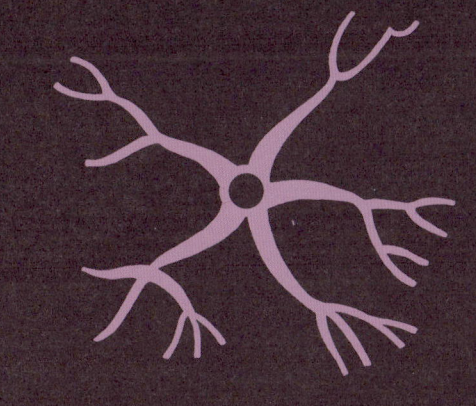

THE MIND MAP BOOK **2**부

# 마인드맵의
# 토대

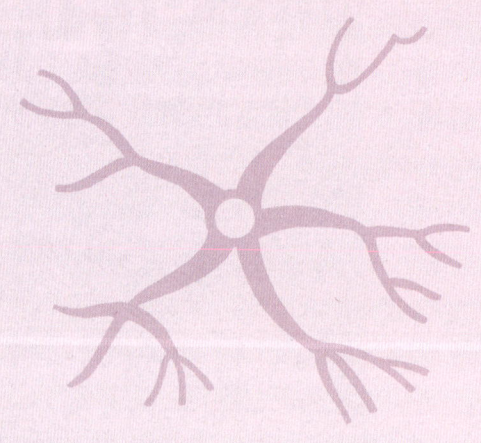

6~9장으로 이루어져 있는 2부에서는 단어와 이미지의 서로 닮은 세계를 살펴보고,
강력한 브레인스토밍과 연상결합 기술을 사용하여
잠자고 있는 두뇌의 엄청난 정신적 에너지를 어떻게 깨울 수 있는가를 보여준다.
6장부터 9장까지 읽는 동안에 여러분은 기본적인 방사사고 브레인스토밍에서
미니 마인드맵 브레인스토밍을 거쳐 마인드맵 그 자체로 안내될 것이다.

# 6

# 어휘 브레인스토밍

## 개요

- 서문
- 미니 마인드맵 어휘 연습
- 함축
- 적용
- 결문

## 서문

6장 '어휘 브레인스토밍'에서는 두뇌의 방사사고 정보처리 시스템을 심도 있게 탐구해보고자 한다. 브레인스토밍 연습을 통해 여러분은 자신뿐만 아니라 다른 사람의 독특한 개성을 보는 통찰력을 키움과 동시에 연상결합 기계로서 두뇌의 어마어마한 잠재력을 발견하게 될 것이다. 그리고 여러분은 새로운 브레인스토밍 기법과 몇몇 흥미로운 연구 결과들을 접하게 될 것이다. 특히 커뮤니케이션에 관해 더욱 깊이 이해하게 될 것이고 서로 간의 오해를 우리가 어떻게 피할 수 있는지를 알게 될 것이다.

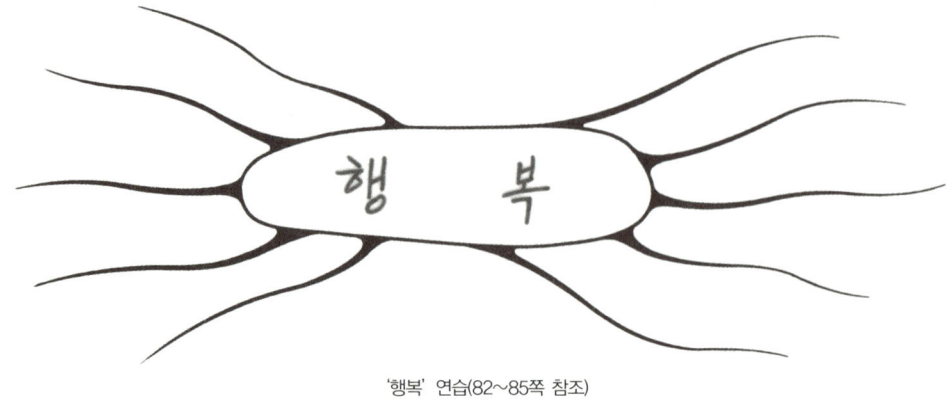

'행복' 연습(82~85쪽 참조)

## 미니 마인드맵 어휘 연습

미니 마인드맵은 마인드맵의 초기 형태다. 비록 이 미니 마인드맵이 극소화시킨 마인드맵 형태이긴 하지만 그것이 내포하고 있는 의미는 엄청나다. 다음에 제시하는 연습을 해보기 위해서는 약간의 펜과 커다란 백지 몇 장이 필요하다.

### 연습해보기

종이의 중앙에 '행복'이라는 단어를 위의 그림처럼 적고 방사상으로 가지를 10개 그리도록 하라. 그 다음 '행복'이라는 단어를 보았을 때 제일 먼저 떠오르는 연상결합 단어 10개를 재빨리 비어 있는 가지 위에 써 넣는다. 아무리 우스꽝스러운 단어라도 제일 먼저 머릿속에 떠오르는 단어를 적는 것이 중요하다. 이 연습은 테스트가 아니니 작성 시간이 1분이 넘지 않도록 하라.

혼자서 만들어도 되지만 가능하면 두세 명의 다른 사람들과 동시에 이 연습을 하라. 다른 사람들과 함께 만들 때는 자신이 연상한 단어를 다른 사람과 의논하지 마라.

### 결과 분석

결과를 분석할 때는 연습을 함께한 그룹의 각 구성원에게서 공통으로 나온 단어를 찾는다(이때 '공통'이라는 말은 정확하게 똑같은 단어를 의미한다. 예를 들면 '태양sun'과 '햇살

sunshine'은 공통어가 아니다). 결과를 확인하기 전에 먼저 연습에 참가한 전원에게서 나온 공통 단어는 몇 개인지, 단 한 사람을 제외하고 전 참가자에게 공통되는 단어는 몇 개인지, 단 한 사람만이 선택한 단어는 몇 개인지를 각자 개별적으로 예측하도록 하라.

이 연습을 끝내고 공통 단어의 개수를 확인할 때는 자신이 쓴 단어와 다른 사람들이 쓴 단어를 모두 비교해보라. 그런 다음 공통 단어의 수를 확인하고 토론해보라(만약 혼자서 이 연습에 임했다면 아래에 제시된 미니 마인드맵과 자신이 연상한 단어들을 비교해보라).

다른 사람이 공통 단어를 확인하면서 공통 단어에 밑줄을 긋거나 색상이나 부호로 표시하는 동안 각자는 교대로 자신이 연상한 단어를 읽어주도록 하라(85쪽 참조).

대부분의 사람들은 참가자 모두가 공통적으로 연상한 단어가 상당히 많고, 어느 한 개인에게만 해당되는 특이한 단어는 얼마 안 될 것이라고 생각한다. 그러나 이와 같은 연습을 수천 번 실시해본 결과, 우리는 4명으로 구성된 그룹 모두에서 공통 단어가 단 한 개도 나오기 어렵다는 것을 알았다.

이 연습에서 나온 공통 단어를 또 다른 미니 마인드맵의 중심어로 설정해서 같은 참가자 4명에게 공통 단어 연습을 반복해서 실시했더니 똑같은 결과가 나왔다. 심지어 그 공통 단어마저도 근본적으로 다른 단어에서 연상되었음을 보여주었다!

그룹을 구성하는 인원이 많을수록 그 그룹의 모든 구성원에게 공통되는 연상 단어가 나올 가능성은 더욱 희박하다(84쪽 표 참조).

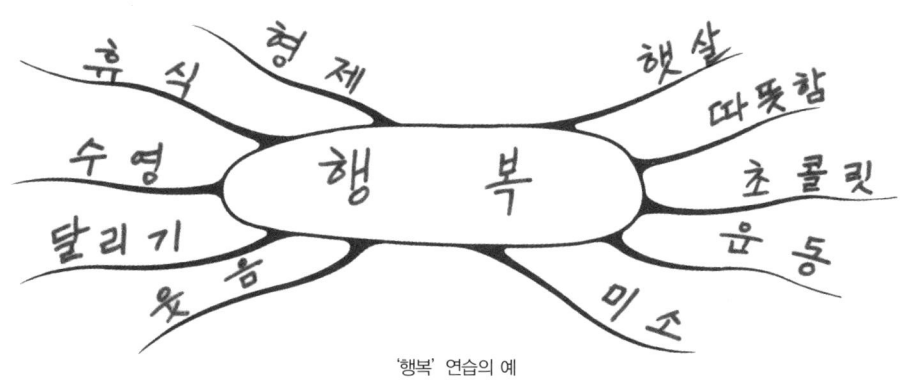

'행복' 연습의 예

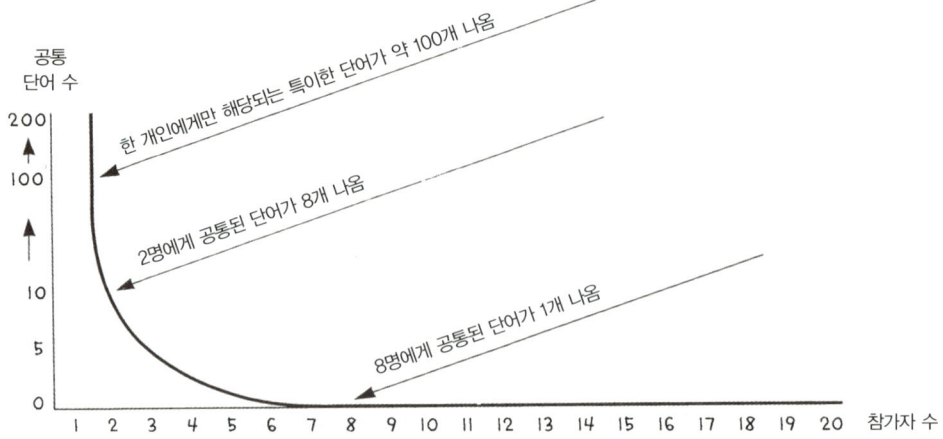

이 그래프는 인간의 사고 네트워크가 각자 믿을 수 없을 정도로 독특하다는 것을 보여준다. 참가자 수가 많을수록 공통 단어의 수는 줄어든다.

## 비슷한 연습의 또 다른 결과

'행복' 이라는 단어로 실시한 이 연습은 어떤 단어로 시도하더라도 마찬가지 결과를 초래한다. 예를 들어 출신 환경이 모두 비슷한 40~50대 은행지점장 그룹을 대상으로 해서 '달리다' 라는 단어로 똑같은 연습을 해보았다. 예상대로 4명 전원이 공통적으로 선택한 단어는 하나도 없었다. 3명에게서 나온 공통 단어는 단 하나였고, 2명에게서 나온 공통 단어는 몇 개 있었다. 그리고 대부분의 단어는 각 참가자 개인에게만 해당되는 특이한 단어였다.

이 결과에 대해 참가자들은 '달리다' 라는 중심 단어가 그들의 주요 관심사에 해당되는 단어가 아니기 때문에 이 연습은 공정하지 않다고 불만을 토로했다. 주요 관심사에 해당되는 단어였다면 훨씬 더 많은 공통 단어가 나왔을 것이라고 그들은 말했다.

그래서 '달리다' 라는 단어 대신 '돈' 이라는 단어를 중심어로 채택해서 다시 한 번 연습을 실시했다. 놀랍게도 그 결과는 공통 단어가 첫 번째 연습보다 훨씬 적게 나왔다.

오른쪽의 복합세로좌표는 4명을 구성원으로 하는 세 그룹이 '달리다' 라는 단어의 연상결합 단어를 기록한 결과다. 색상 부호는 개인별로 한 개 이상의 공통 단어를 표시하는 데 사용된다.

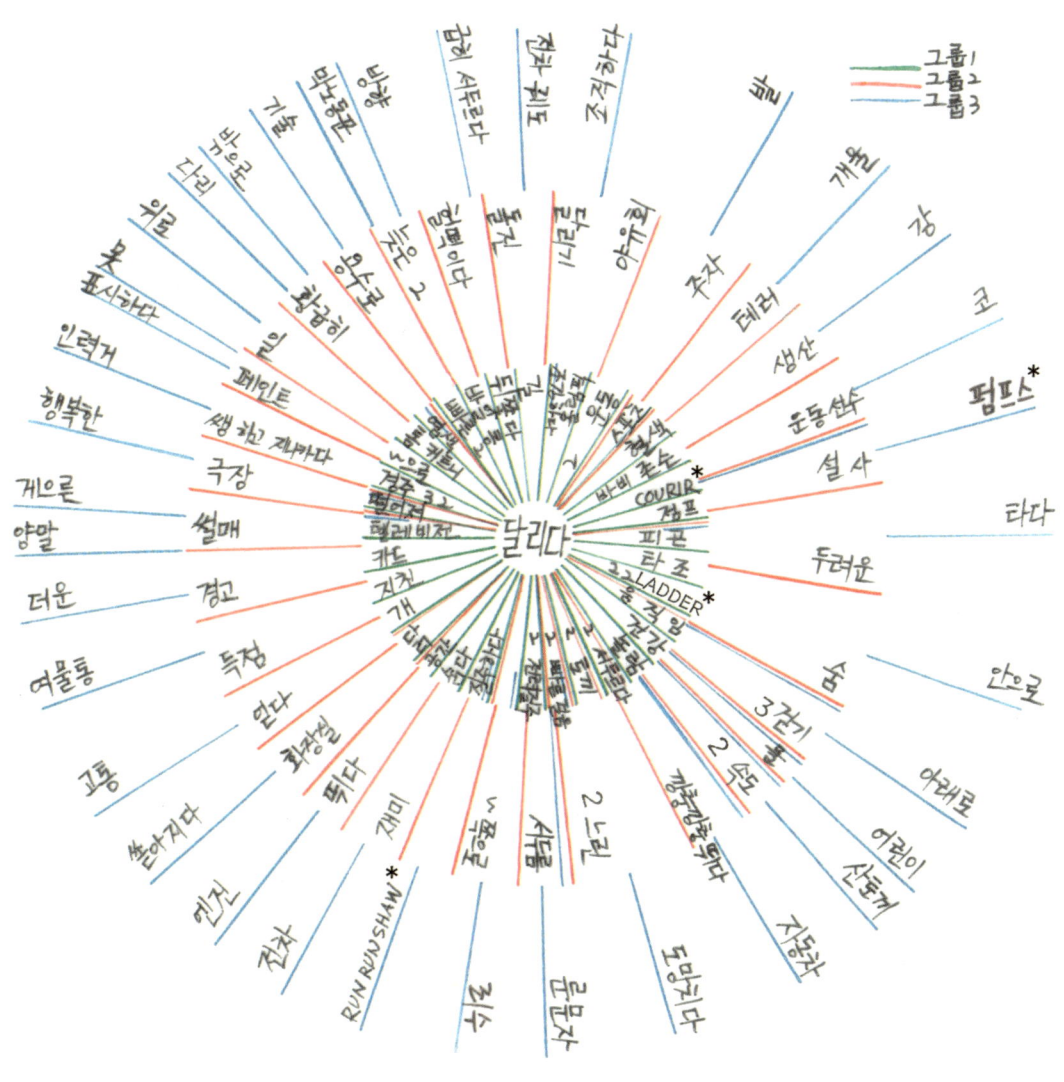

* courir: '달리다'란 뜻의 프랑스어
* 펌프스: 무용 · 운동 선수들이 신는 신발
* RUN RUN SHAW: 중국 출신의 사람 이름
* LADDER: 스타킹의 올이 풀린 곳을 뜻하는 영국식 영어.
　　　　　　미국식 영어로는 'RUN(달리다)'이다.

위의 '달리다' 복합세로좌표는 4명을 구성원으로 하는 세 그룹이 공통 단어를 찾아 기록한 것이다(84~86쪽 참조).

이 실험 결과는 교육을 많이 받은 사람일수록 복제 인간처럼 되어갈 것이라는 일반적인 오류를 반박한다. 방사사고는 교육을 많이 받은 사람일수록 오히려 그들의 방대하게 커져 가는 연상결합 네트워크가 더욱 독특하게 변한다는 사실을 증명해준다.

## 함축

### 인간이 지닌 연상결합기의 어마어마한 잠재력

의식적으로든 무의식적으로든 우리가 지금까지 받아들인 모든 시각, 청각, 후각, 미각, 촉각 등의 감각은 수백만 개의 연상결합이 방사상으로 발산되어 퍼져나오는 하나의 중심체와 같다는 사실을 생각해보자. 그리고 이제 이 모든 연상결합들을 기록하려 한다고 생각해보라. 어떤 단어를 기록할 때마다 이미 기록한 단어에 대한 다른 생각이 떠오를 것이기 때문에 그것은 불가능한 일이다. 그러면 어쩔 수 없이 기록해야만 하고 그 단어에 대한 또 다른 연상결합이 또 일어날 것이다. 이렇게 연상결합은 끝없이 일어난다. 인간의 두뇌가 만들어낼 수 있는 연상결합의 수가 무한정인 만큼 인간의 창의적 사고의 잠재력도 마찬가지로 무한하다. 보통 인간의 두뇌는 이미 생성된 연상결합의 100만의 4제곱 배의 연상결합이 더 일어날 수 있다. 이렇게 방대한 네트워크를 우리는 기억력 또는 개인 도서관, 더 나아가서는 완전한 의식적 자아와 잠재의식적 자아라고 부른다.

### 연상결합은 사람마다 독특하다

주어진 단어나 이미지, 개념에 대한 공통된 연상결합이 그렇게 드물다는 사실은 우리 모두가 신비하고 불가사의할 정도로 서로 다르다는 것을 의미한다. 달리 말하자면 모든 인간은 지금까지 알던 것보다 훨씬 더 개성적이고 독특하다. 지금 이 순간 이 문장을 읽고 있는 여러분은 과거와 현재, 그리고 미래의 어떤 누구와도 공유하지 않는 수백만조 개의 연상결합들을 두뇌 속에 담고 있다.

독특한 광물을 발견하면 우리는 그것을 '보석' '귀중한' '값을 헤아릴 수 없는' '값비싼' '보물' '희귀한' '아름다운' '비할 데 없는' 등으로 표현한다.
지금까지 밝혀진 연구 결과를 본다면 이런 말로 표현해야 할 대상은 바로 우리 자신과 우리와 같은 인간이다.

## 적용

사람마다 연상결합이 서로 다르고 독특하다는 것은 많은 이점을 지닌다. 예를 들면, 브레인스토밍이나 문제해결을 해야 하는 상황에서는 다양한 의견이 많으면 많을수록 좋다. 그러므로 각 개인이 하는 서로 다른 연상결합들은 브레인스토밍이나 문제해결 과정에서 매우 중요한 역할을 한다.

좀 더 폭넓은 사회적인 맥락에서는 '비행을 저지르는' '비정상적인' '별난' 행동이 종종 '일반적 기준에서 벗어나는 적당한 일탈은 창의성을 유발한다'는 새로운 시각으로 오늘날 긍정적으로 인식되고 있다. 그리고 실제로 이를 토대로 많은 사회적 문제들이 해결된다.

또한 이러한 연상결합 연습의 결과는 사람을 개인보다는 그룹으로 볼 때 빠지기 쉬운 위험성을 강조하고 있다. 개인의 독특한 개성을 인정하면 개인적·사회적 오해와 갈등을 해소하는 데 도움이 될 수 있다.

연상결합 연습은 '재능 있는' 사람들이나 이미 '보통' 사람이라고 간주된 사람들 모두 무한한 잠재력을 지니고 있다는 것을 입증해주었다. 그래서 스스로 설정한 정신적 한계에서 수십억의 사람들이 자유로울 수 있도록 해주었다. 단순히 '행복' 연습을 실행해봄으로써 누구나 두뇌 파워의 순간적인 폭발을 경험할 수 있다.

런던의 빈민가에 살고 있는 여덟 살 난 어느 소년의 경우가 바로 그랬는데, 그 소년은 선생님뿐만 아니라 스스로도 자신을 저능아로 생각하고 있었다. 그 소년이 '행복' 연습을 마친 후 나는 그가 써놓은 10개의 단어에서 더 떠오르는 연상결합 단어가 혹시 있느냐고 물어보았다. 소년은 잠시 머뭇거리더니 2개의 연상결합 단어를 더 적었다. 그러고는 반짝이는 눈으로 나를 올려다보고 물었다. "계속해도 될까요?"

"물론이지" 하고 내가 대답하자, 소년은 처음으로 바다에 뛰어든 사람처럼 머뭇거리면서 떠오르는 단어를 쓰기 시작했다. 그러다가 드럼을 치듯 점차 빠른 박자로 연상결합 단어들을 쏟아내기 시작했다. 소년은 점점 정열적이고 활기에 찬 행복한 모습으로 변해갔고, 종이를 연상결합 단어로 모두 다 채웠을 때 마침내 소리쳤다. "나는 똑똑해! 나는 똑똑해!" 소년의 말이 옳았다. 소년은 저능아가 아니라 교육을 제대로 받지 못했던 것이다.

MIND MAP

> 방사사고의 본질을 이해하면 통찰력을 얻을 수 있다. 이해의 본질뿐만 아니라 오해의 본질도 볼 수 있는 통찰력을 지니게 되어 커뮤니케이션에서 우리를 괴롭히는 수많은 감정적 · 논리적인 함정을 피할 수 있게 된다.

이 책의 본문에서 소개하는 브레인스토밍은 마인드맵으로 나아가는 첫걸음이다. 브레인스토밍 연습은 여러분의 연상결합 능력이 완전한 방사사고로 발전하도록 준비를 갖추고 조율한다.

### 결문

두뇌의 방사사고 능력을 단어라는 '좌뇌 기능'에 적용할 수 있다면 상상과 이미지라는 '우뇌 기능'에도 똑같이 적용할 수 있을까? 다음 장에서는 이 질문에 대해 알아보기로 하자.

자연구조 도판 9

# 7 이미지 브레인스토밍

## 개요

- 서문
- 이미지의 힘
- 미니 마인드맵 이미지 연습
- 결문

## 서문

이 장에서는 최근 전 세계 전문가들을 깜짝 놀라게 했던 두뇌 연구 결과에 대해 다룬다. 이 연구 결과는 이 장에서 소개하는 실제 연습과 더불어 대부분의 사람들 속에 잠자고 있는 방대한 상상력 창고에 접근할 수 있게 해준다.

## 이미지의 힘

†1970년 〈사이언티픽 아메리칸Scientific American〉 지에 랄프 하버Ralph Haber 박사가 실시한 아주 흥미로운 실험 결과가 발표됐다. 하버 박사는 피실험자에게 10초마다 1장씩

총 2560장의 사진 슬라이드를 보여주었다. 피실험자가 그 슬라이드를 모두 다 보는 데는 대략 7시간이 걸리지만, 보는 시간은 매일 몇십 분씩 여러 날에 걸쳐 나누어졌다. 마지막 슬라이드를 보고 한 시간이 지난 후 피실험자들은 이미지 인식 능력을 테스트 받았다.

각 피실험자들에게 다시 2560장의 슬라이드 두 세트를 보여주었는데, 이 중 한 세트는 그들이 봤던 슬라이드이고 다른 세트는 그들이 본 적은 없지만 본 것과 유사한 슬라이드였다. 그들의 인식 능력의 정확도는 평균 85~95퍼센트였다.

정보를 수용하고 저장하고 회상하는 메커니즘 측면에서는 두뇌가 그 무엇과도 비교할 수 없을 정도의 정확성을 지니고 있음을 확인한 하버 박사는, 두뇌가 지닌 인식 능력의 속도를 알아보기 위한 두 번째 실험을 시행했다. 이 실험에서는 매초 한 장의 슬라이드를 보여주었다. 그 결과는 놀랍게도 똑같이 나왔다. 두뇌는 기억하고 회상하는 비상한 능력을 지녔을 뿐만 아니라 믿을 수 없을 정도의 빠른 속도에서도 정확성을 잃지 않는다는 사실이 입증된 것이다.

여기에서 더 나아가 하버 박사는 세 번째 실험을 했다. 슬라이드는 그대로 매초 한 장씩 보여주지만 이번에는 모든 그림을 경상(鏡像: 거울에 비친 모습처럼 좌우대칭의 이미지를 말한다–옮긴이)으로 보여주었고, 결과는 역시 마찬가지였다. 이는 두뇌가 3차원 공간에서도 이미지를 빠른 속도로, 그리고 효과적으로 조절할 수 있다는 것을 보여주는 것이다.

MIND MAP

> 실험 결과에 대해 하버 박사는 다음과 같이 결론을 내렸다.
> "시각적인 자극을 준 이 실험들은 두뇌의 이미지 인식 능력이 본질적으로 완벽하다는 것을 보여준다. 2500장의 슬라이드가 아니라 2만 5000장의 슬라이드를 보여줬더라도 결과는 마찬가지였을 것이다."

또 다른 연구자인 R. S. 니커슨Nickerson도 〈캐나다 심리학 저널Canadian Journal of Psychology〉에 초당 600장의 사진을 피실험자에게 보여준 실험 결과를 발표했다. 사진을 보여준 직후 이미지 인식 능력 테스트를 실시했더니 그 정확도가 98퍼센트나 되었다!

하버 박사처럼 니커슨도 사진의 수를 600장에서 1만 장까지 늘려 추가 실험을 했다. 중요한 점은 니커슨이 1만 장의 사진 모두 마인드맵에서 사용된 이미지처럼 눈에 잘 띄고 기억에 남을 만큼 '생생한' 이미지를 선택하여 강조했다는 사실이다.

이렇게 생생한 사진을 본 피실험자들은 99.9퍼센트의 정확성을 이룩했다. 1만 장이 아니라 100만 장의 사진을 보여줬더라면 지루하고 피곤한 상태를 고려한다 하더라도 피실험자들은 98만 6300장을 인식했을 것이고, 그 정확도는 98.6퍼센트에 달했을 것이라고 니커슨과 그의 동료들은 예측했다.

MIND MAP

〈실험 심리학 저널Quarterly Journal of Experimental Psychology〉 계간지에 실린 '1만 장의 이미지 학습'이라는 기사에서 라이오넬 스탠딩Lionel Standing은 "두뇌가 이미지를 인식하여 기억하는 능력은 거의 무한하다"라고 말했다.

'백문이 불여일견'이라는 속담도 있듯이 이미지가 수많은 말보다 가치 있는 이유는 색상, 형태, 선, 입체, 구조, 시각적 리듬, 그리고 특히 상상력(라틴어 imaginari에서 파생된 단어로, 말 그대로 '마음속의 이미지'라는 의미다) 등과 같은 두뇌 기능의 방대한 영역을 사용하기 때문이다.

따라서 이미지는 단어보다 훨씬 더 자극적이고 더욱 정확하면서도 강력하게 폭넓은 연상결합을 불러일으킴으로써 창의적 사고나 기억력을 높인다. 이는 노트 작성과 노트 필기의 95퍼센트 이상이 이미지의 이러한 장점들을 모두 배제한 채 이루어진다는 것이 얼마나 바보 같은지를 보여준다.

이렇게 이미지가 배제된 이유는 부분적으로는 주요 정보 전달 수단으로서의 단어의 기능을 지나치게 강조했기 때문이다. 하지만 그보다는 많은 사람들이 자신은 이미지를 창조해낼 능력이 없다는 잘못된 믿음을 갖고 있는 것이 주요 원인이다.

베티 에드워즈Betty Edwards 박사, 로레인 질Lorraine Gill 같은 예술가들을 포함해서 나를 비롯한 다른 많은 연구가들이 30여 년에 걸쳐 이 분야에 대한 연구를 계속해왔다. 이와 같은 연구의 일환으로 행해진 실험들에서 25퍼센트의 피실험자들이 자신은 시각화 능력이 없다고 말했고, 90퍼센트 이상이 천부적으로 그리기나 미술에 소질이 없다고 믿고 있었다. 그러나 곧이어 이루어진 실험에서 정상적인 두뇌(유전적으로나 육체적으로 손상을 입지 않은 두뇌)를 가진 사람이라면 누구나 미술을 전공하는 학생의 수준으로 그림을 그릴 수 있다는 것이 밝혀졌다(아래 그림을 보라).

그렇다면 왜 그렇게 많은 사람들이 자신에게는 이미지를 창조하는 능력이 없다고 생각하는 걸까? 두뇌는 항상 지속적인 시도를 통해서 성공한다는 것을 이해하지 못하고 한 번 시도해보고 실패하면 자신은 천부적으로 재능이 없다고 판단하여 그것이 자신의 진정한 재능의 척도라고 착각하기 때문이다. 이것은 결국 자연스레 화려한 꽃을 피울 수 있는 두뇌 기능이 꽃망울을 틔우기도 전에 시들어 죽도록 내버려두는 꼴이다.

✝ 코슬린S. M. Kosslyn은 저서 《마음이란 장치에 나타난 유령Ghosts in the Mind's

왼쪽 그림 : 오른손잡이인 토니 부잔이 오른손으로 그린 것 중 가장 잘 그린 그림
오른쪽 그림 : 토니 부잔이 왼손으로 그리는 훈련을 한 후 2시간 뒤에 왼손으로 그린 그림

Machine》에서 "우리가 행한 대부분의 이미지 실험에서 사람들은 훈련으로 이미지 능력을 분명 향상시킬 수 있다"고 말했다.

마인드맵은 이처럼 뛰어난 시각화 능력을 다시 한 번 일깨워준다. 마인드맵에서 두뇌는 잠자던 이미지 능력을 계발한다. 그래서 사고력, 지각 능력, 기억력, 창의력 등을 계발하고 자신감을 키운다.

우리가 일반적으로 잘못 인식하고 있는 다음 2가지 믿음은 오늘날 여러분의 시각화 기능을 심각하게 제약하고 있다.

1 이미지와 색상은 원시적인 것이고, 아이들이나 하는 유치하고 미숙하며 무의미한 것이다.
2 이미지를 창조하고 재현하는 능력은 신이 극소수에게만 부여한 재능이다(사실은 신이 모든 사람에게 부여한 재능이다!).

인간의 두뇌를 더욱 완벽하게 이해하게 되면 이미지 기능과 단어 기능 사이에 새로운 균형이 확립되어 있음을 깨닫게 된다. 이러한 사실은 컴퓨터 산업에서는 단어와 이미지를 함께 연결하여 다루는 것을 가능케 하는 기계 장치의 개발에 반영되었고 개인적 차원에서는 마인드맵을 탄생시켰다.

## 미니 마인드맵 이미지 연습

자신의 시각적 '두뇌 근육 조직'을 키우려는 사람들에게 추천하는 이 연습은 앞 장에서 다룬 '행복' 연습과 비슷하다. 단어가 아닌 이미지가 중앙에 놓인다는 것과 10개의 가지 위에도 처음 떠오른 생각을 이미지로 그린다는 점이 다르다.

이 연습은 혹시 '좋지 않은' 이미지를 그리게 되면 어쩌나 하는 심리적 부담을 극복하는 것이 매우 중요하다. 제일 처음 그린 이미지가 아무리 '좋지 않은' 것처럼 보이더라도 인간 두뇌는 시행 성공(시행착오가 아닌)의 본능을 지니고 있기 때문에 처음에 그린 그림들은 단순한 첫 번째 시도 단계의 형체일 뿐이고 그 단계에서 지속적이고 필수적인 발전이 이루어진다.

반다 노스Vanda North의 미니 마인드맵 이미지 연습 예(94~97쪽 참조)

이미지 연습의 시작으로 추천할 만한 좋은 중심이미지는 '우리 집'이다. 그 이유는 이미지를 풍부하게 떠올려 연상하기가 쉽기 때문이다.

## 이미지 연습의 목적

이 시각적 연상결합 연습의 목적은 다음과 같다.

1 두뇌의 엄청난 시각적 능력을 자유롭게 한다.
2 강조와 연상결합을 도와주는 이미지 사용을 통해 기억력의 저장 능력과 회상 능력을 높인다.
3 단순히 이미지 그 자체를 즐기는 심미적 즐거움을 키운다.
4 학습 시 이미지 사용에 대한 거부감을 줄인다.
5 두뇌의 긴장 완화를 도와준다.
6 레오나르도 다 빈치와 같은 위대한 예술가나 사상가들이 활용한 뛰어난 시각화 능력과 지각 능력을 개발한다.

## 실제의 이미지 연상결합

여기 이미지 연상결합이 실제로 어떻게 일어나는가를 보여주는 재미있고 유익한 예가 하나 있다.

어른들이 참석하는 어느 세미나에 한 참가자가 다섯 살 난 아들을 데리고 왔다. 알렉산더Alexander라는 이름의 이 꼬마는 이제 겨우 몇 개의 철자를 익혔을 뿐이었다. 그런데 그 꼬마는 자신도 이미지 연습에 참여해보고 싶다고 막무가내로 떼를 쓰는 것이었다. 어른들의 반발에도 불구하고 꼬마는 마침내 허락을 받아냈다.

알렉산더는 이전에 여러 번 들은 적이 있는 인간의 두뇌를 중심이미지로 선택했다. 그리고 다음과 같이 큰 소리로 연상되는 이미지를 말하기 시작했다.

"자, 어디 보자. 나의 두뇌가 지금 무엇을 하고 있나? …… 아, 그렇군. 질문을 하고 있네!"

그렇게 말하면서 그 꼬마는 물음표와 비슷한 이미지를 그리고는 계속 말했다.

"두뇌가 또 무엇을 하고 있지? …… 아, 그렇지. 친구를 사귀었군!"

그러면서 꼬마는 재빨리 두 개의 손이 서로 맞잡고 있는 작은 이미지를 그렸다.

"또 무엇을 하고 있지?"

"아, 그렇군. '고맙습니다' 라고 말하고 있네!"

그렇게 말하면서 그 꼬마는 자그마한 봉투를 그렸다. 새로운 이미지를 떠올릴 때마다 꼬마는 의자에서 껑충껑충 뛰면서 기뻐했고 커져가는 즐거움을 만끽했다.

"그리고 또 무엇을 하고 있지?…… 아, 그래. 엄마와 아빠를 사랑하고 있네!"

그 꼬마는 작은 하트 모양을 그렸다. 한순간도 머뭇거리지 않고 그 꼬마는 빠른 속도로 10개의 시각적 연상결합들을 만들어낸 것이었다. 너무나도 자연스럽게 방사형으로 흐르는, 솔직하고 멋진 두뇌의 연상결합 작용이었다.

## 연습하기

타고난 이미지 연상결합 능력에 대한 모든 정보를 얻었으면 단어 연상결합 연습과 똑같은 방법으로 '우리 집' 이라는 개념에 대한 자신의 중심이미지를 만들고, 마음속에 떠오르는 이미지를 덧붙여 그려라(아니면 95쪽에 제시된 것과 비슷하게 그려도 좋다).

## 결문

서로 다른 두뇌 기능을 사용하는 단어와 이미지 브레인스토밍 연습을 끝냈으면 이제 단어와 이미지라는 두 세계를 하나로 통합하는 것이 필요하다. 다음 장에서는 기초적인 브레인스토밍에서부터 마인드맵으로의 여행을 계속할 것이다.

자연구조 도판 10

# 8 브레인스토밍에서 마인드맵핑으로

## 개요

- 서문
- 연상결합 능력 확장
- 연습
- 결문

## 서문

6장에서 '행복' 연습으로 시작했던 과정을 8장에서 계속한다. 8장은 미니 마인드맵 단계에서 시작해서 자신이 원하는 크기의 마인드맵으로 확장하는 방법을 보여줌으로써 완전한 마인드맵 경지의 초입까지 여러분을 안내한다.

## 연상결합 능력 확장

다음 단계는 이미 주어진 가이드라인을 따라가면서 원래의 '행복' 연습을 확장하는 것이다.

'행복'이라는 중심 개념에서 10개의 독창적인 단어나 이미지가 방사상으로 뻗어나온 것과 같은 방법으로 10개의 단어들 하나하나에서도 방사상으로 연상결합을 할 수 있다.

10개의 단어나 이미지에서 각각 '자유연상결합'을 시도하면서 떠올린 단어의 길이만큼 빈 가지를 그리고 단어를 가지 위에 올린다. 그러면 그 단어가 또 다른 중심이 되어 새로운 연상결합이 일어난다. 이렇게 계속해나가면 102쪽에 제시된 그림과 같은 연상결합의 어휘 마인드맵 수형도樹形圖를 만들 수 있다.

그림을 살펴보면 제일 처음 '행복'이라는 중심 개념에서 뻗어나온 10개의 단어들은 하위 가지의 단어보다 좀 더 큰 글씨로 표현되어 있고, 가지의 굵기도 더 두꺼운 것을 알 수 있다. 이는 제일 처음 마음속에 떠오른 10개의 핵심 개념이 중요하다는 것을 강조하기 위한 것이다. 이렇게 미니 마인드맵에서 단어들을 서로 연결해나가다 보면 더욱 정교해지면서 기억력은 저절로 향상된다.

†1985년에 앤더슨Anderson과 팔머터Parlmutter는 기억에 관한 흥미로운 실험을 했다. 그들은 피실험자들에게 중심 단어들을 보여주고, 주어진 철자로 시작하는 연상결합 단어들을 만들어내도록 했다.

예를 들어 첫 번째 그룹에게는 단어에 하나의 철자를 덧붙인 '개(dog-c), 뼈다귀(bone-m)'라는 중심 단어를 차례로 보여주었다. 그리고 두 번째 그룹에게는 '도박꾼(gamble-c), 뼈다귀(bone-m)'를 차례로 보여주었다. 그렇게 한 다음 그들은 피실험자들이 '고기(meat)'라는 단어를 생성해내는 속도를 측정했다. 첫 번째 그룹 사람들의 속도가 훨씬 빨랐다. 이미 제시된 '개(dog)'라는 선행 단어가 '개(dog)-뼈다귀(bone)-고기(meat)'라는 기억 연결을 촉진시켰기 때문이었다. 이 실험의 관찰 결과로 앤더슨과 팔머터는 다음과 같이 발표했다.

MIND MAP

"기억은 반응을 촉진하는 과정에서 일어나는데, 그 과정은 단어에서 연결을 통해 연상결합된 단어로 널리 퍼져나간다."

## 연습

잠시 102쪽 마인드맵을 보자. 앞서 제시했던 10개의 연상결합 단어에 연상결합 단어를 더 확장하여 만들어보라. 10개의 연상결합 단어마다 1분씩, 총 소요 시간은 10분이 주어진다.

이 연습을 완성할 때쯤이면 자신의 미니 마인드맵에는 두 번째, 세 번째, 네 번째 가지가 생겨날 것이다. 이 단계까지 이르면 가지는 끊이지 않고 영원히 계속 만들 수 있다는 것을 깨닫게 될 것이다!

이 연습은 적절한 기법을 사용하기만 한다면 두뇌는 무한한 창의력을 쏟아낼 수 있다는 것을 보여주고 있다.


## 결문

이미지와 단어 연상결합 능력을 연습하고 통합하고 확장해온 여러분은 이제 대뇌피질의 전 영역과 마인드맵 자체에 있는 두뇌 기능을 표현할 준비가 되어 있다.

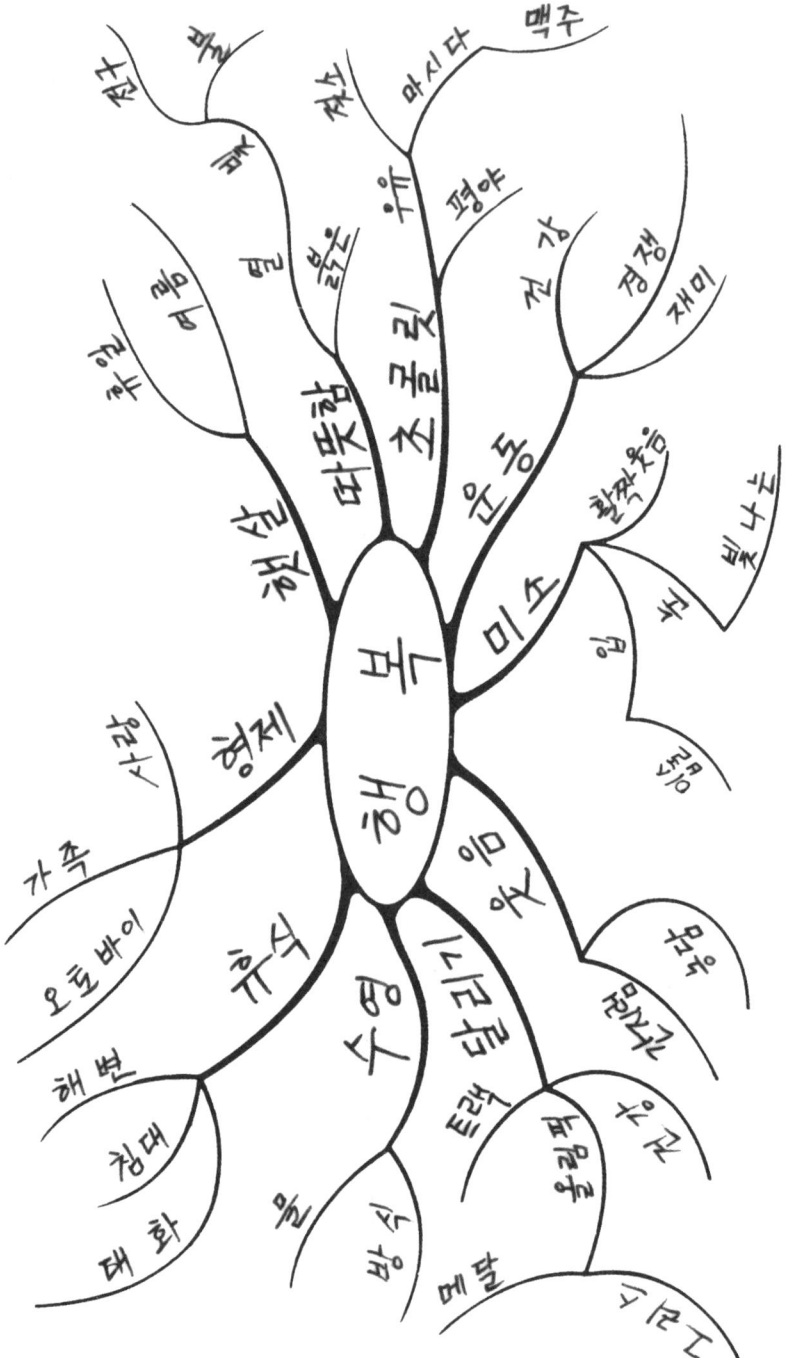

조기의 '행복' 연습을 기본적인 어휘 마인드맵으로부터 확장한 마인드맵

자연구조 도판 11

# 9 마인드맵핑

## 개요

- 서문
- 두뇌 기능의 전 영역 활용
- 마인드맵의 위계적 조직화와 범주화
- 마인드맵퍼의 마음속 여행 – 첫 번째
- 마인드맵의 함축적 의미
- 마인드맵퍼의 마음속 여행 – 두 번째
- 위계적 조직화와 범주화에 관련된 세부 사항
- 위계적 조직화, 범주화, 주개념의 장점
- 직선식 노트 작성과 노트 필기에서 마인드맵이 갖는 장점
- 결문

## 서문

이 장에서는 자신의 사고를 정리하고 구조화하는 기법을 여러분에게 소개하고자 한다. 그리고 '마인드맵을 하고 있는 사람의 마음속 여행'을 통해 마음속에서 일어나는 마인드

맵핑 과정을 보여줄 것이다. 또한 두뇌의 무한한 연결 능력과 창조 능력에 대해 좀 더 구체적인 증거를 제시할 것이다.

## 두뇌 기능의 전 영역 활용

중심 단어를 중심이미지로 대체해보거나 단어 대신 어느 곳에서나 적절하게 이용할 수 있는 이미지를 사용해보면, 마인드맵의 완전한 힘이 어느 정도인지 알 수 있다. 단어와 이미지라는 두 가지 대뇌피질 기능을 결합하면, 특히 자신만의 이미지를 만들어낼 때 지적 능력이 배가된다.

†1989년에 매틀린W. M. Matlin이 이를 입증하는 실험에 대해 설명했다. 그 실험은 이미지가 학습에 미치는 효과를 알아보기 위해 16년 전에 불Bull과 휘트록Whittrock에 의해 시행된 것이었다. 불과 휘트록은 9~10세의 아이들에게 두뇌, 잡지, 걱정, 진실 등과 같은 단어를 학습시켰다. 우선 아이들을 세 그룹으로 나누어 1그룹에 소속된 아이들에게는 단어와 그 뜻을 읽은 다음, 단어와 뜻을 쓰고 단어와 뜻 둘 다에 해당하는 자신만의 이미지를 만들어 그리게 했다. 2그룹 아이들에게는 1그룹과 똑같은 과정이지만 자신만의 이미지를 만드는 대신 단어의 그림만을 그리게 했다. 3그룹에 소속된 아이들에게는 단어와 그 뜻을 반복해서 적게만 했다. 일주일 후에 아이들은 단어와 그 뜻을 얼마만큼 기억해낼 수 있는지 테스트를 받았다. 단어와 그 뜻에 대한 자신만의 이미지들을 만들어 그렸던 1그룹의 아이들이 월등히 좋은 성적을 냈다. 반면 어떠한 그림도 그리지 않았던 3그룹의 아이들이 결과가 가장 좋지 않았다.

이것은 마인드맵이 무엇과도 비교할 수 없는 적합한 학습 도구라는 것을 입증해준다. 마인드맵은 이미지를 사용할 뿐만 아니라 마인드맵 그 자체가 이미지다.

MIND MAP

마인드맵은 타의 추종을 불허하는 독자적이고도 강력한 기법으로 단어, 이미지, 숫자, 논리, 리듬, 색상, 공간지각 등 모든 두뇌 기능 영역을 활용한다. 마인드맵의 이러한 특징은 한없이 넓은 두뇌 세상을 맘껏 둘러보는 자유를 제공한다.

## 마인드맵의 위계적 조직화와 범주화

방대한 두뇌의 힘을 컨트롤하고 적용하기 위해서는 자신의 사고와 마인드맵을 위계적 조직화와 범주화를 사용하여 구조화할 필요가 있다. 그 첫 번째 단계가 생각의 기본 질서를 이루는 자신의 주개념(원문에는 Basic Ordering Ideas, 즉 BOIs라 표현했지만, 편의상 이하 본문에서는 모두 '주개념'이라 표현하기로 한다. 여기서 '주개념'은 마인드맵의 형식적인 측면에서 본다면 주가지에 해당된다 – 옮긴이)을 식별해내는 것이다.

주개념은 많은 다른 개념들이 그 안에서 조직화될 수 있는 핵심 개념을 말한다. 예를 들면 '기계'라는 단어는 매우 방대한 범주를 가지고 있는데, 그중 하나가 '차량'이다. 이 '차량'도 방대한 범주를 가지고 있으며, 그중 하나가 '자동차'다. '자동차'에는 또 포드와 같은 많은 종류가 있고, 그 차종은 다시 여러 가지 모델들로 분류될 수 있다.

이와 같은 관점에서 본다면 '기계'는 포드 자동차보다 훨씬 강력한 단어다. 왜냐하면 '기계'는 막대한 양의 정보 범위를 포함하고 있으면서 잠재적으로 그 정보를 구조화하고 있기 때문이다. 즉, '기계'는 일련의 범주를 나타낼 뿐만 아니라 기계 자체에 종속되는 위계적 질서를 갖고 있다.

이와 마찬가지로 이 위계적 조직화는 더 높은 개념 단계로까지 확대될 수 있다. 예를 들면 '기계'는 '가공품'의 하위 범주 중 하나다. 이러한 강력한 단어들, 즉 주개념은 창조적 연상결합 작용을 유발하고 조종하는 키다. 다른 식으로 표현하자면, 어떤 주제에 관해 책을 쓴다면 그 주개념은 책의 장 제목이 되는 것이다.

†1969년에 보어Bower, 클라크Clark, 리스골드Lesgold, 윔젠즈Wimzenz가 수행한 연구는 기억에서 위계적 조직화가 얼마나 중요한가를 보여주는 것이었다. 이 실험에서 그들은 피실험자들을 두 그룹으로 나누고, 28개의 단어가 적혀 있는 4장의 카드를 각 그룹에게 보여주었다.

첫 번째 그룹의 사람들에게는 위계적으로 조직화된 단어들을 보여주었다. 예를 들면, '악기'라는 단어를 제일 위쪽에 두고, 그 아래로 '현악기'와 '타악기'라는 단어를 두는 트리 구조로 단어들을 가지로 연결했다. 다음 단계로 '현악기' 아래에는 '바이올린' '비올라' '첼로'를 연결했고 '타악기' 아래에는 '팀파니' '케틀드럼' '봉고' 등을 연결했다.

두 번째 그룹의 사람들에게는 첫 번째 그룹과 똑같은 단어이지만 순서가 제멋대로 배열되어 있는 카드를 보여주었다. 이제는 여러분도 어느 정도 예상하겠지만, 위계적으로 조직화된 단어들을 보았던 첫 번째 그룹이, 똑같은 단어이지만 무작위 순서로 구성된 단어들을 보았던 두 번째 그룹의 사람들보다 훨씬 좋은 결과를 나타냈다.

## 마인드맵퍼의 마음속 여행 – 첫 번째

이 여행은 한 개인의 마음속으로 들어가 행복의 본질에 관한 그 사람의 생각을 엿볼 수 있는 좋은 기회다. 이 과정에서 여러분은 지금까지 배운 모든 마인드맵 기법과 몇 가지 새로운 기법을 적용해볼 기회도 가질 것이다.

이제 어느 마인드맵퍼(마인드맵을 하는 사람을 가리키는 말로 흔히 마인드맵퍼Mind Mapper라고 한다 – 옮긴이)의 마음속으로 들어가보자.

이 마인드맵퍼는 행복이라는 개념을 나타내는 중심이미지에서부터 시작한다. 중심이미지는 적어도 3가지 이상의 색상을 사용하여 입체적으로 표현한다.

그의 마음속에 제일 먼저 떠오르는 첫 번째 주개념은 '활동'이다. 이 단어는 중심이미지에 굵게 곡선으로 연결되어 있는 가지 위에 커다란 글자로 적는다. 가지의 길이는 단어의 길이와 비슷하도록 만든다.

요트, 심장, 달리는 사람 등의 모습과 '나눔'이라는 단어 등이 떠오르면서 '활동'이라는 개념에서 방사상으로 연상결합의 물보라가 빠르게 퍼져나간다.

마인드맵퍼의 두뇌는 이제 또 다른 주개념 '사람'으로 관심을 돌린다. 이 단어는 굵은 가지로 중심이미지에 연결되어 있는데 마인드맵의 왼쪽에 있다(왼손잡이일 경우에 반시계 방향으로 주개념의 순서를 정하지만 오른손잡이일 경우엔 시계 방향으로 주개념의 순서를 정한다 – 옮긴이). '사람'이라는 글자를 쓰기 위해 사용된 다양한 색상은 여러 인종을 반영한다.

가족, 친구, 연기자, 후원자, 동물 등 또 다른 생각의 물보라가 '사람'이라는 개념에서 방사상으로 퍼져나간다. 이 생각들 중 일부는 스스로 생각을 창출해낸다. '가족'은 '동생' '엄마' '아빠' 등의 단어를 만들어낸다. 또한 '연기자'라는 단어는 '마술사' '배우' '광대' 등의 단어를 만들어내고, '후원자'는 '의사' '간호사' '선생님' '코치' 등을 만들어낸다.

그 다음 3가지 생각 '음식' '환경' '기분'은 모두 주개념이다. 그래서 그것만으로도 마인드맵 상에서 적절한 지위가 부여된다.

그 다음의 두 생각은 '환경'이라는 단어에서 파생된 것이다. 우리의 주인공은 즉시 '산'에 대한 이미지와 '시골'이라는 단어를 덧붙인다. 이쯤에서 잠시 중단하고 지금까지의 여행이 내포하고 있는 의미를 알아보자.

## 마인드맵의 함축적 의미

우리의 주인공인 마인드맵퍼가 만든 마인드맵을 보면, 모든 키워드나 이미지는 새로운 마인드맵의 중심이미지가 되어 다시 방사상으로 뻗어나갈 수 있음을 알 수 있다.

MIND MAP

이 사실을 마음에 새겨두면, 모든 마인드맵은 잠재적으로 무한해진다. 방사상으로 뻗어나가는 마인드맵의 본질에 비추어볼 때, 하나의 마인드맵 자체에 덧붙여지는 모든 키워드나 이미지는 새롭고 방대한 범위의 연상결합이 일어날 가능성을 한층 높여주고, 새로 생겨난 연상결합 그 자체에도 새롭고 더 방대한 범위의 연상결합이 일어날 가능성이 더해진다. 그래서 연상결합의 가능성은 무한정 계속된다. 이것은 다시 말해 정상적인 인간의 두뇌가 지닌 연상결합 능력과 창의력은 무한하다는 것을 의미한다.

이는 또한 생각을 창조하는 것이 생각을 정리하여 조직화하는 것보다 훨씬 더 어렵다는, 지금까지 일반적으로 믿어왔던 통념과는 완전히 다른 것이다. 우리의 마인드맵핑 능력이 무한하다면 어려운 점은 단 하나, 멈춰야 할 때를 정하는 것뿐이다. 이 결정 또한 마인드맵이 도움을 줄 수 있을 것이다.

이와 대조적으로 목록 형태인 직선식 노트는 하나의 생각을 만들어내고는 그 앞과 뒤에 연결되어 있는 생각을 고의적으로 차단해버리기 때문에 생각의 흐름을 직접적으로 방해한다. 그리고 계속해서 문맥과 연결된 각각의 생각을 단절시켜 자연스러운 사고 과정을 방해하고 마비시켜 버린다.

목록식은 여러 영역을 자유롭게 넘나드는 두뇌의 자유로운 활동을 제한하고 결국에는 두뇌 활동을 정체 상태에까지 이르게 하여, 사고의 신경통로를 좁게 고착화시켜 창의력과 회상력을 점차 약화시킨다.

† 목록이 이러한 작용을 하는 이유는 두뇌의 타고난 연상결합 능력과는 정반대의 역할을 하기 때문이다. 하나의 생각이 목록 형태로 기록되면 앞과 뒤에 연결되어 있는 생각과 단절되어버려 그대로 끝나버린다. 새로운 사고 흐름에 대한 이러한 즉각적 단절 행위는 창의적인 아이디어 생성에 대한 국제적 통계수치를 가파르게 떨어뜨리는 주요 요인 중 하나다. 예를 들면, 제시된 단어에 대해 피실험자들이 가능한 한 많은 연상결합을 일궈내도록 하고 시간은 각자가 원하는 만큼 충분히 줬던 토랜스 실험Torrance Tests에서 피실험자들이 연상한 단어의 평균 수는 겨우 26개로 아주 미미했다. 그들이 방사사고에 대해 알았더라면 완전히 지쳐서 포기하기 전까지 수백만 배나 더 연상해낼 수 있었을 것이다.

## 마인드맵퍼의 마음속 여행 - 두 번째

다시 우리의 마인드맵퍼 이야기로 돌아가보자. 우리는 그가 이전에 받은 교육의 영향으로 인해 일시적으로 정신적 장애를 겪고 있는 것을 발견한다.

자신의 두뇌에 대한 무지로 인해서 이러한 정신적 장애를 겪는 사람은 몇 초, 몇 분, 몇 시간, 몇 년 또는 심지어 평생 동안 갑자기 언어 장애를 겪기도 한다. 그러나 두뇌의 타고난 무한한 연상결합 능력을 일단 이해하고 나면, 두뇌는 스스로를 도울 수 있는 입장이 된다.

우리의 주인공은 두뇌의 완성을 추구하는 게슈탈트 기능을 이용해서 마인드맵 상의 키워드에 아무것도 기록되어 있지 않은 빈 가지를 단순히 덧붙임으로써 두뇌가 그 빈 가지를 채우도록 유도한다.

MIND MAP

무엇이든 그 밖에 다른 무엇과 연상결합할 수 있다는 것을 깨닫기만 한다면 인간의 두뇌는 깨닫는 즉시 연상결합을 하기 시작한다. 특히 부가적인 자극에 의해 동기유발이 일어났을 때 더욱 그렇다.

지금부터 우리는 계속해서 즐거운 마음으로 우리의 주인공이 연상결합 네트워크를 완성해가는 것을 지켜보자. 그는 더 많은 이미지를 첨가해서 세 번째, 네 번째 가지의 생각을 추가하고 서로 연결하여 적절한 부호를 사용한 다음 주요 가지가 완성되었다고 생각되면 외곽선으로 둘러싼다.

이 단계에서 방사사고/마인드맵의 또 다른 중요한 측면이 분명하게 드러난다. 그것은 마인드맵이 시간의 논리가 아니라 연상결합의 논리에 근거를 두고 있다는 점이다. 마인드맵은 어떠한 방향에서든 다가갈 수 있고 모든 각도에서 나오는 모든 사고를 포착할 수 있다.

연설, 프레젠테이션, 에세이, 혹은 문제 탐구 등에 필요한 조건을 충족시킬 만한 생각들을 만들어낸 우리의 주인공은 각각의 생각에 번호를 부여함으로써 생각을 순서대로 정리하기로 한다. 그래서 마인드맵에 연대기적 순서를 부여하기 위해서는 번호를 매기는 것이 필요하다고 생각한다(연대기적 순서에 관한 더 자세한 사항은 22장(250쪽), 23장(262쪽), 25장(287쪽), 27장(305쪽), 28장(321쪽)을 참조하라).

## 위계적 조직화와 범주화에 관련된 세부 사항

마인드맵에서 주개념은 가장 간단하면서도 가장 분명한 배열 상태를 보여주는 단어와 이미지다. 또한 헤아릴 수 없을 만큼 많은 연상결합을 불러일으키는 핵심 개념들이다.

앞에서 설명한 미니 마인드맵과 제 기능을 모두 발휘하는 제대로 작성된 풀 마인드맵을 구별하는 것은 위계적 조직화와 범주화의 사용 여부다. 미니 마인드맵에서는 10개의 단어와 이미지들이 단순히 마음속에 가장 먼저 떠올랐다는 기준만으로 그 중요성이 부과되었지만, 제 기능을 다하는 풀 마인드맵에서는 10개의 단어와 이미지들 자체가 가지고 있는 고유한 중요도에 따라 위계적 범주화가 정해진다.

주개념을 찾아내는 가장 간단한 방법은 다음과 같은 질문을 해보는 것이다.

- 필요한 지식이 무엇인가?
- 책이라면, 장 제목은 무엇이 될 것인가?
- 나의 뚜렷한 목표는 무엇인가?

- 고려해야 할 가장 중요한 7개의 범주는 무엇인가?
- 나의 육하원칙은 무엇인가? '누가 · 언제 · 어디서 · 무엇을 · 어떻게 · 왜?' 라는 질문은 종종 마인드맵의 주가지를 형성하는 데 상당히 도움이 된다.
- 이러한 질문들에 알맞은 더욱 크고 포괄적인 범주는 무엇인가?

이러한 질문들을 단순히 스스로 해보는 것만으로도 원하는 주개념을 아주 쉽게 찾을 수 있다. 만약 위의 질문으로도 주개념을 찾지 못한다면 중심이미지에 4~7개의 빈 가지를, 그리고 위의 질문을 되풀이해보라.

미니 마인드맵 기법으로 되돌아가서 제일 먼저 마음속에 떠오르는 10개의 단어나 이미지를 적어놓고, 그중 어느 것이 전체 제목과 결합될 수 있는지 자문하는 방법도 있다.

## 위계적 조직화, 범주화, 주개념의 장점

1 주개념이 적절한 자리에 있으면 제2, 제3의 개념들은 빠르고 쉽게 뒤따라 나와 조화로운 사고 구조를 이룰 수 있다.
2 주개념은 두뇌가 구조화된 사고로 자연스럽게 생각할 수 있도록 마인드맵 형태를 만들고 다듬고 구성하는 데 큰 도움이 된다.

## 연습

지금까지 배운 모든 마인드맵 기법을 사용해서 행복이라는 개념에 대한 자신의 마인드맵을 완성해보라. 완성한 뒤에는 102쪽에 제시된 마인드맵과 비교해보라.

## 직선식 노트 작성과 노트 필기에서 마인드맵이 갖는 장점

64쪽에서 설명한 기존 노트 필기법의 단점을 활용해 마인드맵의 장점을 정리할 수 있다.

1 관련 단어만 기록함으로써 50~95퍼센트의 시간이 절약된다.
2 관련 단어만 읽게 됨으로써 총 90퍼센트 이상의 시간이 절약된다.

3 마인드맵 노트를 복습하면 90퍼센트 이상의 시간이 절약된다.

4 쓸데없이 불필요한 말이 많은 단어들 중에서 키워드를 찾느라 헤맬 필요가 없으므로 90퍼센트 이상의 시간이 절약된다.

5 실질적인 문제에 대한 집중력을 높여준다.

6 중요한 키워드를 훨씬 쉽게 인식할 수 있다.

7 중요한 키워드를 동시에 같은 공간에 나란히 배치함으로써 창의력과 회상력을 높인다.

8 키워드들 간에 명확하고 적절한 연상결합이 이루어지게 한다.

9 두뇌는 단조롭고 지루한 직선식 노트보다는 다채로운 색상과 다차원적 입체감으로 시각적인 자극을 주는 마인드맵을 훨씬 쉽게 받아들이고 기억한다.

10 마인드맵을 하는 동안 우리는 끊임없이 새로운 것을 발견하고 깨닫는다. 이것은 연속적이면서도 잠재적으로 끝이 없는 사고의 흐름을 유발한다.

11 마인드맵은 완성과 전체성을 추구하는 두뇌의 타고난 성향과 조화를 이뤄 학습하고자 하는 욕구를 채워준다.

12 모든 대뇌피질 기능을 끊임없이 활용함으로써 두뇌는 더욱 영민해지고 정보를 훨씬 잘 받아들여 스스로의 능력에 자신감을 갖는다(3장 65쪽 참조).


## 결문

1부와 2부를 모두 읽은 지금, 여러분은 방사사고의 구조와 토대를 알게 되었고 더불어 스스로에 대해서도 잘 알게 되었다. 또한 기초적인 브레인스토밍부터 미니 마인드맵, 풀 마인드맵까지 살펴보았다.

이제 여러분은 방사사고를 표현할 구조에 대해 알아볼 필요가 있다. 3부에서는 타고난 창의력을 억누르기보다는 오히려 자유롭게 해줄 기본 가이드라인을 소개한다.

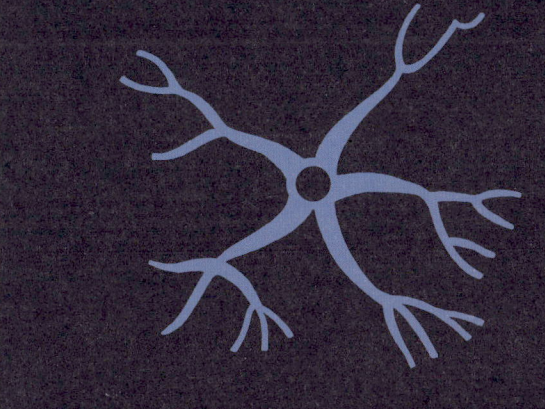

THE MIND MAP BOOK

3부

# 마인드맵의
# 구조

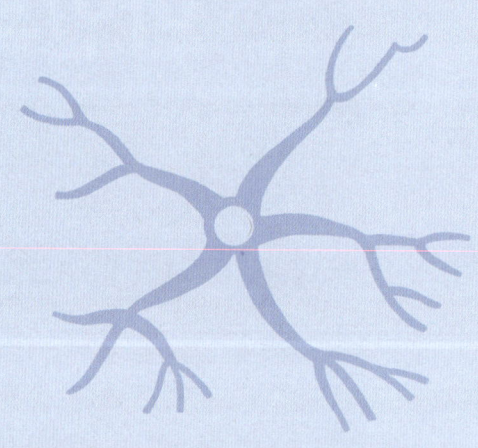

3부에서는 마인드맵의 모든 규칙과 권고 사항을 소개한다.
이 가이드라인은 두뇌의 정확성·창의성·힘·자유로움을 극대화할 수 있도록
여러분을 이끌어줄 것이다.
일단 기본적인 마인드맵 규칙들을 이해하고 흡수하기만 한다면
매우 빠른 속도로 자신만의 개성 있는 마인드맵 스타일을 개발할 수 있을 것이다.

# 10 마인드맵 가이드라인

## 개요

- 서문
- 인간 지능에 관한 어느 화성인의 생각
- 마인드맵의 3 'A'
- 마인드맵 규칙과 권고 사항
- 마인드맵 규칙 요약
- 마인드맵 규칙의 이론적 근거
- 마인드맵 권고 사항 요약
- 마인드맵 권고 사항의 이론적 근거
- 빠지기 쉬운 4가지 함정
- 결문

## 서문

10장에서는 상상의 인물인 어느 화성인의 관점에서 인간 지능의 발달을 관찰하는 것으로 시작한다. 이 외계인이 바라보는 시각은 다른 그 무엇보다도 훌륭한 객관성을 유지한 채 여러분들로 하여금 방사사고의 원리를 탐험할 수 있도록 해준다.

마인드맵 규칙과 권고 사항은 정신적 장애를 극복하도록 돕고, 마인드맵으로 작성한 것을 기억하고, 적합한 학습 환경과 업무 환경을 마련하기 위해 실제 연습을 통해 보강하면서 출발한다. 그리고 마지막에는 이제 갓 마인드맵을 시도하는 사람들이 빠지기 쉬운 함정들을 소개하고 이를 어떻게 피할 수 있는지 이야기할 것이다.

## 인간 지능에 관한 어느 화성인의 생각

자신이 10억 년의 역사와 문명을 지닌 화성에서 왔고, 비록 역사는 짧지만 매우 뛰어난 재능을 가진 지구인들을 연구하여 그들을 도와 친구가 되고 싶어 하는 화성인이라고 상상해보라.

그 화성인은 지구인들을 주의 깊게 관찰하고 나서 그들이 상당히 진보한 두뇌 기능과 함께 무한한 연상결합 능력과 저장 능력, 그리고 새로운 아이디어와 연상결합을 끝없이 창출해내는 능력까지 갖춘, 엄청나게 복잡한 대뇌피질을 소유하고 있음을 알게 된다. 게다가 지구인들은 이러한 지능을 지원하고 전달하는 복잡하면서도 적응력이 뛰어난 신체와, 자신의 이러한 신체 기능들을 향상시키는 정신적 능력과, 우주의 모든 영역을 탐험하고자 하는 강한 호기심도 있다는 것을 발견하게 된다.

지구인의 방대한 정신적 능력에 접근하면서, 이 화성인은 점차 지구상에 살고 있는 종족이 언어라는 믿을 수 없을 정도로 좁고 한정된 통로를 통해서만 지능을 짜내고 있다는 것을 알게 된다. 그 결과 많은 지구인이 학습에 혐오감을 느끼고 학생들은 전 지구상에 산재해 있는 수백만 개의 학습 기관에서 잠을 자고 있거나 그곳을 벗어나기 위해 발버둥치고 있다는 사실도 알게 된다!

이러한 희비극적 상황에 처한 지구인을 보고 측은한 생각이 든 화성인은 그들에게 자신의 무한한 재능을 해방시킬 수 있는 마인드맵 규칙을 알려주겠다고 결심한다. 이 규칙은 지구인이 선택하는 모든 학문, 즉 의학, 신경생리학, 정보처리 이론, 두뇌의 피질과 연구에 관한 이론, 물리학, 심리학, 철학, 기억 연구, 학습이론 등과 학술적 견해가 부합되어야 한다. 다음은 화성인이 지구인들에게 가르쳐준 규칙과 권고 사항이다.

## 마인드맵의 3 'A'

고대 동방 문화권에서는 전통적으로 선생님이 신입생들에게 3가지 기본 사항만을 지시했다. '순종하라Obey' '협력하라Cooperate' '초월하라Diverge' 가 그것인데 이는 각각 뚜렷한 학습 단계 특징을 지니고 있다.

'순종하라' 는 학생들이 선생님을 본보기로 가르치는 대로 따라 하고, 필요 시 선생님에게 설명을 요청한다. 그 외 질문 사항은 기록해뒀다가 다음 단계에서 질문한다.

'협력하라' 는 학습의 두 번째 단계로서 기본적인 기법을 배운 학생들은 적절한 질문들을 통해 정보를 통합한다. 학생들은 분석하고 창조하는 작업에서 선생님을 도와준다.

'초월하라' 는 선생님이 가르칠 수 있는 모든 것을 철저히 배운 후에 학생들이 계속해서 정신적 진보를 이루는 단계다. 선생님의 지식을 발판으로 새로운 통찰력과 패러다임을 창조하여 다음 세대의 선생님이 되는 것이다.

마인드맵에도 이 3가지 지시 사항에 상응하는 것이 있는데 바로 마인드맵의 3 'A' 다. '받아들여라Accept' '적용하라Apply' '개작하라Adapt' 의 머리글자 A를 따서 이름을 붙인 것이다.

- **받아들여라**: 첫 번째 단계로 자신의 정신적 한계에 대한 선입관을 버리고, 가능한 한 정확하게 주어진 모델을 모방하면서 마인드맵 규칙을 정확하게 지켜나가야 한다.
- **적용하라**: 두 번째 단계, 즉 이 책에서 제시한 기본 훈련을 완전히 마쳤을 때의 단계다. 이 장에서 제시하는 마인드맵 규칙과 권고 사항들을 적용해가면서 자신에게 맞는 마인드맵 스타일을 개발하고, 11장에서 간단히 소개하는 다른 유형의 마인드맵들을 시도해보라. 그래서 최소한 100개의 마인드맵을 만들어보길 권한다. 자신의 생각을 완전히 자연스럽게 조직화하여 정리하고 있다는 걸 느낄 때까지 노트 작성과 노트 필기의 모든 영역에 마인드맵을 사용해봐야 한다.
- **개작하라**: 마인드맵 기술의 지속적인 개발을 의미한다. 마인드맵을 수백 개 만들어 실습해봤다면, 이제 마인드맵 형태를 바꾸어 개작해보는 방식을 시도할 때다.

# 마인드맵 규칙과 권고 사항

### 마인드맵 규칙

마인드맵 규칙은 두뇌의 자유를 제한하려는 것이 아니라 극대화시키기 위해 고안된 것이다. 이 문맥에서 질서와 엄격, 자유와 무질서를 혼동하지 않는 것이 매우 중요하다. 질서는 흔히 엄격하고 제한적이라는 부정적인 말로 인식된다. 이와 비슷하게 자유는 흔히 무질서하고 조직적이지 않다고 오인되기도 한다. 사실 진정한 두뇌의 자유는 무질서에서 질서를 창조하는 능력이다. 마인드맵 규칙은 여러분들이 무질서에서 질서를 정확히 창조해내도록 도와줄 것이다. 마인드맵 규칙은 기법의 규칙과 레이아웃의 규칙으로 나뉜다.

### 기법

1 강조 기법

2 연상결합

3 명료화 기법

4 자신만의 개성 있는 스타일을 개발하라

### 레이아웃

1 위계적 조직화를 사용하라

2 번호를 사용하라

### 권고 사항

권고 사항은 마인드맵 규칙을 보완하여 다음과 같이 세분한다.

1 정신적 장애를 극복하라

2 보강하라

3 준비하라

# 마인드맵 규칙 요약

기법
## 1 강조 기법
- 항상 중심이미지를 사용하라.
- 마인드맵 전반에 걸쳐 이미지를 사용하라.
- 중심이미지마다 3가지 이상의 색상을 사용하라.
- 이미지와 단어를 입체화하라.
- 공감각(여러 가지 육체적 감각의 융합)을 사용하라.
- 글자, 가지, 이미지를 다양한 크기로 사용하라.
- 공간을 조직화하여 사용하라.
- 적절한 공간과 여백을 사용하라.

## 2 연상결합
- 가지 자체 내에서나 가지끼리 서로 연결하고자 할 때는 화살표를 사용하라.
- 색상을 사용하라.
- 부호를 사용하라.

## 3 명료화 기법
- 하나의 가지에 하나의 키워드만 사용하라.
- 모든 단어는 활자체로 써라.
- 키워드는 가지 위에 표현하라.
- 가지의 길이는 단어의 길이와 비슷하게 맞춰라.
- 주가지는 중심이미지에 연결하여 그려라.
- 가지와 가지는 연결하여 그려라.
- 중심이미지와 연결되는 가지는 좀 더 두껍게 그려라.
- 필요 시 가지의 외곽을 둘러싸는 경계선을 그려라.
- 이미지는 가능한 한 명확하게 그려라.
- 용지는 가로로 놓고 사용하라.
- 글씨체는 가능한 한 똑바로 세워 쓰라.

## 4 자신만의 개성 있는 스타일을 개발하라

레이아웃
## 1 위계적 조직화를 사용하라
## 2 번호를 사용하라

# 마인드맵 규칙의 이론적 근거

## 기법
### 1 강조 기법

우리가 이미 살펴보았듯이 강조는 기억력과 창의력을 높이는 주요 요소 중 하나다. 강조에 사용되는 모든 기법은 연상결합에서도 사용될 수 있고, 그 반대로 연상결합에 사용된 기법이 강조에도 사용될 수 있다. 다음에 소개하는 규칙들은 마인드맵에 강조 기법을 최대한 활용하게 하고 이를 적절하게 적용할 수 있도록 해준다.

### 항상 중심이미지를 사용하라

이미지는 자동적으로 눈과 두뇌를 집중시킨다. 이미지는 수많은 연상결합을 유발하고 기억의 조력자로서 놀랄 만한 효과를 발휘한다. 게다가 이미지는 사람들의 흥미를 끌어 즐거움을 선사하고 그들을 매료시키는, 여러 가지 측면에서 매력적인 존재다.

만약 자신의 마인드맵에서 이미지가 아닌 어떤 특정 단어가 중심이미지 자리에 절대적으로 있어야 하는 상황이라면 그 단어는 입체 효과를 주고 여러 가지 색상을 사용하여 주의를 끄는 형태로 이미지화시키도록 하라.

### 마인드맵 전반에 걸쳐 이미지를 사용하라

이미지를 사용할 때는 시각적 두뇌 기능과 언어적 두뇌 기능 둘 다를 균등하게 자극해서 시각적 인식력을 높이고, 가능하면 위에서 설명한 모든 이점들을 제공해줄 수 있는 곳이라면 어디서든 이미지를 사용하라.

예를 들어 나비 그림을 그릴 때 처음 이미지는 만족스럽지 못하거나 완전히 실패할지도 모른다. 하지만 그림을 잘 그리지 못하는 것에 대한 두려움을 버려라. 그리려고 시도했다는 것이 중요하고, 다음에 나비를 보게 되면 나비를 똑같이 기억해서 그리려고 더욱 가까이에서 자세히 관찰하게 될 것이다.

따라서 마인드맵에서 이미지를 사용하게 되면 실생활에 더욱 집중할 것이고 실물 묘사 능력을 키우려 애를 쓸 것이다. 말 그대로 여러분의 주변 세계에 '눈을 뜨게' 될 것이다.

### 중심이미지마다 3가지 이상의 색상을 사용하라

색상은 기억력과 창의력을 자극하고, 단색으로 인한 단조로움에서 벗어날 수 있게 해준다. 색상은 이미지에 생명을 불어넣고 이미지를 더욱 매력적으로 만든다.

### 이미지와 단어를 입체화하라

입체 효과는 대상을 '눈에 띄게' 한다. 눈에 띄는 것은 무엇이든지 훨씬 쉽게 기억되고 전달된다. 따라서 마인드맵의 가장 중요한 요소들은 3차원으로 꾸며서 강조한다.

### 공감각(여러 가지 육체적 감각의 융합)을 사용하라

마인드맵에는 가능하다면 어디에든 시각, 청각, 후각, 미각, 촉각, 근운동 감각(육체적 감각) 등과 관련된 단어나 이미지를 사용해야 한다. 이 기법은 유명한 작가나 시인, 기억술사들이 사용해오고 있는 방법이다.

예를 들면 대 서사시 《오디세이The Odyssey》에서 호머는 트로이전쟁 후 율리시스(Ulysses: 《오디세이》의 주인공 이름으로 로마 식 표기다. 그리스 식 표기는 오디세우스다 – 옮긴이)가 고향으로 돌아가는 긴 항해에서 겪는 흥분과 위험을 표현하기 위해 인간이 지닌 모든 감각을 사용하고 있다. 다음 구절은 율리시스가 바다의 신 넵튠(Neptune: 로마신화에 등장하는 해신. 그리스 신화의 포세이돈에 해당한다 – 옮긴이)을 화나게 하는 실수를 저질러서 넵튠이 무서운 폭풍우를 일으켜 율리시스에게 복수하는 장면이다.

이렇게 혼잣말로 한탄하고 있을 때, 돌풍이 무서운 기세로 덮치면서 성난 파도가 머리 위로 들이닥쳤다. 뗏목이 마구 흔들리고 비틀거리는 바람에 율리시스는 뗏목 밖으로 곤두박질하며 바다 속으로 굴러떨어지고, 손에 쥐고 있던 키의 손잡이도 놓쳐버렸다. 돛대 한가운데가 부러져나가고 돛과 돛가로대도 바다 속으로 내동댕이쳐지고 말았다. 율리시스는 바다 속에 잠겼다가 겨우 수면 위로 떠올랐다. 칼립소(Calypso: 율리시스를 오기기아Ogygia 섬에 머물게 한 요정 – 옮긴이)가 그에게 입혀준 옷에 물이 배어 무거워져서 자꾸만 바다 속으로 끌려 들어갔으나, 있는 힘을 다해 수면 위로 고개를 내밀고 얼굴에 줄줄이 흘러내리는 짠 물을 닦아냈다. 이러한 중에도 그의 눈길은 뗏목을 놓치지 않았고 필사적으로 헤엄쳐 가서, 가까스로 뗏목에 기어올라 죽음을 면했다. 그러나 성난 바다는 마치 가을 북풍이 소용돌이쳐 엉겅퀴의 갓털을 길바닥 위에서 팽이 돌리듯, 뗏목을 붙잡고 마구 흔들어댔다. 그것은 동서남북 사방에서 밀려들어온 강풍이 한꺼번에 배틀도어 놀이(배드민턴의 전신으로 깃털공을 서로 주고받는 놀이 – 옮긴이)를 하는 형국이었다.

리듬, 반복, 순서, 심상, 공감각, 움직임, 과장, 색상, 느낌에 주의해서 읽어보라. 이 모두가 멋지고 인상적인 하나의 단락에 전부 담겨 있다.

어린아이가 자신의 모든 감각을 동원하여 자연을 경험하는 것을 관찰하는 일은 흥미롭다. 그들은 만지고 맛보고 움직이고 탐험한다. 또, 흥얼거리고 노래하고 리듬을 타고 이야기를 서로 나누면서 매혹적인 마인드맵적 환상과 공상을 만들어나간다.

‘S’로 알려져 있는 유명한 기억술사 세리셰프스키Shereshevsky도 그의 삶의 모든 순간을 기억하기 위해서 어린이처럼 공감각을 사용했다. ‘S’에 대한 책《기억술사의 마음The Mind of a Mnemonist》을 쓴 알렉산더 루리아Alexander Luria는 이 책에서 이렇게 말했다.

‘S’에게 무엇보다 중요한 것은 단어의 의미였다. 각 단어는 그의 마음속에 그래픽 이미지를 불러들이는 효력을 지녔고, 그가 보통의 주변 사람들과 구별되는 점은 그가 불러들인 이미지가 다른 이의 그것과는 비교할 수 없을 정도로 생생하고 지속성을 지니고 있었다는 것이다. 게다가 그의 이미지들은 항상 공감각적인 요소와 결합되어 있었……

움직임 또한 기억에 도움이 되는 주요 기법 중 하나다. 마인드맵에서도 효과적으로 이용될 수 있다. 단어, 그림 등 마인드맵의 모든 것에 월트 디즈니가 제작한 유명한 만화영화처럼 움직임을 줄 수 있다. 이미지를 움직이게 하기 위해서는 다음 기법의 사례들처럼 움직임을 시각적으로 적절하게 표시하면 된다.

글자, 가지, 이미지를 다양한 크기로 사용하라

다양한 크기로 변화를 주는 것은 위계적 조직화에서 항목의 상대적 중요성을 나타내는 가장 좋은 방법이다. 크기가 클수록 중요도도 커지고 그에 따른 회상의 가능성이 높아진다.

공간을 조직화하여 사용하라

가지들을 조직화된 모양으로 그리면 위계적 조직화와 범주화가 적용된 개념들을 전달하는 데 도움이 되어 쉽게 이해할 수 있도록 해주고 마인드맵을 더욱 매력적인 모습으로 만들어준다.

적절한 공간과 여백을 사용하라

마인드맵에서 각 항목 주위에 적절한 공간을 부여하는 것은 각 항목이 뚜렷하게 보이도록 하기 위함도 있지만 공간 자체가 메시지를 전달하는 중요한 부분이기 때문이다.

예를 들면 일본의 꽃꽂이에서는 꽃들 간의 공간을 먼저 고려하고 전체적으로 꽃을 배열한다. 마찬가지로 음악에서도 음은 침묵과 조화를 이루도록 배치된다. 실제로 베토벤의 교향곡 제5번은 쉼표로 시작된다.

## 2 연상결합

연상결합은 기억과 창의력을 향상시키는 두 번째 주요 요소다. 연상결합은 우리의 두뇌가 물리적 경험을 이해하기 위하여 사용하는 통합 장치이고 인간의 기억력과 이해력에 실마리를 제공한다.

중심이미지와 주가지를 설정하고 나면 연상결합력은 두뇌가 주제를 깊이 있게 다루도록 유도한다.

앞에서도 언급했듯이 연상결합에 이용되는 모든 기법은 강조에도 사용될 수 있고, 강조에 사용되는 기법은 또한 연상결합에 사용될 수도 있다.


### 가지 자체 내에서 가지끼리 서로 연결하고자 할 때는 화살표를 사용하라

화살표는 한 방향으로 시선을 유도하여 연결하려는 부분과 저절로 결합하게 해준다. 화살표는 한 방향으로만 표시할 수도 있지만 동시에 여러 방향으로 표시할 수도 있다. 형태와 크기도 다양하고, 평면으로나 입체로도 표현하여 사고에 공간적인 방향을 제시해준다.


### 색상을 사용하라

색상은 기억력과 창의력을 높이는 가장 강력한 도구 중 하나다. 부호나 마인드맵의 특정 부분에 색상을 사용하는 것은 마인드맵이 담고 있는 정보에 빠르게 접근하고 더욱 쉽게 기억할 수 있도록 해준다. 또한 더욱 많은 양과 방대한 범위의 창의적 생각을 창출해낼 수 있게 한다. 이러한 색상 부호와 상징은 개인과 그룹 마인드맵 모두에 유용하게 사용된다.


### 부호를 사용하라

부호는 점, 십자, 원, 삼각형, 밑줄 등의 형태를 취하거나 더욱 정교한 모양으로 마인드맵의 서로 다른 부분들을 아무리 멀리 떨어져 있어도 즉시 연결해준다(132쪽 참조).

자신의 노트에 자주 등장하는 사람, 물건, 성분, 과정 등은 간단한 기호로 나타내면 시간도 절약된다.

부호는 색상, 상징, 모양, 이미지 등을 간단하게 적용함으로써 범주화와 위계적 조직화를 강화할 수 있다. 또한 부호는 마인드맵에 인명 사전과 같은 관련 자료를 연결하는 데 사용될 수도 있다.

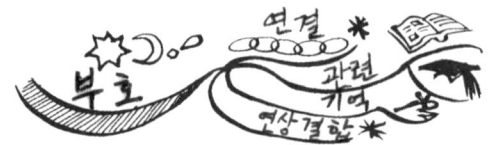

### 3 명료화 기법

사람들은 명료하게 정리된 것은 쉽게 이해한다. 아무렇게나 휘갈겨 쓴 노트는 기억하고 이해하기 어려울 뿐만 아니라 연상결합할 수 있는 두뇌 능력도 저하시킨다.

#### 하나의 가지에 하나의 키워드만 사용하라

한 단어는 수천 개의 연상결합이 가능하다. 한 가지에 하나의 단어만을 두는 것은 각 단어가 연상결합할 수 있는 기회를 극대화하기 위해서다. 또한 각각의 단어는 다음 가지의 단어나 이미지와 연결되어 있다(이 규칙과 관련하여 137~139쪽에 있는 '단어보다 구가 더 중요하다는 생각'을 참조하라).

#### 모든 단어는 활자체로 써라

활자체는 모양이 분명하여 쉽게 알아볼 수 있어서 기억하기도 쉽다. 시간이 소요되기는 하지만 활자체는 연상결합과 회상이 더 신속하게 이루어지므로 그만큼 충분한 보상을 받는다.

또 활자체를 사용하면 마인드맵이 간단명료해 보이고, 대문자나 소문자를 사용함으로써 단어의 상대적인 중요성을 표시할 수도 있다.

#### 키워드는 가지 위에 표현하라

단어가 인체의 '살'이라면 가지는 '뼈'에 해당한다. 그러므로 가지는 명료성과 회상력을 향상시키는 유기적 구조와 깔끔함을 제공한다. 또한 가지를 이용하면 부가적인 사항을 덧붙이거나 연결하기 쉬워진다(140쪽 그림 참조).

### 가지의 길이는 단어의 길이와 같거나 비슷하게 하라

단어와 가지의 길이를 같거나 비슷하게 하면 단어들을 서로 가까이 둘 수 있으므로 연상결합이 쉽게 이루어진다. 또한 공간을 절약할 수 있으므로 마인드맵에 더 많은 정보를 넣을 수 있다(이에 관한 더 자세한 사항은 265쪽 참조).

### 중심이미지에 주가지를 연결하고 가지를 계속 이어나가라

마인드맵에서 가지를 서로 연결하는 것은 마음속에서 생각을 서로 연결하는 것과 같다. 가지는 화살표, 곡선, 고리, 원형, 타원형, 삼각형, 다면체 등 두뇌가 만들어낼 수 있는 모든 형태로 변형될 수 있다.

### 중심 쪽으로 갈수록 가지는 두껍게 만들고 곡선을 유지하라

중심 쪽의 가지를 더 두껍게 그리면 중심 생각의 중요성이 즉시 두뇌에 전달된다. 여러분이 마인드맵 입문 단계라면, 때때로 중심 생각보다 주변 생각이 훨씬 더 중요하다는 사실을 깨닫게 될지도 모른다. 이런 경우는 필요하다고 생각되는 곳의 가지를 두껍게 그려줄 수 있다. 또한 구조적으로 곡선 가지는 시각적인 관심을 더 끌기 때문에 가지는 곡선을 유지하는 것이 좋다.

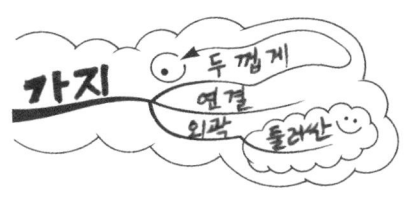

### 마인드맵 가지 주위를 외곽선으로 둘러싼 모양으로 경계를 만들어라

완성된 마인드맵 가지의 외곽을 둘러싸도록 경계선을 그어주면 그 가지의 독특한 모양을 분명히 해준다. 이 독특한 모양은 가지 속에 들어 있는 정보를 쉽게 기억할 수 있도록 기억 작용을 유발한다. 뛰어난 기억술을 지닌 사상가들에게 이런 모양은 회상의 가능성을 극적으로 높여주는 '살아 있는 생생한 그림'이 될 수 있다.

어린아이들과 마찬가지로 우리들 대부분은 거의 무의식적으로 이것을 하고 있다. 따뜻한 햇살이 내리쬐는 들판에 누워서 구름이 둥실둥실 떠다니는 푸른 하늘을 바라본 적이 있는가? 그렇다면 푸른 하늘에 떠 있는 구름을 보고 '아, 저기 양이 있네! 공룡도 있어! 배도 있다! 그리고 새도 있어!'라고 마음속으로 말해봤을 것이다.

이때 우리의 두뇌는 임의의 모양에서 이미지를 만들어내고, 그 모양을 더욱 기억하기 쉬운 형태로 만들고 있는 것이다. 마찬가지로 마인드맵에서 어떤 모양을 창조하는 것은 우리의 두뇌에 들어온 자료들을 더욱 기억하기 좋은 형태로 조직화하는 것이다. '청킹 chunking'으로 알려져 있는 이 자료 수집법은 기억술에서는 유명한 기법이다.

심리학자들에 의하면, 단기 기억은 평균 7개의 항목만을 저장할 수 있다고 한다. 청킹은 이 저장 공간을 더욱 효과적으로 사용할 수 있도록 하는 것이다.

예를 들어 두뇌 훈련을 하지 않은 사람은 7자리 숫자의 전화번호를 저장하는 데 단기 기억 용량을 모두 사용할 것이다. 반면에 숙련된 두뇌 사용자는 7자리 숫자를 좀 더 의미 있는 방식으로 저장해서 다른 정보를 받아들일 수 있는 공간을 남겨둔다.

1982년에 체이스Chase와 에릭슨Erickson이 이러한 기억에 관한 측면을 알아보기 위한 실험을 했고, 이는 1986년에 글래스Glass와 홀리오크Holyoak에 의해 증명되었다. 이 실험에서 실험 참가자 중 한 사람이 특히 흥미로운 반응을 보였는데, 처음에 그는 평균 7개의 숫자만을 기억할 수 있었다. 그러나 2년 넘게 청킹 기술 훈련을 받은 후에는 무려 82자리 숫자를 기억할 수 있게 되었다. 그의 특별한 훈련 방법은 장기 기억에 이미 저장되어 있는 정보와 짝을 이루어 연결되는 숫자들을 청킹하는 것이었다. 예를 들면 '3 5 1'이라는 연속적인 세 숫자는 1마일 달리기에 대한 이전의 세계 기록(3분 51초)과 연상결합된다.

그래서 마인드맵에서 경계선을 그어 외곽선을 만드는 것은 청킹의 한 표현으로 기억술의 장점을 적용하는 것이다. 외곽선을 만들고 난 후에 가지를 덧붙이고 싶다면, 잘린 나뭇가지 위에 고리를 걸어두는 것과 같은 모양으로 새로운 가지들을 새로운 외곽선으로 둘러쌀 수 있다.

### 이미지는 되도록 명료하게 그려라

종이에 이미지를 명료하게 표현하는 것은 자신의 사고를 명료하게 표현하는 것이다. 명료한 마인드맵은 한층 멋지고 우아해서 즐거운 마음으로 사용할 수 있다.

### 용지는 수평으로 배치하라

초상화 같은 수직적인 배열보다 풍경화 같은 수평적인 구성이 마인드맵에서는 훨씬 더 자유롭고 여유 공간도 많다. 또한 수평적 구조의 마인드맵이 훨씬 읽기 쉽다.

경험이 부족한 마인드맵퍼는 종종 용지를 회전시킬 때 몸과 펜도 함께 회전시킨다. 이것은 마인드맵에는 무리가 가지 않지만, 이 마인드맵을 다시 읽어볼 때 요가의 대가만이 감당할 수 있는 뒤틀림을 경험할 것이다.

### 글씨를 똑바로 세워서 써라

수직으로 된 글씨체는 종이에 표현된 사고에 두뇌가 쉽게 접근하게 한다. 이 원리를 가지의 각도에도 적용하여 쓰인 단어를 똑바로 읽을 수 있도록 가지의 각도를 맞춰준다.

### 4 마인드맵 규칙을 지켜가면서 자신에게 알맞은 스타일을 개발하라

앞에서도 언급했듯이, 인간은 모두 놀라우리만큼 독창적이다. 마인드맵에도 각자의 두뇌가 지닌 독특한 네트워크와 사고 패턴을 반영해야 한다. 마인드맵이 이를 많이 반영할수록 두뇌가 마인드맵을 인식하는 능력도 향상될 것이다.

정말 자신에게 알맞은 마인드맵핑 스타일을 개발하기 위해서는 '1+' 규칙을 따라야 한다. 이 규칙은 우리가 만드는 모든 마인드맵에 1을 가미해야 한다는 뜻으로, 마인드맵을 좀 더 다채롭고 3차원적이며, 상상력을 더하고 좀 더 논리적인 연상결합을 일으키며, 마지막으로 만들었던 마인드맵보다 좀 더 아름답게 표현해야 한다는 것이다.

이렇게 하면 여러분은 자신의 모든 정신 기술을 부단히 개발하고 세련되게 갈고닦을 수 있다. 그래서 창조와 커뮤니케이션을 위해 다시 읽어보고 사용하고 싶은 마인드맵을 만들어낼 수 있을 것이다. 게다가 마인드맵을 자신에게 알맞게 만들수록 그 마인드맵의 정보를 더욱 쉽게 기억할 수 있다(좀 더 자세한 사항은 11장 142쪽 참조).

## 레이아웃

### 1 위계적 조직화를 사용하라

9장에서 설명했듯이, 위계적 조직화와 범주화는 두뇌 능력의 확장과 강화에 엄청나게 도움이 된다.

### 2 번호를 사용하라

연설이나 글쓰기, 시험 답안과 같은 특수한 목적을 위해 만드는 마인드맵에는 때로 생각에 순서를 매겨야 할 경우가 있다. 순서는 대개 연대나 중요도를 기준으로 한다.

이 작업을 할 때는 원하는 순서대로 간단하게 가지에 번호를 매기게 된다. 날짜와 같이 좀 더 세밀한 정보가 필요하다면 선호도에 따라 덧붙일 수도 있다. 숫자 대신 알파벳 글자를 사용해도 된다. 어떤 방법을 사용하든지 순서를 정하는 것은 좀 더 논리적인 사고로 이끌어줄 것이다.

MIND MAP

**마인드맵 권고 사항 요약**

정신적 장애를 극복하라

1 빈 가지를 덧붙여라
2 질문을 하라
3 이미지를 추가하라
4 자신의 무한한 연상결합 능력을 항상 의식하라

보강하라

1 자신의 마인드맵을 복습하라
2 마인드맵을 재빨리 점검하라

준비하라

1 정신적 자세를 갖춰라
· 긍정적 정신 자세를 키워라.
· 주변의 이미지를 모방하라.
· 자신의 마인드맵에 전념하라.
· 엉뚱한 생각을 수용하라!
· 마인드맵을 가능한 한 아름답게 꾸며라.
2 도구를 준비하라
3 작업환경을 갖춰라
· 적정 실내온도를 유지하라.
· 가능한 한 자연광을 이용하라.
· 신선한 공기를 충분히 들이마셔라.
· 가구를 적절하게 배치하라.
· 쾌적한 주위 환경을 조성하라.
· 적당한 음악을 듣거나 원한다면 조용한 분위기에서 작업하라.

## 마인드맵 권고 사항의 이론적 근거

마인드맵 권고 사항은 이 법칙을 도구로 사용해서 여러분의 막힌 사고 흐름을 풀어주고 뇌와 신체에 가장 적합한 환경을 제공하기 위한 것이다.

### 정신적 장애를 극복하라

#### 1 빈 가지를 덧붙여라

일시적인 장애에 대항하려면 진행 중인 마인드맵에 하나 혹은 여러 개의 가지를 덧붙여라. 이렇게 하면 완성되지 않은 것을 완성하고 싶도록 두뇌에 자극을 줄 것이고, 무한한 연상결합 능력을 이끌어낼 것이다.

## 2 질문을 하라

질문은 두뇌가 지식의 네트워크를 축적하기 위해 사용하는 주요한 장치다. 적절한 질문으로 두뇌를 자극하면 장애를 극복하는 데 도움이 되는 반응을 얻어낼 수 있다.

## 3 이미지를 추가하라

마인드맵에 이미지를 더해주면 연상결합과 회상을 더욱 촉진시킬 수 있다.

## 4 자신의 무한한 연상결합 능력을 항상 의식하라

자신이 무한한 연상결합 능력을 지니고 있음을 항상 의식하고 있으면 평소 억눌려 있던 두뇌가 자유로워질 것이다.

### 연습

이 단계에서 다음 2가지를 연습해보는 것이 여러분에게 매우 유용할 것이다.

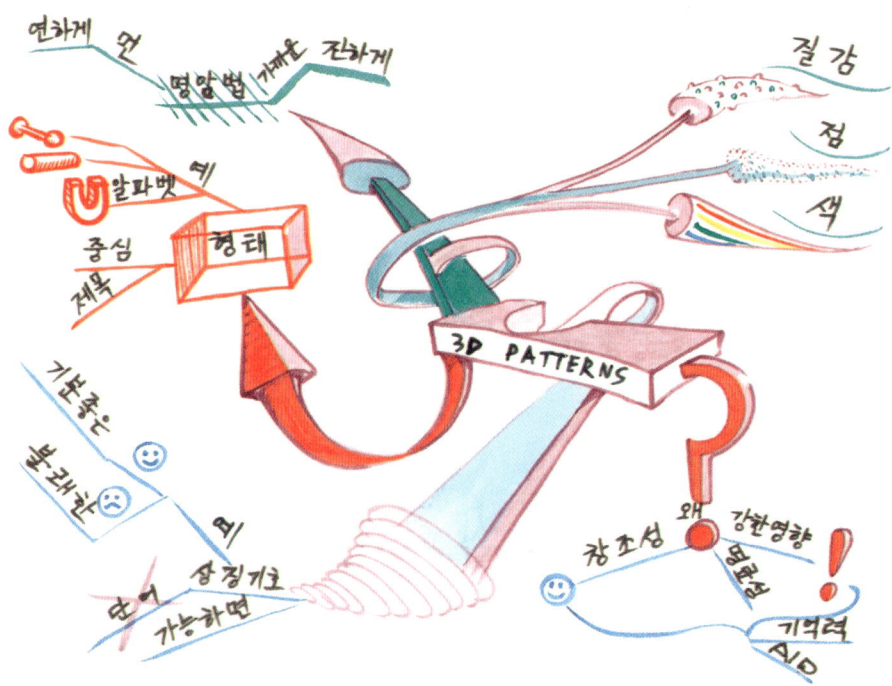

이미지, 모양, 입체 등을 사용하여 화려하게 표현한 마크 브라운의 마인드맵(121~124쪽 참조)

첫째, 자신이 기억하고 있는 자료 중 하나를 선택해서 무작위로 고른 어떤 것과 논리적으로 연결해보라(마음 내키는 대로 연결해도 좋다).

둘째, 꽉 막혀 더 이상 손대지 못하고 있던 마인드맵 중에서 한 부분을 선택하여 새로운 미니 마인드맵의 중심이미지로 설정한다. 정신의 흐름이 다시 계속되도록 빠른 연상결합으로 단어를 쏟아내라.

## 보강하라

### 1 자신의 마인드맵을 복습하라

연구에 따르면 복습을 하고 난 후의 기억력은 일정한 시간 곡선에 따라 달라진다고 한다. 만일 시험이나 특정 프로젝트를 위해서 자신의 마인드맵을 적극적으로 기억해야 할 필요가 있다면, 어떤 시간에 복습을 할 것인지 계획을 세워야 한다. 복습을 하면 어떤 부분을 수정할 수도 있고 혹시 빠뜨렸을지도 모르는 부분을 채워넣을 수도 있으며, 특별히 중요한 연상결합들은 보강할 수도 있다. 1시간 동안 학습을 한 후에는 다음에 제시한 시간 간격으로 복습을 하는 것이 가장 이상적이다.

- 10~30분 후
- 하루가 경과한 후
- 일주일 후
- 한 달 후
- 석 달 후
- 여섯 달 후

이렇게 하고 나면 마인드맵은 자신의 장기 기억의 일부가 될 것이다.

### 2 마인드맵을 재빨리 점검하라

마인드맵을 복습하는 동안 원래의 마인드맵에서 회상해낼 수 있는 모든 것을 빠른 속도로 몇 분 이내에 마인드맵으로 요약해내야 한다. 이렇게 새로운 마인드맵을 만드는 것은 사실상 자신의 기억을 재창조하고 새롭게 하는 것이며, 창의력과 기억력은 동전의 양면이라는 것을 다시 한 번 보여주는 것이다. 원래의 마인드맵을 단순히 점검하기만 한다면, 두뇌는 이미 했던 것을 인식하기 위해 마인드맵의 외적 자극에 계속 의존하게 된다. 하지만 이와 달리 새로운 마인드맵을 작성하면, 외적 자극 없이도 회상해낼 수 있는 모든 것을 복습할 수 있다. 그리고 그 결과를 원래의 마인드맵과 비교해서 잘못된 부분이나 일치하지 않는 부분, 혹은 빠뜨린 부분을 조정할 수 있다.

## 준비하라

마인드맵의 성과를 극대화하기 위해서는 정신적·육체적으로 이상적인 여건을 마련할 필요가 있다. 다음에 제시하는 권고 사항들은 최상의 마음 자세, 도구, 그리고 작업 환경을 갖출 수 있도록 도와줄 것이다.

### 1 정신적 자세를 갖춰라

#### 긍정적 마음 자세를 키워라

긍정적인 마음 자세는 마음을 열게 하여 자발적인 연결이 이루어질 가능성을 높여주고, 신체의 긴장을 풀어주어 지각력을 향상시키고 긍정적인 결과에 대한 보편적인 기대감을 갖게 한다. 이 모든 장점들이 마인드맵에 그대로 반영될 것이다. 그러므로 시험과 같은 '부정적인' 상황에 놓인다 할지라도 적극적으로 마인드맵을 창조하는 작업에 착수하는 것이 중요하다.

#### 주변의 이미지를 모방하라

할 수만 있다면 다른 사람의 마인드맵, 이미지, 예술 작품들을 모방해야 한다. 이렇게 해야 하는 이유는 우리의 두뇌가 모방을 통해 학습하고, 모방한 것으로부터 새로운 이미지나 개념을 창조해내도록 고안되어 있기 때문이다. 우리 두뇌에 그물처럼 퍼져 있는 활동 촉진 시스템(두뇌의 아랫부분에 있는 정교한 '분류소')은 마인드맵핑 기술의 향상에 도움이 되는 정보만을 자동적으로 찾아낸다.

#### 자신의 마인드맵에 전념하라

많은 사람들이 자신이 만든 마인드맵이 기대에 미치지 못하면 불안해하거나 좌절한다.

이런 경우에는 선입견 없이 마인드맵을 분석하고, 지속적으로 발전시켜 나갈 각오를 새로이 해야 한다.

### 엉뚱한 생각을 수용하라!

특히 마인드맵 초기의 창조적 단계에서는 엉뚱하거나 어리석은 생각들을 빠뜨리지 말고 모두 기록해서 그것으로부터 다른 생각들이 흘러나오도록 유도해야 한다. 이것들은 대개 정상적인 것들과는 거리가 먼 생각들이지만 종종 위대한 비약적 발전을 이루거나 새로운 패러다임으로 발전하는 경우가 있기 때문이다.

### 마인드맵을 가능한 한 아름답게 꾸며라

우리의 두뇌는 본질적으로 아름다움과 조화를 잘 이루는 성질이 있다. 그러므로 마인드맵이 아름다울수록 더 많은 것을 창조하고 기억할 수 있을 것이다(이미지의 힘에 대한 자세한 설명은 7장을 참조하라).

### 2 도구를 준비하라

잠재의식 속에서 우리는 얼마나 매력적인가에 따라 그 감각을 받아들이기도 하고 끊어 버리기도 한다. 그러므로 가능한 한 최고 품질의 용지와 펜, 형광컬러펜, 그리고 서류 정리 도구를 준비하라. 그러면 이 도구에 매료되어 사용하고 싶은 욕구를 느낄 것이다.

### 3 작업 환경을 갖춰라

도구와 마찬가지로 작업 환경에 따라 소극적이고 애매모호한 반응을 유발할 수도 있고, 적극적인 반응을 불러일으킬 수도 있다. 그러므로 최상의 심리 상태를 유지하기 위해서는 쾌적하고 안락한 환경을 만들어야 한다.

### 적정 실내온도를 유지하라

실내온도가 너무 높거나 낮으면 일에 집중할 수 없다. 적절한 온도에서는 옷을 입거나 벗어서 최적의 안락한 조건이 되도록 조절할 수 있다.

### 가능한 한 자연광을 이용하라

자연광은 우리의 눈에 피로를 가장 덜 주는 빛이다. 또한 형태, 색상, 선, 입체에 대한 정확한 정보를 두뇌에 제공해준다.

### 신선한 공기를 충분히 들이마셔라

두뇌에 가장 필요한 영양소 중 하나가 산소다. 신선한 공기는 우리의 두뇌에 산소를 공급해주고 지각력과 정신적 체력을 향상시켜준다.

### 가구를 적절하게 배치하라

책상, 테이블, 의자 등은 품질이 좋고 안락하고 긴장을 풀어주고 올바른 자세를 유지할 수 있도록 디자인된 것을 선택하라. 좋은 자세는 두뇌에 충분한 피를 공급해주고, 지각력을 향상시키고, 정신적·육체적으로 체력을 강화시켜 준다. 더군다나 디자인이 훌륭하고 매력적인 가구는 작업 공간으로 사용하고 싶은 욕구를 느끼게 해줄 것이다.

### 쾌적한 주위 환경을 조성하라

훌륭한 품질의 도구나 자료처럼, 쾌적한 환경도 작업 의욕을 고취시켜 줄 것이다. 학습은 종종 체벌과 연관되기 때문에 많은 사람들이 잠재적으로 자신의 연구와 작업 공간을 감옥으로 만들어버린다. 마음속에 특별한 학습 과제가 없다 하더라도 가고 싶어 안달이 나는 장소로 만들어라. 좋아하는 그림도 몇 점 걸어놓고 바닥에는 마음에 드는 카펫도 깔아놓아라. 이러한 사소한 것들이 당신의 작업 공간을 더욱 마음을 끄는 장소로 만들어줄 것이다.

### 적당한 음악을 듣거나 원한다면 조용한 분위기에서 작업하라

음악에 대한 사람들의 반응은 가지각색이다. 음악을 들으며 마인드맵을 하고 싶어 하는 사람들도 있다. 음악을 들으며 하는 경우와 듣지 않는 경우, 두 경우를 실험해보아라. 또 클래식, 재즈, 팝송, 록 음악 등 여러 유형의 음악을 들어보고 어느 것이 자신에게 적합한지, 그리고 시간대에 따라 음악을 들을 때의 기분 등을 실험해보는 것이 중요하다.

# 빠지기 쉬운 4가지 함정

마인드맵퍼들이 흔히 빠지기 쉬운 4가지 주요 함정이 있다.


**1** 실제로는 마인드맵이 아닌 마인드맵

**2** 단어보다 구가 더 중요하다는 생각

**3** 지저분하고 정리되지 않은 마인드맵은 좋지 않다는 생각

**4** 마인드맵에 대한 부정적인 반응


이 4가지의 위험 요소들은 아래에 설명되어 있는 원칙들만 명심한다면 모두 쉽게 피할 수 있다.


### 1 실제로는 마인드맵이 아닌 마인드맵

138쪽에 있는 그림들은 아직 마인드맵 규칙들을 충분히 흡수하지 못한 마인드맵핑 초보 단계에 있는 사람이 만든 것이다.

언뜻 보기에는 모두 마인드맵처럼 보이고 마인드맵핑의 기본적인 원리에 충실한 것처럼 보이지만 많은 차이가 있다. 이 두 그림은 진행되면서 점점 그 구조가 체계적이지 못하고 단조로워지고 있다. 또한 생각도 같은 수준으로 줄어들고 서로 분리된다.

명료화, 강조, 연상결합의 규칙이 무시되었고, 질서와 구조 면에서 발전한 것처럼 보이는 것도 사실은 단조로움과 혼란만 초래했을 뿐이다.


### 2 단어보다 구가 더 중요하다는 생각

이 위험한 생각은 실제 예를 들어서 설명하는 것이 좋겠다.

A라는 사람이 매우 불행한 오후를 보내고 나서 140쪽의 그림 1, 2와 같은 마인드맵 일기를 쓰고 싶어 한다고 가정해보자.

처음에는 이 마인드맵 일기가 정말로 '매우 불행한Very Unhappy' 오후Afternoon에 대한 완벽한 기록으로 적합해 보일지도 모른다. 그러나 좀 더 자세히 관찰해보면 많은 단점이 드러난다. 첫째, 이 노트는 그날 오후에 대한 해석을 달리하는 것을 극히 어렵게 만

든다. 이 '매우 불행한 오후Very Unhappy Afternoon' 라는 구절은 다른 해석의 가능성을 완전히 배제해버리고 한 가지로만 생각을 고정시키는 표현이다.

그림 1과 대조적으로, 그림 2는 구를 해체해서 의미를 지니는 개개의 단어로 개별화시켜 놓았다. 이렇게 되면 각 단어는 자유롭게 그 나름대로의 독특한 연상결합을 퍼뜨려나갈 수 있다. 이것이 얼마나 중요한 것인가 하는 것은 그림 3(140쪽)을 보면 훨씬 쉽게 알 수 있다. 그림 3에서 하나의 단어만을 사용하는 규칙은 그 자체의 논리적 결론을 도출해낸다. 그리고 이미지와 색상 등 부가적인 가이드라인이 더해진다. 여기에서 여러분은 그날 오후의 주개념은 '행복Happy' 인데 여기에 '불Un' 을 강조해서 '불행한Unhappy' 이 된 것을 알 수 있다. 몸이 아팠을 수도 있고 시험에 떨어졌거나 예기치 않은 나쁜 소식을 접했을지도 모른다. 이 모든 것은 사실이다. 또한 그날 오후에 약간의 긍정적 사실들(태양이

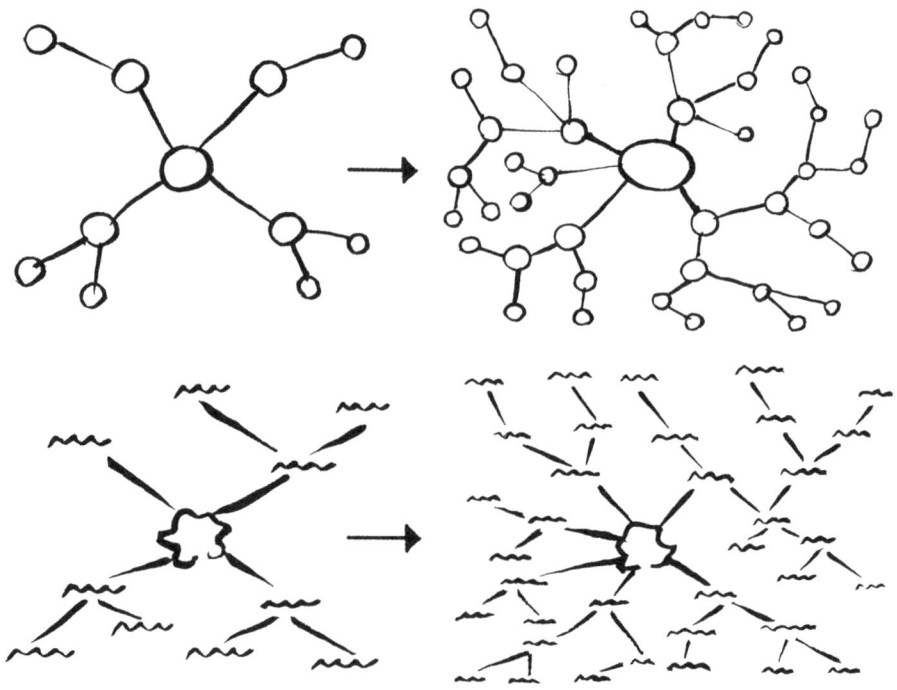

실제로는 마인드맵이 아닌 마인드맵. 이런 구조들은 혼동, 단조로움, 혼란스런 생각을 초래하는데 흔히 클러스터링(유사성과 같은 어떤 개념을 바탕으로 데이터를 몇 그룹으로 분류하는 방법의 총칭이다. 문헌 검색, 패턴 인식, 생물학, 의학, 경영학 등에서 널리 사용되고 있다—옮긴이) 또는 스파이더 다이어그램이라 부른다. 이런 구조들이 과연 얼마나 많은 두뇌 기능을 내포하고 있는지 스스로 확인해보라. 그리고 더욱 중요한 점은 얼마나 많은 두뇌 기능이 배제되고 있는가를 확인해보는 것이다.

아주 잠깐 동안 밝게 빛났다든지)이 있었음도 사실이다. 하나의 단어/이미지만 사용하는 규칙은 있는 그대로 솔직하게 기록하게 한다. 구가 아닌 단일 단위로 표현하는 마인드맵 규칙은 자신의 내적 · 외적 환경 모두를 좀 더 선명하고, 현실적으로 보게 해서 자신에게 좀 더 '솔직'하도록 유도한다.

최악의 경우 부정적인 구는 그 사람의 인생 중에서 며칠, 몇 년, 심지어는 수십 년을 앗아가버릴 수도 있다. "지난해는 내 인생에서 최악의 해였어." "나의 학창 시절은 완전히 지옥이었어!" 등은 우리가 흔히 듣는 표현이다.

이런 생각이 지속적으로 반복되면, 결국에는 그것이 사실인 것처럼 느껴진다. 그러나 그것은 사실이 아니다. 우리 모두가 때때로 실망과 좌절을 겪는 것은 사실이다. 그러나 그 이면에는 항상 긍정적인 요소들이 있다. 우리가 아직 살아 있고 우울함을 의식할 수 있다는 사실, 그것만으로도 인생은 긍정적이다! 그리고 우리는 아직까지 긍정적인 변화와 발전을 이룰 수 있는 잠재력을 지니고 있다. 마인드맵에서 가지에 하나의 단어만을 사용하는 것은 자신의 내적 · 외적 환경을 좀 더 명료하고 현실적으로 바라볼 수 있게 해준다. 또한 균형을 잡아줌으로써 어떤 문제의 '다른 면'을 볼 수 있게 해준다. 특히 모든 선택 사항에 마음을 열어두기 때문에 문제해결과 창의적인 사고에 도움이 된다.

### 3 지저분하고 정리되지 않은 마인드맵은 좋지 않다는 생각

시간이 부족할 때나 복잡한 강의를 듣고 있을 때는 다소 지저분해 보이는 마인드맵을 만들기 쉽다. 그렇다고 해서 이런 마인드맵이 '좋지 않다'는 뜻은 아니다. 그것은 단순히 그 당시의 자기 마음 상태를 반영하는 것이고, 두뇌가 받아들이고 있었던 입력 정보를 그대로 반영하는 것이다. '지저분해 보이는' 마인드맵에는 명료성과 아름다움은 부족하지만 마인드맵을 작성하는 그 순간의 정신 과정에 대한 정확한 기록은 될 수 있다. 깔끔하게 정돈되어 있는 직선적 노트는 심미적인 즐거움을 줄지 모르지만, 기억해낼 수 있는 정보가 과연 얼마나 될까? 앞에서 보았듯이, 이런 노트는 매우 정확하고 체계적인 듯 보이지만 실상은 강조와 연상결합이 결여되어 있어서 눈이 해독하기란 거의 불가능하다.

이러한 사실을 깨달으면 마인드맵을 만들면서 저지를 수 있는 많은 실수를 줄일 수 있다. 자신의 마인드맵을 보았을 때 무질서, 지저분함, 혼란을 느끼는 사람은 자신이 아니라 자신이 귀를 기울여 듣고 있는 강의의 강사나 자신이 읽고 있던 책을 쓴 저자라는 사실을 항상 기억하라.

### 4 마인드맵에 대한 부정적인 반응

때로 '첫 번째 시도'를 통해 만든 마인드맵을 곧장 '마지막'으로 몰고 가버리는 경우가 있다. 자신이 만든 마인드맵에 실망하고 좌절하더라도, 이것은 처음일 뿐이고 완성된 모습은 많은 수정을 거친 후에 나온다는 것을 알아야 한다.

### 연습

이 책 전반에 걸쳐 마인드맵 규칙과 작용을 설명하기 위해 가능하면 많은 마인드맵들을 소개하고 있다. 이 시점에서 이 책에 실려 있는 모든 마인드맵을 재빨리 살펴보고, 마인드맵 규칙에 어긋나는 점은 없는지 체크하고 적절한 곳에 비평을 가하는 것은 많은 도움이 될 것이다. 그리고 동시에 훌륭한 마인드맵 요소들을 찾아 모방하는 작업을 통해 더욱 아름답고 기억에 남을 만한 자신만의 마인드맵을 만들어내는 것도 좋은 방법이다.

VERY UNHAPPY AFTERNOON

그림 1: 구로 작성한 전형적인 사례
얼핏 보기에는 그날의 기분을 정확하게 표현한 것 같지만 부정확성의 위험을 내포하고 있다.

AFTERNOON  UNHAPPY  VERY

그림 2: 좀 더 간결하게 작성한 사례
각 단어가 자유롭게 연상결합으로 뻗어가는 것을 보여주고 있다.

그림 3: 마인드맵 규칙에 따라 충실히 작성한 사례
노트 작성자가 훨씬 포괄적이고 솔직하면서도 균형 잡힌 현실을 있는 그대로 반영할 수 있게 해준다.

'매우 불행한 오후' 라는 노트를 마인드맵 규칙을 적용하여 노트 작성자가 진실에 좀 더 접근할 수 있도록 발전시킨 마인드맵
(126, 138~139쪽 참조)

## 결문

이 장에서는 무한한 방사사고의 세계로 들어가는 데 필요한 모든 지식 정보를 소개했다! 마인드맵의 모든 규칙과 권고 사항을 완전히 흡수하고 난 다음에는 자신만의 진정한 마인드맵을 만들어볼 필요가 있다. 다음 장 '자신만의 개성 있는 스타일 개발하기'에서는 자신만의 특별한 기술과 특징들을 결합시켜서 마인드맵을 강화할 수 있는 방법을 설명한다.

## 11

THE MIND MAP BOOK

# 자신만의 개성 있는 스타일 개발하기

## 개요

- 서문
- 예술 마인드맵
- 예술 마인드맵의 예
- 예술적인 마인드맵 창조의 이점
- 위대한 마인드맵 예술가 이야기
- 결문

## 서문

이 장에서는 마인드맵에 자신이 지닌 개성을 표현하려면 마인드맵 규칙과 권고 사항을 어떻게 이용해야 하는지 배우게 될 것이다. 우선 예술 마인드맵의 다양한 예들을 살펴보고, 예술적인 마인드맵 창조의 잠재적 이점을 탐구해본다. 또한 우연히 꿈을 실현하게 된 어느 마인드맵퍼에 관한 흥미로운 이야기도 소개한다.

## 예술 마인드맵

마인드맵은 눈과 손의 공동 작용을 향상시키고 시각 기능을 개발하고 정련할 이상적인 기회를 제공한다. 조금만 더 연습하면 이미 개발된 자신의 이미지 창조 기술을 이용해서 마인드맵을 예술의 영역으로까지 끌어올릴 수 있다. 그렇게 끌어올린 예술 마인드맵은 두뇌가 예술적이고 창의적인 개성을 표현할 수 있게 한다. 이미지, 색상, 입체, 공간적 배치 등의 지침 원리를 적용하는 것은 자신만의 개성 있는 스타일을 개발하는 데 특히 유용하다.

## 예술 마인드맵의 예

147쪽의 나무 모양으로 된 특이한 마인드맵은 조직 구조에 관한 예술 마인드맵으로, 전 유럽에서 명성을 떨치고 있는 클로디우스 보러Claudius Borer의 작품이다. 이 독특한 마인드맵은 기본적인 방법 대신 성장하는 사업을 주가지와 '과일'로 대체하고 있다.

148쪽 위에 있는 마인드맵은 마케팅 컨설턴트인 캐시 드 스테파노Kathy De Stefano가 그린 것으로 이상적인 직업에 대한 생각을 표현하고 있다. 이 작품은 생기 넘치는 창의적인 마인드맵일 뿐만 아니라 창의성이 풍부한 훌륭한 예술 작품이다.

148쪽 아래에 있는 마인드맵은 컴퓨터 산업의 국제적 컨설턴트인 존 기싱크John Geesink 박사가 만든 것이다. 그는 '사랑'이라는 개념을 단어를 사용하지 않으면서 유머러스하게 예술적으로 표현하고자 했다. 그의 마인드맵을 본 사람들은 모두가 컬러본을 보고 싶다고 그에게 간청하곤 했다!

## 예술적인 마인드맵 창조의 이점

1 예술적 재능과 시각적 지각이 발달되어 기억력이 강화되고 창의적 사고와 자신감이 생긴다.
2 스트레스가 줄고 긴장이 완화되고 자기 탐구가 가능하게 된다.
3 즐거움을 준다.

**4** 다른 마인드맵퍼에게 훌륭한 '역할 모델'이 된다.

**5** 위대한 예술가들의 작품을 이해하는 안목을 길러준다.

**6** 상업성이 있다(예를 들면, 실제로 마인드맵에 매료된 영국의 다섯 살 난 한 소년은 하루에 2개 이상의 마인드맵을 그려 한 장에 자신의 일주일 용돈의 5배나 되는 금액을 받고 팔았다).

## 위대한 마인드맵 예술가 이야기

1984년에 컴퓨터 시스템 전문가이자 선장인 울프 에크버그Ulf Ekberg란 스웨덴 사람이 마인드맵 교육과정에 들어왔다. 그는 자신의 회사에서 발행하는 잡지에 만화를 연재하고 있었고, 초상화와 풍경화 공부도 하고 있었기 때문에 모두가 그의 마인드맵을 기대했다.

그 강좌에 참가한 모든 학생들은 교육과정이 끝날 때까지 최종 마인드맵 작품을 완성해서 제출해야 했다. 하지만 울프의 마인드맵은 교육과정이 거의 끝나갈 무렵인데도 백지 상태였다! 실망하고 좌절한 그는 주말에 집으로 가서 자신이 꿈꾸던 것처럼 멋지게 마인드맵 작품을 완성해오겠다고 단언했다.

그날 겪었던 좌절감을 떨쳐버리기 위해 울프는 자신의 집 뒤뜰에 있던 커다란 배로 가서 작업을 했다. 스톡홀름은 살이 에일 듯 추운 겨울이었다. 울프는 작업을 끝내고 배에서 내려오다 그만 미끄러져서 10피트 아래의 얼음처럼 딱딱한 땅에 떨어졌다. 다행스럽게도 그는 두 발로 안전하게 착지했다. 하지만 자신 있게 한 발을 내딛자 그는 엄청난 고통으로 주저앉았고, 말 그대로 기어서 집 안으로 들어와야 했다. 의사는 양쪽 발뒤꿈치에 털끝같이 가는 금이 2개 갔고 적어도 두 달은 제대로 걸을 수 없을 것이라 진단했다.

꼼짝할 수 없는 상황에 대한 노여움이 가라앉자 울프는 평생의 야망 중 하나를 실행에 옮기기로 결심했다. 그것은 살바도르 달리Salvador Dali(스페인의 초현실주의 화가) 화풍의 그림을 그리는 것이었다. 그는 자신만의 해석과 외삽법(주어진 기본 점들의 범위 밖에 있는 함수 값을 예측하는 방법으로 미래 예측의 한 방법으로 많이 사용한다 – 옮긴이)뿐만 아니라 마인드맵 교육과정에서 배운 모든 것을 통합한 단일 이미지로 그린 마스터 마인드맵을 과제로 활용할 계획을 세웠다. 그 발상들 가운데 그가 담고 싶어 했던 것은 다음과 같다.

- 자기 성찰: 두뇌가 두뇌 자신을 살펴보고, 그렇게 살펴보고 있는 자신을 또 살펴보는 과정
- 'Mens sana in corpore sano(건강한 신체에 건전한 정신/건전한 정신 속에 건강한 육체)' 라는 로마인의 이상
- 건강한 두뇌 기능의 필수 요소인 사랑
- 부분이 합쳐져 전체를 능가하는 공동 상승 작용체로서의 두뇌
- 변수로서의 시간
- 원하는 것은 무엇이든지 창조해낼 수 있는 두뇌의 능력
- 균형과 극기를 위한 메타포(Metaphor: 은유)로서의 마술
- 고도의 수련을 거친 두뇌에서 발견되는 강한 정의감
- 지구상에서 제일 큰 두뇌
- 뮤지컬 같은 두뇌
- 존재에 대한 근본적인 질문
- '무한한 연상결합기로서의 두뇌' 라는 전제를 바탕으로 살펴본 아인슈타인의 상대성 이론
- 전쟁 종식에 대한 이해
- 마법의 힘을 지닌 두뇌
- 학습 과정에서 받아들이고 즐길 수 있는 실수
- 알려진 모든 경계선을 허물기

예술 마인드맵을 수록한 첫 번째 작품집은 한정판으로 이미 출간되어 빠르게 수집가들의 애호품이 되어가고 있다.

에크버그의 예술 마인드맵은 이 장에서 아직 언급되지 않은 많은 개념을 여러분에게 소개해줄 것이고 나아가 자신만의 개성 있는 마인드맵 스타일을 개발하도록 영감을 주고 용기를 북돋아줄 것이다(146쪽 위 그림 참조).

울프 에크버그의 단일 이미지로 그린 마스터 마인드맵(144~145쪽 참조)

자연구조 도판 13

클로디우스 보러가 그린 마인드맵으로 기본 원리(뿌리)의 응용이 어떻게 적절한 열매를 맺게 하는지 보여주고 있다(143쪽 참조).

이상적인 직업에 대한 자신의 생각을 표현한 캐시 드 스테파노의 마인드맵(143쪽 참조)

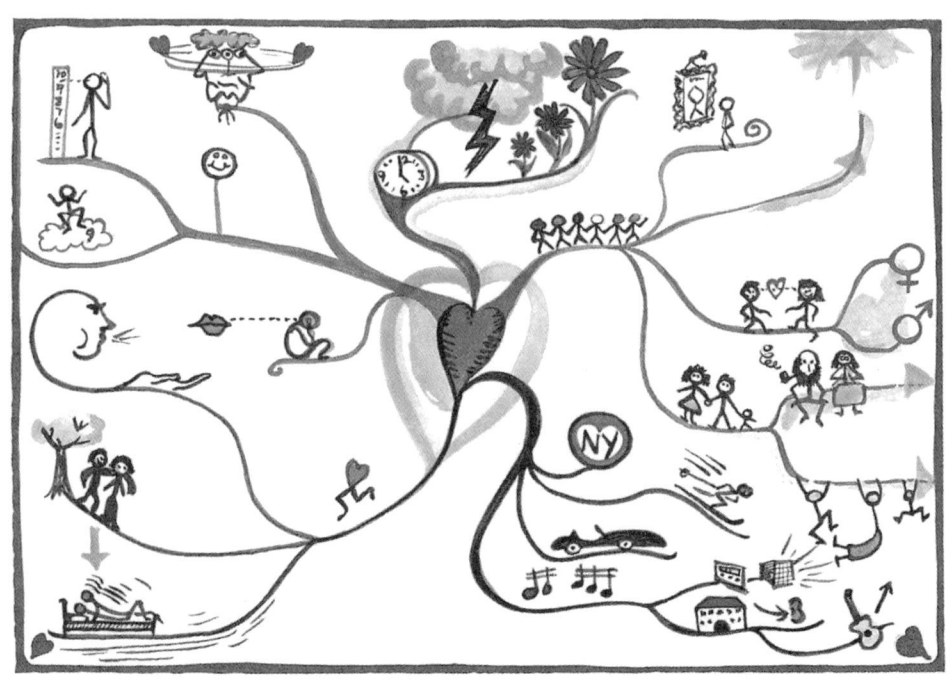

단어를 사용하지 않고 사랑이라는 개념을 탐험하고 있는 디지털코퍼레이션 사 존 기싱크 박사의 마인드맵(143쪽 참조)

**결문**

이 단계에서 여러분은 너무나 복잡하고 아름다운 장난감 세트를 막 선물 받았지만 어떻게 사용해야 할지 모르는 어린아이와 같은 기분이 들지 모른다. 4부에서는 지금까지 배운 마인드맵 기술과 기법들을 실생활의 여러 영역에 적용해보기로 하자.

THE MIND MAP BOOK

# 마인드맵의
# 적용

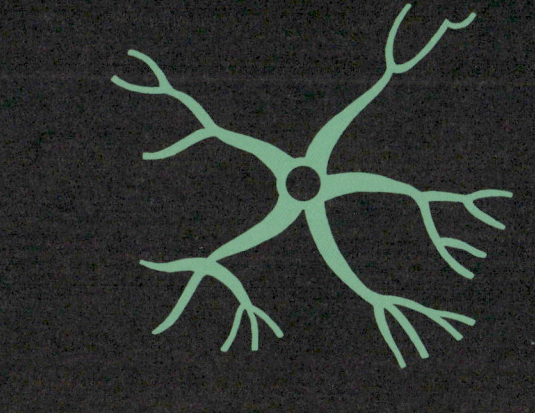

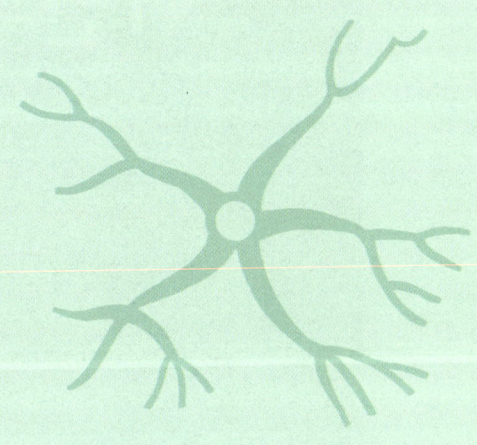

4부에서는 마인드맵을 적용해 효과를 볼 수 있는 여러 가지 일들을 알아본다.
의사결정, 자신과 타인의 생각 조직화하기, 창의적 사고와 브레인스토밍,
그룹 마인드 혹은 메타-마인드 창조 등과 같은 지적 활동들이 이에 해당된다.

## 12

THE MIND MAP BOOK

# 의사결정

## 개요

- 서문
- 일반적 의사결정
- 단순 의사결정
- 마인드맵퍼의 마음속 여행 – 세 번째
- 선택하기
- 우유부단함에 대처하는 법
- 의사결정 연습
- 이분자적 마인드맵의 장점
- 결문

## 서문

마인드맵은 무엇인가를 결정하고자 할 때 특히 유용한 도구다. 자신이 꼭 필요로 하는 것과 원하는 것, 우선적으로 해야 할 것과 자제해야 할 것 등을 마인드맵으로 정리해보면 훨씬 더 명확하고 객관적인 시각으로 의사결정을 할 수 있다. 마인드맵 규칙을 잘 이해하고 있다면, 이 장에서 자신이 새로 알게 된 마인드맵 기술을 활용하여 의사결정 시 도움이 되도록 사용하라.

### 일반적 의사결정

일반적으로 마인드맵을 이용해 의사결정을 하면 경쟁 요소들 사이에서 균형을 유지하도록 도와준다.

새 자동차를 구입해야 할지 말아야 할지를 결정한다고 가정해보자. 여러분은 어느 정도 안락하고 품질 면에서도 괜찮은 사양의 자동차를 원하지만 그만한 돈은 없다. 무리를 해서라도 원하는 것을 사야 할 것인가? 아니면 신뢰성과 내구성은 다소 떨어지지만 돈을 절약할 수 있는 중고자동차 쪽을 선택해야 할 것인가?

마인드맵이 선택을 대신 해주진 않는다. 하지만 핵심 거래 조건을 강조함으로써 선택할 수 있는 능력을 극적으로 키워준다.

### 단순 의사결정

위 예와 같은 류의 단순한 선택은 2분자적(Dyadic: 라틴어 Dyas의 파생어로 '둘'이라는 뜻이다) 결정으로 알려져 있다. 2분자적 결정은 순서를 만들어내는 첫 번째 단계다. 2분자적 결정은 평가를 내릴 때 광범위하게 범주화될 수 있고, 그 범주에는 예/아니요, 더 나은/더 나쁜, 더 강한/더 약한, 더 효과적인/덜 효과적인, 더 능률적인/덜 능률적인, 더 비싼/덜 비싼 등과 같은 단순한 선택이 해당된다. 마인드맵퍼의 세 번째 마음속 여행은 그 좋은 예가 될 것이다.

### 마인드맵퍼의 마음속 여행 – 세 번째

다시 우리의 주인공을 만나보자. 그는 지금 집을 사야 할지 말아야 할지 결정을 내려야 한다.

마인드맵 규칙에 따라 여러 가지 색을 칠한 다차원적 이미지가 마인드맵의 중앙에 놓인다. 이 마인드맵은 평가 결정이기 때문에 주개념, 즉 주가지는 2분자적인 예와 아니요다.

중심이미지와 주가지를 설정한 주인공은 머릿속에 떠오르는 연속된 생각들이 자연스러운 흐름을 타도록 하기 위해서 미니 마인드맵 기법을 충실하게 이행한다. 떠오르는 생각들은 마인드맵에서 가장 적합하다고 생각되는 곳이라면 어디든 자리 잡는다. 연상결합이 직선적으로 일어나는 경우는 거의 희박하므로 대개는 연속적인 생각이 명령하는 대로 하나의 가지에서 다른 가지로 비약적으로 발전한다.

예를 들어 제약 받는 스트레스를 받으면 생각을 꿈꾸게 하거나 또 다른 마인드맵 환경을 유발한다. 그 결과 다른 방안을 고려하게 된다(마인드맵을 가지와 가지가 나란히 놓이도록 완성하는 것은 바람직하지 않다. 두뇌 작용을 제한하게 되고 연대기적인 방법으로 사고하는 함정에 빠지게 된다). 사고와 감정이 커져가는 연상결합망 내에서 완전히 통합되도록 하면서 마음을 자유롭게 흘러가도록 하는 것이 훨씬 좋다.

우리의 주인공이 이미지와 색상을 사용하는 것은 이 시각적 요소들이 개념과 감정을 포착하는 데 도움이 되기 때문에 의사결정에 있어서 특히 중요하다. 일반적으로 알려진 사실과는 반대로 감정은 무엇인가를 결정하는 과정에서 절대적으로 필요한 부분이므로 마인드맵에서 중요하게 다뤄져야 한다.

## 선택하기

일단 관련 있는 모든 정보, 사고, 감정들을 마인드맵에 맞춘 다음에 2분자적 선택을 하는 5가지 방법이 있다.

### 1 마인드맵핑 과정

대부분 마인드맵 자체를 만들어가는 과정에서 해결책이 나온다. 마인드맵으로 두뇌가 모은 모든 자료들을 전체적으로 살펴보다가 갑자기 '아하!' 하고 깨달으면서 결정 과정을 효과적으로 끝낸다.

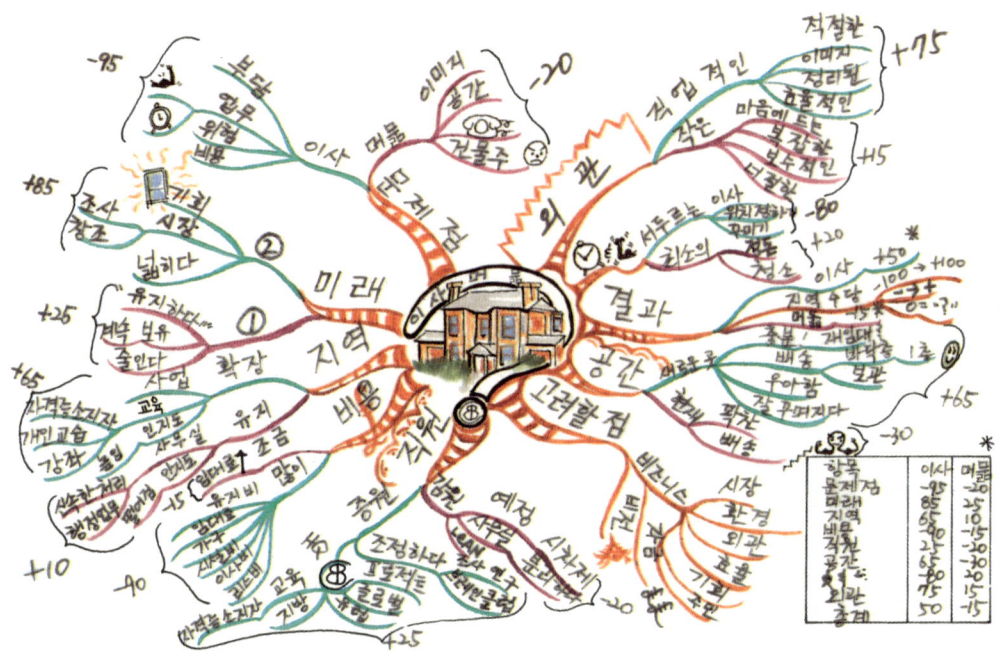

사무실을 옮길 것인가, 말 것인가를 결정하기 위해 작성한 반다 노스의 마인드맵(156쪽 참조)

## 2 숫자 붙이기

마인드맵을 완성한 후에도 그 결정이 분명해지지 않는다면, 숫자를 부여할 수 있다. 이 방법은 마인드맵의 주가지를 기준으로 해당 키워드의 중요도에 따라 1에서 100까지의 숫자를 붙이는 것이다(위쪽 반다 노스Vanda North의 마인드맵 참조). 각 항목에 숫자를 다 붙였으면 이제는 그 숫자를 모두 합산한다. 먼저 '예(+)' 쪽 숫자를 합산하고 그 다음에 '아니요(-)' 쪽 숫자를 합산한 다음, 점수가 높은 쪽의 결정에 따른다.

아래 마인드맵은 국제가속학습협회International Society for Accelerated Learning and Teaching의 전임 회장이자 브레인트러스트The Brain Trust의 공동 설립자인 반다 노스가 만든 것으로, 숫자를 붙인 마인드맵의 전형적인 예다. 반다 노스는 자신의 사무실을 옮겨야할지 그대로 두어야 할지를 결정하기 위해 개인적 요소와 직업적 요소에 숫자를 붙였다. 여러분의 눈에도 무엇을 선택해야 할지 분명해 보이지 않는가!

### 3 직관/초논리적 사고

첫 번째와 두 번째 방법으로도 결정을 하지 못했다면 직관, 즉 '육감'에 의존해서 선택할 수도 있다. 직관은 별로 좋은 평가를 받지 못하는 정신 기술로, 나와 신경생리학자 마이클 겔브Michael Gelb는 이것을 '초논리적 사고Superlogic'라 부르곤 한다. 두뇌는 결정과 관련된 방대한 데이터뱅크Data Bank(이전의 경험에서 얻은 수십억 개의 정보로 구성되어 있다)를 고찰하기 위해 초논리적 사고를 사용한다.

두뇌는 잠재적으로 표현될 수 있는 성공 가능성에 대해 수학적으로 정확한 평가를 내리기 위해 수많은 가능성과 순열을 고려해서 엄청나게 복잡한 수학적 계산을 눈 깜짝할 사이에 끝내고는 다음과 같이 보고한다.

이전의 경험으로 얻은 무한한 데이터베이스를 바탕으로 당신이 제시한 현재의 결정 상황에 대한 수많은 자료를 종합해본 결과 당신이 성공할 가능성은 83.7862퍼센트입니다.

두뇌에 등록된 이 엄청난 계산 결과는 생물적 반응으로 전환되고 우리는 그것을 단순한 '직관'으로 해석해버린다.

하버드비즈니스스쿨에서 시행한 한 연구에 따르면 국내외 다국적기업 최고경영자들의 성공은 80퍼센트가 직관에 의존한 판단력 덕분이라고 한다.

마인드맵은 계산의 근거가 되는 광범위한 정보를 두뇌에 제공해준다는 점에서 특히 초월적 사고에 유용하다.

### 4 부화

결정에 도움이 되는 또 다른 방법은 두뇌가 사고를 부화하도록 내버려두는 것이다. 말하자면, 의사결정 마인드맵을 완성한 후에는 두뇌가 긴장을 풀고 휴식을 취하도록 해준다. 두뇌가 이전에 받아들인 모든 정보를 조화롭게 구성하는 것은 조용히 혼자서 휴식을 취할 때다. 우리가 이따금 가장 중요하고 정확한 결정을 내리는 것도 바로 이때다. 휴식은 엄청난 두뇌의 잠재 능력(사용되지 않는 99퍼센트의 두뇌 능력. 흔히 '잠재의식Paraconscious'이라고 불리는 것도 여기에 포함된다)을 자유롭게 풀어놓기 때문이다.

이 방법은 실제 경험에 의해 그 효과가 입증되었다. 예를 들어 많은 사람들이 목욕을 하다가, 면도하다가, 운전하다가, 먼 거리를 조깅하다가, 침대에 누워 있다가, 공상에 빠져 있다가, 정원을 손질하다가, 해변가에 앉아 있다가, 시골길을 산책하다가, 조용하면서도 한적한 곳에 평온하게 혼자 있다가 갑자기 물건을 둔 장소를 기억하게 되고, 갑자기 창의적인 생각이 떠오르고, 갑자기 어떤 선택을 해야 할 필요성을 깨닫게 되었다고 말한다. 이 방법은 매우 권장할 만하다. 왜냐하면 두뇌가 정보를 조화롭게 통합하여 가장 정확하게 의미 있는 결정을 하는 때가 바로 이런 상황이기 때문이다.

### 5 '예'와 '아니요'가 똑같은 비중을 차지하고 있다면

앞에서 소개한 4가지 방법을 다 해봐도 결정을 내리지 못했다면 '예'와 '아니요'가 똑같은 비중을 차지하고 있음에 틀림없다. 이런 경우에는 어떤 선택을 하든 그 결과에 대한 만족도는 같을 것이므로 동전을 던져서 앞면과 뒷면으로 결정을 내리는 것도 괜찮은 방법이다(이것은 2분자적 선택에서 마지막으로 취할 수 있는 방법이다).

동전 던지기를 하는 동안 자신의 감정을 아주 주의 깊게 관찰해봐야 한다. 이렇게 하면 자신이 정말 어느 쪽을 더 원하고 있는지를 알아낼 수 있다. 여러분은 자신이 결정한 선택이 똑같을 거라고 생각할지 모른다. 그러나 여러분 두뇌의 잠재 능력은 초논리적으로 이미 결정을 해놓았을 수 있다.

만약 동전의 앞면이 나왔다면 자신의 첫 반응이 실망인지 안도인지 주의 깊게 관찰하라. 그러면 자신의 진정한 감정이 드러날 것이고 마침내 적절한 선택을 할 수 있을 것이다.

## 우유부단함에 대처하는 법

아주 드문 경우이지만 앞서 설명한 모든 방법에서 실패한다면 당신은 시계의 추처럼 이리저리 흔들리는 상태에 빠지게 된다. 이 시기에 두뇌는 2가지 중 하나를 선택하는 2분자적 선택에서, 3가지 중 하나를 선택하는 3분자적 선택 상태로 미묘한 전환을 시도할 것이다. 이것은 '예'나 '아니요'처럼 간단한 결정 방법이 아니다.

1 예

2 아니요

3 좀 더 생각하기

세 번째 선택 사항은 기대와는 반대인 결과를 가져올 뿐만 아니라 선택이 보류되는 기간이 훨씬 더 길어진다. 세 번째 선택 사항도 결국은 정신적 에너지가 향하는 곳에 존재하기 때문에 이것도 하나의 선택이 될 수 있다.

이 문제에 대한 가장 간단한 해결책은 세 번째를 선택하지 않는 것이다. 다시 말해서 당신의 정신적 수평선상에 갈등의 회오리바람이 소용돌이치는 것을 깨닫자마자 바로 '예'나 '아니요'(첫 번째나 두 번째 선택 사항)를 선택하면 된다. 이 기본적인 원리를 설명하자면 이렇다. '마비 상태나 정체 상태에 있는 것보다는 어떤 결정을 내려서 이행하는 것이 훨씬 더 유리하다.'


## 의사결정 연습

사고와 마찬가지로 2분자적 결정에도 훈련이 필요하다. 스스로에게 다음의 질문들을 던져봄으로써 의사결정 기술을 연습해보라.

- 내가 X라는 물건을 사야 하는가?
- 내가 X 과목을 배워야 하는가?
- 내가 X라는 나의 개성을 바꾸어야 하는가?
- 내가 X 단체에 참가해야 하는가?
- 내가 X라는 도시/국가에 가야 하는가?

'X'를 대상으로 하는 이 연습의 근본적인 목적은 아무런 자료도 없이 주개념을 찾아내는 것이다. 즉, 여러분이 어떤 대상에게 물어볼 수 있고 일단 그 대상이 확인되면 풀 마인드맵의 주가지가 될 수 있는 일련의 질문들을 구성해보는 것이다. 이 연습은 또한 질문에 대답하기 전에 질문을 분석하는 데도 도움이 된다. 오른쪽의 '대상 X' 연습 마인드맵의 주가지를 설명하면 다음과 같다.

1 역사: 기원은 무엇이고, 어떻게 발전되었는가?
2 구조: 어떤 형태를 취하는가? 어떻게 구성되었는가?

이런 질문들은 분자적 구조에서 건축적 구조에 이르기까지 다양하게 배열될 수 있다.

3 기능: 어떻게 작동하는가? 원동력은 무엇인가?
4 역할: 어떤 역할을 하는가? 자연계에서? 아니면 인간 세계에서?
5 분류: 다른 것들과 어떤 관련이 있는가? 관련성의 범위는 일반적인 동물, 식물, 광물 형태의 분류에서 종種이나 성姓 분포와 같은 특정 분류에 이르기까지 확대될 수 있다. 말 · 자동차 · 탄소 · 스페인 · 태양 · 하느님 · 돌 · 책 · TV 등 무엇을 대상으로 하든 '대상 X' 연습을 해보라. 물론 이 외에도 원하는 대상을 선택할 수 있다.

## 2분자적 마인드맵의 장점

1 2분자적 마인드맵은 복잡하게 연관되어 있는 모든 정보를 두뇌가 즉각적으로 흡수해서 모든 이슈에 분명한 초점을 주고, 또한 관련된 모든 요소를 고려해서 연상결합 작용을 할 수 있는 구조를 미리 갖추게 한다.
2 2분자적 마인드맵은 뇌피질의 전 기능을 최대한 활용해서 모든 것을 종합적으로 고려하여 결정하게 한다.
3 2분자적 마인드맵은 이미지와 색상, 입체 공간을 사용함으로써 의사결정 과정에 필수 요소인 창의성을 부여한다.
4 2분자적 마인드맵은 색상과 이미지를 사용함으로써 의사결정에 활력을 주는 감정적 반응을 일으키고 비교의 장점을 강조한다.
5 마인드맵 과정 그 자체가 결정에 이르게 하거나 결정의 동기를 제공해준다.

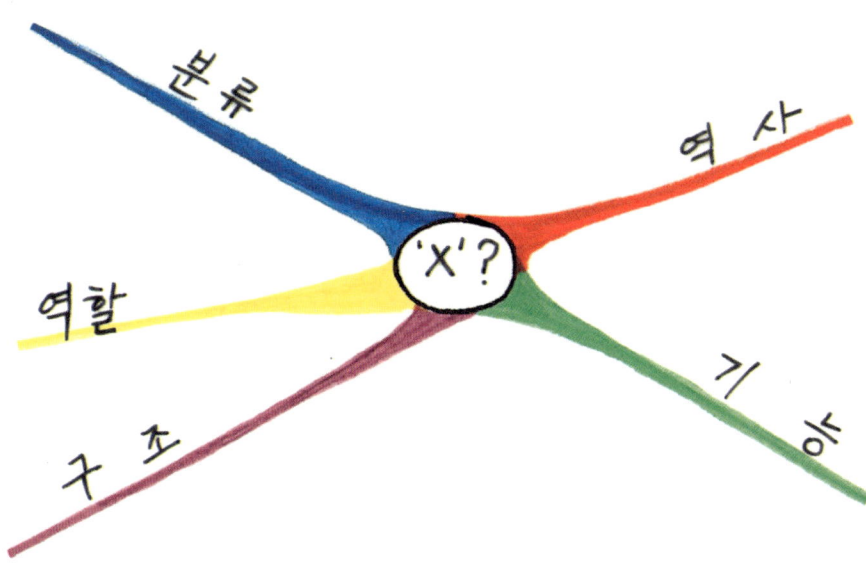

'대상 X' 연습(159~160쪽 참조)!

6 2분자적 마인드맵은 목록식 나열 방법보다 훨씬 많은 선택 항목을 만들어내기 때문에 한층 정확한 최종 결론에 이르게 한다. 특히 숫자를 붙이는 방법은 더욱 그렇다.

7 2분자적 마인드맵은 평소보다 더 많은 뇌피질 기능을 사용하기 때문에 두뇌의 직관적·초논리적 사고 능력을 자유롭게 해준다.

8 2분자적 마인드맵은 최선의 결정이 부화할 수 있는 안정되고 포괄적인 환경을 제공한다.

9 2분자적 마인드맵은 결정의 내적 과정을 분명히 반영함으로써 결정과 관계 있는 모든 요소에 지속적인 초점을 유지할 수 있게 한다.

## 결문

2분자적 마인드맵에 익숙해졌으면 이제 다범주적 마인드맵으로의 전환을 시도할 때다. 다음 장에서는 조금 더 복잡한 문제를 결정하고, 생각을 조직화하도록 도와주는 흥미로운 기법을 소개한다.

# 13 자신의 생각을 조직화하기

## 개요

- 서문
- 노트 작성하기
- 다범주 마인드맵
- 마인드맵퍼의 마음속 여행 – 네 번째
- 생각을 조직화하는 연습
- 다범주 마인드맵의 장점
- 결문

## 서문

이 장에서는 복합 가지(2분자적인 2개의 가지가 아니라 여러 개의 가지를 뜻한다 – 옮긴이), 즉 다범주 마인드맵을 사용하여 자신의 생각을 조직화하는 방법(노트 작성법)을 배우게 될 것이다. 다범주 마인드맵에는 단순한 2분자적 모델보다 한층 복잡한 위계적 조직화와 훨씬 더 많은 주개념이 포함된다. 다범주 마인드맵은 서술적 · 분석적 · 평가적인 대부분의 업무에 사용될 수 있다. 하지만 여기서는 2분자적 마인드맵에서 다범주 마인드맵으로 쉽게 전환하기 위해 기본적인 의사결정 마인드맵의 예를 사용한다. 또한 여러분은 계속해서 마인드맵퍼의 네 번째 마음속 여행을 하게 될 것이고, 자신의 생각을 조직화하는 재미있는 게임과 연습을 즐기게 될 것이다.

## 노트 작성하기

노트 작성은 기억이나 창의적 저장소에서 정보를 끌어내 그 정보를 우리가 사용할 수 있는 외적 형태로 조직화하는 과정이다. 마인드맵에서의 노트 작성 과정은 2분자적 혹은 다범주적인 방법으로 조직화된다.

## 다범주 마인드맵

간단한 2분자적 마인드맵이 중심이미지에서 뻗어나오는 2개의 주가지로 구성되어 있는 반면, 복잡한 다범주 마인드맵은 주가지를 얼마든지 가질 수 있다. 실제로 다범주 마인드맵의 평균 주가지 수는 3~7개 사이다.

그 이유는 10장에서 보았듯이 두뇌가 단기 기억에서 7개 이상의 주요 정보를 소유할 수 없기 때문이다. 그러므로 책 속의 장 제목들처럼 정보를 처리하기 쉬운 큰 덩어리로 나누어 쪼개는 방법을 사용하면서 주제를 담고 있을 최소한의 주개념 수를 목표로 정해야 한다. 아래에 나열한 주개념들은 다범주 마인드맵을 전개하는 데 특히 유용한 것으로 입증된 것들이다.

- 기본적인 질문: 언제/어디서/누가/무엇을/어떻게/왜?
- 구분: 장/과/주제
- 특성: 사물의 특징
- 역사: 사건이 일어난 연대기적 순서
- 구조: 사물의 형태
- 기능: 사물이 하는 일

- 과정: 어떻게 작용하는지
- 평가: 얼마나 좋은지/얼마나 가치가 있는지/얼마나 유익한지
- 분류: 서로 어떻게 관련이 있는지
- 정의: 의미가 무엇인지
- 개성: 역할은 무엇인지/무슨 성격인지

다범주 마인드맵을 만들고 다루는 법을 터득하면 두뇌가 정보를 표현하고 분석하고 평가하고 종합하는 능력을 상당히 향상시킬 수 있다. 흥미롭게도 지난 세기 동안 생물학과 천문학에 사용된 고도로 정밀한 위계적 분류 시스템은 복잡한 다범주 마인드맵과 점점 유사해지고 있다(자연구조를 반영하는 마인드맵과 마인드맵을 반영하는 자연구조의 비교 사례도 이와 비슷한 경우다).

## 마인드맵퍼의 마음속 여행 – 네 번째

13장에서 우리가 잠시 떠나 있는 동안 우리의 주인공은 2분자적 마인드맵을 완성하고 그 결과에 따라 집을 사기로 결정했다. 이제 문제는 더욱 복잡해졌다. '어떤 집을 살 것인가?' 처음 과정은 동일하다. 우리의 주인공은 중앙에 3차원적으로 입체감을 주고 여러 가지 색상을 칠한 중심이미지를 그린다. 그리고 선택 가능한 모든 범위를 아우르는 주개념들(가격, 환경, 목적, 증축 부분, 크기, 건축양식 등)을 정한다.

일단 이러한 요소가 정해지고 나면 우리의 주인공은 정해진 주가지에 특별히 바라는 사항이나 우선 사항을 연결하여 덧붙일 수 있다. 이 과정은 즉시 취할 수 있는 선택의 범위를 명확하게 하고 구입을 주도하는 핵심 거래 조건을 강조한다. 마인드맵은 그 자체가 결정을 하진 않지만 최선의 결정을 내리도록 선택의 '스뫼르고스보르드(Smorgasbord: 여러 가지 음식을 한꺼번에 차려놓고 원하는 만큼 덜어 먹는 스웨덴의 전통적인 식사 방법으로 바이킹요리라고도 한다-옮긴이)'를 제공한다.

다범주 마인드맵을 완성한 우리의 주인공은 이제 자신이 원하고 필요로 하는 집에 대해 보다 분명한 생각을 갖고 부동산 중개업자와 상담할 준비가 되어 있다.

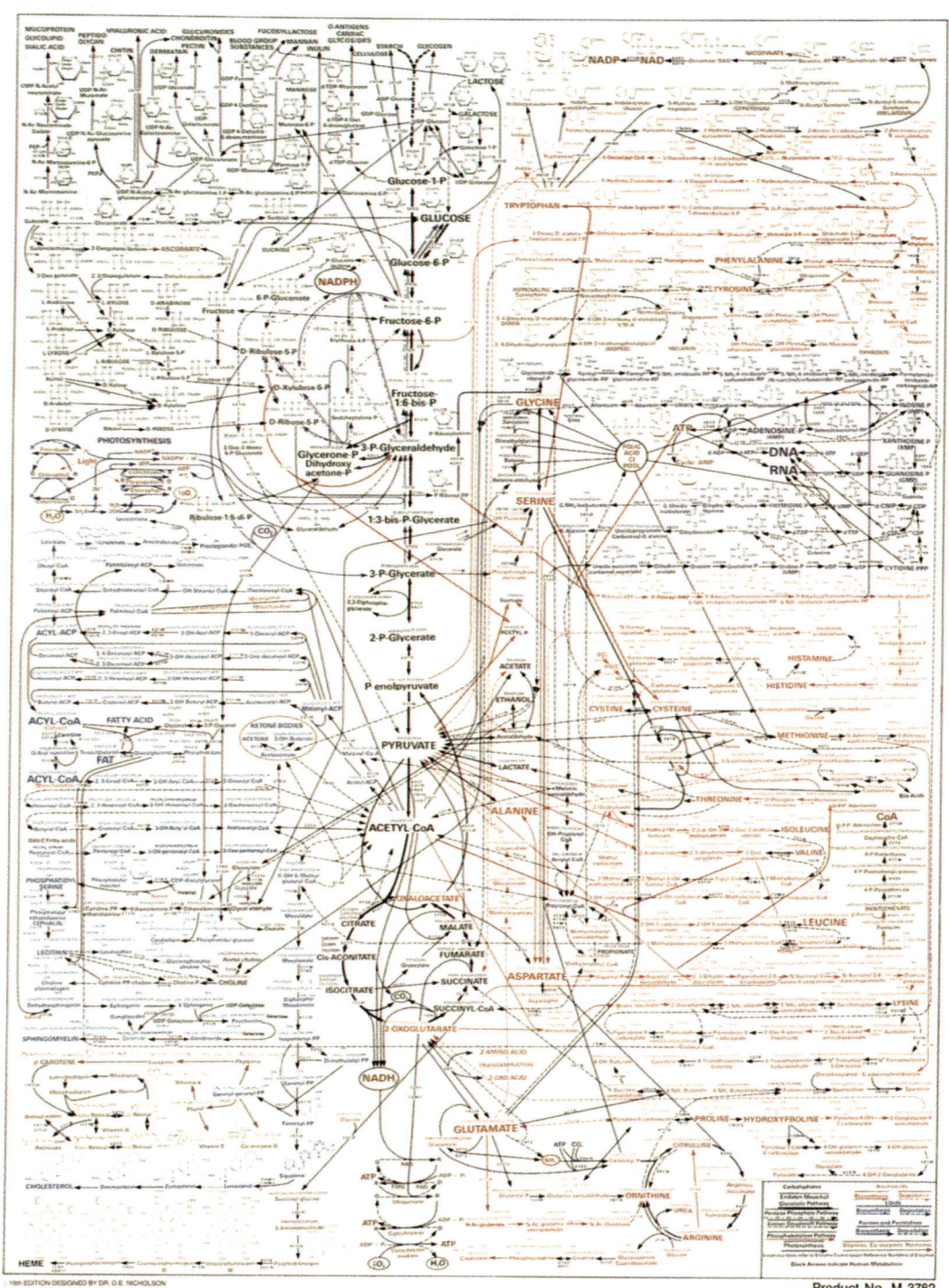

복잡한 다범주 마인드맵과 유사한 신진대사 통로에 관한 도해(163~164쪽 참조)

Product No. M 3782

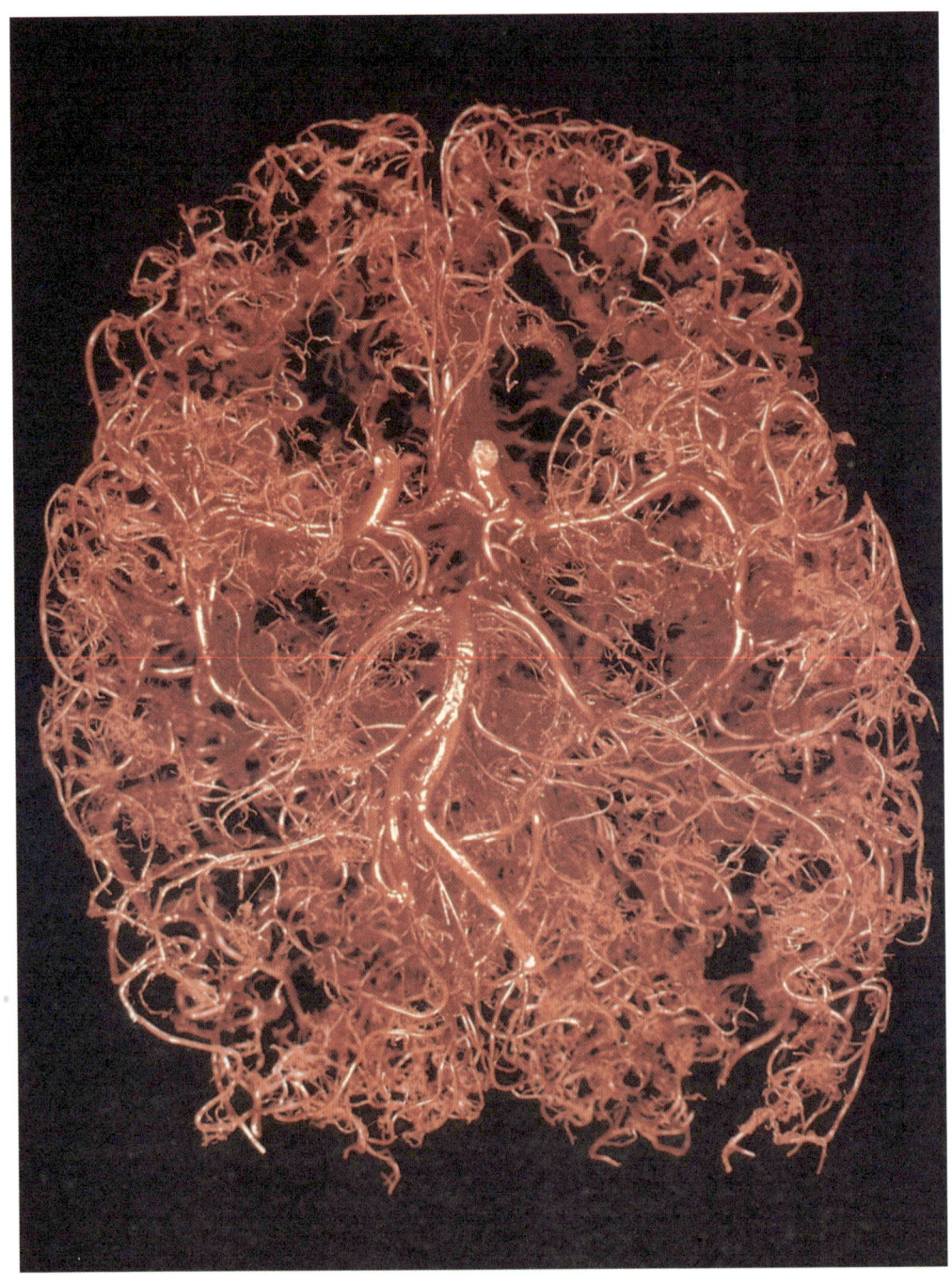

자연구조 도판 15

## 생각을 조직화하는 연습

사고의 모든 형식들이 그렇듯이 다범주 마인드맵도 배워서 발전시킬 수 있는 기술이다. 여기 생각을 조직화하는 유익하면서도 재미있는 연습 2가지가 있다.

### 왜 재미있을까?

이 연습은 스피드 마인드맵으로서, 관련 주개념을 빨리 정하는 능력을 개발하는 훌륭한 방법이다. 아래에 제시된 상황들을 상상해보라. 그런 다음 그렇게 하면 왜 재미있을까를 마인드맵으로 표현해보라.

1 ○○와 함께 외출한다면
2 ○○을 구입한다면
3 ○○을 배운다면
4 ○○을 바꾼다면
5 ○○을 믿는다면
6 ○○을 취소한다면
7 ○○을 시작한다면
8 ○○을 창조한다면
9 ○○을 끝낸다면

목록에 있는 각 항목의 ○○에 해당하는 대상을 명기하면서 상상력, 기억력, 창의적 사고 능력을 동시에 키우기 위해 다소 '우스꽝스러운' 대상도 몇 개 선택해본다. 그 다음 단계로 선택한 각각의 대상들이 재미있는 주요 이유를 7가지만 선택해서 각각에 대해 재빨리 마인드맵을 작성한다(이 연습의 또 다른 장점은 여러분이 이것을 실행했을 때 얼마나 재미있을까를 깨달으면 종종 실제 행동을 유발한다는 것이다).

### 대상 X

이것은 다소 추상적이기 때문에 주개념 선택 기술을 테스트하는 방법이 더 많이 필요하다. 대상 X를 설명하는 마인드맵을 준비해야 하는데 문제는 대상 X가 무엇인지를 모른다는 것이다. 그래서 여러분은 일반적 목적의 주개념을 찾으려 애써야 한다. 그리고 그것이 어느 정도 이루어졌으면 모든 대상에 관해 완전하고 체계적인 설명을 할 수 있어야 한다.

### 결정하기
다범주 마인드맵을 완성하면 결정을 내리는 과정은 단순한 2분자적 선택 과정과 유사하므로 앞 장에서 설명한 단계를 따른다.


## 다범주 마인드맵의 장점
다범주 마인드맵을 완성한 후에는 결정에 이르기 위해 12장의 '선택하기'(155~158쪽 참조)에서 설명한 방법들 중 하나 혹은 여러 개를 적용해볼 수 있다.
다범주 마인드맵의 주요 장점은 다음과 같다.

1 두뇌의 분류 능력, 범주화 능력, 날카로운 통찰력, 명료화 능력을 개발하도록 도와준다.
2 복잡한 정보를 단 한 장의 종이에 통합된 형태로 모아준다. 그래서 정보에 바탕을 둔 지적인 결정을 내릴 수 있게 해준다.
3 결정을 내릴 때 반드시 고려해야 할 핵심 거래 조건을 강조해준다.
4 2분자적 마인드맵과 마찬가지로 두뇌의 전 기능을 최대한 활용해서 훨씬 포괄적으로 모든 것을 고려한 결정을 이끌어낸다.
5 두뇌의 전 영역을 자극함으로써 두뇌가 자기 자신과 대화할 수 있도록 한다. 말하자면 두뇌가 자신의 활동을 객관적으로 관찰할 수 있게 해서 스스로에 대해 더 많은 것을 터득하게 한다. 이 새로운 지식은 두뇌의 지각력을 확장시키고 주제에 대해 한층 진보된 사고를 할 수 있게 한다.
6 이전에 내린 결정에 대한 근거를 다시 일깨워주고, 유사한 결정을 내려야 할 다른 상

황으로 안내해주기 때문에 다범주 마인드맵은 미래의 사용을 위해 정리, 보관될 수 있다.

## 결문

이제 우리는 자신의 생각을 조직화하는 방법과 다범주 마인드맵으로 노트 작성하는 방법을 알았다. 그러므로 다른 사람들의 생각을 조직화하고 노트 필기하는 것도 쉽다는 것을 알게 될 것이다. 다음 장에서 다룰 주제는 많은 사람들의 삶을 파멸로 몰고 간 전통적인 노트 필기 기술을 생기가 넘치고 즐거운 노트 필기 기술로 변화시키는 것이다.

# 14 다른 사람의 생각을 조직화하기

## 개요

- 서문
- 노트 필기
- 마인드맵 노트의 4가지 주요 기능
- 노트 필기에 필요한 풍부한 '정신적 도구' 갖추기
- 다범주 마인드맵의 실제 사례
- 다범주 마인드맵이 노트 필기에 미치는 장점
- 결문

## 서문

이 장에서는 다른 사람의 생각을 조직화(노트 필기)하기 위해 다범주 마인드맵을 어떻게 이용할 수 있는지를 보여준다. 노트의 주요 기능을 알아본 다음에는 수업에서 최대의 효과를 얻기 위해 어떻게 노트 필기를 준비해야 하는지 배우게 될 것이다. 또한 다범주 노트 필기의 실제 사례와 그 장점을 요약, 정리했다.

## 노트 필기

노트 필기란 강의, 책, 대중매체 등을 통해 다른 사람의 생각을 받아들여서 원래의 생각을 반영하는 구조로 조직화하는 것이다. 또한 조직화한 것을 자신의 필요에 맞게 재조직화할 수도 있다. 노트 필기에는 필기하는 사람의 생각이 추가되어 보완되어야 한다.

## 마인드맵 노트의 4가지 주요 기능

· 기억을 돕는다.
· 분석을 가능하게 한다.
· 창의적 사고를 하게 해준다.
· 대화를 반영한다.

### 기억을 돕는다

슬프게도 전 세계 대부분의 학생들이 노트는 그저 기억을 도와주는 것 이상도 이하도 아니라고 생각하는 것 같다. 학생들의 관심사는 오로지 시험에 합격할 정도로만 읽은 내용을 기억할 수 있으면 되고 그 후에는 기꺼이 잊어버려도 좋다고 생각하고 있다.

이제껏 봐왔듯이 기억이 노트의 주요 요소이기는 하다. 하지만 결코 기억 자체만이 유일한 요소는 아니다. 분석력이나 창의력 등의 다른 기능들도 똑같이 중요하다.

마인드맵은 15장에서도 언급하겠지만 특히 효과적인 기억장치다. 노트 필기 기법으로서의 마인드맵에는 3장에서 기술했던 전형적인 직선식 노트 필기가 갖는 단점들이 전혀 없다(64쪽 참조). 오히려 마인드맵은 두뇌와 조화를 이루면서 작용하고 모든 영역의 두뇌 능력을 최대한 잘 이용하고 자유롭게 한다는 장점을 지니고 있다.

### 분석을 가능하게 한다

강의 내용을 노트 필기한다거나 글로 된 정보를 노트 필기할 때, 주어지는 정보의 기본 구조를 먼저 파악하는 것이 무엇보다도 중요하다. 마인드맵은 직선식 정보로부터 주개념을 찾아내고 위계적 조직화를 하도록 도움을 준다.

## 창의적 사고를 하게 해준다

가장 좋은 노트는 정보를 기억하고 분석하는 것을 도와줄 뿐만 아니라 창의적 사고에서 도약대와 같은 역할을 하는 노트다.

MIND MAP

마인드맵은 강의, 책, 대중매체 등과 같은 외적 환경으로부터 정보를 필기한 노트와, 의사결정, 분석적 사고, 창의적 사고 등과 같은 내적 환경에서 생각을 정리한 노트를 결합시킨다.


## 대화를 반영한다

강의를 듣거나 책을 보고 마인드맵 노트를 작성할 때는 원천 자료와 관련 있는 정보는 모두 기록해야 한다. 강의를 듣거나 책을 읽는 동안 마음속에 떠오르는 순간적인 생각들도 노트에 포함되는 것이 이상적이다. 말하자면 여러분의 마인드맵은 자신의 지력과 강연자, 저자와의 사이에서 이루어지는 지적 담화를 반영해야 한다. 이때 양자 간의 생각의 교환에서 자신의 역할을 구분하기 위해 특정 색상이나 상징적 부호를 사용할 수 있다.

때문에 마인드맵은 다른 사람들로부터 정보를 수집하고 다른 사람들의 생각의 질을 평가하며, 이를 자신의 개인적 필요 및 목표와 관련지어 설명하는 강력한 도구가 된다.

MIND MAP

만일 강의나 책이 잘못 조직화되어 있거나 부정확하게 표현되어 있다면 여러분의 마인드맵도 명료성의 결여가 그대로 반영될 것이다. 이는 지저분한 모양의 마인드맵을 만드는 결과를 초래하겠지만, 또한 애매모호함과 혼동의 근원도 드러날 것이다. 따라서 깔끔해도 기능적으론 소용없는 선들과 목록들로 가득찬 노트로 혼동을 감추는 직선식 노트 필기자보다는 여러분이 훨씬 더 상황을 잘 파악할 것이다.

## 노트 필기에 필요한 풍부한 '정신적 도구' 갖추기

노트 필기의 기회를 최대한 활용하기 위해서는 필기가 진행됨에 따라 명료하게 구조화된 마인드맵이 만들어지도록 자신의 필기 방법을 구성하는 것이 매우 중요하다.

책 내용을 노트 필기하는 데 가장 적합한 정신적 도구를 갖추려면, 《유즈 유어 헤드》에서 자세히 설명하고 있는 MMOST(Mind Map Organic Study Technique: 마인드맵 조직적 공부 기술)을 이용하라. 마인드맵 조직적 공부 기술에는 8개의 기본 단계가 있다.

1 책이나 기사 전체를 '마음 내키는 대로 재빨리 읽어나가거나' 대강 훑어보고 구성 방식을 파악한다.

2 공부하는 데 걸리는 시간을 확인하여 '학습 시간'을 정하고, 그 시간에 다룰 수 있는 '학습량'을 정한다.

3 학습하려는 과목이나 주제에 대해 이미 '알고 있는' 지식을 마인드맵으로 빠르게 정리한다. 이렇게 하면 연상결합을 유도해내는 정신적 갈고리를 마련하게 된다.

4 수업의 '목표'와 '목적'을 정하고 답이 필요한 모든 질문에 대한 마인드맵을 완성하라.

5 본문을 '개관'하고 목차, 주요 제목, 결말, 결론, 요약, 주요 삽화나 그래프, 그리고 눈에 들어오는 모든 중요한 요소들을 파악한다. 이 과정은 본문에 대한 새로운 다범주 마인드맵의 중심이미지와 주가지들(혹은 주개념)을 여러분에게 제공해줄 것이다. 많은 학생들이 이 개관 단계를 끝낼 시점엔 학습량의 90퍼센트를 완성할 수 있었다고 말한다. 책의 전체적인 구조와 주요 요소들에 초점을 맞춤으로써 저자의 의도가 급속히 명료해지고 쉽게 마인드맵으로 작성할 수 있다.

6 이제 '미리 보기'로 옮겨가 개관 단계에서 다루지 않은 모든 자료들, 특히 시작 부분과 끝 부분을 잘 살펴본다. 거기에 중요한 정보가 집중되어 있는 경향이 있다. 이 정보들을 찾아서 여러분의 마인드맵을 보강하라.

7 다음 단계는 '세부 검토' 단계다. 이 단계를 조각그림 맞추기 과정과 비교하자면 그림의 경계 부분과 색깔 부분을 모두 맞춘 상태에서 나머지 비어 있는 공간을 채우는 것에 해당한다고 볼 수 있다. 여기서 특히 어려운 부분들은 표시해두고 그냥 넘어가도록 한다. 개관 단계와 미리 보기 단계에서 다루지 않았던 본문의 나머지 부분을 이

자연구조 도판 16

선 아담(Sean Adam)이라는 아버지가 딸이 영문학 시험에 합격하도록 도와주기 위해 만든 마인드맵(그의 딸은 물론 시험에 합격했다. 176쪽 참조)

단계에서 충분히 익혔으면, 이제 내용을 이해하고 마인드맵을 구성하는 것이 훨씬 쉬워졌음을 알게 된다.

8 마지막으로 '복습' 단계다. 이 단계에서는 앞 단계에서 건너뛴 어려운 문제들을 다시 검토한다. 그리고 아직 남아 있는 질문에 답하거나 해결되지 않은 목적을 달성하기 위해 본문을 다시 본다. 이 시점에서 자신의 마인드맵 노트를 완성해야 한다. 24장을 참고하라(281쪽의 마인드맵)

이 모든 과정은, 완전한 전체 그림을 먼저 보고 구석이나 바깥 모서리로부터 점차 중앙으로 완전한 전체 그림을 완성할 때까지 채워나가는 조각그림 맞추기와 유사하다고 할 수 있다.

이러한 방법은 특히 강의를 듣는 상황에서 권장된다. 좀 더 쉽게 노트 필기를 하기 위해서는 강의를 하는 사람에게 강의 시간 중에 다루어질 주제나 화제, 범주를 미리 요약해줄 것을 부탁할 수도 있다.

이것이 불가능하다면, 강의가 진행되는 동안 주개념을 찾고 동시에 강의를 들으면서 간단하게 마인드맵을 작성하라. 그리고 강의가 끝난 후에 자신의 마인드맵을 다시 편집해서 다듬을 수 있다. 이렇게 하면 정보와 준비, 프레젠테이션 과정을 이해하게 되어 이해력이 증진된다. 강의 마인드맵에 대한 자세한 사항은 26장을 참고하라(295쪽).

## 다범주 마인드맵의 실제 사례

175쪽의 다범주 마인드맵은 어떤 아버지가 딸이 대학의 영문학과에 입학하도록 도와주기 위해 작성한 것이다.

소설과 같은 복잡한 구조에 직면했을 때 두뇌가 소설의 주요 문학적 요소들을 자세히 설명하는 이같은 정신적 '그리드(Grid: 바둑판 모양의 기준선망—옮긴이)' 형태의 마인드맵을 참고할 수 있다는 것은 엄청난 장점이다.

이런 형태의 마인드맵은 독자로 하여금 텍스트의 본질을 더욱 정확하고 포괄적으로 끄집어낼 수 있게 한다. 또한 중요한 정보를 구어나 문어文語 형태(논술이나 시험 답안지)로

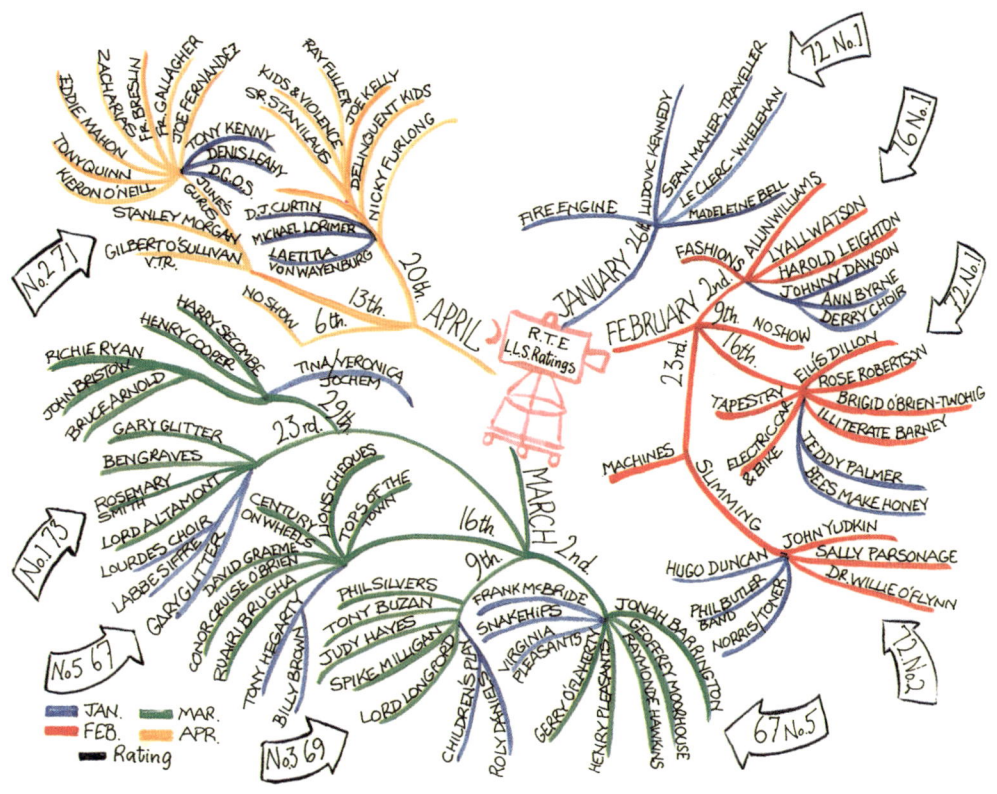

텔레피스 에이레 방송국의 〈더 레이트 레이트 쇼〉 책임 프로듀서인 팬 콜린스가 주요 프로그램을 기획하고 기록한 마인드맵(177쪽 참조)

훨씬 쉽게 전환할 수 있게 해준다.

　위의 마인드맵은 에이레 방송의 주요 TV 프로그램 〈더 레이트 레이트 쇼The Late Late Show〉의 프로듀서인 팬 콜린스Pan Collins가 4개월에 걸쳐 준비한 것이다. 팬은 주제, 진행자, 프로그램 순서 등에 관한 전 제작진의 생각을 체계적으로 정리해야 할 필요를 느껴서 이 마인드맵을 작성했다. 큰 화살표 그림 안의 숫자는 프로그램이 어떤 평가를 받았는지 기록한 것이다.

## 다범주 마인드맵이 노트 필기에 미치는 장점

1 9장에서 언급한 마인드맵의 12가지 장점(111~112쪽 참조).

2 억눌려 있던 '찾아서 발견하는' 두뇌의 엄청난 연상결합 능력을 자유롭게 한다.

3 학습 목표를 훨씬 빠르게 달성할 수 있다.

4 마인드맵 노트는 빠르고 쉽게 글쓰기, 프레젠테이션, 그 외 다양한 창의적 형식이나 정보 전달 형식으로 전환할 수 있다.

5 명확한 분석적 사고를 지속적으로 키워준다.

6 지식을 축적하는 기쁨이 커진다.

7 중요한 모든 학습 경험을 영구적으로 손쉽게 기록할 수 있다.


## 결문

지금까지 자신의 생각과 다른 사람의 생각을 조직화하기 위해 마인드맵을 어떻게 사용하는지 살펴보았다. 이제 다음 장의 주제인 마인드맵과 기억력의 세계를 탐험해보자.

# 15 기억력

## 개요

- 서문
- 그리스 신화
- 다차원적 기억장치로서의 마인드맵
- 창의성의 거울, 기억 마인드맵
- 기억 마인드맵의 적용
- 기억 마인드맵의 장점
- 결문

## 서문

이 장은 먼저 기억력, 에너지, 창의성 간의 관계에 대해 많은 것을 알려주는 다채로운 그리스 신화로 시작한다. 그리고 기억 마인드맵의 장점을 요약하기 전에 기억과 창의적 사고 장치로서의 마인드맵을 탐구해보고자 한다.

## 그리스 신화

신들의 제왕인 제우스Zeus는 바람둥이로 유명하다. 그는 대부분의 시간을 하늘과 땅에 있는 아름다운 여자들을 유혹하며 보냈다.

알려진 사실과는 달리, 그는 모든 여자들에게 애정을 골고루 분배한 것은 아니었다. 그가 다른 누구보다도 많은 시간을 함께 보낸 여신이 있었는데, 바로 기억의 여신 므네모시네Mnemosyne였다. 제우스는 며칠 밤낮을 열정적인 사랑을 나누면서 그녀의 곁에서 보내기도 했으며 그녀와의 사이에서 9명의 뮤즈를 두었다.

이 뮤즈들은 창의성을 상징하고, 각자 한 가지씩 특별한 예술적 재능을 지니고 있다.

· 에라토Erato – 연애시를 주관하는 여신
· 칼리오페Calliope – 서사시를 주관하는 여신
· 에우테르페Euterpe – 음악과 서정시를 주관하는 여신
· 폴림니아Polyhymnia – 찬가를 주관하는 여신
· 탈리아Thalia – 희극 및 목가를 주관하는 여신
· 멜포메네Melpomene – 비극을 주관하는 여신
· 우라니아Urania – 천문을 주관하는 여신
· 클리오Clio – 역사를 주관하는 여신
· 테르프시코레Terpsichore – 무용을 주관하는 여신

MIND MAP

제우스는 힘과 권력을 상징한다. 신화에 의하면 힘과 권력을 기억에 적용시키면 창의성을 가져다주는 수정受精 작용이 일어난다고 한다. 이 관계가 마인드맵 이론에서 중요한 함축적 의미를 지닌다. 마인드맵은 학습과 기억술이 진행되는 동안 일어나는 회상력에 관한 연구를 기반으로 창시된 이론이다. 따라서 마인드맵은 원래 기억법이었던 것이 스페리Sperry의 두뇌 연구와 토랜스Torrance의 창의성 연구를 바탕으로 자연스럽게 창의적이고 다양한 목적을 지닌 사고기법으로 진화된 것이다.

### 다차원적 기억장치로서의 마인드맵

기억 기법은 새롭고 기억에 남을 만한 이미지를 창조해내기 위해 상상력과 연상결합을 사용한다. 마인드맵은 상상력과 연상결합뿐만 아니라 고도로 발전된 다차원적 기억장치를 창조해내기 위해서 두뇌의 전 기능을 통합한다.

여기서 다차원적이라는 것은 1차원적(직선)이나 2차원적(평면) 사고방식보다는 마인드맵이 연상결합과 색상, 시간 등을 이용한 본질적인, 방사상의 3차원적 이미지를 창출하도록 한다는 것을 의미한다.

이와 유사하게 창의적 사고는 현재의 상황에서 미래의 상황을 알아보기 위해 2개의 요소를 결합하여 제3의 요소를 만들어낸다. 창의적 장치는 미래를 변화시키거나 창조하기 위해 현재 상황에서 미래의 상황을 바라보게 도와준다. '기억장치는 현재 상황에서 과거를 재창조하도록 도와준다.'

그러므로 기억 마인드맵은 기능이나 디자인 면에서 다차원적 마인드맵, 창의적 마인드맵과 동일하다. 기억 마인드맵이 기억력을 엄청나게 확장시키는 것과 창의적 마인드맵이 단순한 창의적 사고 모델을 사방으로 무한히 확장시키는 것은 똑같은 방식이다.

### 창의성의 거울, 기억 마인드맵

기억과 마찬가지로 창의적 사고도 상상과 연상결합을 그 바탕으로 한다. 그 목적은 A라는 항목과 B라는 항목을 서로 연결시켜 새롭고, 혁신적이고, 결코 틀에 박히지 않은 생각을 생산하는 것인데 이를 우리는 '창의적'이라는 이름으로 명명한다. 따라서 기억 과정과 창의적 사고 과정은 똑같은 구조를 지니고 있다. 단지 다른 점이 있다면 그 목적이 다르다.

기억장치는 두뇌가 미래의 제3의 이미지를 회상(재창조)할 수 있도록 하기 위해서 두 항목을 연상결합시킨다. 마찬가지로 창의적 장치도 제3의 이미지로 미래의 상황을 바라보기 위해서 2가지 요소를 결합시킨다. 그러나 창의적 장치는 어떤 면에서 미래를 변화시키거나 미래에 영향을 주는 것을 그 목적으로 하지만, 기억장치는 단순히 기억하는 것을 그 목적으로 한다.

기억 마인드맵을 만들면 창의적 사고력도 동시에 훈련하게 된다. 이것은 차례로 기억력을 강화시키고 서로 상호 보완하는 상승 작용을 일으킨다.

오른쪽 그림은 기억장치와 창의적 사고 장치 둘 다를 보여주는 좋은 마인드맵 사례다. 이것은 데니 해리스Danny Harris라는 미국의 뛰어난 비디오 프로듀서가 그린 것이다. 그가 이 마인드맵을 만든 원래의 목적은 기억을 주제로 하는 자신의 비디오에 담고 싶은 내용을 스스로에게 상기시키기 위한 것이었다. 그의 마인드맵은 미리 보기, 숫자/모양 기억법에 대한 자세한 설명, 간단한 기억법의 적용, 프로그램에서 제시한 이론과 실제에 대한 일반적인 토의 등 프로그램 내용을 요약하고 있다. 이 경우에 기억 마인드맵을 전개해나가는 것 자체가 창의적 과정이 되었고, 프로그램의 구조와 내용에 대한 새로운 생각들을 창출해내고 있다. 기억은 창의력을 먹고 살고 창의력은 기억을 먹고 살아간다.


## 기억 마인드맵의 적용

대부분의 특정 분야에 대한 적용은 '개인' '가족' '교육' '비즈니스와 전문직' '미래'라는 섹션 하에 5부에서 다룬다. 그러나 특별히 재미있는 라디오 및 텔레비전 프로그램, 꿈, 즐거운 가족 행사, 스케줄 리스트 등을 회상하는 것처럼 일반적인 사항을 기억하기 위해 마인드맵을 적용한 많은 사례들이 있다.

특히 유용한 마인드맵 적용 중의 하나는 사람의 이름이나 물건의 행방 등 잃어버린 기억을 찾는 것이다. 이 경우 잃어버린 항목에 초점을 맞추는 것은 대개 기대에 못 미치는 결과를 초래한다. 잃어버린 항목은 사라지고 없어서 존재하지 않는 것에 초점을 맞추는 것과 같기 때문이다.

자신의 두뇌가 지닌 연상결합 능력의 힘을 염두에 두고 마인드맵의 중심이미지 자리를 비워두라. 그리고 비어 있는 중심이미지 공간과 연상결합되는 단어 또는 이미지를 그 주위에 둘러싸도록 하라.

예를 들어 비어 있는 중심이미지의 '잃어버린 것'이 사람의 이름이라면 빈 중심이미지를 둘러싸는 주가지는 성별, 나이, 외모, 가족, 목소리, 취미, 직업, 처음 만난 곳과 마지막 만난 곳 등이 될 수 있다. 이렇게 하면 두뇌의 기억 저장소에서 비어 있는 중심이미지

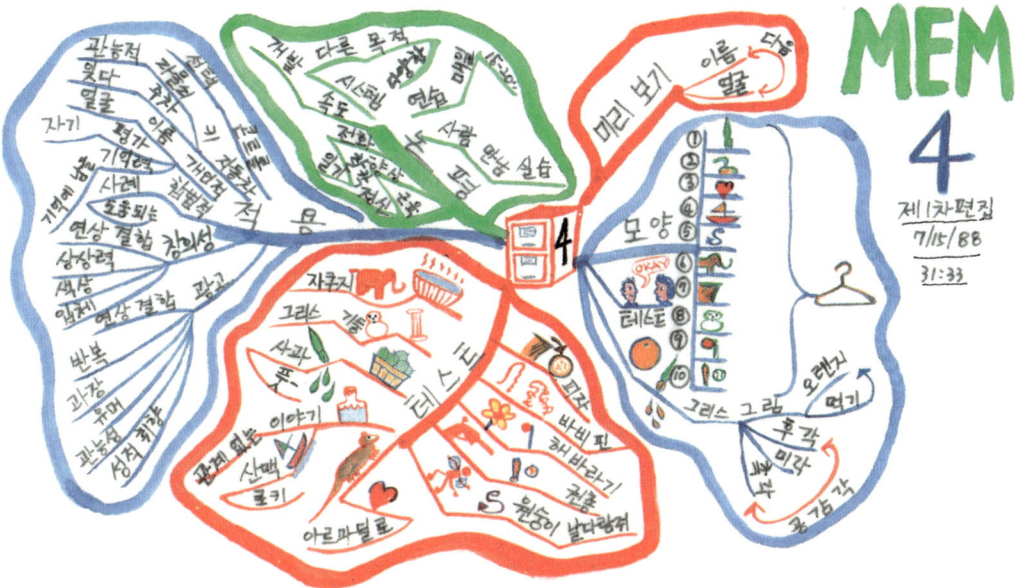

영화와 비디오 프로듀서로 유명한 데니 해리스의 마인드맵으로 기억에 관한 모든 프로그램을 요약하고 있다(182쪽 참조).

에 들어갈 적절한 정보를 인식할 수 있는 가능성이 굉장히 커진다(이에 대해 좀더 자세한 정보를 알고 싶으면 기억력에 관한 또 다른 나의 출간물인《유즈 유어 메모리》의 23~24장을 참조하라).

잃어버린 기억을 되살리기 위해 마인드맵을 사용하기 곤란하다면 간단하게 마인드맵과 비슷한 효과를 얻을 수 있는 내면의 심상을 사용해볼 수도 있다.

### 기억 마인드맵의 장점

1 두뇌의 전 기능을 충분히 활용함으로써 회상 능력을 크게 향상시킨다.

2 두뇌의 반응을 촉진시켜 한층 기민하고 능숙하게 기억하도록 돕는다.

3 기억 마인드맵의 매력은 두뇌로 하여금 마인드맵으로 되돌아가고 싶게 만든다. 그래서 자연발생적인 회상 능력을 다시 증대시킨다.

4 본질적으로 기억을 도와주도록 고안되어 있다.

5 기억 마인드맵의 사용은 두뇌를 활성화시켜 재빠르게 기억을 도와주고 기본적인 기

자연구조 도판 17

억 기술 수준을 높여준다.

6 창의적 사고 과정을 반영하고, 동시에 창의적 사고기술을 향상시킨다.

7 《유즈 유어 메모리》의 5장에서 설명한 전형적인 망각곡선과는 반대로 학습 기간이나 청취 기간 내내 처음부터 끝까지 높은 수준의 회상력을 유지한다.

8 개인의 모든 연상결합 능력을 이용해서 두뇌가 지닌 육체적 각인 능력을 높이고 두뇌의 네트워크 조직 능력을 키워줌으로써 결국에는 회상 능력을 높여준다.

9 기억을 유도하는 확실한 불길을 제공해줌으로써 자신감, 동기 유발, 그리고 전반적인 두뇌 기능을 증진시킨다.

## 결문

지금까지 살펴본 것처럼 기억력과 창의력은 동전의 양면과 같다. 기억 마인드맵의 장점을 살펴보았으니 다음 장에서는 창의적 사고와 브레인스토밍 마인드맵의 장점을 설명할 것이다.

## 16 창의적 사고

THE MIND MAP BOOK

### 개요

- 서문
- 창의적 마인드맵의 목적
- 창의적 사고 메커니즘으로서의 마인드맵
- 창의적 사고 과정의 단계
- 새로운 패러다임을 제공하는 마인드맵
- 창의적 사고 마인드맵의 장점
- 결문

### 서문

이 장에서는 마인드맵을 사용한 창의적 사고에 초점을 둔다. 마인드맵이 창의적 사고 분야에서 그토록 놀랍도록 효과적인 이유를 설명하고, 자신의 창의적 사고와 브레인스토밍 능력을 확장시켜 새로운 주요 통찰력을 얻으려면 마인드맵을 어떻게 사용해야 하는지도 설명한다.

## 창의적 마인드맵의 목적

창의적 사고 혹은 브레인스토밍 마인드맵은 상당히 많은 목적을 지니고 있다. 그 주요 목적은 다음과 같다.

1 주어진 주제에 관한 모든 창의적 가능성을 탐구한다.
2 주제에 대해 이전에 가지고 있던 개념들을 정리해서 새로운 창의적 사고를 불러일으킬 수 있는 여지를 제공한다.
3 특별한 행동을 하게 하거나 실제 현실을 창조하거나 변화시키는 아이디어를 낸다.
4 창의적 사고를 끊임없이 계속하게 한다.
5 이전에 갖고 있던 생각들을 재조직화할 수 있는 새로운 개념의 틀을 만들어낸다.
6 순간적으로 일어나는 통찰력을 포착하고 개발한다.
7 창의적으로 계획한다.

## 창의적 사고 메커니즘으로서의 마인드맵

마인드맵은 일반적으로 창의성과 결합되는 모든 기능들, 특히 상상력과 생각의 연상 결합 능력, 융통성을 활용하기 때문에 창의적 사고와 이상적인 조화를 이룬다.

심리학 논문에서도 나타나지만, 특히 E. 폴 토랜스E. Paul Torrance가 시행한 창의적 사고에 관한 실험에서 융통성은 창의적 사고의 중요한 요소인 것으로 확인되었다. 그 외 다른 요소들은 다음과 같은 능력들을 내포하고 있다.

· 새롭고 독특한 생각을 이미 알고 있던 생각과 연상결합시키는 능력
· 서로 다른 색상을 사용하는 능력
· 서로 다른 모양을 사용하는 능력
· 특이한 요소들을 결합시키는 능력
· 입체를 확대하여 사용하는 능력
· 개념적인 입장을 조절하는 능력

자연구조 도판 18

- 기존의 개념들을 재배열하고 연결시키는 능력
- 기존의 개념들을 완전히 반대로 바꾸어놓는 능력
- 심미적으로 매력을 느끼는 대상에 반응하는 능력
- 감정적으로 호소하는 대상에 반응하는 능력
- 시각, 촉각, 청각, 후각, 미각에 호소하는 대상에 반응하는 능력
- 서로 교환할 수 있는 모양과 기호를 사용하는 능력

> 마인드맵이 사실 이 모든 능력들의 정교하고 우아한 외적 발현이라는 것은 마인드맵의 규칙과 이론을 살펴보면 알 수 있다. 즉, 마인드맵은 완벽한 창의적 사고 과정의 외적 발현이다.

창의적 사고의 주요 요소와 기억법의 발달사에서 드러난 주요 요소 사이에는 현저한 유사성이 있다는 것이 연구에서 밝혀졌다(15장 '창의성의 거울, 기억 마인드맵' 181~182쪽 참조).

> 창의적 사고 원리와 기억 원리의 본질이 거의 같다는 사실은 마인드맵이 이러한 사고 형태의 필수적·자연적 발현이자 도구임을 확인시켜 준다. 그것은 또한 창의성과 기억에 관한 논문의 대부분이 두 과정은 서로 다르게 구별되고 분리되어 있다는 의견인 데 반해 사실은 똑같은 과정을 지닌 경상이라고 주장하는 이론가들에게 강력한 근거를 제공해준다.

일반적으로 창의적인 천재는 얼이 좀 빠져 있고 건망증이 심하다고 생각하는 경향이 있다. 하지만 이는 문제의 특별한 천재들이 심리학자들 사이에서 중요하게 기억해야 한다고 여겨지는 것들만 잊어버리기 때문이다. 천재들의 창의적 사고를 주제로 해서 그들의 기억력을 집중적으로 관찰한다면, 우리는 그들이 어떤 위대한 기억술사 못지않은 방대한 양의 기억력을 지녔음을 발견할 것이다.

## 창의적 사고 과정의 단계

창의적 사고 마인드맵 기법을 바르게 적용한다면, 마인드맵퍼 개인은 같은 기간에 전통적인 브레인스토밍 사용자들이 창조해낼 수 있는 양의 2배나 되는 창의적 사고를 창조해낼 수 있다.

창의적 사고 마인드맵에는 5가지 단계적 과정이 있다.

## 1 속성 마인드맵 단계

먼저 자극적인 중심이미지를 그린다(예를 들어 새로운 비행 기술의 가능성을 연구하고 있다면 영국과 프랑스가 공동으로 개발한 초음속 제트 여객기 콩코드의 날개를 닮은 그림을 그린다). 중심이미지는 커다란 백지의 중앙에 그려야 한다. 주제를 생각할 때마다 마음에 떠오르는 모든 생각을 중심이미지에서 방사상으로 퍼져나가도록 한다.

20분이 넘지 않게 가능한 한 빠른 속도로 생각이 자유롭게 흐르도록 내버려둔다. 이렇게 하면 두뇌의 습관적인 사고 패턴에서 두뇌가 자유로워진다. 새로운 생각들이 떠오르고, 때로는 터무니없이 엉뚱한 생각들이 만들어지기도 하지만 이 명백히 엉뚱한 생각들은 새로운 통찰력의 세계로 들어가는 열쇠 역할을 하고, 낡고 구속적인 습관을 타파하기 때문에 항상 억제하지 않고 그대로 두어야 한다. 다음은 루돌프 플레시Rudolf Flesch라는 철학자가 한 말이다.

창의적 사고란, 항상 해왔던 방식대로 행하는 것이 특별한 미덕은 아니라는 단순한 깨달음을 의미한다.

에즈라 파운드Ezra Pound의 유명한 말을 마음에 새기는 것도 창의적 사고를 이해하는 데 도움이 될 것이다.

천재는…… 보통 사람은 1개를 보고 재능 있는 사람은 2~3개를 보는 상황에서 10개를 보는 능력과, 자신의 예술적 자질에 다각적인 통찰력을 부여하는 능력을 갖춘 사람이다.

마인드맵 용지가 가능하면 커야 하는 이유를 나는 다음과 같이 말하고 싶다. "마인드맵은 이용할 수 있는 모든 공간을 꽉 채울 만큼 확장하려고 하는 성질이 있다." 창의적 사고에서도 두뇌가 더욱더 많은 생각들을 쏟아낼 수 있도록 유도하기 위해서는 가능한 한 많은 공간이 필요하다.

## 2 첫 번째 재구조화와 수정 단계

두뇌가 지금까지 쏟아낸 생각들을 잠시 쉬었다가 통합할 수 있도록 짧은 휴식을 취하라. 이렇게 쉰 다음 새로운 마인드맵을 만들 필요가 있다. 이 새로운 마인드맵에서는 주가지, 즉 주개념에 해당되는 것이 무엇인지 확인하고, 통합하고, 범주화하고, 위계적으로 조직화하고, 새로운 연상결합을 찾아내고, 마인드맵의 전체적인 맥락에서 처음에 '어리석거나' '엉뚱하게' 보였던 생각들을 다시 고려해본다. 앞에서 보았듯이, 전통적이고 틀에 박힌 것과 거리가 멀수록 더욱 창의적인 생각을 잘 만들어낼 수 있다.

이 첫 번째 재구성 단계에서 여러분은 마인드맵의 중심에서 벗어난 외곽 경계 부분에 있는 개념들이 유사하거나 심지어는 꼭 같다는 사실을 깨닫게 될 것이다. 이 중복된 개념들을 불필요한 반복으로 여겨 제거해버려서는 안 된다. 그 개념들은 중심이미지에서 방사상으로 퍼져나온 서로 다른 가지에 연결되어 있다는 점에서는 근본적으로 서로 다르다. 이러한 반복은 지식의 창고 깊숙이 묻혀 있으면서 실질적으로는 여러분의 사고 모든 영역에 영향을 주는 매우 중요한 생각들을 반영하는 것이다.

그에 적절한 정신적 · 시각적 무게를 부여하기 위해서는 같은 개념이 두 번째 나타났을 때 밑줄을 그어 강조해야 한다. 그리고 세 번째 나타나면 기하학적인 모양으로 외곽선을 두르고 네 번째 다시 나타나면 3차원 형태로 외곽에 박스를 그려라.

마인드맵에 표시된 3차원 모양들을 서로 관련 있는 것끼리 연결시키고 그 링크들을 다시 입체화시키면 말 그대로 새로운 정신적 틀을 만들 수 있고, 과거의 사실들을 새로운 시각으로 볼 때 일어나는 번득이는 통찰력을 이끌어낸다. 이러한 변화는 전체 사고 구조를 즉석에서 재조직화함을 의미한다.

어떤 의미에서 이런 유형의 마인드맵은 중심이미지와 주가지가 더 이상 핵심적인 중요성을 띠지 않는다는 점에서 규칙을 깨는 것처럼 보일지 모른다. 그러나 이것은 결코 규칙을 어기는 것이 아니라, 규칙 중에서도 특히 강조와 이미지에 관한 규칙을 충분히 활용하는 것이다. 사고의 경계에서 발견되고 반복되는 생각은 새로운 중심이미지가 될 수도 있다. 두뇌의 '탐구하고 발견하는' 기능을 따름으로써 마인드맵은 기존의 중심이미지를 대체하고 새로운 중심이미지를 찾으려는 현재의 사고 흐름에 훨씬 더 다가갈 수 있다. 그리고 머지않아 이 새로운 중심이미지도 한층 새롭고 진보한 개념에 의해 대체될 것이다.

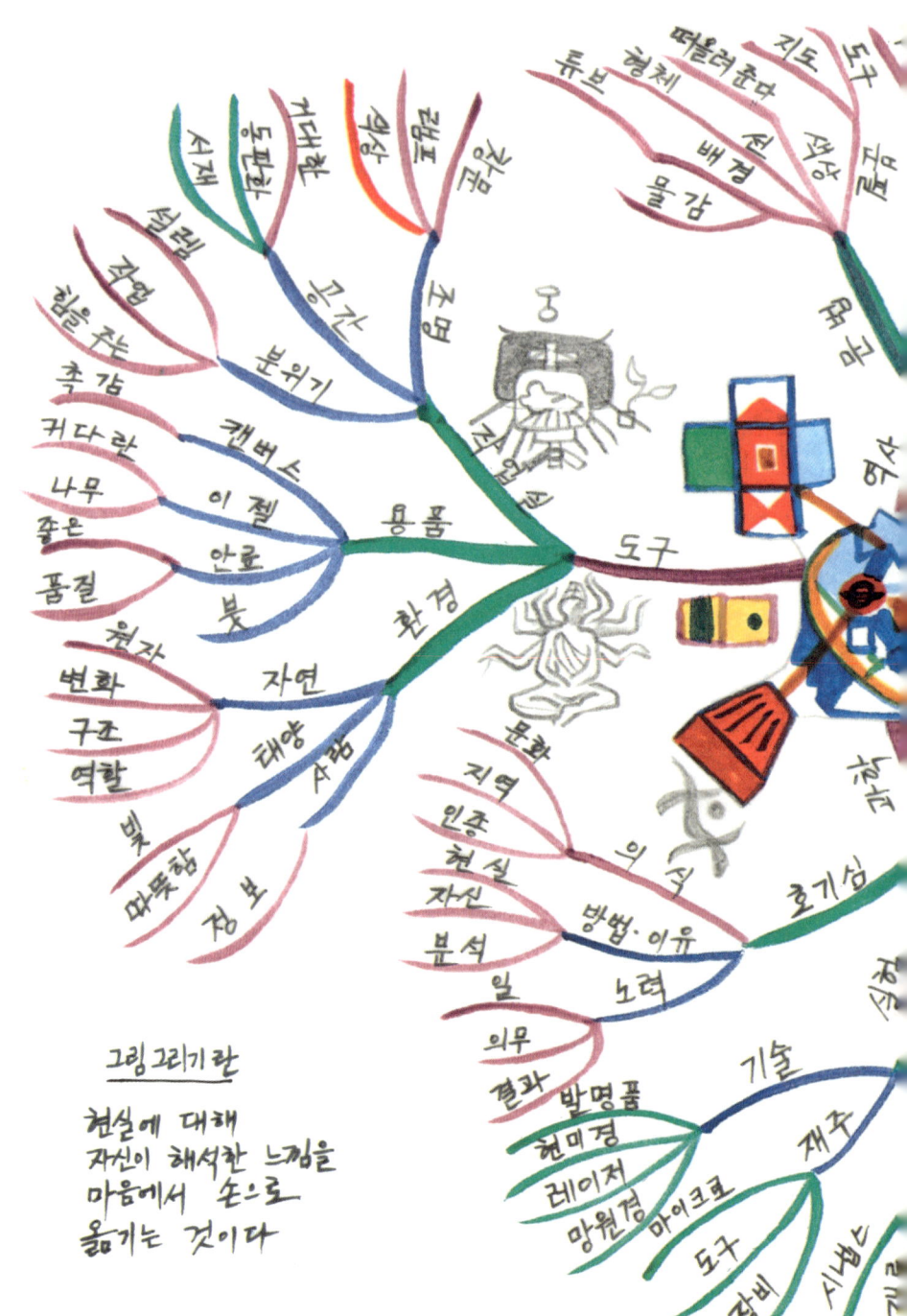

그림그리기란

현실에 대해
자신이 해석한 느낌을
마음에서 손으로
옮기는 것이다

창의성의 본질과 미술가의 관점에 관한 로레인 질의 마인드맵(195쪽 참조)

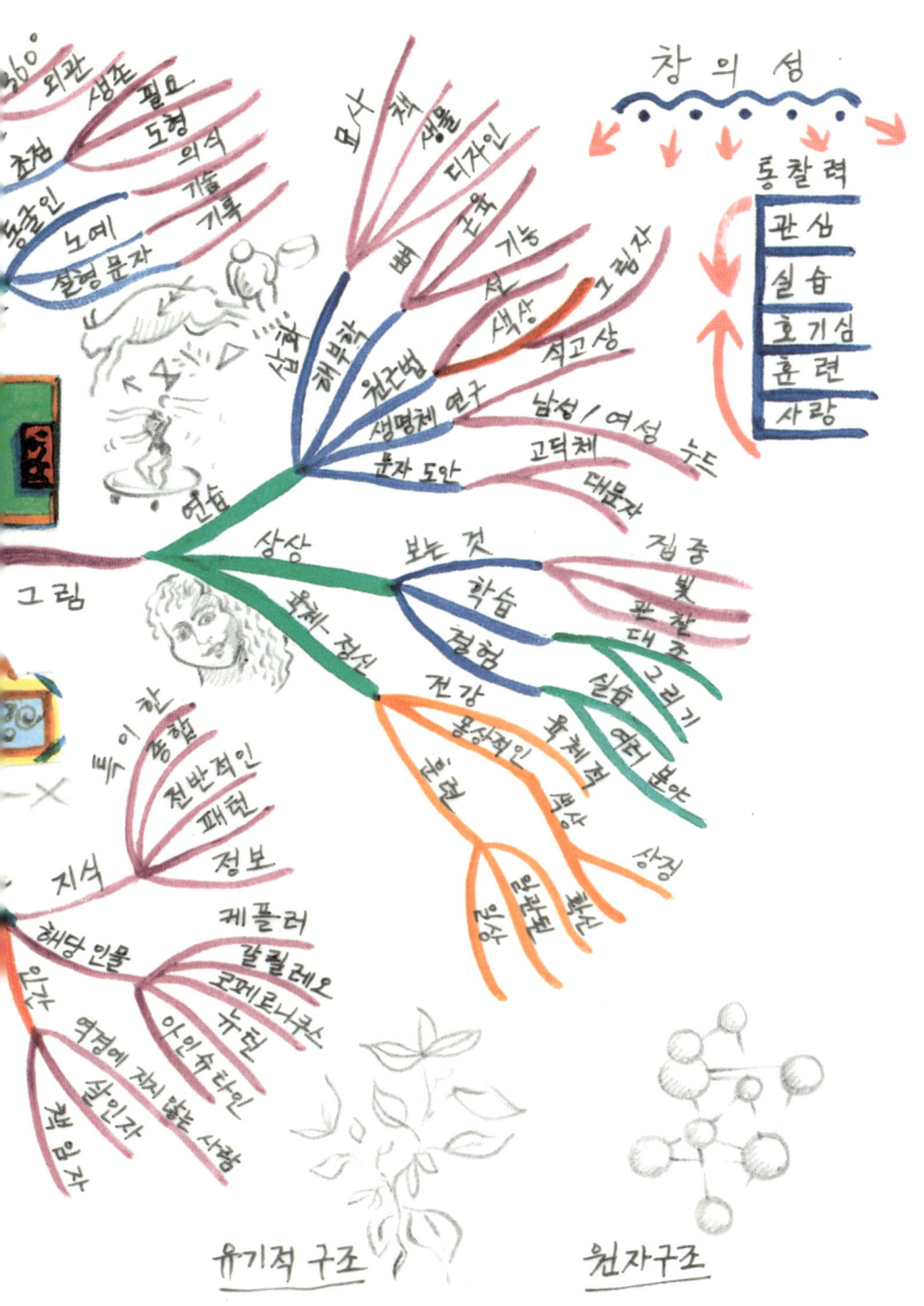

창의성

통찰력

관심
실습
호기심
훈련
사랑

묘사

재
생물
디자인
초상
기능
색상
그림자
서
석고상
남성/여성 누드
고딕체
대문자
문자 도안

친근법
생명체 연구

상상
보는 것
학습
경험
건강
무제 정신

집중
빛
관찰
대
그리기
실습 데리 분야
몽상적인 색상
상징

그림

연습

특이한
통합
전반적인
패턴
정보
지식

해당 인물
케플러
갈릴레오
코페르니쿠스
뉴턴
아인슈타인
여권에 사진이 없는 사람
살인자
점성가
인간

외관
생존
필요
도형
의식
기능
기록
초점
통솔인
노예
설형 문자

유기적 구조

원자구조

마인드맵은 지적 탐구와 지적 성장을 도와주고 반영한다.

### 3 부화 단계

12장에서('선택하기', 157~158쪽 참조) 보았듯이 이따금씩 두뇌가 휴식을 취하고 평화롭고 한가로운 상태에 있을 때, 예를 들면 걷거나 달리거나 잠자거나 공상을 하고 있을 때 갑자기 창의적인 깨달음이 일어난다. 이것은 두뇌가 휴식을 취하고 있을 때 두뇌의 잠재 능력 깊숙한 곳까지 방사사고 과정이 퍼져 들어가 정신적 발전의 가능성을 높여주기 때문이다.

역사상 위대한 창의적 사상가들은 이 방법을 사용했다. 아인슈타인은 모든 사고에는 반드시 부화 단계가 필요하다고 학생들에게 가르쳤다. 벤젠고리(방향족화합물에 함유되어 있는 6개의 탄소 원자로 이루어진 고리를 뜻하며, 벤젠핵이라고도 한다 — 옮긴이)를 발견한 케쿨레Kekule도 자신의 하루 일과 프로그램에 반드시 부화/공상 시간을 넣었다.

### 4 두 번째 재구조화와 수정 단계

부화 단계를 거치고 나면 두뇌는 첫 번째와 두 번째의 마인드맵을 새로운 시각으로 바라볼 것이다. 그리고 이 통합의 결과를 더욱 견고하게 보완하기 위해 또 다른 마인드맵을 빠른 속도로 만들어내는 것이 좋다.

이러한 재구조화 단계 동안 여러분은 종합적인 마인드맵을 만들기 위해서 1, 2, 3단계에서 수집하고 통합한 모든 정보를 고려해야 한다.

노르마 스위니Norma Sweeney가 만든 마인드맵은 부화와 여러 번의 사고 수정을 거친 결과다. 이 마인드맵은 브레인클럽 개념에 대한 소개의 극치를 세상 사람들에게 보여준다(196쪽 그림 참조).

### 5 최종 단계

이 단계에서 여러분은 해결책을 찾고, 결정을 내리고, 창의적 사고의 원래 목적을 깨달을 필요가 있다. 이것은 종종 최종 마인드맵에서 본질적으로 서로 다른 요소들을 연결시켜 새로운 주요 통찰력을 배양하고 비약적인 발전을 이루게 한다.

## 새로운 패러다임을 제공하는 마인드맵

창의적 사고가 이루어지는 동안 첫 번째 재구조화와 수정 단계에서 새로운 통찰력을 얻는다면, 부화 단계에서는 패러다임 시프트Paradigm Shift로 알려져 있는 집단적 통찰력을 새롭게 인식할 수 있다.

192~193쪽의 마인드맵은 로레인 질의 작품으로 미술가의 관점에서 바라본 창의적 과정에 대한 일련의 강의를 마인드맵으로 요약한 것이다. 이 마인드맵은 미술의 역사, 보는 방법의 발달, 창의적인 작업을 수행하는 데 필요한 도구 등을 종합적으로 제시하고 있다. 현대의 두뇌 연구와 마찬가지로 마인드맵도 과학으로서의 예술(그리고 예술로서의 과학)을 강조하고 또한 창의적 과정에서는 상상력 훈련과 육체 훈련 둘 다를 강조한다.

보스턴 필하모닉 상임 지휘자인 벤저민 잰더Benjamin Zander가 그린 197쪽의 마인드맵은 그러한 과정을 거친 결과다. 이 마인드맵은 베토벤의 9번 교향곡에 대한 잰더의 새로운 접근법을 그대로 반영하고 있다. 이 접근법은 수년 동안의 연구, 내재적 마인드맵핑, 부화의 결과였다.

MIND MAP

패러다임 시프트는 널리 보편화되어 있던 가설에 대한 전 세계적인 사고의 변화를 말한다. 다윈의 진화론, 아인슈타인의 상대성 이론과 같은 이전의 패러다임을 대체하는 사고의 패러다임이 여기에 포함된다. 마인드맵은 패러다임 시프트 과정을 기록하는 주요 도구다. 창의적 사고 마인드맵을 하는 사람에게 새로운 깨달음이란, 부화하는 동안 두뇌의 잠재 능력에서 갑작스런 깨달음이 일어나 기존의 사고가 새로운 구조 틀로 대체되는 것이다. 이러한 방식으로 마인드맵퍼는 자신의 사고를 더욱 확장시켜 나가고, 새로운 창의적 생각뿐만 아니라 지혜를 이끌어내는 주제를 기억하고 그에 대한 거시적 안목을 제공해주는 패러다임 시프트 단계에 이르게 된다.

전 세계, 특히 이런 국가들에게 브레인클럽을 소개하는 노르마 스위니의 마인드맵(194쪽 참조)

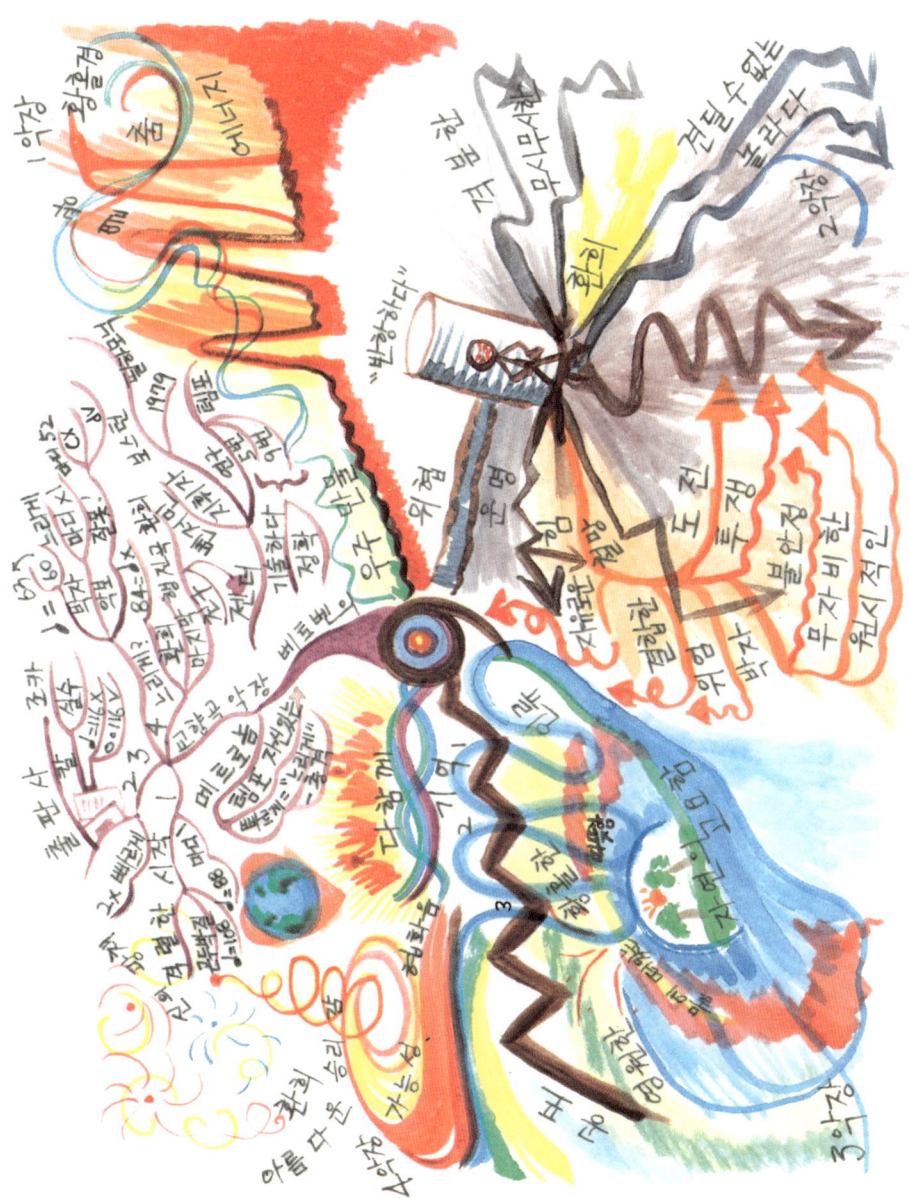

베토벤의 9번 교향곡에 들어 있는 정조를 테마로 한 창의적 마인드맵. 보스턴 필하모닉 오케스트라의 지휘자 벤자민 젠더가 그린 것이다(195쪽 참조).

## 창의적 사고 마인드맵의 장점

1 무의식적으로 모든 창의적 사고기술을 활용한다.

2 마인드맵퍼가 자신의 목표를 향해 나아가면서 정신적 에너지도 지속적으로 증가한다.

3 동시에 수많은 요소들을 볼 수 있게 해서 창의적인 연상결합과 통합의 가능성을 높여준다.

4 사고하고 있는 자신의 주변에 애매모호하게 흩어져 있는 생각들을 두뇌가 찾아낼 수 있도록 한다.

5 새로운 통찰력을 얻을 수 있는 가능성을 높여준다.

6 부화 과정을 강화하고 보강해서 새로운 생각을 만들어낼 가능성을 높여준다.

7 재미와 유머를 장려하여 판에 박힌 틀에서 벗어나 진정한 창의적 사고를 하게 한다.

## 결문

일단 마인드맵을 통해서 개인의 창의성을 풀어놓기만 하면 다른 사람들과의 공동 작업으로 그룹 마인드를 창조하는 엄청난 힘을 얻을 수 있다. 이것이 바로 다음 장의 주제다.

# 17

# 그룹 마인드맵

## 개요

- 서문
- 그룹 마인드맵의 기능
- 그룹 마인드맵 만들기
- 그룹 마인드맵의 적용
- 그룹 마인드맵의 예
- 2분자적 그룹 마인드
- 그룹 마인드맵의 장점
- 결문

## 서문

이 장에서는 그룹 마인드맵이 제공하는 흥미로운 가능성에 대해 알아본다. 그룹 마인드맵에서는 한 그룹의 구성원 모두가 각자의 창의적인 능력들을 결합하고 배가할 수 있다.

## 그룹 마인드맵의 기능

스페리 실험실의 마이클 블로치는 자신의 논문 〈Tel/Syn〉에서 개인이 마인드맵 그룹에 합류함으로써 얻을 수 있는 이점을 다음과 같이 간단하게 요약했다.

일상생활 속에서 우리는 수많은 독특한 정보를 얻는다. 이러한 독특함 때문에 우리 각 개인은 엄밀히 말하자면 우리 모두의 것이라 할 수 있는 지식과 사고방식을 지니고 있다. 그러므로 문제를 해결할 때는 다른 사람들과 공동으로 작업을 하는 것이 유리하다. 자신의 마인드맵 지식을 다른 사람들의 지식과 결합함으로써 다른 사람뿐만 아니라 우리 모두의 연상결합을 더욱 촉진시킬 수 있다.

그룹 브레인스토밍이 진행되는 동안, 마인드맵은 그룹의 의견 일치를 외부에 반영하는 '하드카피(Hard Copy: 컴퓨터 출력을 사람이 읽을 수 있도록 종이 등에 인쇄한 것-옮긴이)'가 되고 결과적으로 그룹 기록이나 기억이 된다. 이 과정을 통해서 각 개인의 두뇌는 '그룹 두뇌'를 창조하기 위한 힘을 결합한다. 이와 동시에 마인드맵은 이 복합적 자아가 진화, 발전하는 것을 반영하고 그들 사이에서 일어나는 대화를 기록한다.

MIND MAP

잘 만들어진 그룹 마인드맵과 한 사람의 위대한 사상가가 만든 마인드맵을 구별하기란 불가능하다.

## 그룹 마인드맵 만들기

† 지금까지 지식 점검 및 적절한 질문의 긍정적 효과와 마인드맵 사용의 확장된 효과에 대해 수많은 연구가 행해졌다. 그중 가장 재미있는 것은 1975년 프라제Frase와 슈바르츠Schwartz가 진행한 연구다. 첫 번째 그룹에서는 한 사람이 문장을 읽고 자신의 파트너에게 그 내용에 대해 질문한다. 두 번째 그룹에서는 한 사람이 문장을 읽고 파트너로부

자연구조 도판 19

터 그 내용에 대해 질문을 받는다. 세 번째 그룹에서는 둘 다 조용히 문장을 읽고 서로 아무런 상호 작용도 하지 않는다. 그 뒤에 이어진 회상 능력 테스트에서 첫 번째, 두 번째 그룹은 모두 좋은 성적을 냈지만 세 번째 그룹은 그렇지 못했다.

이 실험 결과는 자신의 지식과 질문을 마인드맵 형태로 노트하면 이해력이 훨씬 더 향상된다는 가정을 뒷받침해준다. 또한 혼자서 공부하는 것보다는 2명 혹은 그룹으로 공부하는 것이 훨씬 더 효과적이고, 조용히 공부하는 것보다는 공부하고 있는 내용에 대해 적극적으로 말로 표현하는 것이 정보처리 과정에서 더 능률적인 결과를 낳고 회상 능력을 향상시킨다는 것을 입증한다. 게다가 공동으로 작업을 함으로써 전체적으로 더욱 훌륭한 마인드맵을 만드는 데 기여하는 각 개인의 독특한 견해와 연상결합, 그리고 훨씬 더 포괄적이고 통합된 지식을 얻을 수 있다.

그룹 마인드맵의 단계는 이미 설명한 개인의 창의적 사고 마인드맵 단계와 유사하다. 주요 차이점은 부화 기간 동안 개인의 잠재 능력에서 발생하는 기능의 대다수가 그룹으로 마인드맵을 하는 회원들의 육체적 활동으로 대체된다는 것이다. 다음에서 설명하는 그룹 마인드맵을 만드는 7단계를 참고하라.

### 1 주제를 정하는 단계

주제는 분명하고 정확하게 정해서 그룹원들에게 주제와 관련된 모든 정보를 제공한다.

### 2 개인 브레인스토밍 단계

그룹 구성원 각자는 빠른 속도로 속성 마인드맵을 작성하고 다시 재구조화하고 수정 작업을 거쳐 주가지로 구성된 마인드맵을 만든다. 소요 시간은 적어도 1시간이다(이것은 개인의 창의적 사고 마인드맵 과정의 1, 2단계에 해당한다. 16장, 190~193쪽 참조).

이 방법은 한 사람이 그룹 전체를 이끌며 다른 회원들이 내놓은 중요한 안건을 플립 차트나 스크린에 기록하는 전통적인 브레인스토밍과는 완전히 대조적인 것이다. 공식적으로 언급된 단어나 개념은 전 그룹원들의 사고를 한 방향으로 유도하기 때문에 전통적인 브레인스토밍은 기대와는 반대의 결과를 가져온다.

그러므로 전통적인 브레인스토밍에 참가한 사람들은 개인의 비직선적인 연상결합 능력을 부인하게 되고 그로 인해 각 개인의 자유로운 독창적 사고에서 얻어낼 수 있는 막대한 이득을 잃게 된다.

### 3 소그룹 토의 단계

이 단계에서는 그룹 전체를 3~5명의 소그룹으로 나눈다. 그리고 소그룹의 각 구성원들은 서로의 생각을 교환해서 다른 사람들의 생각을 자신의 마인드맵에 첨가한다. 소요 시간은 1시간이다. 특히 이 단계에서는 다른 사람의 생각을 긍정적으로 받아들이는 자세를 끝까지 유지하는 것이 중요하다. 어떤 제안이건 그것이 전 그룹원들의 지지를 얻고 받아들여져야 그것을 제안한 사람의 두뇌가 용기를 얻고 계속해서 연상결합의 사슬을 만들어낼 수 있다. 처음에는 약하고 어리석고 전혀 관계가 없는 것처럼 보이는 생각이 심오한 통찰력을 창조하는 연결 고리가 될 수 있다.

### 4 첫 번째 복합 마인드맵 창조 단계

소그룹 토의를 마쳤으면 각 그룹은 첫 번째 복합 마인드맵을 창조할 준비를 한다. 대형 스크린이나 벽 크기의 종이에 마인드맵의 기본 구조를 그리는데 그룹의 구성원 전체가 다 같이 협동해서 작업해도 좋고, 각 소그룹에서 마인드맵을 가장 잘 만드는 사람이나 그룹에서 대표적인 역할을 하는 사람을 뽑아서 만들게 해도 좋다. 단, 생각이나 주제의 초점을 명료하게 표현하기 위해서 색상이나 부호 형식은 일치시켜야 한다.

주개념을 주가지에 배치하여 모든 생각이 마인드맵 안에서 통합되도록 한다. 이때까지도 전 그룹원들은 다른 사람의 생각을 받아들이는 긍정적인 자세를 유지하도록 한다. 이것은 두 번째 개인 브레인스토밍 단계에서 마인드맵퍼가 도달했던 것과 같은 단계다.

### 5 부화 단계

개인의 창의적 마인드맵과 마찬가지로 그룹 마인드맵도 전 그룹원들에게 충분히 이해되도록 하는 것이 중요하다.

마인드맵 브레인스토밍 단계는 전통적인 브레인스토밍과는 현격한 차이가 있다. 전통적인 방법에서는 두뇌가 어떤 것을 추구하게 되면 결과를 달성할 때까지 멈추지 않고 계속해서 어휘 활동과 분석 활동을 한다. 이러한 접근 방법은 두뇌의 단편적인 기능만을 사용하게 되어 이 기능보다도 못한 결과를 초래하게 된다. 왜냐하면 두뇌의 자연적인 사고기술의 많은 부분을 제거함으로써, 이 기술들이 사용되지 못하게 할 뿐만 아니라 사용된 기술들과 연결되어 공동 작용을 일으키는 기술들마저도 상실시키기 때문이다.

### 6 두 번째 재구조화와 수정 단계

부화 단계를 거친 후에는 새로이 구성되고 통합된 사고가 만들어내는 결과를 파악하기 위해서 2, 3, 4단계를 다시 반복한다. 빠른 속도로 개인 속성 마인드맵을 만들어내고 주가지를 정하여 마인드맵을 재조직한 다음, 소그룹 토의를 거쳐 마인드맵을 수정하고 마지막으로 두 번째 그룹 마인드맵을 창조해낸다.

이제 마지막 단계로 들어가기 전에 2개의 대형 그룹 마인드맵을 비교해보자.

206쪽 위의 마인드맵은 디지털 사의 관리직 임원 8명이 한 팀을 이루어 만든 그룹 마인드맵이다. 팀의 구성원은 마이크로시스템 분야 관리자 매튜 푸크Matthew Puk, 제2 시프트 분야 관리자 토머스 스피놀라Thomas Spinola, 주요 회계 분야 관리자 토머스 설리번Thomas Sullivan, 필드 서비스 관리자 크리스 슬라비치Chris Slabach, 총책임자 로리타 윌리엄즈Lorita Williams, 전문가 분야 관리자 리처드 콜러Richard Kohler, 필드 서비스 분야 관리자 토니 비고니아Tony Bigonia, 필드 서비스 관리자 존 락스데일John Ragsdale까지, 이상 8명이었다. 이들은 팀워크의 발전에 관해 5일 동안 작업한 끝에 이 마인드맵을 완성했다. 그 후 이 팀은 계속해서 긍정적인 결과를 보여주고 있다!

### 7 분석과 결정 단계

이 단계에서 그룹은 결론을 내리고 목표를 설정하고 계획을 세우고 12장에 설명한 방법들을 이용해서 편집한다.

## 그룹 마인드맵의 적용

그룹 마인드맵을 주로 적용하는 분야는 다음과 같다.

- 공동 창의력
- 회상력을 결합시킬 때
- 그룹의 문제해결과 분석
- 단체 의사결정
- 그룹 프로젝트 관리
- 단체 훈련과 교육

## 그룹 마인드맵의 예

최근 그룹 마인드맵 방법이 가정, 학교, 대학, 다국적기업 등에서 성공적으로 사용되고 있다.

보잉Boeing 항공사에서는 공학기술 매뉴얼을 25피트(약 762센티미터) 길이의 마인드맵으로 요약했다. 이전에는 최고기술자 100명이 한 팀이 되어 연구해도 몇 년이나 걸렸던 내용을 마인드맵으로 요약하고부터는 단 몇 주 만에 완전히 터득할 수 있었다. 그 결과 약 1100만 달러의 비용을 절감할 수 있었다(206쪽 아래 그림 참조).

또한 일렉트로닉데이터시스템스EDS, 디지털이큅먼트Digital Equipment Corporation, 나비스코Nabisco 사에서는 그룹 코만도Commando 연구 프로그램을 개발했다. 그룹 마인드맵과 마인드맵 조직적 공부 기술을 이용해 120명의 간부들이 아침에 세미나실로 들어가서 4~6권 분량의 정보를 이해하고 마인드맵하고 통합하여, 완전히 기억하고 자신들의 특수 상황에 응용한 후 같은 날 저녁에 세미나실을 떠났다.

옥스포드대학교와 케임브리지대학교에서는 에드워드 휴즈Edward Hughes(에드워드 휴즈 스토리는 토니 부잔의 《유즈 유어 헤드》를 참조하라)와 같은 학생들이 최소한의 시간과 노력으로 최고의 시험 결과를 얻기 위해 그룹 마인드맵을 이용하고 있다.

그리고 세계 도처에서 '패밀리 지니어스 그룹Family Genius Groups'이 생겨나고 있다. 이는 가족이 하나의 그룹 마인드를 갖게 되고, 부모와 아이들은 각자 자신이 추구하고자 선택하는 모든 정신 활동(종종 육체적 활동)에서 끊임없이 최고로 평가 받고 있다. '패밀리 지니어스' 스터디 데이에 관한 마인드맵은 21장(246쪽)과 24장(281쪽)을 참고하라.

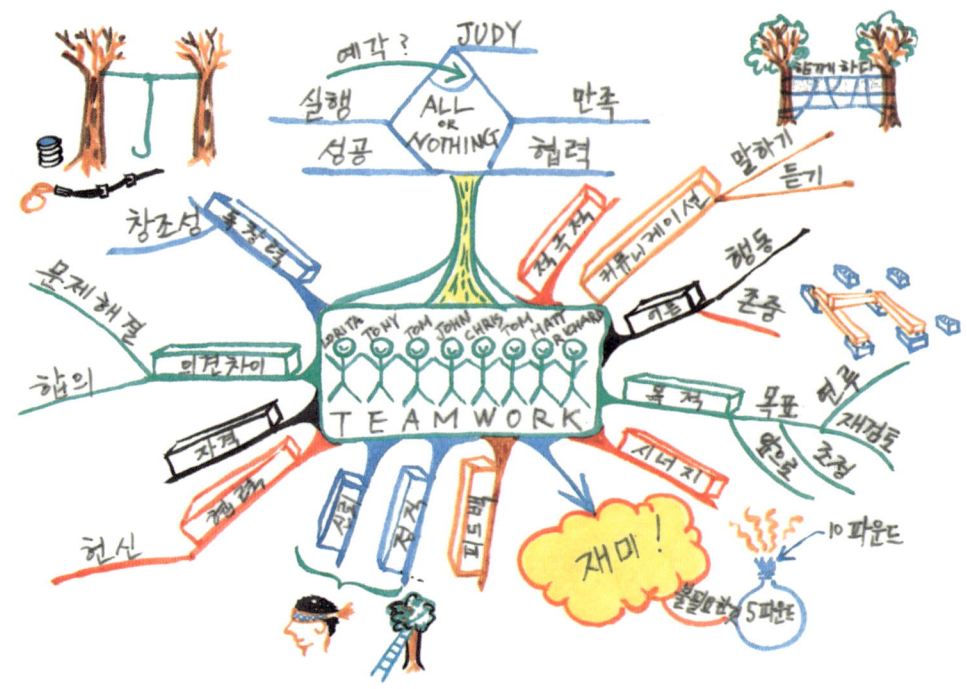

디지털 사의 경영 간부들이 그린 팀워크 발전에 관한 마인드맵

보잉 항공사에서 만든 25피트(약 762센티미터) 길이의 마인드맵과 함께 서 있는 스탠리 박사(205, 308쪽 참조)

## 2분자적 그룹 마인드

가장 기본적인 그룹 마인드는 2분자적 마인드다. 이것은 두 사람이 파트너가 되어 특별히 독창적인 프로젝트에 관해 공동 작업을 하는 것이다. 이와 유사한 과정이 21장(237쪽)에서도 설명된다.

1 주제를 정한다.
2 그룹의 구성원들은 분산되어서 빠른 속도로 각자 속성 마인드맵과 기본 마인드맵을 준비한다.
3 다시 모여서 토의하고 의견을 교환한다.
4 최초의 공동(연합) 마인드맵을 만든다.
5 새로 통합된 생각들을 부화한다.
6 재구조화하고 수정된 공동 마인드맵을 만든다.
7 분석하고 결론을 내린다.

《마인드맵 북》의 저술과 같은 장기간의 프로젝트(배리 부잔과 내가 공동으로 집필한 이 책과 같은)에서는 공동 마인드맵이 여러 가지로 유리하다. 그 결과 만들어진 마인드맵은 이러한 프로젝트가 요구하는 많은 회의에서 대화를 배열하고, 기록하고, 자극하는 방법으로 이용될 수 있다. 또한 장기간에 걸친 수많은 과정들을 지속적인 여세로 완성할 수 있게 한다.

## 그룹 마인드맵의 장점

1 그룹으로 함께하는 사고와 학습 방법은 인간의 두뇌에겐 자연스럽고 즐거운 일이 된다.
2 그룹 마인드맵을 하는 과정 내내 개인과 그룹 양쪽을 똑같이 지속적으로 강조한다. 개인이 자신의 정신세계를 탐구하는 횟수가 빈번할수록 그룹을 위해 더욱 많은 공헌을 하게 된다.

3 개인이 그룹 마인드를 위해 공헌하면 그룹 마인드는 즉시 그 힘을 다시 개인에게 피드백해줌으로써, 개인이 그룹 마인드에 기여할 수 있는 능력이 더욱 증진된다.

4 그룹 마인드맵은 초기 단계에서도 전통적인 브레인스토밍 방법보다 훨씬 더 유익하고 창의적인 생각을 생성할 수 있다.

5 그룹 마인드맵은 무의식적으로 의견의 일치를 찾아내기 때문에 팀워크를 돈독히 하고 그룹의 목표와 목적에 모든 구성원들의 정신을 집중시킨다.

6 구성원들에 의해 표현되는 모든 생각이 타당한 것으로 받아들여진다.

7 그룹 마인드맵은 그룹 기억에서 하드카피와 같은 역할을 한다. 회의가 끝날 때쯤이면 각 구성원들은 성취한 것에 대해 유사하고 포괄적인 이해를 함께하게 될 것이다 (전통적인 접근 방식에서는 나중에 알고 보면 각 구성원들이 다른 사람의 의견에 대해 완전히 다르게 이해하고 있는 경우가 종종 있는데, 그룹 마인드맵에서는 그런 엉터리 이해를 안은 채 회의장을 떠나는 일은 없다).

8 그룹 마인드맵은 개인의 자기계발을 위한 강력한 도구를 제공해주고, 비교적 객관적인 참고가 되므로 개인은 이와 관련된 생각들을 테스트하고 탐색할 수 있다.

이 장과, 개인의 특이성을 다룬 이전의 장에서 우리는 개인의 독자성이 강할수록 자신과 그룹에 대한 공헌도가 더욱 중요해진다는 결론을 이끌어낼 수 있다. 이 개인의 독창성을 발전시킬 수 있는 한 가지 특히 효과적이고 즐거운 방법이 있는데, 그것은 자신에게 알맞은 마인드맵 스타일을 개발하는 것이다.

## 결문

이 장을 끝으로 개인 차원과 그룹 차원에서 간단하면서도 한층 진보된 마인드맵의 기본적인 훈련을 마친다. 5부에서는 새로 발견한 기술들을 매우 흥미로운 방법으로 자세하게 응용해보고, 마인드맵과 컴퓨터, 방사사고와 맨털 리터러시 미래에 대한 토니 부잔의 개인적 견해 등 새로운 발전을 모색해본다

# 마인드맵의
# 활용

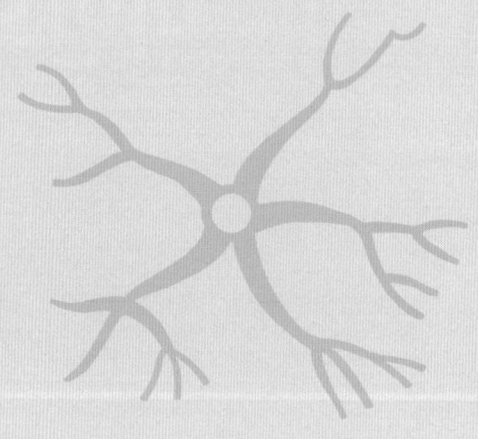

5부에서는 습득한 마인드맵 기술을 사용할 수 있는 실용적인 여러 방법들을 알아본다.

먼저 개인에게 적용해보고(자기분석, 문제해결, 마인드맵 일기 쓰기),

다음에는 가족을 대상으로 적용해보고 교육 분야에도 적용해본다

(생각하기, 가르치기, 그리고 책, 강의, 비디오를 마인드맵으로 작성하기).

그리고 마지막으로 비즈니스와 전문 분야에서의 마인드맵 활용,

새로운 컴퓨터 마인드맵의 발전, 방사사고 미래의 전망 등을 다룬다.

5부는 차례대로 하나씩 읽어나가도 좋고,

특별히 필요한 분야와 관계 있는 부분부터 골라서 살펴봐도 좋다.

어느 쪽이든 다 좋다.

# 18 자기분석

SECTION **A** _개인

## 개요

- 서문
- 마인드맵을 이용한 자기분석
- 과거를 되돌아보고 미래의 목표 설계하기
- 타인의 자기분석 도와주기
- 자기분석 마인드맵 사례
- 자기분석 마인드맵의 장점
- 결문

## 서문

이 장에서는 자기 자신, 욕구, 소망, 장기적 목표 등을 보다 깊이 통찰하기 위해서 마인드맵을 어떻게 사용할 수 있는지 알아본다. 또한 다른 사람들이 스스로를 분석하도록 도와주는 방법도 배우고, 자기분석 마인드맵의 매혹적인 사례들도 살펴본다.

# 마인드맵을 이용한 자기분석

직업을 바꾸는 문제에 대한 찬반 양론의 득실을 비교한다거나 장기적인 우선 사항을 충분히 논하여 정하고자 할 때 마인드맵은 자신의 생각과 감정을 명확히 하는 데 큰 도움이 될 수 있다. 12장을 참고하라(153쪽).

마인드맵은 두뇌의 전 기능을 사용하기 때문에 자기 자신을 종합적으로 폭넓게 반영한다. 자기 자신의 외적 이미지인 마인드맵을 명확히 본다면, 자신의 본성과 자신이 정말 필요로 하는 것, 그리고 자신이 원하지 않는 결정을 내리는 불행한 일은 없을 것이다.

우선 자기 자신의 주요 특성과 개성을 가능한 한 많이 담고 있는 '완벽한 그림'인 자기분석 마인드맵으로 시작하는 것이 좋다. 자기분석 마인드맵에는 4가지 주요 단계가 있다.

### 1 주위 환경 조성 단계

우선 시작하기 전에 10장에서 제시한 권고 사항(135~136쪽)에 따라 환경을 조성할 필요가 있다. 자기분석과 같은 예민한 분야에서는 가장 품질 좋은 도구로 마인드맵을 작성해야 한다. 그리고 주위 환경은 가능한 한 매력적이고 편안하게 조성하고, 정신적으로는 자극을 받아 고무되는 환경이 좋다. 스스로에게 관심을 가지는 것이 자기분석을 더욱 개방적이고 완벽하고 심오하며 유익하게 만들 것이다.

### 2 속성 마인드맵 단계

자신의 신체나 스스로를 나타내는 개념을 담은 중심이미지를 다양한 색상과 3차원 입체감을 주어 그려라. 자기와 관련된 실제 사실, 생각, 감정 등을 자유롭게 충분히 쏟아내면서 마인드맵을 아주 빠른 속도로 그려나가도록 하라. 빠른 속도로 마인드맵을 만들면 자신의 모든 생각을 훨씬 쉽게 표현할 수 있다. 반면 너무 주의해서 깔끔하게 그리려 하면 무의식적으로 드러나는 정직한 표현을 억누르기 십상이다.

### 3 재구조화와 수정 단계

이제 주가지, 즉 주개념을 정하라. 유용한 주개념으로는 다음과 같은 항목들이 사용된다.

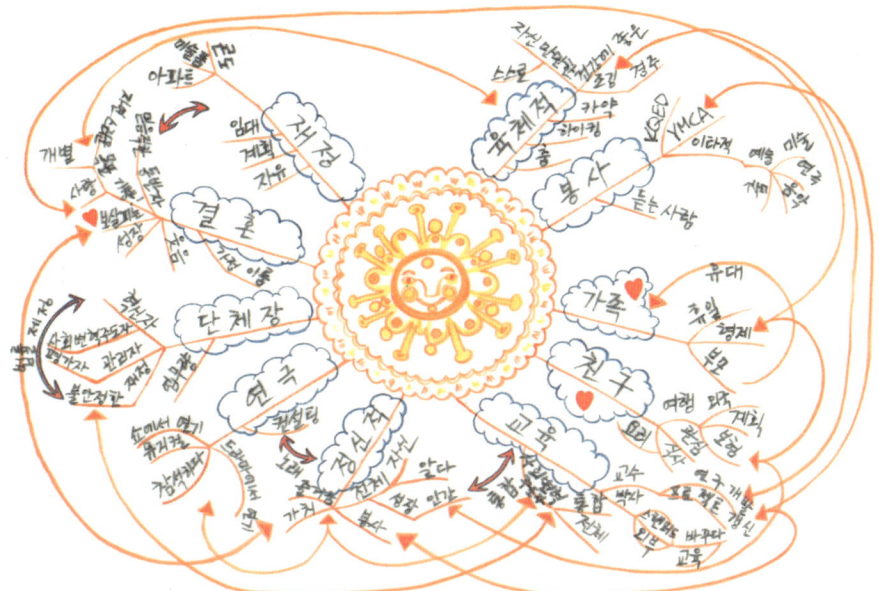

한 여성 고위임원이 그린 이 마인드맵은 자신의 믿음 체계가 무엇인지, 자신은 누구인지, 미래를 위한 목표가 무엇인지에 대해 검토하고 있다(217쪽 참조).

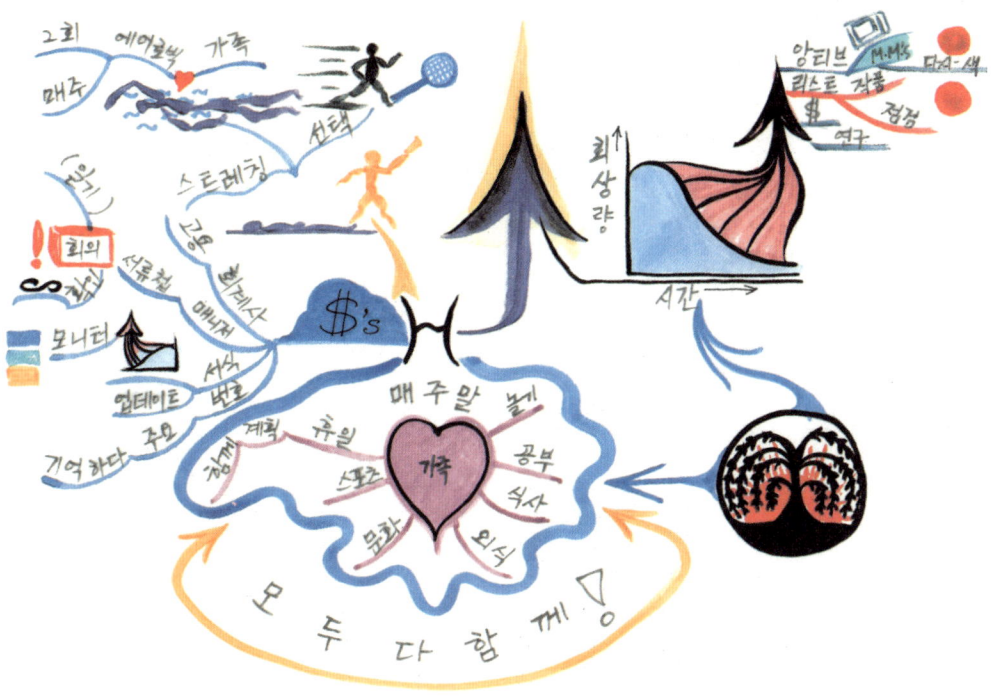

한 다국적기업체의 최고경영자가 자신의 삶을 되돌아보면서 가족에 초점을 맞추어 만든 마인드맵(217쪽 참조)

자연구조 도판 20

- 경력 – 과거, 현재, 미래
- 장점
- 약점
- 좋아하는 것
- 싫어하는 것
- 장기 목표
- 가족
- 친구
- 학력
- 취미
- 감정
- 우리집
- 책임

이 중 자신의 감정적인 본성은 특히 중요한 것인데도 대부분의 사람들은 이를 제외해 버리고 만다. 마인드맵에서 색상, 모양, 상징, 이미지 등은 이와 같은 자신의 개성적인 면을 표현하는 데 특히 도움이 된다.

다른 주개념들은 현재 취하고 있는 삶의 방향과 관련되어 있거나 미래에 얻고자 하는 삶의 방향과 관련이 있다. 그리고 이 주개념들 또한 마인드맵의 주가지를 형성할 수 있다.

- 학문
- 지식
- 비즈니스
- 건강
- 여행
- 레저
- 문화
- 야망
- 문제점

속성 마인드맵을 완성하고 주가지를 정했으면 더욱 크고 예술적이고 심오한 마인드맵으로 만들어야 한다. 이 최종 마인드맵은 자신의 내면 상태를 그대로 반영하는 외면 거울이다.

### 4 의사결정 단계

최종 마인드맵을 살펴보면서 12장에서 기술한 방법들을 이용하여(155~160쪽) 미래의 활동을 결정하고 계획할 수 있다.

## 과거를 되돌아보고 미래의 목표 설계하기

매 연말에 한 해 동안 이룩한 것들을 되짚어보고 미래의 목표를 계획하는 것은 자신의 삶을 정리하고 계획하는 데 매우 유용하다. 마인드맵은 이 두 작업을 수행하는 이상적인 도구다.

지난 한 해 동안의 성취를 마인드맵 형태로 평가해봄으로써 다음 해의 활동 계획을 수립하는 또 다른 마인드맵의 토대로 활용할 수 있다. 이런 식으로 다음 해 활동의 강점과 우선 사항을 정하고, 지난해에 다소 생산성이나 만족도가 떨어지는 것으로 판명된 분야에는 시간과 에너지를 절약할 수 있다.

매년 만든 이 마인드맵들은 해가 거듭될수록 평생에 걸쳐 자신의 동향과 패턴을 잘 보여주는 기록이 되고, 스스로를 들여다보는 강력한 통찰력을 부여하며, 자신의 삶이 나아갈 길을 제시해준다.

연간 마인드맵과 마찬가지로 직장을 바꾸거나 집을 옮기는 일, 관계를 맺거나 끊는 일, 학과를 바꾸는 일 등 자신의 인생에서 시작하고 끝내는 모든 중요한 시점에서 자기분석 마인드맵을 하도록 권한다.


## 타인의 자기분석 도와주기

친구나 동료가 스스로를 분석하도록 돕고 싶을 때가 있을 수 있다. 물론 그들은 이전에 한 번도 마인드맵을 해본 적이 없다. 이러한 경우에 앞서 기술한 4단계를 그대로 따라 해볼 수 있다(212~215쪽). 다만 한 가지 차이점이 있다면 자기 자신을 분석하는 것이 아니라 누군가 다른 사람의 분석을 위한 대필자가 되는 것이다.

친구나 동료가 그들의 중심이미지를 설명하는 동안 자신은 종이에 중심이미지를 그린다. 그들이 마음속에 떠오르는 모든 생각, 감정, 아이디어를 말로 설명하는 동안 빠르게 속성 마인드맵으로 기록한다.

또 이들이 적당한 주개념을 찾도록 도와주어야 한다. 그러고 나서 그들이 말한 모든 것을 통합하는 포괄적인 마인드맵을 그린다. 그 후에는 혼자서 은밀히, 혹은 적절하다고 생각되는 부분에서 함께 자아를 분석할 수 있다.

## 자기분석 마인드맵 사례

213쪽 아래에 있는 예는 어느 다국적기업체의 최고경영자가 만든 것으로, 원래는 사업 활동과 관련된 자신의 삶을 분석하려고 했지만 마인드맵에 점차 그의 감정이 드러나자 사업뿐만 아니라 인생의 모든 주요 요소들을 반영하기 시작했다.

그래서 그의 마인드맵에는 가족, 사업, 스포츠 활동, 학습과 일반적인 자기계발, 그리고 동양의 철학과 관습에 대한 그의 관심사 등이 모두 포함되었다.

그는 자기분석 마인드맵을 하기 전에는 자신의 주요 관심사가 사업이라고 생각하고 있었지만 마인드맵을 만드는 동안 가족이 인생의 진정한 토대라는 사실을 깨닫게 되었다고 설명했다. 그 결과 그는 아내와 아이들, 그리고 다른 친척들과의 관계를 개선했고, 자신이 진정으로 중요하다고 생각하는 것들을 반영하여 스케줄을 조정했다. 말할 것도 없이 그는 건강과 정신 상태는 호전되었고, 가족들은 더욱 친밀해지고 사랑하게 되었으며, 새로운 긍정적 견해를 반영하기 시작하면서부터 사업도 극적으로 번창해갔다.

213쪽 위에 있는 사례는 직업의 변화와 개인적 목표에 관심을 갖고 있던 한 여성 고위임원이 만든 마인드맵이다. 그녀는 자신이 누구이고 자신이 가진 믿음의 체계는 무엇인지 알아보기 위해서 마인드맵을 했다. 처음 그녀는 다소 자존심이 상해서 괴로워하기도 했지만, 자기분석 마인드맵이 완성될 무렵에는 자신이 만든 마인드맵 이상으로 환한 표정을 지었다.

## 자기분석 마인드맵의 장점

1 자신에 대해 비교적 객관적인 안목을 기를 수 있다.
2 두뇌의 전 기능을 활용함으로써 자신을 완전하게 묘사하게 된다.
3 자신의 전반적인 경향뿐만 아니라 사소하지만 관련 있는 세부 사항까지 아우르고 있어서 자신에 관한 거시적 관점과 미시적 관점 모두를 제공해준다.
4 자신의 현 상태를 직시함으로써 한결 쉽고 정확하게 미래를 계획할 수 있다.
5 영원한 기록으로 남게 되어 마인드맵퍼로 하여금 장기간에 걸쳐 진정한 통찰력을 얻게 한다.

6 타인의 자기분석을 돕는 데 사용할 수 있다.

7 색상, 이미지, 부호를 사용함으로써 감정을 표현하기가 훨씬 수월하며 자기분석에서 감정을 통합하기도 쉽다.


## 결문

여기서는 일반적인 자기분석에 마인드맵을 사용해보았다. 다음 장에서는 개인적인 문제해결에 마인드맵을 어떻게 사용할 수 있는지 살펴보자.

THE MIND MAP BOOK

# 문제해결

SECTION **A** _개인

## 개요

- 서문
- 마인드맵으로 개인적인 문제를 해결하기
- 마인드맵으로 대인 간 문제를 해결하기
- 대인 간 문제해결의 단계
- 대인 간 문제해결 마인드맵의 장점
- 결문

## 서문

이 장에서는 개인적 문제와 다른 사람과의 관계에서 생기는 문제를 해결하기 위해서 마인드맵을 어떻게 사용하는지 알아본다. 자기분석이나 의사결정처럼 이미 앞에서 습득한 기술들이 문제해결에서도 중요한 역할을 한다.

## 마인드맵으로 개인적인 문제를 해결하기

특수한 개성이나 관심을 유발하는 특징적인 것에 초점을 맞춘다는 것 외에는 자기분석 마인드맵과 거의 똑같다. 예를 들어 지나치게 수줍음을 많이 타는 것이 자신의 문제점이라고 가정해보자. 우선 중심이미지(아마도 두 손으로 얼굴을 가리고 있는 그림 정도가 되지 않을까?)를 그리는 것으로 시작한 다음, 수줍음이라는 개념이 이끌어내는 모든 사고와 감정을 자유롭게 풀어놓으면서 속성 마인드맵을 재빨리 그린다.

첫 번째 재구조화와 수정 단계에서 다음과 같은 주개념들을 정할 수 있을 것이다.

- 수줍음을 느끼는 상황
- 수줍음을 느끼는 감정
- 수줍은 경험에 대한 신체적 반응
- 수줍음을 느끼게 하는 말과 행동
- 수줍음의 배경(언제 처음 시작되었고, 어떻게 발전했는가)
- 그 외 근본적인 원인들

문제를 포괄적으로 정하고, 분석하고, 부화한 후에는 두 번째 재구조화와 수정을 해야 한다. 이 두 번째 마인드맵에서는 문제의 각 요소를 살펴보고 문제를 해결할 구체적인 행동 계획을 수립하도록 한다. 그러고 나서 행동 계획을 실행에 옮겼을 때 문제를 완전히 해결할 수 있다.

몇몇 경우, 문제의 핵심을 잘못 파악하기도 한다. 만약 여러 개의 가지에 똑같은 단어나 개념이 나타난다면, 자신이 설정한 중심이미지보다 실제로는 더 근본적인 문제일 가능성이 있다. 이러한 상황에서는 여러 개의 가지에 똑같이 나타난 개념을 새로운 중심이미지로 두고 또 다른 마인드맵을 간단히 시작해야 한다.

## 마인드맵으로 대인 간 문제를 해결하기

다른 사람의 관점을 제대로 이해하지 못하거나 그 차이를 인식하지 못해서 가까운 관계에 있는 사람들과 멀어질 때가 종종 있다. 감정이 고조되고 커뮤니케이션이 전혀 이루어지지 않을 때 사람들은 점점 더 파괴적이고 부정적인 연상결합을 되풀이하는 자신을 발견하게 된다.

예를 들어 A라는 사람이 B라는 사람에 의해 상처를 받았다고 느낀다면 A는 B에 대해 부정적인 견해를 가질 가능성이 높다. 이것은 A가 받은 상처를 심화시키고 B를 더욱 부정적으로 생각하게 만든다. 이러한 악순환에 의한 파괴적인 나선형 진행 과정은 문제가 완전히 부풀어 터질 때까지 탄력을 받아 계속된다.

결국 긍정적이었던 과거의 모든 사건들도 파괴의 소용돌이 속으로 빨려 들어가서 부정적인 시각으로 비춰진다. 예를 들자면, A가 B에게 준 생일 선물도 더 이상 사랑의 표시로 보이지 않고 뇌물이나 어떤 잘못을 은폐하려는 수단으로 여겨진다.

마인드맵은 사람들 간의 커뮤니케이션 통로를 명확히 열어줌으로써 부정적 연상결합으로 소용돌이치는 과정을 피하도록 도와준다. 게다가 방사상으로 뻗어나가 모든 것을 수용하는 마인드맵 구조는 자신의 문제를 더욱 폭넓고 긍정적으로 생각하게 한다. 수많은 부부 관계, 친분 관계가 마인드맵을 하는 과정에서 호전되었다는 사실이 확인됐다.

이러한 개인적인 문제해결 마인드맵의 한 예가 223쪽에 있는 테사 토크-하트Tessa Tok-Hart의 마인드맵이다. 그녀의 마인드맵은 자신이 직접 경험하고 다른 사람들과 커뮤니케이션하면서 깨달은 문제점들을 구체화한 것이다. 두꺼운 선으로 연결되어 있는 두 얼굴의 중심이미지는 근본적인 인간 고유의 영역들이 서로 관계를 맺고 있음을 보여준다. 그리고 오른쪽의 항목들은 눈앞에 있는 장애들이고 왼쪽에 있는 항목들은 커뮤니케이션 과정에 도움이 되는 것들이다.

오른쪽 바깥에 있는 원호圓弧들은 자주 갈등을 일으키는 환경요인들을 나타낸다. 왼쪽 바깥에 있는 원호들은 갈등을 극복할 수 있는 특징적인 자질을 가리킨다. 긍정적인 얼굴 표정 쪽의 귀는 개방되어 듣고 있고, 오른쪽 귀는 들어오는 모든 정보에 닫혀 있다. 마인드맵의 오른쪽 가운데서 마주하고 있는 짧고 굵은 화살표는 커뮤니케이션의 완전한 봉쇄를 가리킨다. 마인드맵의 가장 바깥에 있는 원호 위에 있는 커다란 화살표들은 한쪽은 전쟁, 파괴, 단절과 불화를 나타내고 반대쪽은 창의성, 우정, 행복과 통일을 나타낸다.

## 대인 간 문제해결의 단계

대인 간에 발생한 문제를 성공적으로 해결하기 위해서는 양자가 마인드맵의 이론과 적용을 충분히 이해하는 것이 매우 중요하다. 여기에 대한 기본적인 지식을 종합해보면 그 과정에는 다음과 같은 주요 3단계가 있다.

### 1 주위 환경 조성 단계

자기분석 마인드맵과 마찬가지로, 마인드맵 작성 도구는 품질이 가장 좋은 것으로 사용해야 하고, 가능한 한 전 과정이 편안하고 서로 격려하여 고무될 수 있는 환경을 마련해야 한다.

전 과정을 마치는 데는 시간이 오래 걸리므로 특히 중요한 문제일 경우에는 활동 계획을 세우고 휴식을 취하고 가볍게 식사도 하면서, 단순히 분석하는 것으로만 끝내지 않고 결론에 도달한다는 확신을 가져야 한다.

### 2 마인드맵 창조 단계

이 단계에서는 각자가 3개의 마인드맵(부정적인 면, 긍정적인 면, 해결책)을 만든다. 이 3개의 마인드맵 각각은 처음 속성 마인드맵을 완성한 절차를 그대로 따르면 된다. 그리고 주 개념을 정하는 재구조화 작업에는 한층 주의를 기울이면서 따라 해야 한다.

#### 부정적인 면

한 시간 동안(혹은 필요하다면 그 이상) 각자가 오늘까지의 관계에서 부정적인 면은 하나도 빠짐없이 마인드맵으로 작성한다. 그 상황에서 긍정적인 요소가 아무리 많이 있다 하더라도 현 시점의 목표는 부정적인 면을 완전하고 객관적으로 묘사하는 것이다.

마인드맵은 각자 비밀로 작성해야 하고, 마인드맵을 작성하는 동안 다른 사람과 의견이나 입장을 서로 교환해서도 안 된다.

부정적인 마인드맵을 완성한 후에는 잠시 휴식을 취하고, 쉬는 동안 대화를 하더라도 다른 문제에 관해서만 하도록 주의한다.

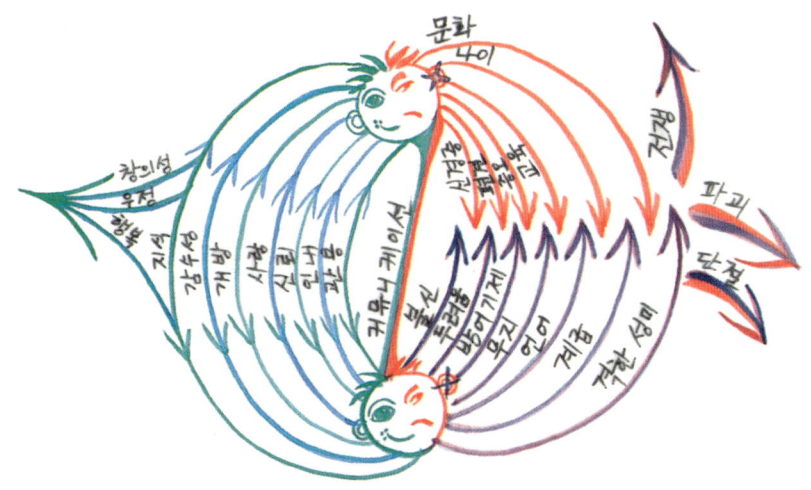

커뮤니케이션 문제해결에 관한 테사 토크-하트의 마인드맵(221쪽 참조)

### 긍정적인 면

긍정적인 면에 관한 마인드맵을 만드는 과정도 부정적인 면에 관한 마인드맵 작성 과정과 동일하다. 과거와 현재의 관계에서 만족스러운 모든 부분을 표현한다.

다시 한 번 말하지만 마인드맵을 작성하는 과정 동안에는 절대로 서로 의논을 해서는 안 된다. 3개의 마인드맵을 모두 완성한 다음에 공식적으로 토의를 하는 것이 무엇보다도 중요하다.

### 해결책

이 마인드맵을 만들기 위해서는 각자가 내린 결론에 개별적인 초점을 맞춰 문제를 해결하기 위한 행동 계획을 세운다.

### 3 공식적인 토의 단계

이 단계에서 각 참가자들은 돌아가면서 부정적인 면, 긍정적인 면, 해결책에 관한 마인드맵에 대해 서로에게 프레젠테이션(25장의 295쪽을 참조하라)을 한다.

프레젠테이션을 하는 동안 나머지 다른 사람들은 백지를 준비해서 듣고 있는 모든 것

자연구조 도판 21

을 포괄적이면서도 정확하게 마인드맵으로 정리한다. 여기에서 중요한 것은 청취자들은 침묵을 지켜야 한다는 것이다.

다만 설명자가 자신이 말한 내용을 청취자들이 제대로 이해했는지 확인하는 질문에 대한 답을 하거나, 다른 사람의 관점을 이해할 수 있다는 것을 확인시키기 위해 하는 간단한 말은 허용된다. 특히 부정적인 면에 관한 마인드맵을 서로 교환할 때는 이 규칙에 따르는 것이 매우 중요하다. 왜냐하면 이때 하는 어떤 말들은 상대를 놀라게도 하고 충격을 주기도 하고, 심지어는 마음에 상처를 입힐 수도 있기 때문이다.

프레젠테이션을 듣는 사람들은 설명자가 말하는 내용이 무엇이든 설명자의 관점에서 볼 때는 진실이라는 것을 기억해야 한다. 무엇이 문제의 원인이고 어떻게 해결할 수 있는지를 이해하려면 설명자가 하는 말은 듣는 사람에 의해 흡수되고 통합되어야 한다. 또한 모든 참가자들이 자신의 관점에서 '오로지 진실인 것만을 빠짐없이' 말하는 것이 중요하다. 프레젠테이션의 순서는 다음과 같이 진행해야 한다.

1 X가 부정적인 면에 관한 마인드맵을 설명하는 동안 Y는 준비한 백지에 그 내용을 마인드맵으로 정리한다.
2 짧은 휴식을 취한다.
3 이번에는 Y가 부정적인 면에 관한 마인드맵을 설명하고, X가 그 내용을 마인드맵으로 정리한다.
4 짧은 휴식을 취한다.
5 X가 긍정적인 면에 관한 마인드맵을 설명하는 동안 Y는 그 내용을 마인드맵으로 정리한다.
6 짧은 휴식을 취한다.
7 이번에는 Y가 긍정적인 면에 관한 마인드맵을 설명하고, X가 그 내용을 마인드맵으로 정리한다.
8 짧은 휴식을 취한다.
9 Y가 해결책을 설명하고, X가 마인드맵으로 정리한다.
10 짧은 휴식을 취한다.

**11** X가 해결책을 설명하고, Y가 마인드맵으로 정리한다.

**12** 토의를 거쳐 해결책에 대해 의견 일치를 본다. 그리고 서로 축하한다.

문제의 핵심은 명백히 부정적인 면이므로 이에 대해서 먼저 의견을 교환하는 것이 가장 좋다. 이렇게 하는 목적은 서로 잘 보이려거나 헐뜯기 위함이 아니라 서로 상처를 치료할 수 있도록 고통의 원인을 상대에게 가능한 한 충분히 설명하고자 하는 것이다. 객관적이면서 상대를 존중하는 분위기에서 모든 부정적인 면을 공유하는 바로 그 행동이 다른 사람의 관점에서 주로 오해를 불러온 문제를 해결하는 경우가 허다하다.

부정적인 면을 먼저 나누고 긍정적인 면에 대해 의견을 교환하면 부정적인 면에서 받았던 충격만큼 긍정적인 면에서도 종종 많이 놀라게 된다. 관계의 긍정적인 면은 해결책 찾기를 촉진하고, 본능적으로 개인의 에너지를 의견 일치를 이끌어내는 소그룹 두뇌로 유도한다. 해결책에 대한 의견을 교환한 후에는 즉시 서로의 의견이 일치했음을 확인하고 행동 계획을 세워야 한다.

### 대인 간 문제해결 마인드맵의 장점

**1** 대인 간 문제해결 마인드맵의 구조는 참가자들 입장에서 개방성을 보증한다.

**2** 상대방의 관점에 대해 포괄적인 시야를 갖게 한다.

**3** 참가자들 사이에 정직함을 조장한다.

**4** 문제를 한층 폭넓은 정황 속에 둠으로써 문제의 원인을 더욱 깊이 이해하게 하고, 강한 문제해결 동기를 부여한다.

**5** 대인 관계에 대한 지속적인 기록으로서의 역할을 하고, 긍정적인 면에 관한 마인드맵과 해결책 마인드맵은 관계 발전을 위한 힘과 지지의 근원으로 이용될 수 있다.

**6** 상대방에 대한 이해뿐만 아니라 스스로에 대한 통찰력을 길러줌으로써 보다 큰 자기 인식과 성숙으로 이끈다.

**7** 상대방에 대한 보다 큰 이해를 부여하는 것 외에도, 보다 긴밀한 유대 관계를 형성하고 서로에게 스트레스를 덜 주며 상대방의 독특한 관점을 더욱 존중하게 한다.

이 장에서 설명한 마인드맵 과정은 일단 자신에 대한 객관적인 자기분석만 이루어지면 상당히 쉽게 만들어진다. 이런 의미에서 볼 때 개인과 대인 간의 문제해결은 한층 수월해지고 더욱 효과적이게 되며 대부분의 경우에 개인과 상호 간의 기쁨을 증진시킨다는 것을 알게 될 것이다.

### 결문

자기분석과 문제해결 외에도 마인드맵은 일상생활에서 다른 많은 유용한 역할을 할 수 있다. 다음 장에서는 마인드맵 다이어리를 어떻게 사용하는지를 알아본다.

# 20 마인드맵 다이어리

SECTION **A** _개인

## 개요

- 서문
- 마인드맵 다이어리의 원리
- 연간 계획
- 월간 계획
- 일일 계획
- 인생 설계
- 마인드맵 다이어리의 장점
- 결문

## 서문

전통적인 다이어리는 근본적으로 직선식 구조이기 때문에 우리를 시간이라는 폭군 아래 꼼짝 못하게 붙들어둔다. 이 장에서는 필요와 욕구에 따라서 시간을 관리하도록 하는 새롭고 혁신적인 마인드맵 다이어리를 소개한다.

마인드맵 다이어리는 계획을 짜는 다이어리로서의 기능과 사건, 생각, 감정 등을 기록하여 회고할 수 있는 기능 둘 다를 지닌다. 이 2가지 다이어리 방식을 통합할 기회를 제공하는 것은 마인드맵 다이어리가 유일하다.

## 마인드맵 다이어리의 원리

마인드맵이 전형적인 직선식 노트 필기법으로부터 비약적인 도약을 이뤘듯이 마인드맵 다이어리도 전형적인 다이어리보다 훨씬 더 능률적이고 효과적이다.

전통적 다이어리에 사용된 두뇌 기능(단어, 숫자, 목록, 순서와 차례) 외에도 마인드맵 다이어리는 색상, 심상, 상징, 부호, 유머, 공상, 게슈탈트(전체), 입체, 연상결합, 시각적 리듬 등을 통합적으로 사용한다.

마인드맵 다이어리는 자신의 두뇌를 있는 그대로 완전하게 거울에 비친 것처럼 투영해줌으로써 색상과 시간은 물론 3차원적 공간에서도 운영할 수 있게 해준다. 그러므로 마인드맵 다이어리는 시간 관리 시스템인 동시에 자기 관리 및 인생 관리 시스템이 되는 것이다.

## 연간 계획

연간 계획은 그해의 주요 사건들에 관한 전체상을 볼 수 있도록 구성되어야 한다. 가능한 한 긍정적이어야(지속적으로 격려의 피드백을 받기 위해서) 하고, 자세한 세부 사항은 월간 계획과 일일 계획에서 모두 표현될 수 있으므로 연간 계획에는 포함시키지 않는다.

연간 계획에는 색상, 부호, 이미지를 광범위하게 사용할 필요가 있다. 비밀로 해야 할 곳에는 자신만의 색상 부호를 정해서 사용하도록 한다. 이렇게 색상 부호를 정하는 것은 상호 참조하고, 계획하고, 회상할 때 일관성과 즉각성이 유지되도록 월간 계획과 일일 계획에서도 계속해야 한다.

## 월간 계획

월간 마인드맵 다이어리의 한쪽은 연간 계획을 한 달 계획 양식으로 간단하게 확장한 것이다. 연간 계획 마인드맵의 왼쪽 상단에 있는 날짜와 요일이 빠지고 대신에 하루의 시간이 왼쪽 상단에서부터 오른쪽 상단까지 배열된다.

노트가 어지럽지 않게 색칠한 이미지와 색으로 표시하는 부호, 또는 키워드로 나타내는 회의, 사건, 일 등이 하루에 5건이 넘지 않도록 기록한다. 덧붙여야 할 세부 사항들은 일일 계획에 포함할 수도 있다.

232쪽의 예는 나의 일기 중에서 1990년 8월의 다이어리를 발췌한 것이다. 여기에는 회의, 특별한 사건, 목표, 외국으로의 비즈니스 여행에 소요된 시간 등이 기록되어 있다.

일관된 색상 부호로 표현을 하면, 그 다음 해를 전체적으로 한눈에 살펴볼 수 있다. 마찬가지로 열두 달의 계획과 나란히 지난해의 계획을 배치해둠으로써 어느 기간에든 즉각 접근해서 확실히 회상할 수 있다.

더군다나 이 연간 마인드맵 다이어리와 월간 마인드맵 다이어리는 과거를 재검토하고 미래의 목표를 설정하는 이상적인 토대가 된다(18장 216쪽 참조). 한 해의 전체적 개요를 파악하면 상호 참조, 계산, 전반적 동향 등 모든 것을 살펴보는 것도 한층 쉬워진다.


## 일일 계획

일일 마인드맵 다이어리는 24시간을 기준으로 계획하고 기억하는 장치이며, 인간 두뇌가 공상적이고 목표 지향적인 메커니즘이라는 사실을 토대로 하고 있다.

연간 계획이나 월간 계획과 마찬가지로 여기에도 가능한 한 많은 마인드맵 규칙이 적용된다. 이상적인 일일 마인드맵 다이어리는 매일 2개의 마인드맵을 만드는 것이다. 하나는 하루를 미리 계획하는 마인드맵이고, 또 하나는 그날의 진행 과정을 모니터하기 위한 마인드맵이다. 후자는 또한 하루를 되돌아보면서 그날의 일을 상기해내는 데 사용될 수 있다.

233쪽의 예는 나의 월간 계획 마인드맵에서 발췌한 8월 2일의 다이어리다. 이 일일 계획에서 왼쪽 상단에 있는 24시간 계획은 하루의 시간과 양을 잘 인식할 수 있게 해주었다. 이 마인드맵의 중심이미지는 여러분이 지금 읽고 있는 바로 이 책이었다. 한가운데에 있는 알라딘의 요술 램프처럼 생긴 미소 짓는 입은 내가 이 책을 구술 작업하고 있는 것과 상상 속의 '지니(Genie:《알라딘의 요술램프》에 나오는 요정 – 옮긴이)'에게서 영감을 받았으면 하는 소망을 나타낸다.

이 마인드맵에서 하루는 5개의 주가지로 나뉘어 있다. 단연 가장 큰 가지는《마인드맵북》집필 작업이다. 산책과 달리기, 마사지, 신체 훈련 등은 모두 그 다음 날의《마인드맵북》집필 작업을 구상하고 육체적으로 준비하는 데 도움이 되고자 하는 것들이다. 저녁에는 친구와 축하주를 했다!

연간 계획이나 월간 계획과 마찬가지로 일일 계획도 인생의 어떤 시기를 포괄적으로 혹은 자세히 되돌아보는 데 이용될 수 있다. 따라서 재빨리 마음 내키는 대로 훑어보기만 해도 하루, 한 달, 일 년 전체를 아주 생생하게 회상할 수 있다.


## 인생 설계

다른 개인적 설계와 마찬가지로 마인드맵 다이어리도 인생의 서로 다른 측면들을 놓치지 않게 해준다. 다시 한 번 말하지만 주개념은 어지럽지 않게 단 몇 개만 사용하는 것이 가장 좋다. 가장 유용한 주개념을 소개하면 다음과 같다.

- 건강과 안녕
- 가족과 친구들
- 창의성
- 부와 일

이 각각의 항목에서 전화, 모임, 휴일 등을 계획하고 마인드맵으로 정리할 수 있다. 그리고 창의적인 생각과 기억해야 할 일들은 간단하게 메모하도록 한다.


## 마인드맵 다이어리의 장점

1 마인드맵 다이어리는, 점점 그 수가 늘어나 포괄적인 인생 관리 도구가 되어가는 거

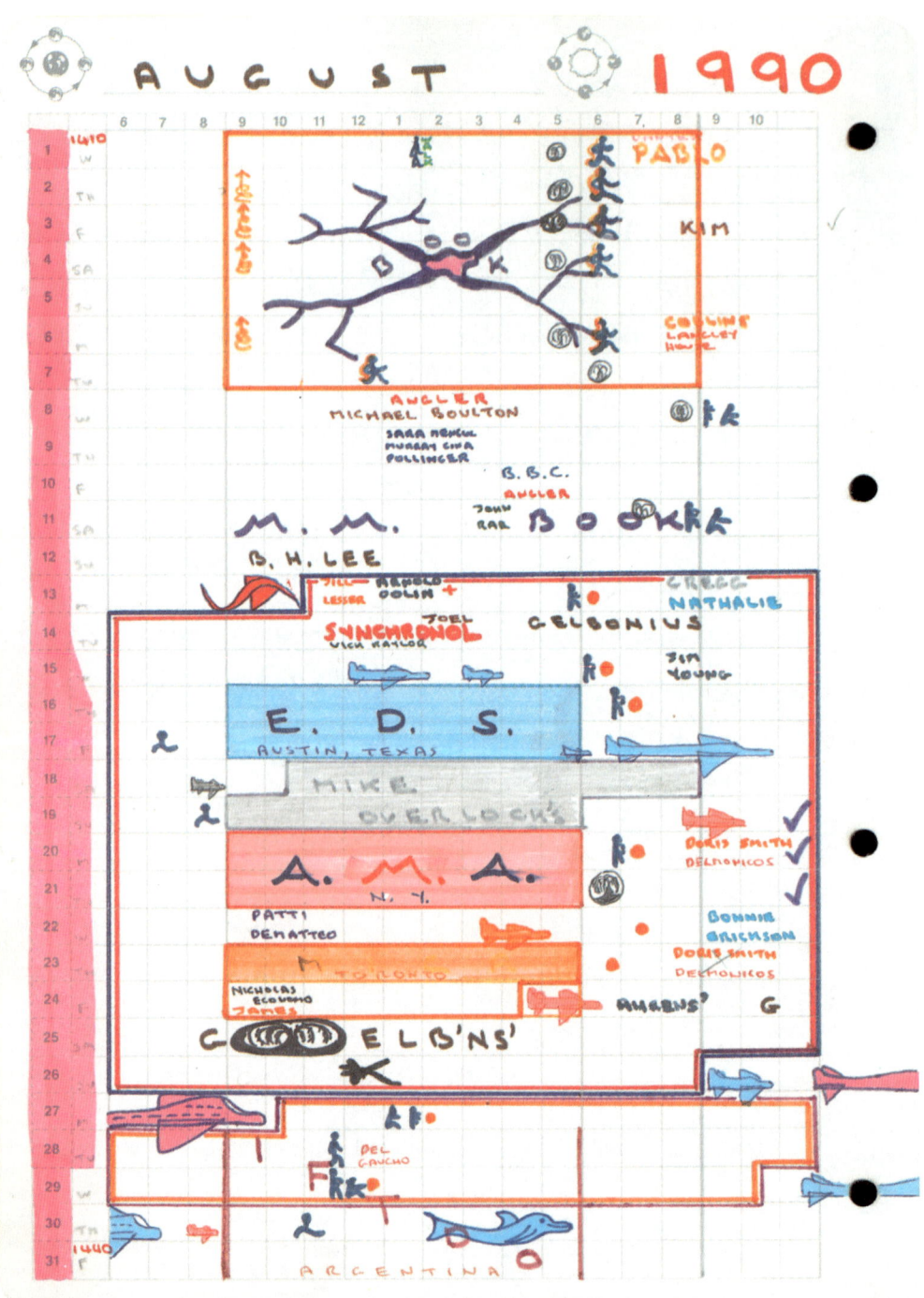

토니 부잔의 다이어리 중에서 '직선식' 노트에 작성한 마인드맵 다이어리. 더욱 창의적이고 쉽게 기억되는 다이어리를 만들기 위해 두뇌의 모든 기능을 사용하고 있음을 잘 보여주는 마인드맵이다(230쪽 참조).

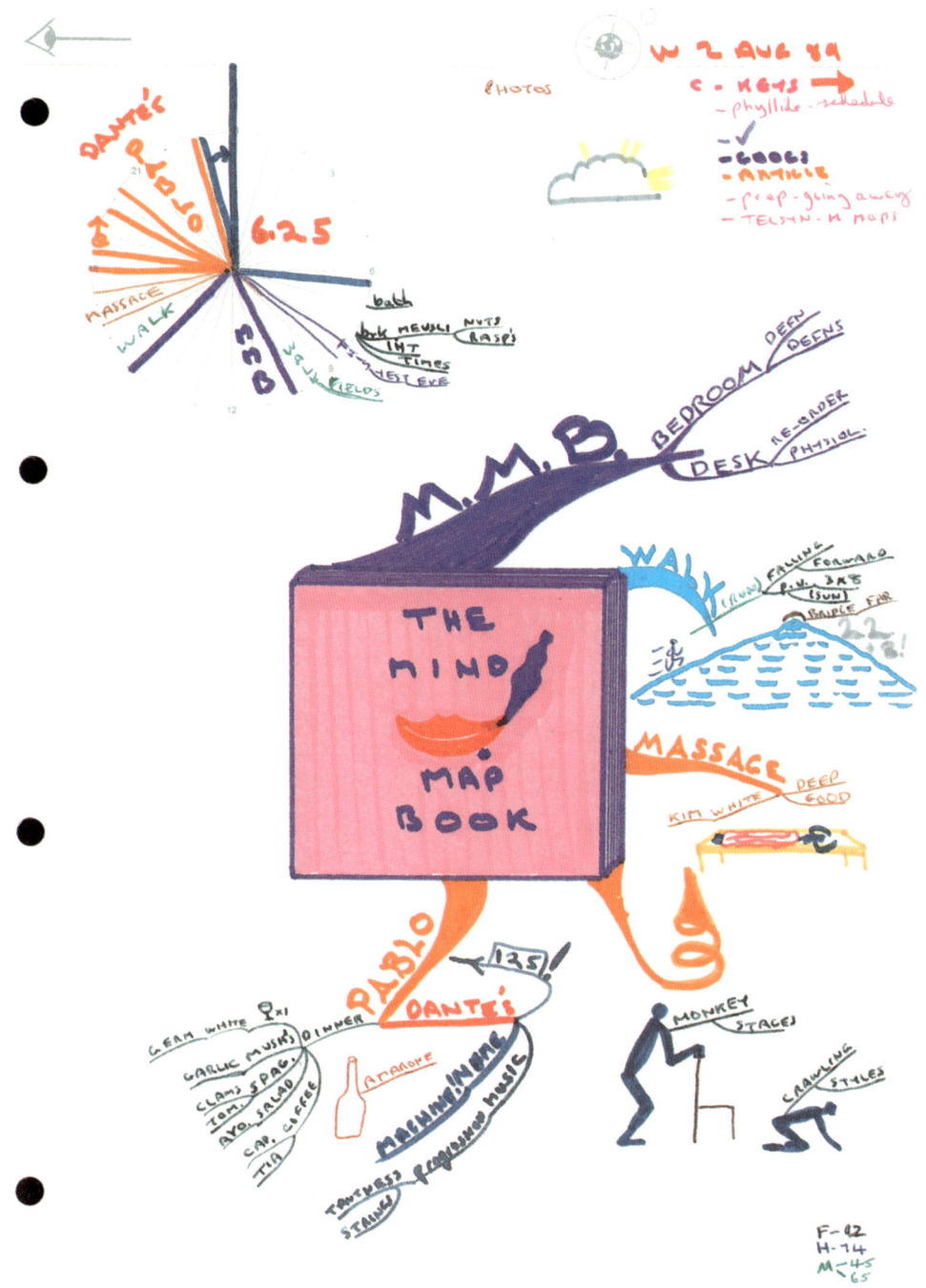

토니 부잔의 개인 다이어리에서 발췌한 마인드맵. 토니 부잔이 《마인드맵 북》을 공식적으로 집필하기 시작한 날의 마인드맵으로, 대화 중 떠올린 지니를 상징화했다(230~231쪽 참조).

시적이고 미시적인 인생관을 제시해준다. 그리고 미래와 과거를 서로 연결하여 계획하고 기록할 수 있게 한다.

2 마인드맵 다이어리는 시각적으로도 매력적이어서, 사용자의 기술이 향상되면서 더욱 매력적으로 변해간다. 그리고 마침내 사용자는 예술 작품을 창조하기 시작한다.

3 연간, 월간, 일일 계획 마인드맵은 상호 참조하고 장기간의 동향을 관찰해가면서 몇 해 동안의 기간을 한순간에 되돌아보고 회상할 수 있게 한다.

4 마인드맵 다이어리는 모든 사건을 전체적인 인생의 맥락 속에서 보게 한다.

5 마인드맵 다이어리 시스템은 본질적으로 최고의 다차원적 기억술이다! 따라서 사실상 완벽하게 구체화된 인생의 핵심 기억장치를 제공해준다.

6 인생의 가장 중요한 부분을 관리할 수 있게 한다.

7 마인드맵 다이어리 시스템은 자체 디자인으로 인해 자동적으로 자기계발을 조장한다. 자기계발은 학습 모델 TEFCAS를 두뇌가 더욱 효과적으로 사용함으로써 완성된다. TEFCAS 모델이란 다음을 압축한 말이다. 두뇌는 '시도Trial'에 의해 작용하고, 시도 후에 '사건Event'이 일어나고, 사건 후엔 '피드백Feedback'이 뒤따르게 된다. 이때 피드백은 두뇌에 의해 '점검Check'된다. 그리고 점검된 사항은 '조정Adjust'이 이루어지는데 이 조정은 항상 근원적인 목표를 향하여 진행된다. 이 목표가 바로 '성공Success'이다. TEFCAS에 관해 좀 더 자세한 정보를 알고 싶으면 토니 부잔의 《생각의 지도 위에서 길을 찾다The Ultimate Book of Mind Maps》(2008년 4월 번역 출간)를 참고하라.

8 이미지, 색상 부호, 그리고 기타 마인드맵 규칙들을 사용하면 즉시 정보에 접근하게 된다.

9 마인드맵 다이어리는 시각적인 자극을 주어 흥미를 유발하기 때문에 사용하고 싶은 마음이 들도록 한다. 이는 기록하는 것을 잊어버리거나, 잘못 기록하거나, 전혀 사용하지 않는 것에 죄의식을 갖게 하기 때문에 많은 사람들이 잠재적으로 거부하는 전형적인 다이어리와는 크게 다르다.

10 마인드맵 다이어리를 다시 살펴보는 것은 마치 인생이라는 '영화를 보러 가는' 듯한 느낌이 든다!

## 결문

마인드맵은 자기분석 능력, 문제해결 능력, 개인의 조직화 능력을 키워줄 뿐만 아니라 가정생활을 윤택하게 한다. 다음의 SECTION B(21장)에서는 가정의 학습과 즐거움을 위해 마인드맵을 사용할 수 있는 많은 재미있는 방법을 탐구한다.

자연구조 도판 22

# 21 가족 스터디와 스토리텔링

### SECTION B _가족

## 개요

- 서문
- 스토리텔링 마인드맵
- 그룹 마인드맵 가족 스터디
- 가족 마인드맵 스터디 데이
- 가족 마인드맵의 장점
- 실전에서의 가족 마인드맵
- 결문

## 서문

이 장은 17장(199쪽)에서 설명한 기법들을 가족에게 어떻게 적용할 수 있는지를 탐구한다. 오락에 이용되든 공부에 이용되든 가족 마인드맵은 흥미진진하고 도전적이며 무엇보다도 재미있다. 또한 가족 간의 결속을 강화해준다.

## 스토리텔링 마인드맵

먼저 주위 환경을 조성하고 도구를 준비하자. 마인드맵 용지를 바닥이나 탁자 위에 펼쳐놓고 다양한 색상의 질이 좋은 컬러펜을 준비한다. 스토리텔링(스토리Story와 텔링Telling의 합성어로서 상대방에게 알리고자 하는 바를 재미있고 생생한 이야기로 설득력 있게 전달하는 것을 뜻하며, 원래 문학에서 나온 용어다 – 옮긴이) 과정은 7단계로 구성되어 있다.

### 1 아이디어 구상

가족의 각 구성원은 독창적인 이야기용 아이디어 창출을 위해 브레인스토밍을 한다. 아이디어는 이야기의 제목(환상적일수록 더 좋다)이나 중심인물(동물, 식물, 외계인 혹은 인간까지도 괜찮다!) 형태를 취한다.

각 구성원들은 각자의 생각을 발표한 다음, 오늘의 이야기로 어떤 제목이나 인물을 택할 것인지 투표로 정한다. 선택이 어려울 수도 있지만, 선택되지 않은 다른 제목이나 인물들은 버리지 말고 두었다가 다음 스토리텔링 때 사용할 수도 있다.

### 2 개별 브레인스토밍

새로운 용지에 온 가족이 선택한 중심이미지나 중심인물을 그린다. 독창적이고 매력적이고 멋진 이야기를 만들고 싶다면 마음속에 처음 떠오르는 생각들을 빠른 속도로 약 20분 동안 속성 마인드맵으로 작성한다.

### 3 재조직화와 수정

각 가족 구성원은 이제 주개념을 정하도록 한다. 가급적 다음에 제시하는 항목들 중 일부 혹은 모두를 선택하도록 한다.

- 줄거리
- 등장인물
- 주제
- 배경

- 언어 수준
- 색상
- 그림
- 이야기가 전하는 교훈
- 감정
- 결론

이 항목들은 재구성되고 수정된 마인드맵에서 주가지에 해당된다. 어린아이들은 이쯤에서 부모의 도움이 필요할 수도 있다. 부모는 아이들에게 등장인물은 '이야기에 등장하는 사람들'이고 줄거리는 '이야기에서 일어나는 일'이라고 설명해준다. 이 마인드맵은 이미지와 색상으로 표현해야 하고, 마인드맵 작성에 소요되는 시간은 30~40분 정도가 알맞다.

### 4 부화

이때쯤이면 다들 쉬고 싶어 할 것이다! 게임을 하거나 쉬거나, 음료수를 마시거나 간식을 먹고 나서 약 30분 정도 서로의 마인드맵을 보면서 토의한다. 이렇게 하는 것은 매우 재미있을 뿐만 아니라 종종 가족들이 자신이 생각했던 것보다 훨씬 상상력이 풍부하다는 사실을 알고는 놀라게 된다. 이때 모든 사람의 생각들을 완전히 긍정적으로 받아들이는 것이 중요하다는 것을 명심하라. 이 단계에서 혹평을 듣는다면 당사자는 자신감이 떨어져 위축되고 즐거움 또한 반감되기 때문이다.

### 5 첫 번째 그룹 마인드맵 작성

대필자를 뽑아서 그 사람이 마인드맵을 다 그리게 하거나 가족 구성원들이 돌아가면서 대형 마인드맵의 일부를 차례로 그린다. 우선 여러 가지 색을 칠하여 입체감을 주는 중심이미지부터 그린 다음, 이야기의 전체 줄거리를 만드는 주개념들을 정하고 결합한다. 각각의 주가지에서 방사상으로 뻗어나가는 생각의 수는 얼마든지 많아도 된다.

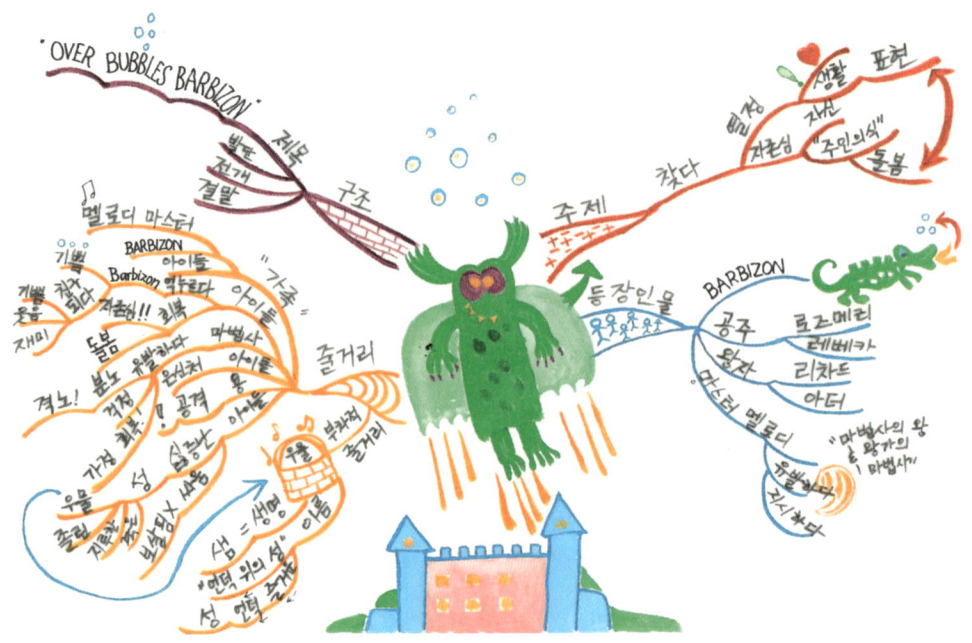

도나 김Dona Kim과 그녀의 아이들이 만든 꾸며낸 이야기 마인드맵(238~241쪽 참조)

## 6 이야기 말하기

완성된 마인드맵의 주위에 원형으로 둘러앉아서 각 구성원들이 한 사람씩 돌아가면서 이야기의 해당 부분을 차례로 이야기한다. 한 사람이 이야기를 하면 그 다음 사람이 이어서 그 뒷이야기를 연결해나가는 식으로 계속하되, 다음 사람이 환상적이면서 상상력이 풍부한 재치 있는 이야기를 이어서 생각해낼 수 있는 여지를 남겨두어야 한다.

각 구성원은 자기 순서가 돌아올 때마다 더욱 기묘하고 상상력이 풍부한 이야기를 만들어가고자 애를 써야 한다. 이렇게 하면 정말 창의력이 풍부한 환상의 탑을 세우는 초석이 되어 마인드맵을 사용하고자 하는 군중심리가 형성될 것이다.

이 스토리텔링 단계를 테이프로 녹음하는 것도 좋은 생각이다.

## 7 두 번째 그룹 마인드맵 작성

또 한 번 짧은 휴식을 취한 후에, 더욱 아름다운 최종 마인드맵을 만들면서 다시 한 번 더 돌아가며 이야기를 할 수 있다. 이 최종 마인드맵은 그룹으로 작성하거나 개별적으로 작성하여 완성할 수 있다. 더 나은 이야기를 만들고 싶다면 한 쪽에 최대 10줄까지 되어 있는 커다란 용지에 첫 번째로 완성했던 이야기를 완전한 텍스트로 옮겨 적는 것이다. 모든 용지의 뒷면은 백지여야 하고, 가족의 서로 다른 구성원이 백지 뒷면의 텍스트에 알맞은 삽화를 그릴 수 있다. 이런 방법으로 가족은 훌륭한 이야기책 전집을 만들고 스스로 작가가 되어 이 과정에서 터득한 기술들을 사회에서도 활용할 수 있다. 마인드맵과 삽화는 아이들 방의 벽지 장식으로도 사용될 수 있다(사실 마인드맵이 최종적으로는 집 전체를 장식하는 용도로 쓰이는 경우가 흔하다).

## 그룹 마인드맵 가족 스터디

MMOST(이 책의 14장 173~176쪽, 《유즈 유어 헤드》의 9장 참조)는 학습 속도와 이해력, 그리고 학습의 효과와 능률을 5~10배까지 높일 수 있다. 같은 기법을 가족이나 그룹 스터디에 적용해보면 그 효과는 그룹의 참가자 수만큼 배가됨을 알 수 있다.

간단히 말해서 마인드맵 조직적 공부기술MMOST은 2단계, 즉 준비 단계와 적용 단계로 구성되어 있고 다음과 같은 그룹 스터디에 사용될 수 있다.

### 1 준비 단계

· 그룹은 공부 모임에서 읽을 '학습량'을 정하고, 교재를 아주 빨리 대충 훑어보면서 난이도를 확인한다. 학습량은 시간이 짧은 모임에서는 한 장chapter이 될 수도 있고, 긴 모임에서는 한 부Division 전체가 될 수도 있다. 그리고 가족 스터디 날에는 책 한 권 전체를 학습량으로 정할 수도 있다. 좀 더 긴 시간이 주어지면 가족 구성원들은 똑같은 교재를 공부한 후 비교하거나, 서로 다른 교재를 공부하고 종합해보는 방법 중 하나를 선택할 수 있다.

· 공부 모임 동안 공부할 '학습 시간'을 정하고, 학습 시간을 교재의 각 절이나 부를 공부하는 데 소요되는 시간의 양으로 분배한다.

· 각 구성원은 주제에 대해 자신이 알고 있는 모든 '현재의 지식'을 재빨리 속성 마인드맵으로 쏟아낸다. 동시에 집중력을 끌어올리고 이미 알고 있는 현재의 지식에 새

자연구조 도판 23

로운 정보를 결합시킬 연상결합 갈고리를 만든다. 이 과정은 또한 특별히 주의를 기울일 필요가 있지만 몰랐던 부분을 확인할 수 있다.

- 서로의 마인드맵을 살펴본 후, 의견을 교환하고 그룹의 현재 지식을 담은 한 장의 마인드맵이나 여러 장의 마인드맵을 만든다.
- 각자 공부 모임의 '목표'와 목적을 마인드맵하라. '언제, 어디서, 누가, 무엇을, 어떻게, 왜'와 같은 주개념이 특히 이 단계에서 유용하다.
- 다시 한 번 서로의 마인드맵을 살펴본 후, 의견을 교환하고 공부 모임의 목표와 목적에 관한 적절한 마인드맵을 만들어라.
- 자신의 현재 알고 있는 지식과 목표를 마인드맵하는 것은 그룹의 지적 초점을 더욱 뚜렷하게 하여 동기 유발과 집중력을 높인다.
- 먼저 개인적으로, 그 다음에는 그룹으로 공부 모임에서 해답을 얻고자 하는 모든 질문을 마인드맵으로 정리하라.

## 2 적용 단계

- 목차, 주요 제목, 결과, 결론, 중요한 그래프나 삽화, 그 밖에 눈에 잡히는 모든 것들을 살펴보면서 교재를 '개관하라.'
- 교재의 주요 요소들을 확인하고 그룹의 다른 구성원들과 그 요소들에 대한 자신의 의견을 토의하고 교재의 기본적 구조를 드러내는 예비 그룹 마인드맵을 만든다.
- 이제 '미리 보기' 단계로 넘어가자. 개관 단계에서 살펴보지 않았던 부분, 특히 문단, 절, 장의 시작과 끝 부분을 주의해서 보라. 이 부분에 중요한 정보가 집중되는 경향이 있기 때문이다.
- 다시 한 번 그룹의 나머지 사람들과 자신의 의견을 토의하고, 그룹 마인드맵에 자세히 채워 넣기 시작하라.
- 다음 '세부 검토' 단계로 넘어가자. 이 단계는 자신의 지적 조각그림을 맞춰나가는 단계다. 여기서는 교재 내용으로 다시 되돌아가서 개관 단계와 미리 보기 단계에서 다루지 않았던 자료들을 확인하고 채워 넣는다. 이 단계에서는 어려운 점들은 표시해두고 넘어간다. 왜냐하면 이어서 곧 다룰 것이기 때문이다.

- 마지막으로 '복습' 단계다. 이 단계에서는 바로 전 단계에서 빠뜨렸던 어렵거나 문제가 됐던 부분으로 되돌아간다. 또한 아직 남아 있는 질문에 답하고, 목적을 세우고, 진행 중인 개인 마인드맵을 완성하기 위해 본문을 되돌아본다.
- 한 번 더 그룹 토의를 거치면 문제가 되었던 부분들을 해결하고, 어려운 질문에 답하고, 남아 있는 목적을 완성하는 데 도움이 될 것이다. 그 다음에 개별적으로 혹은 그룹으로 마인드맵에 마무리 손질을 한다.
- 그룹 스터디 과정을 마치고 나면, 각 개인은 그 학습 교재에 대한 거시적 이해(전체적 파악)와 미시적 이해(내용에 대한 세부적인 지식) 능력을 갖추게 된다. 거시적 이해는 대규모 그룹 마인드맵과 주가지에 포함되는 반면, 미시적 이해는 마인드맵 상의 상세한 부분에 표현된다.

## 가족 마인드맵 스터디 데이

가족 스터디 계획은 가족의 전 구성원이 공부를 목적으로 하는 것이든, 단순히 일반적인 관심을 대상으로 하든 지식 증대를 원하는 어떤 가정에서나 이용할 수 있다. 그리고 가능한 한 능률적이고 재미있게 학습하도록 고안되어 있다.

이러한 종류의 학습 계획과 잘 조직화된 마인드맵 노트를 함께 사용하면 책의 전체적인 내용이 그룹의 전 구성원들에게 30분 내지 1시간 만에 전달될 수 있다! 스터디 시간은 각자의 책에 대한 학습 시간이 각 구성원들에게 2시간 이상 부여되지 않도록 한다.

따라서 4인의 가족으로 구성되어 있는 가정에서는 단 하루 만에 4권의 책을 읽고, 마인드맵으로 만들고, 이를 이해한 다음 서로 의견을 교환할 수 있다!

스터디 데이가 정해지면 다음 순서대로 가족 마인드맵을 경험해보라.

1 10시에 가볍게 운동을 시작한다. 게임이나 스트레칭, 신체나 손발을 쫙 펴는 운동, 에어로빅과 같이 가볍게 몸을 푸는 운동을 한다(30분).
2 학습할 교재 전체를 재빨리 훑어본다(15분).
3 휴식, 게임 또는 다른 방법으로 긴장을 푼다(5~10분).

4 이용할 수 있는 학습 시간과 휴식 시간 스케줄을 정한다. 그리고 시간을 적절히 배분하여 계획한다(10분).

5 주제에 관해 이미 알고 있는 현재의 지식과 자신의 목표와 목적, 답을 얻고 싶은 질문들을 마인드맵으로 정리한다(20분).

6 휴식(5~10분).

7 목차, 주요 제목 등을 살펴보면서 교재 전체를 빠르게 개관한다. 그러고 나서 그룹 마인드맵에 주가지를 그린다(15분).

8 책의 내용을 좀 더 자세히 살펴보면서 미리 보기한 다음 계속해서 마인드맵을 작성한다(15분).

9 점심 휴식 시간(55~60분).

10 인터뷰 단계로, 서로 인터뷰를 하면서 가족의 다른 구성원들과 자신의 문제점들을 토의하고 해결할 수 있다(30분).

11 휴식(5~10분).

12 눈에 띄는 문제점이나 질문들을 다루면서 책을 복습하고, 자신의 마인드맵에 최종 세부 사항을 채워 넣는다(30분).

13 휴식(5~10분).

14 의견 교환 단계다. 가족 구성원들은 각자 자신이 맡은 특정 교재 학습에서 터득한 내용을 마인드맵으로 요약하여 가족들에게 설명한다(프레젠테이션에 관한 자세한 사항은 26장 참조, 295쪽).

각자의 프레젠테이션은 약 25분의 시간이 주어지며, 처음 2명의 설명이 끝나면 5~10분간 짧은 휴식을 취한다. 한 사람이 설명하는 동안에 다른 사람들은 그 내용을 마인드맵으로 만들면서, 설명하는 사람과 같은 수준으로 이해하기 위해 노력하는 등 필기자로서의 역할을 수행한다. 가족 모두는 다른 사람의 마인드맵과 자신의 마인드맵을 가장 높은 수준으로 다듬고 향상시켜야 한다.

246쪽의 마인드맵은 어느 봄날 영국의 서머싯에서 야외 스터디 데이를 개최한 결과물이다. 에이레Ayres와 콜린스Collinses 두 가족은 가족의 재능 개발에 관한 책과 정보를 공부하고 있었고, 그 결과 배우고 있는 것을 다시 배우고 있는 것에 적용하

린 콜린스와 캐럴 에이레라는 두 엄마가 완성한 스터디 데이 마인드맵(245~247쪽 참조)

고 있었다! 그날 개최되었던 스터디 데이의 최종 마인드맵은 린 콜린스Lynn Collins 와 캐로 에이레Caro Ayre 두 엄마에 의해 완성되었다. 중심이미지는 학습에 관한 그들의 주제가 4부분으로 나누어졌음을 나타내고 있다. 주가지에는 교묘하게 번호가 매겨져 있는데 그 숫자 또한 가지의 내용을 상징하는 그림이다. 예를 들어 3번은 두뇌의 반구 모양으로 구체화되는데, 이 가지는 좌뇌와 우뇌의 기능을 다루고 있다(1장 '현대 두뇌 연구'를 참조하라. 44쪽). 반면에 6번은 독특함을 상징하는 유니콘(일각수 一角獸: 이마에 긴 뿔이 하나 달려 있는, 말과 비슷하게 생긴 전설상의 동물－옮긴이)으로 묘사된다! 이 마인드맵은 독자들이 재미있게 찾을 수 있는 재치 있는 이미지들로 가득차 있다.

**15** 축하 단계다. 완벽한 자신만의 방법을 위해 스스로, 또는 서로 축하해준다.

영화나 연극을 보기 위해 밤에 외출하거나, 스포츠를 관람하거나, 특별한 저녁 만찬에 초대 받거나, 상을 받거나, 가족에게 줄 선물을 사는 것 등은 축하할 만한 일에 속한다.

스터디 데이 다음 날에는 학습한 교재에 대한 기억력과 이해력이 향상됐다는 것을 알게 된다. 이것은 꿈을 꾸거나 잠을 자는 동안 두뇌 속에서 생각들이 통합되고 재편성될 기회를 제공하기 때문이다.

이후부터는 10장('마인드맵 권고 사항의 이론적 근거', 133~134쪽)에서 권유하는 시간 간격으로 복습만 해주면 학습한 교재에 대한 여러분의 회상력과 이해력은 계속 유지할 수 있을 것이다.


## 가족 마인드맵의 장점

**1** 가족 마인드맵도 17장(207~208쪽)에 나열되어 있는 그룹 마인드맵의 모든 장점을 그대로 지닌다.

**2** 스토리텔링 마인드맵을 사용함으로써 가족의 창의력이 향상된다.

**3** 개인의 학습 속도와 효과는 참가한 가족의 수만큼 증대된다.

**4** 마인드맵 학습이 진행되는 동안 전 가족은 학습 과제에 대해 침묵 속에서 학습하는

것이 아니라 대화를 하게 된다. 한 연구 조사에 따르면 적극적으로 말로 표현하면 더욱 능률적으로 정보를 처리하고 그 정보를 회상하는 능력도 향상된다고 한다.

5 직선적 노트가 아닌 마인드맵을 사용함으로써 가족 간에 커뮤니케이션이 잘 이루어지기 때문에 지식이 떨어지고 없어지는 것이 아니라 오히려 증가하게 된다.

6 온 가족이 새로운 분야의 정보를 이해하는 능력이 향상된다.

7 결과적으로 시험을 치르는 능력도 향상된다.

8 더욱더 중요한 것은 학습 태도와 시험을 치르는 자세가 완전히 달라진다는 것이다. 가족 마인드맵을 통해서 모든 가족 구성원들이 학습을 체벌보다는 즐거운 것으로 인식하게 된다.

9 다른 가족 구성원들을 도와주고 그들과 커뮤니케이션하는 수단으로 마인드맵을 사용하면 사고와 마인드맵 노트 작성 및 노트 필기 능력이 향상되고 모든 구성원들의 학습 의욕이 증대된다.

10 가족 마인드맵은 각 구성원들이 서로의 지적 관심 분야에 관여하여 지지하고, 만족감을 공유하고, 학습 의욕을 증가시키기 때문에 가족 간의 유대가 강화된다. 온 가족이 친구가 된다.


## 실전에서의 가족 마인드맵

정기적인 스터디 데이를 개최하기 시작한 많은 가족의 자녀들이 학급의 맨 밑바닥에서 벗어나 이제 전 과목에서 1, 2, 3등 이내에 들고 있다. 또한 부모들도 직장과 전문 분야의 연구에서 탁월한 우수성을 발휘하고 있다.

스웨덴에 살고 있는 한 가족은 부모와 세 자녀가 마인드맵 스터디 데이를 너무나 즐겨서 6개월 동안 단 한 주도 빠지지 않고 매주 정기적으로 가족 마인드맵을 학습했다. 그러자 아이들의 학교 성적이 점차로 향상되었고, 아이들은 친구들에게 스터디 데이를 소개했다. 그 후 그 가족은 자기들도 참가시켜 달라고 부탁하는 이웃의 어린아이들 때문에 고역을 치러야 했다!

## 결문

이 장에서는 마인드맵을 가족에게 적용시켜 보았다. 그리고 교육 분야에서도 어떻게 그 효과가 나타날 수 있는지 알아보았다.

다음 장에서는 글쓰기, 시험 준비, 가르치기, 그리고 책, 강의, 영화 등의 노트 필기와 같은 특수 분야에까지 마인드맵의 교육적 장점을 확장시켜 보기로 한다.

# 22

## 사고思考

SECTION **C** _ 교육

## 개요

- 서문
- 글쓰기용 마인드맵
- 시험 대비용 마인드맵
- 프로젝트와 보고서용 마인드맵
- 마인드맵 프로젝트의 예
- 프레젠테이션과 글쓰기 마인드맵의 장점
- 결문

## 서문

이 장에서는 글쓰기, 시험 대비, 프로젝트 혹은 보고서 작성에 마인드맵을 적용하는 방법에 대해 다룬다.

## 글쓰기용 마인드맵

마인드맵으로 노트를 작성하는 방법은 노트 필기법과 노트 작성법 2가지로 나눌 수 있다.

노트 필기법은 책을 읽거나 강의를 듣고 직선적 내용에서 중요한 요소들을 찾아내어 마인드맵으로 만드는 것을 말한다. 반면에 노트 작성법은 말하고자 하는 주제의 중요한 요소들을 마인드맵으로 정리하여 직선식 구조로 표현하기 전에 정리한 마인드맵 노트를 활용하는 것을 말하는데, 글쓰기가 바로 이에 해당한다.

- 지금까지 만들어본 마인드맵과 마찬가지로 중심이미지부터 마인드맵을 시작한다. 여기서 중심이미지는 글의 주제를 나타낸다.
- 9장(104쪽)과 13장(162쪽)에서 설명한 대로 적절한 주개념을 선택하여 주가지를 만든다. 이 단계에서는 자신이 말하고자 하는 주제나 묻고자 하는 질문이 무엇인지에 주의를 기울여야 한다. 보통 글의 주제는 주개념으로 무엇을 선택할 것인지를 암시해준다.
- 덧붙일 정보의 항목들이나 말하고 싶은 요점들을 해당 가지에 마음이 정하는 대로 자유롭게 분류하여 정리한다. 단, 어디에 분류하든 마인드맵의 주가지들 중 가장 관련이 깊은 곳에 적절히 배치해야 한다. 이 부가지들은 숫자 제한이 없으며 주가지에서 방사상으로 뻗어나가도록 한다. 그리고 부가지들을 만들어가는 동안 부호들(색상, 상징 기호)을 사용해야 한다. 부호들은 마인드맵 속의 서로 다른 부분들 사이에서 상호 참조나 다른 부분 참조, 연결성을 나타낸다.
- 다음으로는 마인드맵 전체가 응집력이 있어 보이도록 편집하고 다시 정리한다.
- 이제 책상에 앉아 마인드맵을 뼈대로 글쓰기 초안을 쓴다. 잘 짜여진 마인드맵은 자신이 쓴 글의 모든 주요 하위 분류들과 말하고자 하는 핵심 요점들을 잘 나타내고, 서로 관련된 부분들이 어떤 식으로 연결되어 있는지를 잘 보여줘야 한다. 이 단계에서는 특별한 어려움, 독특한 단어나 문법적 구조를 불러일으키는 부분들은 건너뛰면서 아주 빠른 속도로 초안을 잡아야 한다. 이렇게 하면 훨씬 유창한 흐름을 만들어낼 수 있다. '문제 부분들'은 참고 서적을 연구한 다음 언제든지 되돌아올 수 있다.

글을 쓰다가 '작가 장애(Writer's Block: 글길이 막힘. 작가들이 글을 쓸 내용이나 아이디어가 떠오르지 않아서 애를 먹는 상황)'와 같은 장애물을 만나면 또 다른 마인드맵을 만드는 것이 도움이 된다. 그것이 장애물을 뛰어넘을 수 있도록 도와줄 것이다. 대부분의 경우에는 그저 중심이미지를 그리는 것만으로도 글을 쓸 마음이 다시 생겨나고, 다시 생겨난 마음은 주제를 맴돌면서 자유분방하게 생각의 유희를 즐기게 된다. 그런데도 다시 장애에 봉착한다면 지금까지 만든 키워드와 이미지에 새로운 빈 가지를 덧붙여 그려준다. 두뇌 속에 내재된 게슈탈트 본능, 즉 완성을 추구하는 성향이 새로운 단어와 이미지를 빈 가지에 채워줄 것이다. 동시에 자신의 두뇌가 무한한 연상결합 능력을 지니고 있다는 사실을 스스로 되새기게 되어 모든 사고의 흐름이 원활해진다. 특히 불합리하다고 판단하여 포기했던 사고의 흐름도 원활히 해결된다. 글쓰기의 장애들은 두뇌의 무능력 때문이 아니라 두뇌를 사용하는 방법을 잘못 이해했거나 내면에 깔려 있는 실패에 대한 두려움 때문이라는 사실을 깨닫는 순간 모두 사라질 것이다.

· 마지막으로 마인드맵을 재검토하여 전후 참조 또는 상호 참조를 덧붙이고 증거와 인용 사항들을 더욱 보강하여 자신의 논지를 뒷받침한다. 끝맺음이 미흡하다고 여겨지는 부분은 수정, 부연하여 글에 마무리 손질을 가한다.


여기서 논하고 있는 마인드맵은 대부분의 학생들이 실제로 글로 옮기기 전에 쓰는 두꺼운 직선식 노트를 대신하는 것이라고 말할 수 있다. 이 마인드맵 기법은 전형적인 노트 20쪽과 2~3장의 초안 대신에, 단 한 장의 마인드맵과 빠르게 작성한 한 장의 초안만을 사용한다. 또한 초안 잡기의 유연성을 향상시킨다는 점에서 워드프로세서는 마인드맵의 훌륭한 보조 도구라고 말할 수 있다. 이와 비슷하게 마인드맵과 컴퓨터 프로그램의 결합(28장 321쪽)은 훌륭한 글쓰기의 동반자다.

정기적으로 시험을 치러야 하는 중·고등학생이나 대학생들은 마치 시험을 치르는 것처럼 엄격하게 시간을 정해놓고 글을 쓰는 것이 매우 도움이 된다는 것을 깨닫게 될 것이다. 이러한 방법은 특히 경쟁으로 결정되는 학교에서 효용성이 크다. 압력솥으로 요리하는 것과 같은 시간적 제약 아래 좋은 성적을 얻으려면 두뇌가 이에 맞춰 지속적으로 훈련을 해야 한다(토니 부잔의《유즈 유어 헤드》에서 에드워드 휴즈 스토리를 참조하라).

254~255쪽의 마인드맵 중에서 3개는 스웨덴의 초등학생 카렌 슈미트Karen Shmidt, 카타리나 나이만Katarina Naiman, 토머스 엔스코그Thomas Enskog가 만든 것으로 각각 스포츠와 스웨덴, 컴퓨터에 관한 글쓰기 마인드맵이다.

카타리나 나이만은 글쓰기 마인드맵을 만든 후 이렇게 말했다.

마인드맵을 그릴수록 더 많은 것들이 내 마음속에 떠올랐어요. 그런데 많은 생각을 얻을수록 마인드맵은 더욱 멋지고 독창적으로 변해갔죠. 마인드맵이 끝이 없다는 것을 그제야 깨달았어요. 내가 존경하는 단 몇 사람, 배고픔의 고통, 타는 듯한 갈증만이 내가 마인드맵하는 것을 멈추게 할 수 있죠!

스웨덴어로 작성된 2개의 마인드맵은 나아가 마인드맵 언어의 보편성을 보여준다.


## 시험 대비용 마인드맵

전 교과과정을 마인드맵으로 노트하고 앞에서 제시한 시간 간격대로 복습했다면, 시험을 치를 준비는 다 된 것이다. 이제 준비된 지식을 올바른 방법으로 시험에 맞게 실행으로 옮기면 된다. 시험을 보는 올바른 과정은 다음과 같다.

· 먼저 시험지를 충분히 읽은 후 답을 쓸 문제를 고른다. 동시에 문제를 읽으면서 마음속에 떠오르는 생각을 미니 마인드맵으로 정리한다.
· 답을 쓸 문제들의 순서를 정하고, 각 문제당 답을 쓸 시간을 배분한다.
· 첫 번째 문제부터 차례로 자세히 답하려는 유혹을 뿌리치고, 답해야 하는 모든 문제들을 속성 마인드맵으로 빠르게 정리한다. 이 과정을 잘 따르면 각각의 문제를 주어진 시간에 맞추어 답하면서 모든 문제의 추이를 짧은 시간 안에 스스로 파악할 수 있다.
· 이제 첫 번째 문제로 돌아가 답할 내용의 뼈대 역할을 하는 마인드맵을 만들어라.

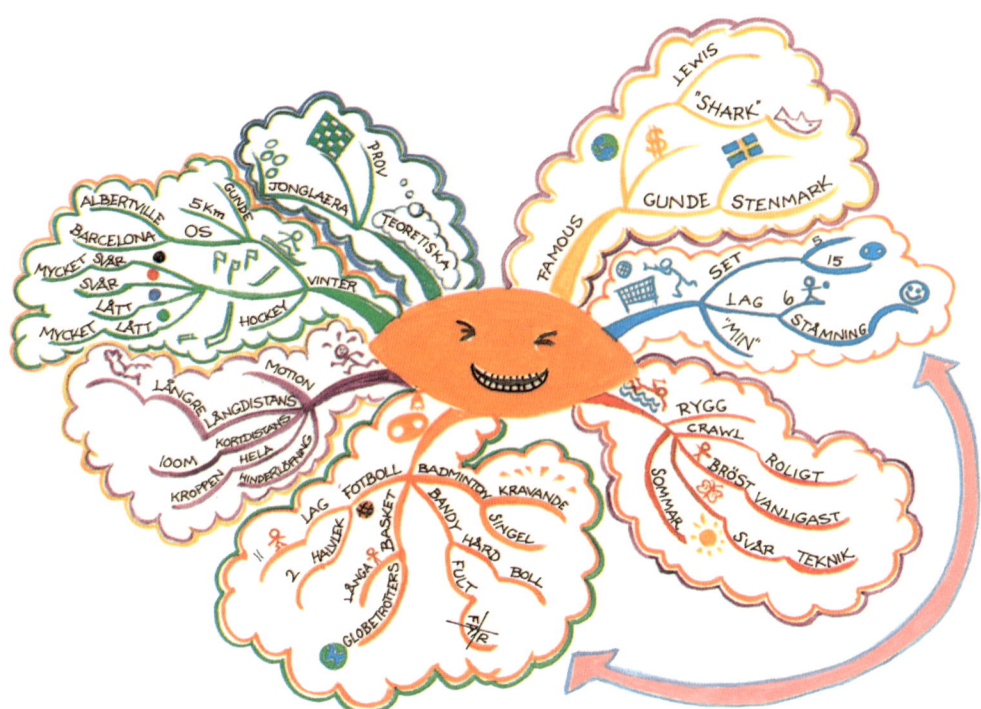

학교 스포츠에 관한 카렌 슈미트의 마인드맵(253쪽 참조)

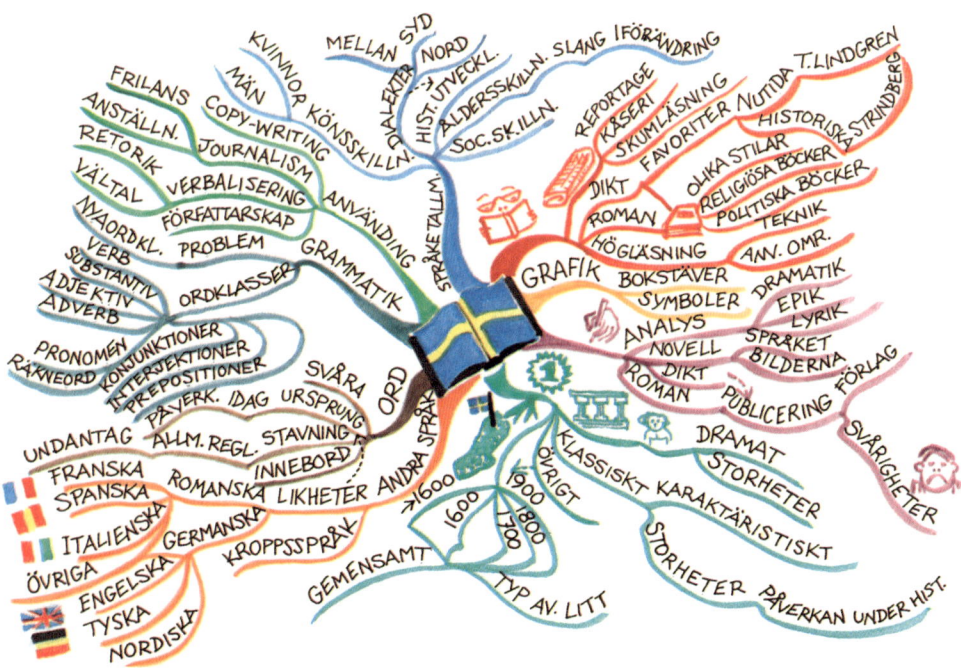

스웨덴에 관한 학교 글쓰기 숙제를 하기 위해서 카타리나 나이만이 만든 마인드맵(253쪽 참조)

컴퓨터에 관한 토머스 엔스코그의 마인드맵(253쪽 참조)

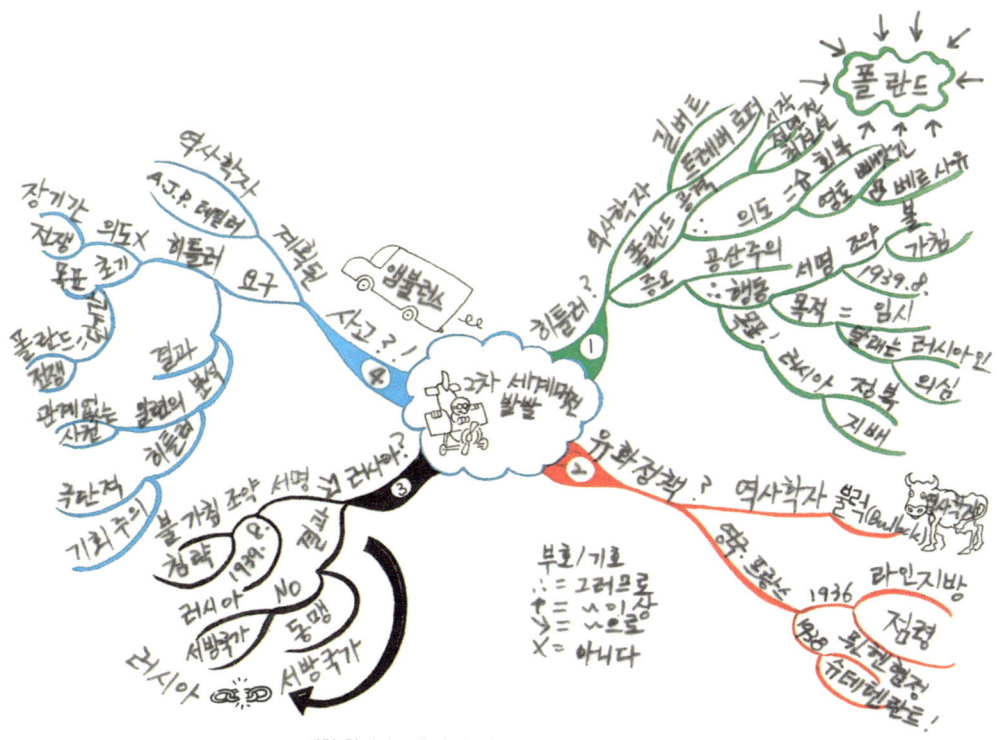

시험 합격에 도움이 된 제임스 리의 마인드맵(256쪽 참조)

중심이미지는 답할 내용의 머리말에 해당하고, 각 주가지는 글의 부제나 주요 부분을 나타낸다. 주가지에 각각 얼마나 내용을 부연하여 확장하느냐에 따라 한 단락이 될 수도 있고 두 단락이 될 수도 있다.

답을 작성하면서 자신의 지식 구조 전체에 걸쳐 서로 다른 부분을 참조하고 생각이나 연상결합, 해석을 덧붙여가며 끝맺을 수 있음을 알게 될 것이다. 그렇게 작성한 답안은 여러분이 포괄적인 지식과, 분석하고 조직하고 통합하고 상호 참조하는 능력이 있음을 보여줄 것이다. 특히 주제에 관해 창의적이고 독창적인 아이디어를 내는 능력이 있음을 보여준다. 달리 말하면 여러분은 최고의 점수를 받게 될 것이다!

255쪽 아래의 마인드맵은 제임스 리라는 학생이 만든 수백 개의 마인드맵 중 하나다. 그는 상급반 진학과 대학 입학시험에 통과하기 위해 이 마인드맵을 준비했다. 15세가 되던 해에 제임스는 병으로 6개월 동안 학교를 쉬어야 했고, 'O' 레벨 시험(영국에서 15~16세에 치르는 시험-옮긴이)을 치르기 힘들므로 1년을 유급하라는 학교 측의 권고를 받았다. 하지만 제임스는 선생님을 설득하여 가까스로 유급을 면한 다음, 눈에 보이는 모든 것을 마인드맵하기 시작했다. 그 결과 단 3개월 만에 그는 1년 과정을 공부해냈고, 열 과목 중 일곱 과목에서 A, 세 과목에서 B를 받았다. 이 마인드맵은 제임스가 역사 시험을 준비하며 만든 것으로 2차 세계대전의 발발에 대해 교과서에서 제시한 주요 설명들을 요점 정리한 것이다.

## 프로젝트와 보고서용 마인드맵

몇 쪽 분량에서부터 박사 학위논문 분량에 이르기까지의 모든 프로젝트나 보고서를 쓰는 것도 마인드맵을 이용하면 한결 쉽다.

프로젝트에는 광범위한 연구와 최종적인 설명이 문자와 그래픽과 말의 형태로 들어 있다. 그러나 접근 방법은 글쓰기와 시험에 사용된 방법과 본질적으로 동일하다.

학습과 마찬가지로 첫 단계는 주어진 시간 내에 어느 정도의 분량을 다룰지 계획하는 것이다. 목표 시간과 분량을 정하는 것은 단기 프로젝트만큼이나 장기 프로젝트에서도 중요하다.

연구 단계 동안에는 연구 자료를 적어두고 결과를 자세히 기록하고 아이디어가 떠오를 때마다 조직화하고 통합하고 최종적으로 문자나 말의 형태로 표현되는 프레젠테이션의 토대를 형성하기 위해 마인드맵을 사용할 수 있다(프레젠테이션에 관한 자세한 사항은 26장 참조).

글쓰기나 시험 답안을 마인드맵하는 것과 마찬가지로 이렇게 마인드맵으로 작성된 프로젝트와 보고서도 부자연스러운 직선식 노트 필기법, 기안 작성법을 토대로 해서 이루어지는 프로젝트와 보고서보다 구성면에서 훨씬 뛰어나고, 집중적이고 창조적이며 독창적이다.


## 마인드맵 프로젝트의 예

259쪽의 마인드맵은 IBM과 영국 정부의 청소년훈련시책(Youth Training Scheme: YTS)에 의해 시행된 프로젝트를 요약한 것이다. 이 프로젝트의 목적은 청소년들을 지도하는 가장 효과적인 방법을 소개하는 것이다. 이 요약 마인드맵은 매우 유익하다는 것이 입증되어서 다른 많은 마인드맵과 마찬가지로 IBM과 YTS의 훈련 자료로 채택되었다.

또 하나의 예는 라나 이즈라엘Lana Israel이라는 열세 살 난 미국인 소녀와 관련이 있다. 그녀는 자신이 저술한 《어린이를 위한 브레인 파워Brain Power for Kids》와 토니 부잔과 공동 저술한 《단기간 내에 천재가 되는 법How to Become an Instart Genius》으로 작가로서도 상당한 성공을 거두었다.

라나가 명성을 얻기 시작한 것은 플로리다 주 데이드Dade 카운티의 하이랜드오크스Highland Oaks 중학교에서였다. 그녀는 교내 과학 프로젝트 경연대회에 참가했다. 마인드맵에 매력을 느낀 라나는 '마인드맵이 학습에 미치는 영향'을 프로젝트로 채택했다. 그녀는 학급 친구들을 대상으로 회상력과 창의력에 대한 일련의 실험을 해보기로 결정했다. 훌륭한 과학자들처럼 그녀도 피실험자들을 실험 집단과 관리 집단으로 구분해서 두 집단의 테스트 결과를 주의 깊게 관찰했다.

마인드맵을 사용한 학생 집단은 눈에 띄게 향상된 결과를 보여주었고, 라나의 정확하

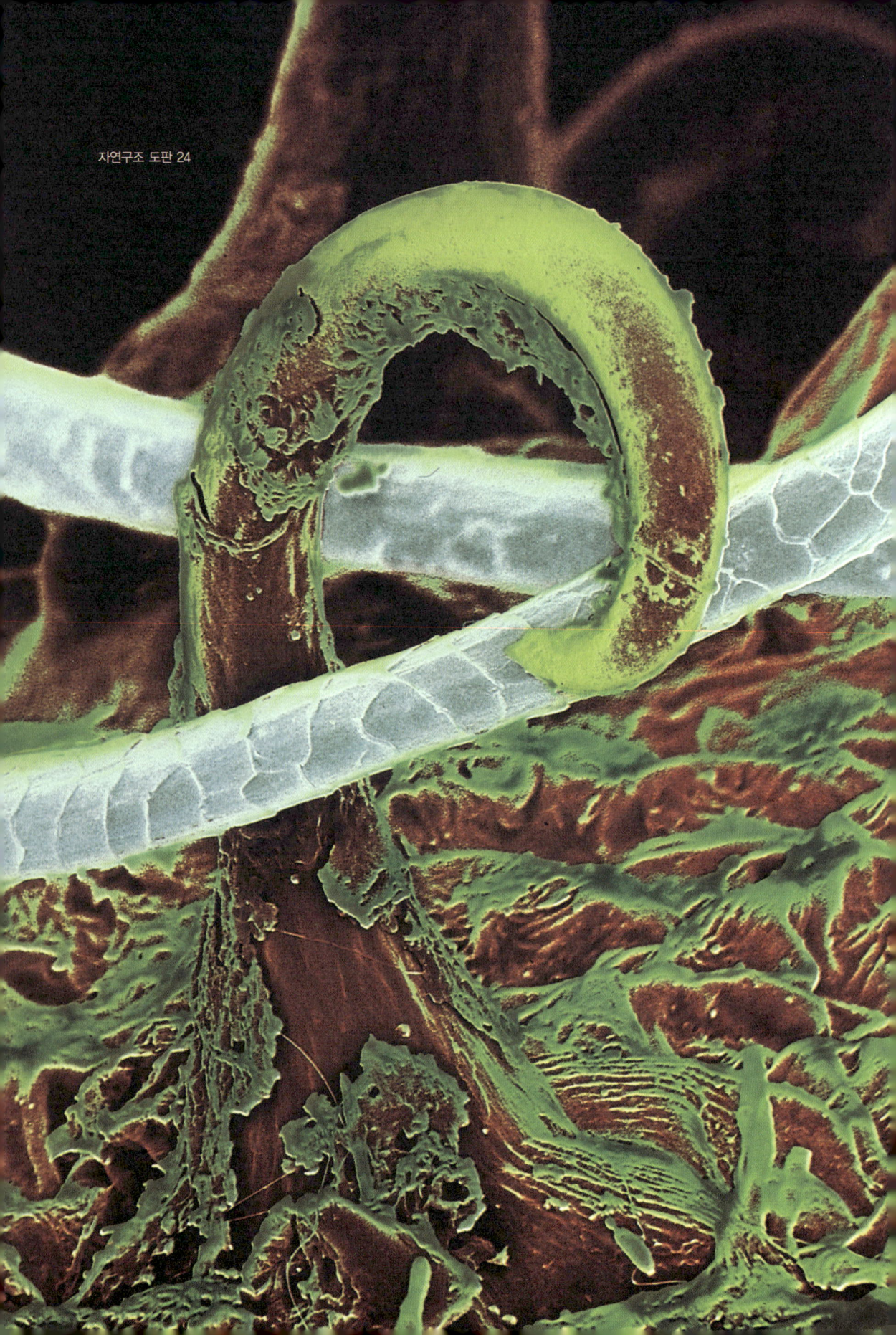

IBM 교육부와 영국 정부가 공동으로 작업한 프로젝트 마인드맵(257쪽 참조)

고 창의적인 프로젝트는 카운티 과학박람회에서 1등의 영광을 안았다. 또한 미국의 주 경연대회에 참가해서 42명 중 2등을 차지했다.

그 결과 그녀의 선생님인 아만다 모건-하건Amanda Morgan-Hagan이 오스트레일리아의 시드니에서 열리는 '제8차 유능한 교사와 재능 있는 학생들을 위한 국제 모임'에 그녀를 추천했다. 아만다 모건-하건은 이렇게 말했다.

"라나는 자신이 이룩한 것을 제게 보여주었어요. 저는 이것이야말로 이 국제적인 모임에서 전 세계의 교육자들이 꼭 들어야 할 놀랍고 훌륭한 것이라고 생각했습니다."

프레젠테이션의 토대로 마인드맵을 사용한 라나는 일약 유명인사가 되었고 수많은 TV와 라디오의 대담 프로그램에 출연하고 미국 최고의 일간지와 인터뷰도 했다. 그녀의 책은 널리 소개되었고 더 자세한 것을 알고 싶어 하는 사람들로부터 수백 통의 편지를 받았다. 285쪽 그림은 라나가 만든 수많은 마인드맵 중 하나다.

학교 과학 프로젝트에서 시작된 마인드맵은 이제 라나의 평생 직업으로 발전했다.

"마인드맵을 통해 너무나 많은 도움을 받았기에 그 지식을 다른 사람들과 나누고 싶어요. 저는 전 세계 교육 변화에 일익을 담당하고 싶습니다"라고 그녀는 말했다.

애플의 사장 존 스컬리John Scully는 다음과 같이 말했다.

"라나는 마인드맵을 통해 틀림없이 전 세계를 변화시킬 것입니다."

## 프레젠테이션과 글쓰기 마인드맵의 장점

1 혼란, 실패에 대한 두려움, '작가 장애' 등에서 오는 스트레스와 불쾌감이 해소된다.

2 자신의 연상결합의 갈고리로 새로운 정보와 아이디어를 자유롭게 끌어들여 창의성과 독창성이 향상된다.

3 프레젠테이션과 글쓰기 작업을 준비하고 구조화하고 완성하는 데 걸리는 시간이 현저하게 절감된다.

4 분석적 과정과 창의적 과정을 지속적으로 관리하게 해준다.

5 훨씬 집중적이고 조직적이며 종합적인 프레젠테이션, 글, 프로젝트, 보고서가 된다.

**결문**

라나 이즈라엘의 이야기에서 확실히 입증되었듯이 제대로 배운 학생은 당연히 훌륭한 선생님으로 성장한다. 다음 장에서는 가르치는 일에 종사하는 사람들에게 도움이 될 수 있는 마인드맵의 방법들을 소개한다.

# 23 티칭 마인드맵

SECTION **C** _ 교육

## 개요

- 서문
- 성장하는 두뇌
- 교육 분야에서의 마인드맵 적용
- 특수교육
- 마인드맵으로 가르치는 장점
- 결문

## 서문

이 장에서는 교사의 역할을 새로이 조명해보고, 가르치는 것과 배우는 것을 더욱 자극적이고 즐겁고 효과적인 것으로 만들기 위해 사용할 수 있는 여러 가지 마인드맵 방법을 알아본다.

### 교사의 역할

교사들은 이 세상에서 가장 귀중한 자원인 인간 지능을 책임지고 있으므로, 가르치는 일이 우리 사회에서 가장 중요한 직업 중 하나라는 것은 거의 틀림없다. 두뇌가 이미 소유하고 있는 지식을 바탕으로 공동 작용하는 유기적 구조를 갖추고 있다면 교사의 역할은 한층 더 중요해진다. 공동 작용의 토대가 되는 지식이 허위이거나 빈약하다면 학생들이 그 위에 쌓아올리는 지식의 양이 많을수록 전체 구조는 결국 붕괴되고 말 것이다. 이런 경우 슬프게도 노력을 많이 기울일수록 결과는 더욱 만족스럽지 못하게 된다.

그러므로 모든 교사들은 첫 수업 시 학생들이 배워야 할 정신 소양으로 '공부하는 방법 배우기'를 가르쳐야 한다는 점을 이해하는 것이 중요하다. 학생들이 3R을 배우기 전에 말이다. 이 목표를 달성하기 위해 두뇌는 적절한 도구를 필요로 한다. 마인드맵이 바로 그 도구다.

## 성장하는 두뇌

인간의 두뇌는 언제 처음으로 마인드맵을 배우는가?

"마인드맵을 처음 배울 때요" 하고 대답하는 사람이 있을지도 모르겠다.

그러나 이 질문에 대한 옳은 대답은 "태어나는 순간(아마도 그 이전)!"이다.

아기의 두뇌 발달 과정을 생각해보라. 특히 언어를 배우는 방법에 주의해서 보라. 아기가 최초로 말하는 단어는 '엄마'다. 왜 '엄마'일까? 그것은 '엄마'가 마인드맵의 중심이기 때문이다! 엄마에게서 사랑, 음식, 따뜻함, 보호, 포옹, 교육 등의 주가지들이 방사형으로 뻗어나온다.

그래서 아기는 태어나는 순간부터 평생 동안 본능적으로 마인드맵을 하고 중심으로부터 뻗어나온 가지들을 확장하고 연상결합 네트워크를 구축하여 결국에는 어른 수준의 지적 성장을 이루게 된다.

이렇게 얽히고설킨 복잡한 네트워크가 일생 동안 계속해서 성장하고 외부로 표출되면서 사용되려면 끊임없이 영양을 공급 받아야 한다. 교사들은 이 사실을 인식할 필요가 있다.

자연구조 도판 25

## 교육 분야에서의 마인드맵 적용

교사는 학생들이 마인드맵의 이론과 실습에 친숙해지도록 하는 것 외에도, 가르치고 배우는 것이 한결 쉽고 재미있도록 만드는 실용적 방법으로 마인드맵을 사용할 수 있다.

### 1 강의 노트 준비하기

가장 강력한 방법 중 하나가 마인드맵을 강의 노트로 사용하는 것이다. 마인드맵 형태로 강의를 준비하는 것이 한 줄씩 강의 내용을 전부 써내려가는 것보다 훨씬 시간이 절약되고, 강의하는 사람과 강의를 듣는 학생들이 강의 내용을 항상 한눈에 볼 수 있다는 큰 이점도 있다.

마인드맵 강의는 복잡하게 지저분해지지도 않으면서 해마다 쉽게 최근의 내용을 업데이트할 수 있고, 강의를 하기 전 짧은 시간에 재빨리 한 번 훑어봄으로써 주제를 또렷하게 파악할 수 있기 때문에 기억의 질적 향상에도 도움이 된다. 강의하는 사람의 지식은 계속 진화하기 때문에 똑같은 마인드맵에 약간만 수정 작업을 거치면 해마다 사용된다 하더라도 아주 다른 강의를 이끌어낼 수 있다. 마인드맵 노트는 진부하고 지루한 강의가 되지 않도록 해주고, 강의하는 사람이나 듣는 학생 모두에게 강의를 더욱 재미있고 흥미진진한 것으로 만들어준다.

마인드맵 강의 노트는 강의자가 강의 내용을 자연스럽고 활기찬 어투로 명료하고 조직적으로 전하고, 강의 시간을 정확하게 지킬 수 있게 해준다. 만일 특별한 이유로 강의 시간에 차질이 생길 경우 마인드맵에 표시된 중요도에 대한 정보에 따라 얼마든지 강의 내용을 늘릴 수도 줄일 수도 있다. 이 기능은 또한 어떤 새로운 정보(새 이야기나 이전 강사에 대한 정보)가 강의 시작 전에 입수될 경우에도 매우 유용하게 쓰일 것이다.

267쪽의 마인드맵은 배리 부잔이 학회와 외무부 관리들의 모임에서 강의를 하기 위해 준비한 것이다. 중심에 있는 주제는 모임의 개최자들이 정한 것이므로 하나의 단어나 하나의 이미지로 축소되지는 않는다. 강사가 잘 알고 있는 다른 작가의 지식이나 생각 분야를 나타내는 코드명이 마인드맵에 상당수 표시되어 있다. 긴 선 구조는 주가지와 부가지를 다른 방법으로 배치하는 예를 보여준다. 이러한 종류의 마인드맵이라면 웬만큼 유능한 강사는 10분 동안 강의를 할 수도 있고, 10시간 동안 강의를 할 수도 있다. 주가지들 중 단 한 개의 주가지는 그 자체로서 하나의 강의가 될 수도 있고, 또한 전체 강좌의 하나의 요점이 될 수도 있다. 이렇듯 마인드맵 강의 노트는 대학 강의는 물론이고(실제로 마인드맵 노트로 강의를 하는 교수들이 있다), 기사를 쓰기 위한 사전 스케치로 이용될 수도 있다.

268쪽 위의 화학동력학에 관한 마인드맵은 영국의 허셸 그래머스쿨Herschel Grammer School의 수석 화학자인 그레이엄 휠러Graham Wheeler가 만든 것이다. 이 마인드맵은 대학 진학을 준비하고 있는 상급반 학생들을 위한 화학 과정의 전 분야를 포함하고 있다. 이 학교에서는 교사와 학생 모두가 이것을 이용하고 있다. 교사들은 강의 계획과 지침을 마련하기 위해, 학생들은 강의 내용을 이해하는 데 도움을 받기 위해서다.

그레이엄 휠러는 5년 이상이나 마인드맵으로 A레벨의 화학을 가르쳐왔는데, 98퍼센트의 합격률을 자랑한다(또한 27장의 캐스트너Kastner의 마인드맵을 참조하라. 316~319쪽).

## 2 연간 계획

마인드맵은 교사가 한 해 학습 프로그램을 전체적으로 총람하고 학기별, 과별로 유형을 분류하는 데 이용할 수 있다. 예를 들면 지리 교사는 매년 실시하는 산업 현장, 농장, 박물관 등으로의 견학과 교과목과 관계있는 슬라이드 상영 등에 관한 아이디어를 마인드맵에서 얻을 수 있다.

## 3 학기별 계획

이것은 연간 계획의 하위 분류이고, 종종 연간 프로그램에서 하나의 가지 혹은 여러 개의 가지를 확장시킨 작은 마인드맵의 형태를 취한다. 학기별 계획 마인드맵은 교사가 교과과정에서 다루고자 하는 주제와 프로그램의 순서를 보여준다.

## 4 일일 계획

이것은 20장(228쪽)에서 설명한 일일 마인드맵 다이어리와 그 형태가 유사하다. 이 마인드맵은 교과목에 대한 특별한 세부 사항, 수업을 시작하고 마치는 시간, 교실, 그날 배울 교과목의 주제 등을 기록한다.

하원과 외무부 관리들이 머릿속에서 깊이를 강연을 하기 위해 배리 부잔 교수가 만든 마인드맵(265쪽 참조)

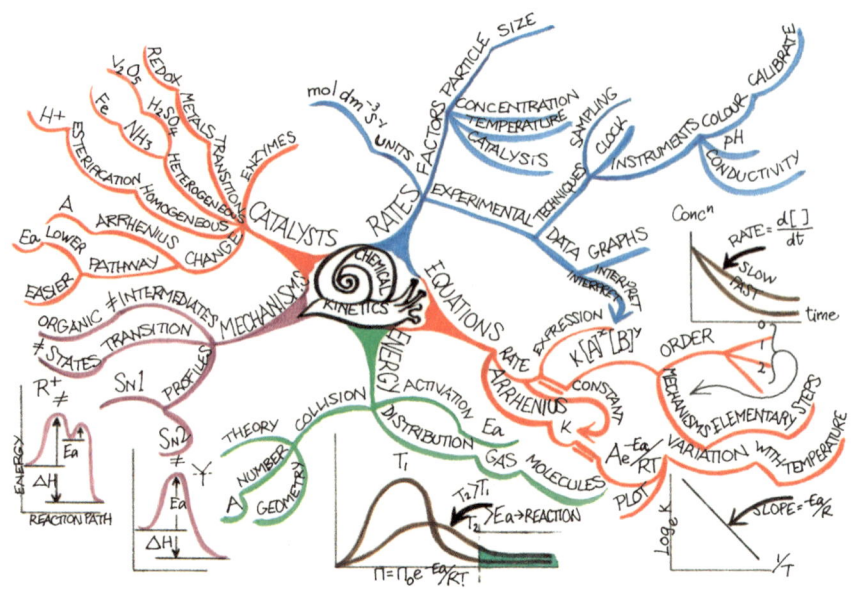

화학의 전 과정을 다루는 그레이엄 휠러의 화학동력학에 관한 마인드맵(266쪽 참조)

런던 메트로폴리탄 경찰대의 더글러스 브랜드 총경이 만든 마인드맵(271쪽 참조)

## 5 수업과 프레젠테이션

큰 칠판과 화이트보드, 플립 차트, 또는 투사되는 영사기를 사용해서 교사는 학습 진도에 따라 마인드맵의 해당 부분을 그릴 수 있다. 이렇게 사고 과정을 객관적으로 반영하면 각 과의 구조가 더욱 명료해진다. 또한 학생들의 관심을 유지시키고 그날 배운 학습에 대한 기억력과 이해력을 강화한다. 기본 구조만 있는 마인드맵을 학생들에게 나누어주어 완성하도록 하거나 흑백사진을 복사해서 채색하도록 하는 것도 좋은 방법이다.

## 6 시험 마인드맵

시험의 목적이 학생들의 쓰기 능력보다 지식과 이해력을 테스트하는 것이라면 마인드맵이야말로 이상적인 해결책이다. 마인드맵은 학생 개개인의 장점과 단점뿐만 아니라 학과목을 전체적으로 이해하고 있는지의 여부를 교사가 한눈에 파악할 수 있게 한다. 또한 마인드맵은 연상결합의 연결이 어떤 이유로 해서 갑자기 끊어지는 곳이 있으면 한눈에 볼 수 있다. 따라서 이 방법을 사용하면 교사는 문법의 정확성, 철자 능력, 필기 상태 등과 같은 다른 능력 판단에 의해 흔들리지 않고 명확하고 객관적인 생각으로 학생들의 지식 상태를 평가할 수 있다. 게다가 이 방법은 쌓여 있는 시험 답안지를 읽고 채점하는 데 걸리는 시간을 상당히 단축시킨다!

이 시험 마인드맵 개념은 호주 퍼스Perth 시의 쿠틴과학기술대학의 경영대학장인 크리스틴 호간Christine Hogan에 의해 더욱 발전되었다. 대학 재학생들의 조직적 행동 프로그램의 공동 제작자인 호간은 마인드맵을 모든 교직원과 학생들에게 소개했다.

우리는 마인드맵을 시험 도구로 도입했어요. 학기 초에 학생들에게 매주의 학습 목표를 기록하도록 하는 안내서를 주었고, 그 뒷면에는 학습 목표를 마인드맵으로 요약하도록 했습니다. 그리고 학생들에게 마인드맵이 시험에 출제될 것이라고 말해주고 매주의 주제는 각자가 선택할 수 있도록 했습니다. 시험 문제 하나를 예로 들자면 다음과 같습니다.

'동기부여'나 '리더십' 중 하나를 선택해서 기본 이론, 개념, 모델, 그리고 주제에 대한 각자의 생각을 설명하는 마인드맵을 2쪽에 걸쳐 작성하라.

그러고 나서 우리는 학생들의 마인드맵을 평가할 기준표를 개발했습니다.

평가기준표

| a 내용 | 외연外延 (이론/개념 영역 적용 범위) | 5점 |
| --- | --- | --- |
| | 내포内包 (세부 사항 적용 범위) | 5점 |
| b 주관적 생각 적용 범위 | | 4점 |
| c 마인드맵핑 기법 사용 | 색상 | 2점 |
| | 상징 | 2점 |
| | 화살표 | 2점 |
| 합계 | | 20점 |

우리는 마인드맵이 '피상적인' 학습보다는 '깊이 있는' 학습이 되도록 하는 데 사용할 수 있는 방법이라고 믿습니다. 빅스Biggs와 텔퍼Telfer(1987년), 그리고 마튼Marton과 슬라조 Slajo(1976년)가 깊이 있는 학습과 피상적인 학습에 대해 연구조사를 했는데, 이 조사에서 '깊이 있는' 학습은 본질적으로 동기유발을 자극했고 이 학습을 한 학생들은 학습의 의미와 새로운 생각과 개념의 맥락을 이해하고자 노력했습니다. 하지만 '피상적인' 학습은 형식적으로 자극을 받는 경향이 있었고 기계적인 학습을 초래했습니다.

와킨스Watkins와 해티Hattie(1985년)는 피상적인 방법이 초등학교나 중학교 수준에서 가장 흔하게 사용되며, 대학 수준에서는 자신의 피상적인 방법을 바꿔야 할 필요성을 깨닫는 학생들은 거의 없다고 지적합니다.

우리 학교의 많은 학생들은 마인드맵을 하는 과정에서 피상적인 학습으로부터 깊이 있는 학습으로 전환하게 됩니다. 마인드맵은 학생들이 전체 그림을 보면서 이론, 개념, 각자의 생각들을 서로 연결하게 해줍니다.

### 7 프로젝트 마인드맵

마인드맵은 프로젝트를 계획하고 관리하고 표현하는 데 이상적인 도구다. 마인드맵은 프로젝트의 초기 단계에서 포괄적이고 초점이 분명한 사고를 하도록 하고, 교사와 학생 양쪽 모두가 진행 과정을 점검하고 서로 밀접하게 관련 있는 정보망의 확산을 관찰하게 한다. 그리고 결국에는 문자나 말로 하는 프레젠테이션을 위한 이상적인 구조를 제공한다.

마인드맵은 특히 전문적인 교육 분야에서 유용하게 이용될 수 있다. 런던 메트로폴리탄 경찰대Metropolitan Police Service(총 4만 4000명)의 더글러스 브랜드Douglas Brand 총경은 경찰대의 훈련과 관련된 문제를 살펴보기 위해 마인드맵을 만들었다(268쪽 아래 그림 참조). 그의 마인드맵은 포괄적인 생각과 복잡한 세부 사항이 어떻게 단 하나의 마인드맵에 통합될 수 있는지 잘 보여주었고, 훈련에 참가한 경찰들 스스로가 유익하다고 생각하는 분야도 포함하고 있었다.

또 하나의 예는 학습 분야 중에서 가장 빠른 속도로 성장하고 있는 언어훈련 프로그램에 마인드맵이 어떻게 이용될 수 있는지 보여준다. 273쪽의 마인드맵은 영어를 모국어로 사용하지 않는 사람들을 위해 국제언어훈련스쿨을 운영하는 찰스 라 폰드Charles La Fond가 그린 것이다. 마인드맵 상의 그림은 수업이 진행되는 동안 학생들의 마음을 자극해서 질문을 유도하고 토의를 권장하고 적극적인 활동을 조장한다. 이 마인드맵은 그날의 학습 목표를 제시해줌과 동시에 복습 자료로도 쓰일 수 있다.

274쪽 위에 있는 마인드맵은 문법 수업에 마인드맵이 어떻게 이용될 수 있는지를 전형적으로 보여준다. 이 마인드맵은 스웨덴의 최고의 언어학자이자 교사인 라즈 소더베르그Lars Soderberg가 작성한 것으로, 불어 문법의 주요 요소들을 단 한 장에 통합해놓았다. 이 마인드맵은 눈으로 한 번 보기만 해도 많은 학생들이 어렵다고 생각하는 문법에 쉽게 접근할 수 있다.


## 특수교육

마인드맵은 학습 장애를 느끼는 사람들에게 특히 유익하다. 274쪽 아래의 마인드맵은 나와 티미Timmy라는 아홉 살 소년이 공동으로 제작한 것이다. 티미는 심한 뇌성마비를 앓고 있었기 때문에 운동신경 기능이 상당히 손상되었고 교육이 불가능한 저능아로 평가되었다.

크레용과 백지에 둘러싸여서 티미와 한나절을 보낸 후, 나는 제일 먼저 티미에게 가족에 대해서 얘기해보라고 했다. 그리고 티미가 이야기를 하면 나는 그것을 마인드맵으로 정리했다. 내가 마인드맵을 작성하는 것을 유심히 지켜보던 티미는 철자가 매우 복잡한 그의 누나 이름을 바로잡아주었다.

그리고 주요 관심사가 무엇이냐는 질문에 티미는 주저하지 않고 '우주와 공룡'이라고 대답했다. 그래서 우주와 공룡이 마인드맵의 주가지가 되었다. 우주에서 무엇이 제일 마음에 드는지 물어보자 티미는 '혹성'이라고 대답했다. 그리고 티미는 혹성의 이름을 순서대로 정확하게 말했다. 이것은 그가 전 세계 인구의 90퍼센트에 해당하는 사람들보다 훨씬 더 태양계를 잘 파악하고 있을 뿐만 아니라 태양계 혹성들에 대한 상상력이 너무나 또렷했음을 입증하는 것이었다. 토성에 이르렀을 때 티미는 잠시 멈추고 나의 눈을 똑바로 쳐다보며 말했다.

"L-U-H-V-L-E-Y……."

공룡에 관한 이야기를 시작하자마자 티미는 연필을 달라고 하더니 재빨리 무엇인가를 휘갈겼다. 그렇게 휘갈겨 쓴 것이 아무 의미가 없는 것이 아니라는 점을 알기에 나는 무엇을 의미하는지를 설명해달라고 했다. 티미는 또박또박하게 "Diplodocus, Tyrannosaurus, Rex"라고 했다. 그것은 '아빠, 엄마, 아기'라는 뜻이었다. 티미의 정신세계는 훌륭한 대학생 못지않게 분명하고 명료했다. 그의 유일한 어려움은 사고하는 것을 글로 쓰는 것과 육체적으로 사고를 표현하는 것이었다.

티미는 직접 마인드맵을 만들어보겠다고 말했다. 그리고 무언가를 휘갈겨 쓰더니 이렇게 설명했다. "오렌지는 몸이에요. 저는 이 몸 때문에 매우 행복해요. 위에 삐뚤게 휘갈겨 쓴 검은색의 곡선은 두뇌를 나타내는데, 이건 저를 매우 기쁘게 해줘요. 삐뚤게 휘갈겨 쓴 노란색의 곡선은 제 신체 중 움직일 수 없는 부분인데 저는 이 때문에 불행해요."

티미는 잠시 멈추더니 이윽고 마인드맵의 바다 전체를 비틀며 휘갈기는 곡선으로 뒤덮었다. 그것은 자신의 몸이 잘 움직이게 하기 위해서 사고를 어떻게 사용할지 나타내는 것이라고 말했다.

티미의 경우에도 그렇지만 다른 많은 경우에도 언어장애가 어느 한곳에서 시작되면 처음에는 없던 곳에서도 계속해서 장애가 일어난다. 마인드맵은 이러한 언어장애로 인한 학습 불능으로부터 두뇌를 해방시켜 준다.

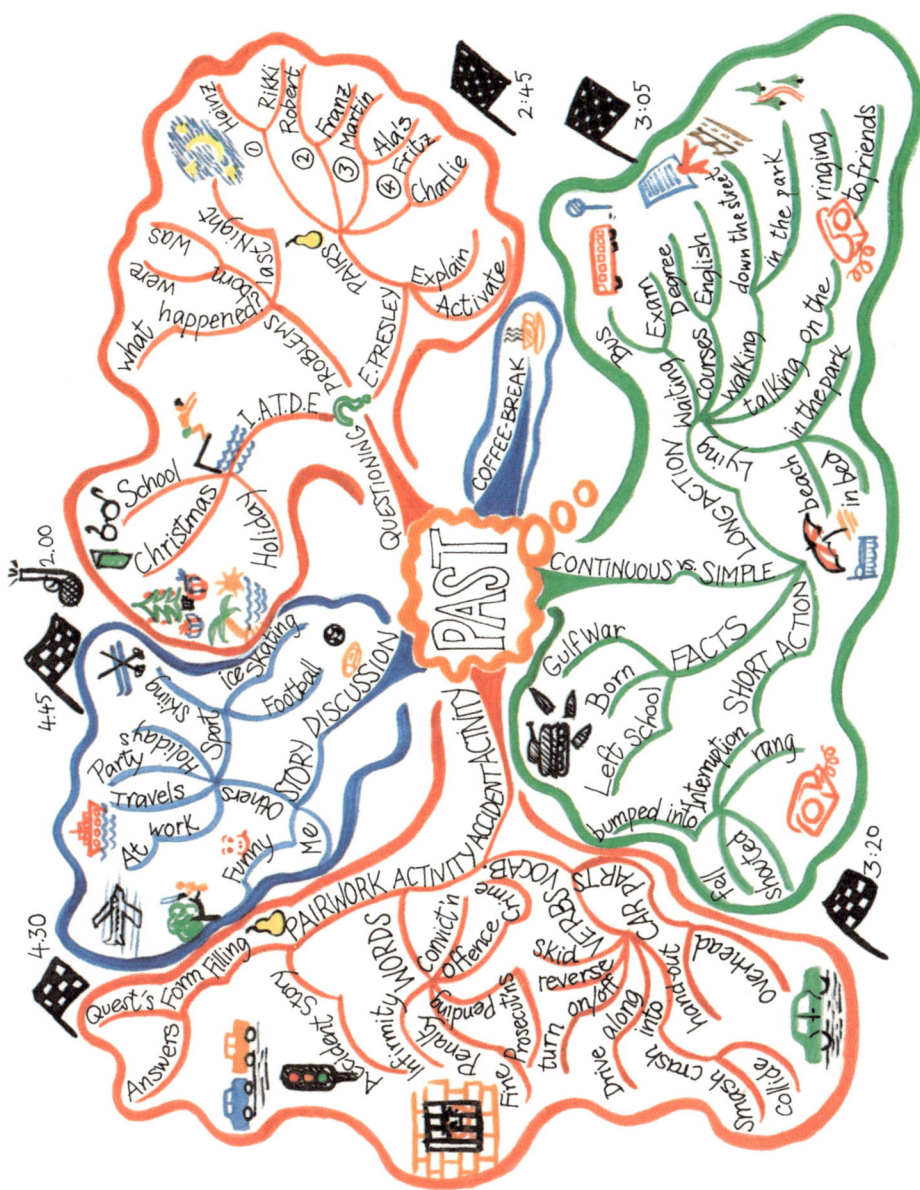

교사인 찰스 라 폰드가 영어를 모국어로 사용하지 않는 사람들을 위해 작성한 언어훈련 마인드맵(271쪽 참조)

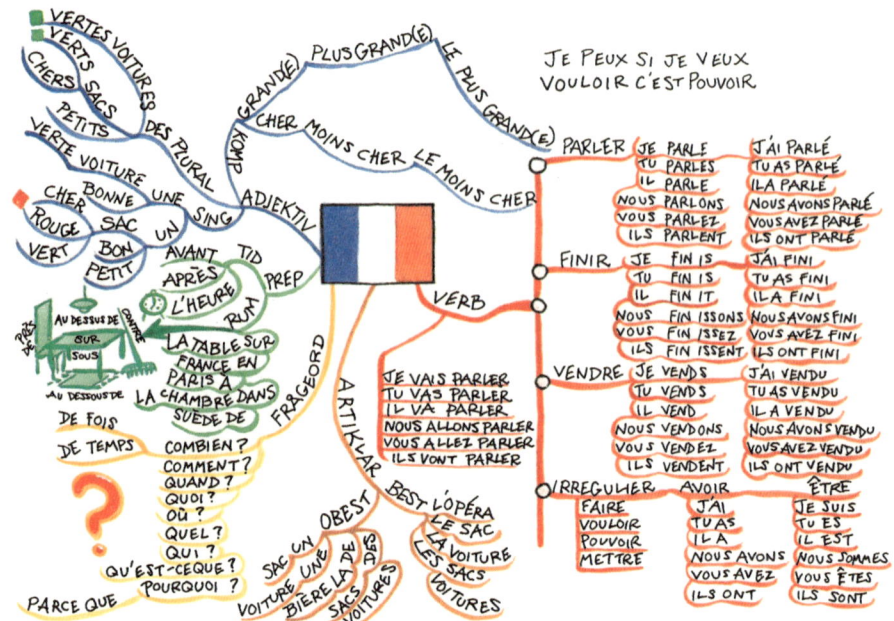

라즈 소더베르그의 불어 문법 개요 마인드맵(271쪽 참조)

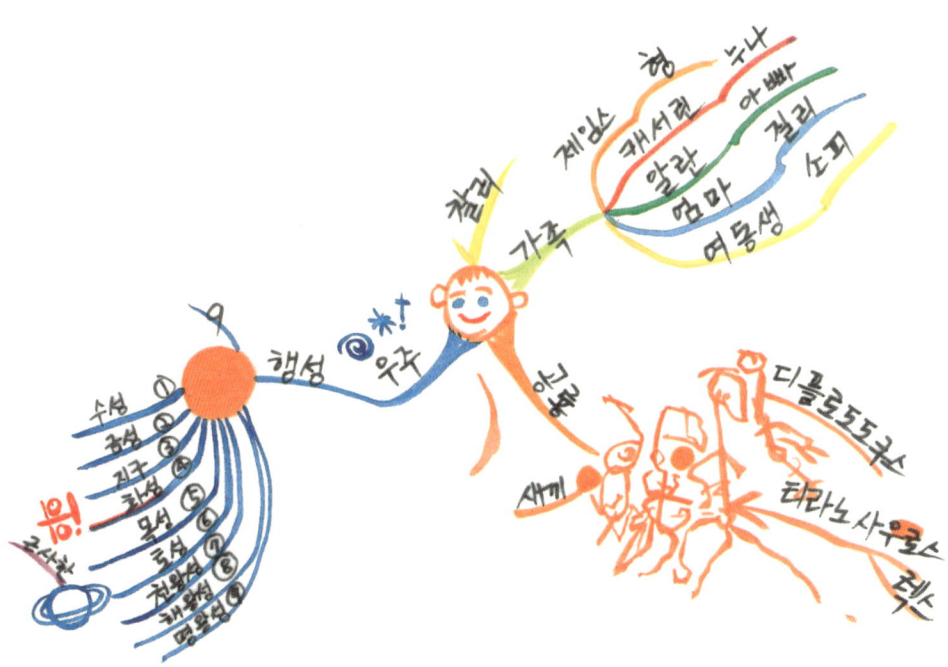

학습 장애가 있는 티미가 토니 부잔의 도움을 받아 작성한 마인드맵(271~272쪽 참조)

## 마인드맵 교육의 장점

1 자발적으로 학생들의 관심을 유발하므로 학생들이 내용을 빨리 이해하고 수업 시간에 서로 협동하도록 한다.

2 교사와 학생 모두에게 수업은 더욱 자발적이고 창조적이고 재미있는 것이 된다.

3 해가 흐를수록 교사들의 노트가 딱딱해지는 것이 아니라 오히려 더 유연하고 실용적으로 변한다. 변화와 개발이 빠른 속도로 이루어지고 있는 오늘날에는 교사들도 강의 노트를 재빨리 작성하는 능력, 그리고 이를 쉽게 수정하고 보완할 수 있는 능력을 갖출 필요가 있다.

4 마인드맵은 관련 자료만을 분명하고 기억하기 쉬운 형태로 제시하기 때문에 학생들의 성적이 향상된다.

5 직선식 교재와는 달리 마인드맵은 사실만을 나열하는 것이 아니라 사실들 간의 관계를 보여주므로 학생들의 이해력을 향상시킨다.

6 두꺼운 강의 노트가 얇아진다.

7 마인드맵은 '학습 장애', 특히 난독증을 가진 아이들에게 매우 유용하다. 마인드맵은 아이들이 훨씬 자연스럽고 완벽하고 빠르게 자기 표현을 할 수 있도록 해준다.


## 결문

교육적인 글쓰기와 가르치기에 마인드맵이 어떻게 활용되는지에 대해 알아보았다. 이제는 가장 중요한 학습 활동 중의 하나인 노트 필기에 마인드맵을 어떻게 적용하는지 살펴볼 필요가 있다. 다음 장에서는 책, 강의, 비디오, 컴퓨터, 영화 등을 노트 필기할 때 어떻게 하면 마인드맵을 가장 잘 사용할 수 있는지 자세히 알아본다.

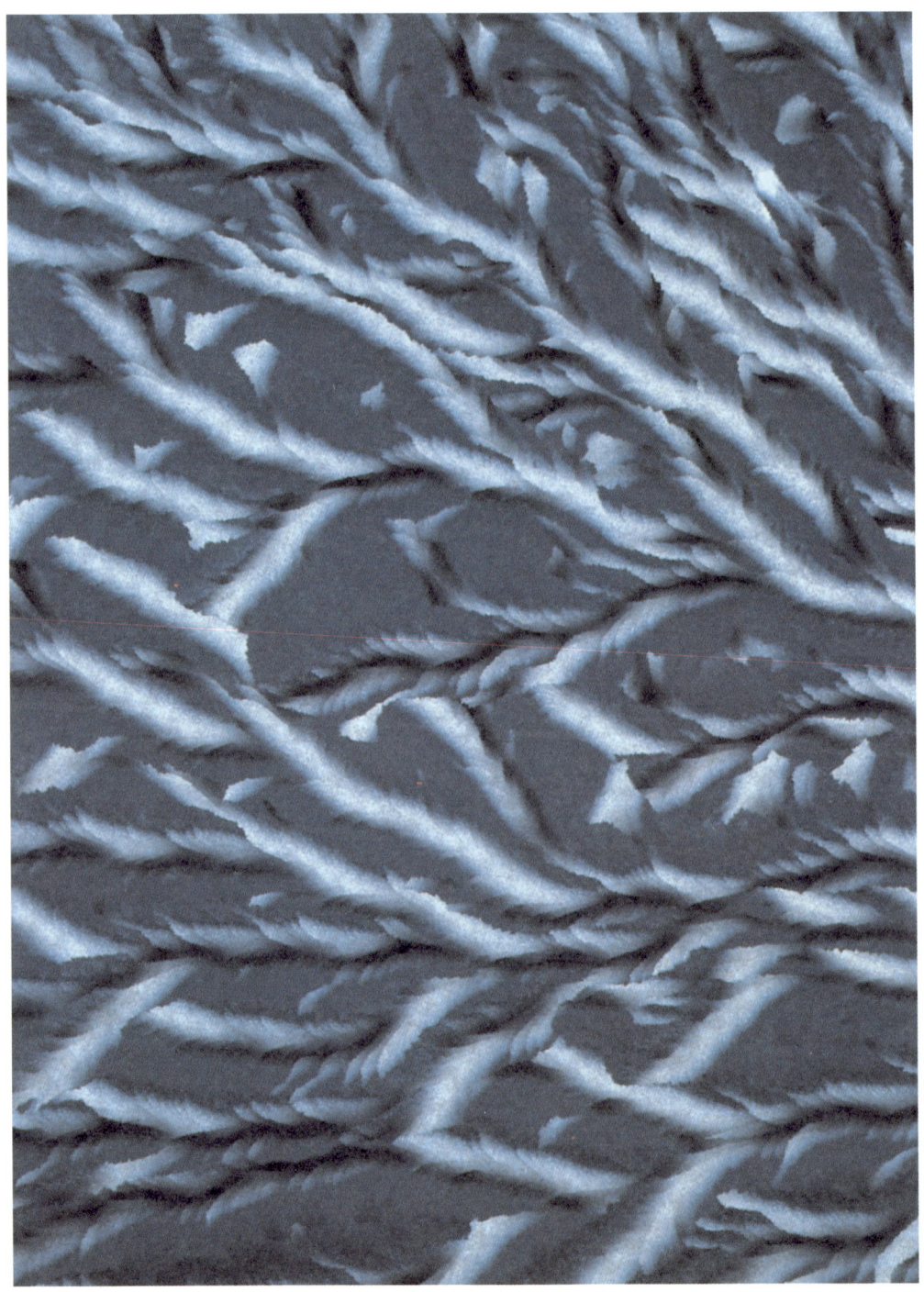

자연구조 도판 26

# 24

# 마스터 마인드맵 만들기

SECTION **C** _교육

## 개요

- 서문
- 한 권의 책을 마인드맵하기
- 강의, 비디오, 컴퓨터, 영화를 마인드맵하기
- 마인드맵 노트 복습하기
- 마스터 마인드맵 만들기
- 마인드맵 노트와 마스터 마인드맵의 장점
- 결문

## 서문

우리는 이미 3장에서 전통적인 직선식 필기 방법이 빠지기 쉬운 지적 수렁과, 마인드맵 노트가 제공하는 많은 장점들을 보아왔다. 이 장에서 소개하는 마인드맵핑 기술은 책을 읽거나 강의를 듣거나 많은 양의 지식을 한꺼번에 습득하는 것과 특히 관계가 있다.

## 한 권의 책을 마인드맵하기

간단히 말하자면 책을 마인드맵하는 기법은 준비 단계와 적용 단계라는 두 부분으로 나뉜다. 이 두 부분은 다시 8개의 단계로 세분화된다. 쉽게 참고할 수 있도록 아래에 이 단계들을 간단하게 요약해서 소요 시간과 함께 정리해 놓았다. 281쪽에는 MMOST 기법으로 스터디 데이 계획을 세운 반다 노스의 마인드맵이 실려 있다.

MIND MAP

준비 단계

1 마음 내키는 대로 읽기 – 마인드맵의 중심이미지를 만들어라(10분)

2 학습 시간과 학습량 정하기(5분)

3 주제에 대해 이미 알고 있는 지식을 마인드맵으로 정리하기(10분)

4 목표를 정하고 마인드맵으로 정리하기(5분)

적용 단계

5 개관概觀단계 – 마인드맵의 주가지를 만들어라

6 미리 보기

7 세부 검토 – 마인드맵에 세부 사항을 채워라

8 복습 – 마인드맵을 완성하라

## 준비 단계

### 1 마음 내키는 대로 읽기(10분)

책을 자세히 읽기 전에 재빨리 개략적으로 살펴보는 것이 중요하다. 책의 앞뒤 표지와 차례를 읽어보고 여러 번 책을 휙휙 넘겨서 그 책이 주는 전체적인 느낌을 파악하는 것이 가장 좋은 방법이다. 그리고 커다란 백지나 마인드맵 용지를 준비하여 주제나 제목을 요약한 중심이미지를 그린다. 책의 표지나 내용 중 중심이미지에 적합하다고 느낄 정도로 눈에 띄거나 두드러진 이미지가 있다면 그것을 사용해도 좋다.

이때 중심이미지에서부터 뻗어나오는 주가지에 들어갈 내용이 확실히 보인다면 중심이미지와 동시에 같이 그려도 된다. 주가지에 해당될 만한 것으로는 책의 주요 단원이나 장, 책을 읽어나가면서 파악한 이 책을 쓴 목적 등이 있다.

이처럼 초기 단계에서 마인드맵을 시작하면 두뇌가 중심 초점에 집중하고 책의 기본 구조를 파악할 수 있다. 이 절차를 통해 책을 공부하면서 얻게 되는 모든 정보를 통합하여 자기 것으로 흡수할 수 있다.

## 2 학습 시간과 학습량 정하기(5분)

학습 목적, 책의 내용, 난이도, 이미 알고 있는 지식의 양을 고려하여 전체 학습에 열중할 시간과 각 학습 시간에 다루게 될 학습량을 정한다.

## 3 주제에 대해 이미 알고 있는 지식을 마인드맵으로 정리하기(10분)

책과 앞서 만든 마인드맵은 접어두고, 새로운 백지 한 장을 준비해 앞으로 학습하려는 주제에 대해 이미 알고 있는 모든 지식을 쏟아부어 최대한 빠른 속도로 속성 마인드맵을 만든다. 여기에는 처음에 책을 훑어보면서 파악한 정보, 지금까지 살아오면서 습득한 일반적 지식, 특정 항목 등 주제와 관련 있는 것은 무엇이든 포함된다.

대부분의 사람들이 주제에 관련하여 자신이 알고 있는 지식이 생각보다 훨씬 많다는 것을 알고는 매우 놀라워한다. 이 과정은 두뇌에 적절한 연상결합을 불러일으키거나 두뇌의 표면에 연상결합을 이끌어내는 기억의 갈고리를 만들어 공부하고 있는 주제와 관련된 모든 정보를 끌어모으기 때문에 특별한 가치가 있다. 또한 이 과정은 자신의 지식에서 강한 부분과 약한 부분을 식별할 수 있게 해주고 보충해야 할 영역이 무엇인지 가르쳐준다.

## 4 목표를 정하고 마인드맵으로 정리하기(5분)

이 단계에서는 방금 완성한 마인드맵에 다른 색상의 펜으로 알고 있는 지식을 추가하거나, 새로운 백지에 책을 읽는 동안 세웠던 목표에 대한 또 다른 속성 마인드맵을 재빨리 하나 더 만들 수 있다. 이 목표는 해답을 알고 싶은 특정 질문의 형식을 취할 수도 있고 더 자세히 알고 싶은 지식 부분이나 습득하고자 하는 기술이 될 수도 있다.

이런 방법으로 학습 목표를 마인드맵으로 작성하면 목표와 관련하여 머릿속에 떠오르는 모든 정보를 여러분의 시각/두뇌 시스템이 등록할 가능성을 크게 높여준다. 학습 목표 마인드맵은 배가 고파 먹을 것을 찾을 때 자동적으로 두뇌에 자극을 주는 '식욕'과 같은 역할을 한다. 며칠을 굶은 사람이 음식에 집착하게 되는 것과 같이 잘 준비한 마인드맵은 지식에 대한 '허기'를 더욱 강하게 느끼게 할 것이다.

## 적용 단계

### 5~8 개관 단계, 미리 보기, 세부 검토, 복습

준비 과정을 마쳤으면 읽기의 4단계(개관 단계, 미리 보기, 세부 검토, 복습)를 시작할 준비가 되었다. 읽기의 4단계는 책의 내용에 더욱 깊이 빠져들게 한다. 이 단계에 대해 좀 더 자세히 알고 싶으면 21장('그룹 마인드맵 가족 스터디', 243~244쪽)을 참조하라.

이 시점에서는 책을 읽어나감과 동시에 마인드맵을 할 수도 있고, 책을 읽으면서 표시해두었다가 나중에 마인드맵을 완성할 수도 있다. 둘 중 어느 방법을 선택하느냐 하는 것은 전적으로 개인적인 문제이며 두 방법 다 효과적이다.


- 책을 읽어가면서 마인드맵을 하는 것은 책에서 전개되는 지식의 패턴을 반영하며 저자와 지속적으로 '대화'를 하는 것과 비슷하다. 또한 이 방법은 정보의 핵심을 얼마나 잘 이해하고 있는지, 초점은 잘 맞추고 있는지를 계속 확인하게 해준다.
- 책을 다 읽은 후에 마인드맵을 하는 것은 책의 내용을 완전히 이해한 후 마인드맵으로 표현한다는 것을 의미한다. 따라서 이러한 마인드맵은 책을 초점에 맞추어 제대로 이해하게 해주기 때문에 복습이 따로 필요하지 않다.


어떤 방법을 선택하든, 책을 마인드맵으로 정리하는 데는 2가지 방법이 있다는 것을 기억하라. 단순히 저자의 생각을 마인드맵 형태로 옮기는 것이 목적이 아니라, 자신의 배경지식에 저자의 생각을 조직화하고 통합하여 특정 목표에 맞추어 이해하고 해석하는 것이다. 따라서 마인드맵은 자신이 읽은 것에 논평, 생각, 창의적인 이해를 더해야 한다. 다양한 색깔이나 부호를 사용하면 저자가 준 정보와 자신이 기여한 정보를 구별할 수 있다.

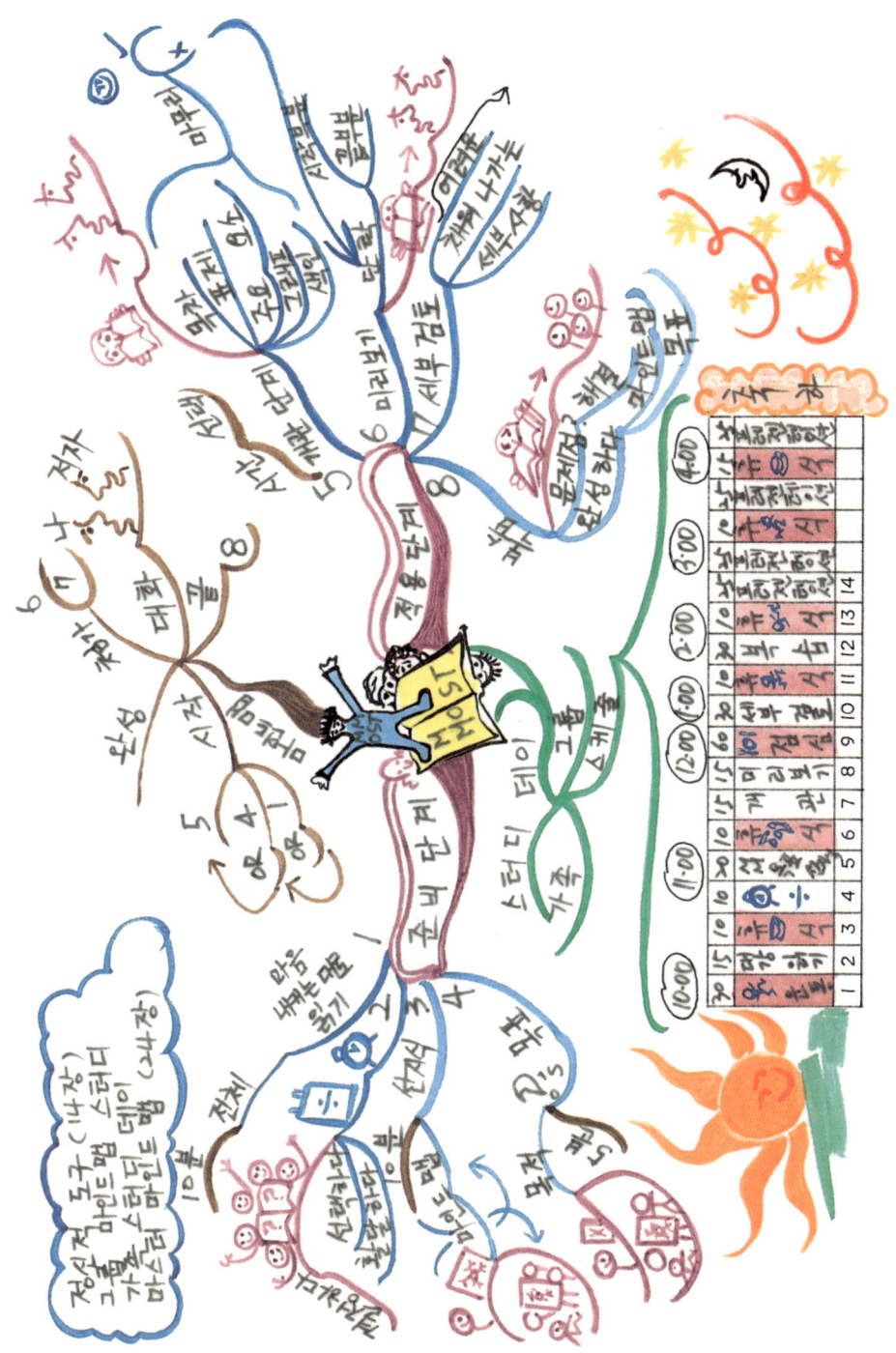

MMOST 기법을 모두 요약한 반다 노스의 마인드맵(278쪽, 21장(237쪽) 참조)

## 강의, 비디오, 컴퓨터, 영화를 마인드맵하기

강의나 프레젠테이션의 직선식 진행 방식에서 영향을 많이 받고 서로 다른 내용을 비교하여 마음대로 참고할 수 있는 호사를 누리지 못한다는 점을 제외하고는 책을 마인드맵핑하는 것과 아주 유사하다.

이런 이유 때문에 강의나 비디오 등을 보고 마인드맵으로 정리할 때는 가능한 한 빨리 강의의 주제를 대충 훑어보는 것이 특히 중요하다. 그리고 강의, 비디오, 영화 등이 시작되기 전에 중심이미지와 되도록 많은 주가지를 그려놓아라(훌륭한 강연자일수록 강연 주제에 관심을 나타내는 청중이 있으면 기꺼이 도와주고 싶어 하고, 강연의 중요한 부분들을 요약하여 미리 보여준다).

강의, 비디오, 영화 등이 시작되기 전에 이미 알고 있는 지식을 2분 안에 마인드맵으로 재빨리 정리하라. 이것은 두뇌가 새로운 정보를 받아들일 준비를 하도록 도와준다.

시간이 경과함에 따라 받아들인 정보와 아이디어를 기존 마인드맵에 덧붙이고, 필요하다면 기본 구조를 조정한다. 책을 마인드맵하는 것처럼 강연 내용에 맞추어 자신의 논평과 설명을 항상 덧붙여라.

받아들이는 정보가 무질서하고 자신의 마인드맵 노트가 지저분해 보여도 걱정할 필요가 없다. 이미 살펴본 것처럼 이른바 깔끔하게 정돈된 직선식 노트 필기는 두뇌에 정보를 전달하는 데 비능률적인 수단이다.

22장(257쪽)에서 소개한 소녀 라나 이즈라엘은 마인드맵을 학교생활의 일부로서 효과적으로 사용하고 있다. 285쪽에 있는 라나의 마인드맵은 노트 필기, 글쓰기, 시험 준비 등 목적에 따라 적절하게 사용되었다. 라나는 다음과 같이 말했다.

이 마인드맵은 역사 노트를 정리한 거예요. 역사는 보통 매일 강의가 있기 때문에 습관적으로 선생님의 강의를 마인드맵으로 정리했어요. 이것은 미국의 초기 정당과 각 당의 입장을 다룬 것이죠. 중심이미지는 정책의 분열이 결국 2개의 정당으로 쪼개지는 결과를 초래한다는 것을 나타냅니다. 제가 그린 이미지를 힐끗 보기만 해도 저는 그 마인드맵의 주제와 각 정당들의 일반적 특징, 즉 민주당원은 평민이 더 많고 연방당원들은 귀족과 관계가 깊다는 것을 알 수 있어요. 마인드맵에 그림을 사용하는 것은 역사를 재미있는 과목으로 느끼게 하고, 정보를 기억해내고 개념들을 범주화하는 데 탁월한 능력을 발휘하죠. 직선식 노트로 따지면 이 마인드맵은 적어도 1~3쪽 분량인데, 재미없는 1쪽보다 3쪽이라도 재미 있는 것을 공부하고 싶잖아요? 게다가 이 마인드맵은 1분 안에 복습할 수 있어요. 키워드 는 강력하게 서로 연결되어 있어서 더욱 잘 기억하게 해주고 시간을 절약하게 해줘요……. 마인드맵이 역사 과목에서 A를 받도록 해준 거예요!

## 마인드맵 노트 복습하기

마인드맵 노트를 완성한 후에도 학습한 것을 이해하고 언제든지 기억해내려면 규칙적 으로 복습해야 한다.

기억력의 본질적 리듬은 토니 부잔의 《유즈 유어 메모리》 11장과 《유즈 유어 헤드》 5장 에서 자세히 다루고 있다. 핵심을 요약하면 다음과 같다.

### 한 시간 동안 공부를 하고 난 후 복습에 가장 적절한 시간과 간격

- 10분 후 – 10분 동안 복습한다
- 24시간 후 – 2~4분 동안 복습한다
- 일주일 후 – 2분 동안 복습한다
- 한 달 후 – 2분 동안 복습한다
- 6개월 후 – 2분 동안 복습한다
- 1년 후 – 2분 동안 복습한다

복습을 통해 정보는 장기 기억 속에 저장된다. 복습할 때는 원래 만든 마인드맵을 보 기보다는 기억하고 있는 것을 쏟아내어 또 다른 속성 마인드맵을 만드는 것이 가장 좋 다. 이렇게 하면 머뭇거림 없이 바로 기억해낼 수 있는지를 확인할 수 있고, 기억해내지 못하는 부분을 바로 파악하여 그 자리에서 보완할 수 있으며, 원래 만든 마인드맵과 비 교하여 일치하지 않는 부분을 수정할 수 있다.

## 마스터 마인드맵 만들기

장기 코스의 과목을 공부하고 있다면 그 과목의 주요 부분, 이론, 인물, 사건 등을 반영하는 대형 마스터 마인드맵을 작성하면 좋다. 책을 읽거나 강의를 들은 후 마스터 마인드맵에 그때그때 새로 얻게 된 중요한 정보를 기록하면 점점 커져가는 내적 지식 네트워크를 외부로 표현하는 경상을 창조하게 된다. 이 책 27장 316쪽의 마인드맵은 경영 위기를 타개하기 위한 다목적 마스터 마인드맵이다.

286쪽의 마인드맵은 아마추어 조류학자이자 IBM의 경영진인 브라이언 헬러Brian Heller가 새의 분류와 계통을 작성한 것으로 외적 경상의 훌륭한 예다. 브라이언은 평생 동안 축적해온 지식을 단 한 장의 마인드맵에 요약해냈다.

일단 마스터 마인드맵을 만들어보면 그 작업의 놀라운 효과와 가치를 확신하면서 점차 마인드맵의 범위를 다른 과목이나 학과로 넓히기 시작한다. 예를 들면 심리학 중심이었던 마스터 마인드맵의 범위가 신경생리학, 수학, 철학, 천문학, 지리학, 기상학, 생태학 등의 분야에까지 확산된다.

이것은 결코 지식 구조가 흐트러지거나 요점과 동떨어진다는 것을 의미하지 않는다. 오히려 지식은 더욱 심화되고 방대해져서 다른 지식 분야와 관련을 맺기 시작할 것이다. 이는 역사상 위대한 사상가들은 여러 분야에 걸쳐 박학다식하다는 사실과 유사한 지적 발달 단계다. 또한 마스터 마인드맵은 인간의 지식이 끊임없이 확장되는 데 큰 도움을 준다.

## 마인드맵 노트와 마스터 마인드맵의 장점

1 자신이 얼마나 알고 있는지에 관한 전체 정보를 '그림'으로 언제든지 쉽게 볼 수 있어서, 전체를 더욱 균형 있고 포괄적으로 이해하게 해준다.

2 직선 노트보다 훨씬 적은 공간을 차지한다. 10~1000쪽의 내용이 단 한 장의 마인드맵으로 요약될 수 있다.

3 어떤 주제에 관해서든 자신의 지식을 통합하는 구조와 중심 초점을 두뇌에 제공한다.

4 두뇌의 지적 욕구를 증대시킨다.

5 책, 강의, 프레젠테이션 등에서 표현되는 내용에 자신의 사고와 아이디어를 관련지어 연결할 수 있다.

6 복습에 더할 나위 없이 효과적이면서 능률적이다.

7 책, 강의, 프레젠테이션 등에 관한 기억력과 이해력을 향상시켜 어떤 과목에서든 우수한 성적을 거둘 수 있게 해준다.

## 결문

교육 분야에 마인드맵을 적용해본 많은 사람들이 비즈니스와 전문직에도 이용하고 싶어 했다. SECTION D(25~28장)에서는 직장 생활을 즐거우면서도 훨씬 쉽고, 더욱 생산적으로 만들기 위해 마인드맵을 어떻게 사용할 수 있는지를 보여준다.

역사 시험에 대비한 라나 이즈라엘의 마인드맵(259, 282~283쪽 참조)

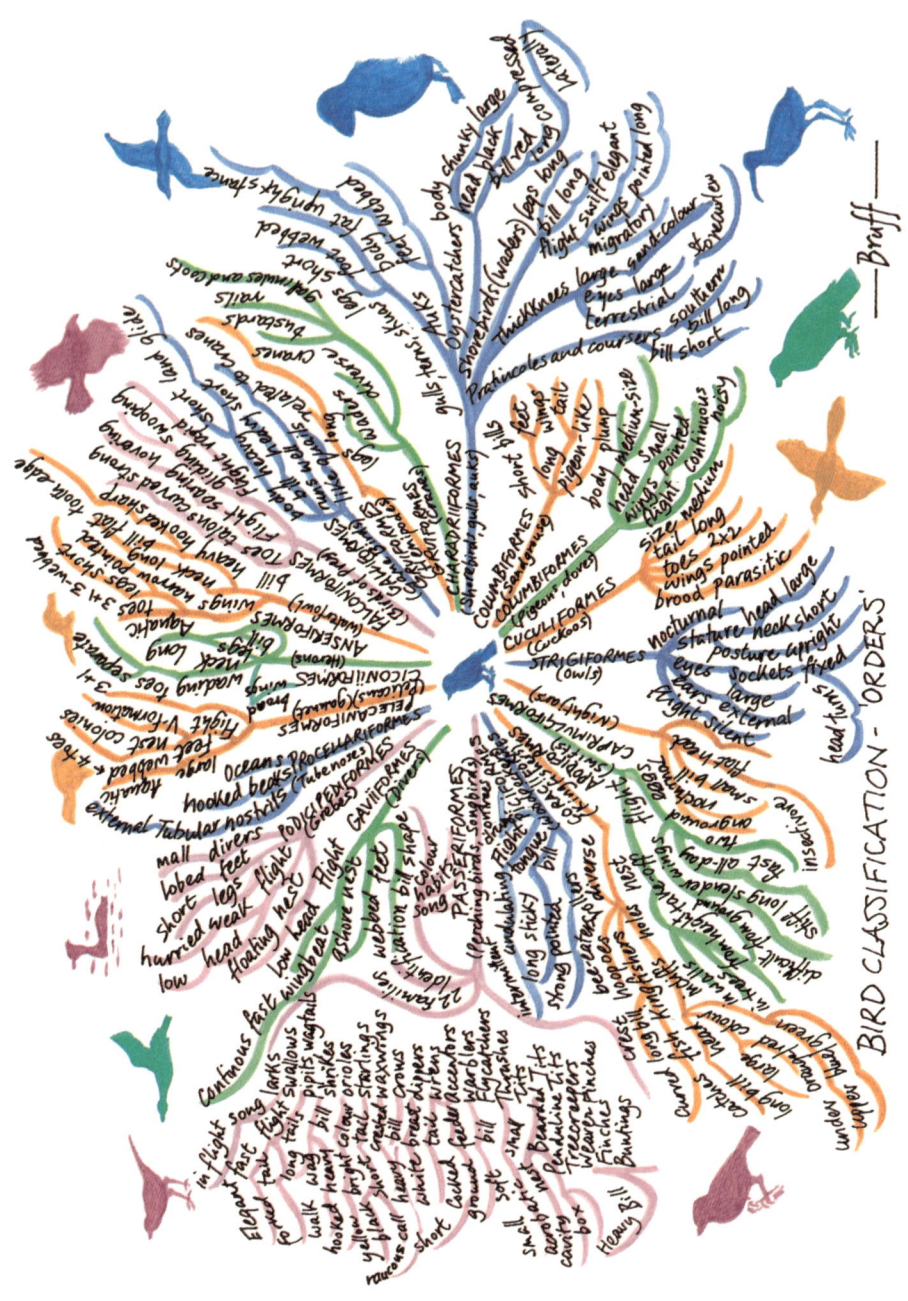

BIRD CLASSIFICATION - 'ORDERS'

— Bruff —

새에 관한 평생의 연구를 요약한 IBM의 경영 간부 브라이언 헬러의 마인드맵(284쪽 참조)

# 25

# 회의 마인드맵

SECTION **D** _비즈니스와 전문직

## 개요

• 서문

• 개인 차원의 회의 마인드맵

• 그룹 차원의 회의 마인드맵

• 마인드맵으로 회의 주재하기

• 회의 마인드맵의 장점

• 결문

## 서문

회의에서는 모든 참석자가 발표자인 동시에 청중의 한 사람이 되어야 이상적인 회의라고 할 수 있다. 마인드맵을 사용하면 개인적 차원이든 그룹적 차원이든 모두 적극적으로 참여하게 되고, 이는 활기차고 생산적인 회의를 만드는 핵심이 된다.

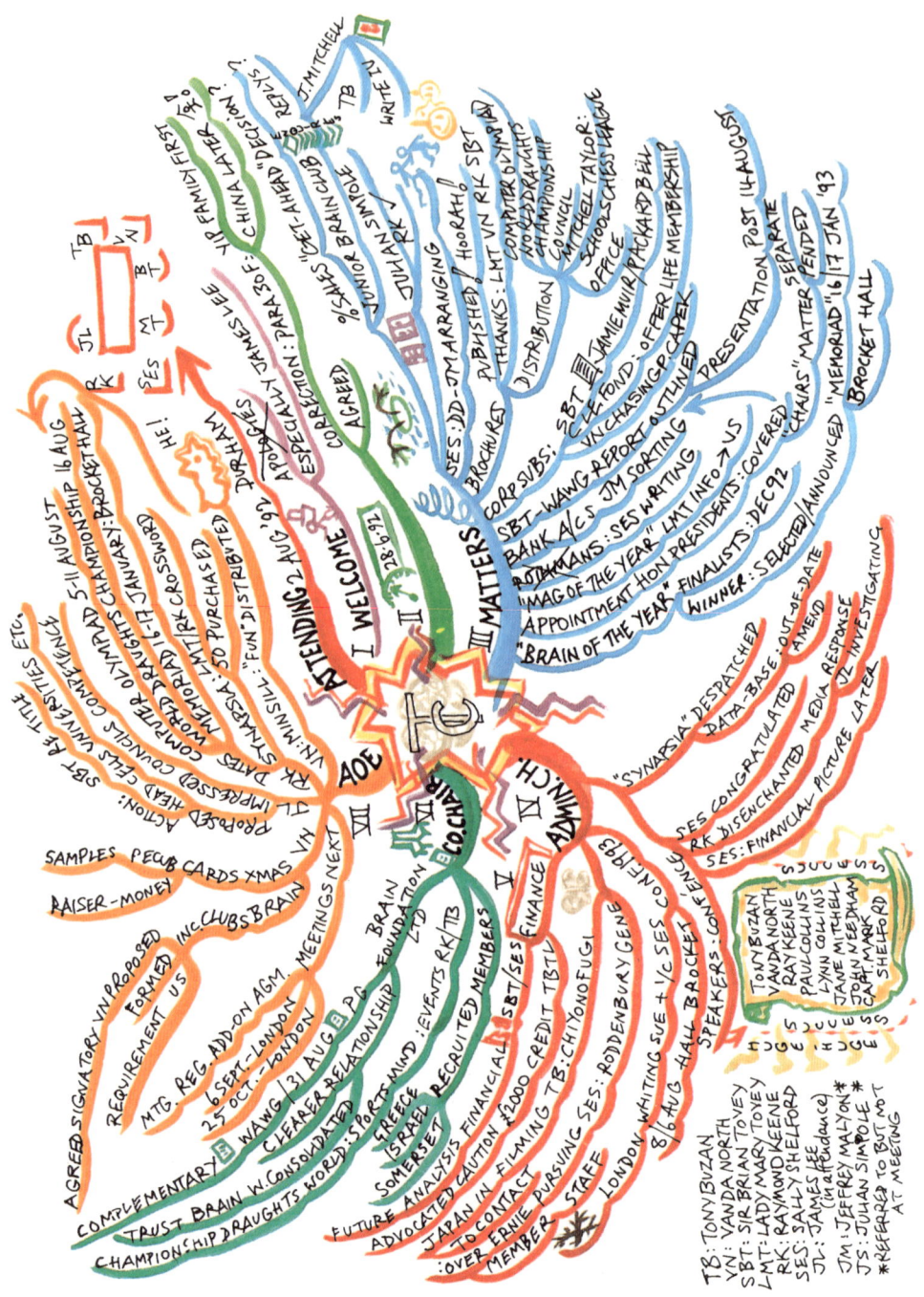

브레인트러스트 자선단체 후원에서 레이디 메리 토비가 만든 마인드맵(290쪽 참조)

자연구조 도판 27

## 개인 차원의 회의 마인드맵

14장(170쪽)과 24장(277쪽)에서 이미 설명했던 기법들을 사용해서 회의 참가자들은 회의가 진행되는 동안 각자의 마인드맵을 만들 수 있다.

회의의 주제는 중심이미지가 되고, 주요 안건은 주가지에 해당된다. 회의가 진행됨에 따라 아이디어와 정보는 관련이 있는 어디에든 덧붙일 수 있다.

만일 회의가 일련의 프레젠테이션으로 구성되어 있다면 각 발표자가 발표하는 내용들을 정리하는 각각의 미니 마인드맵을 만들 수도 있다. 이 모든 것을 같은 종이 위에 작성하면 주제와 회의의 방향이 뚜렷해지면서 상호 참조를 나타내기가 훨씬 수월해질 것이다.

다시 한 번 말하지만 자신의 마인드맵 노트가 지저분하게 보이더라도 걱정할 필요가 없다. 지저분하게 보이는 것은 그 당시의 복잡한 커뮤니케이션 상태를 반영하는 것이고, 언제라도 명료하게 수정할 수 있다.

288쪽의 마인드맵은 브레인트러스트 자선단체가 4시간에 걸쳐 진행한 집행위원회 회의에서 레이디 메리 토비Lady Mary Tovey가 만든 것이다. 중심이미지는 회의의 중심 주제를 묘사했고, 마인드맵 자체는 전형적인 의사록의 8쪽에 상당하는 분량을 다루었다. 레이디 메리가 마인드맵에 사용한 기법 중에서 특히 유용한 것은 회의하는 동안 참석자들의 위치를 기록한 것이었다. 뜻밖에도 이것은 기억력 향상에 매우 큰 도움이 되었다.

293쪽의 마인드맵은 일어와 영어를 섞어 사용한 다국어 마인드맵의 또 다른 예다. 이 마인드맵은 일본 IBM의 고위임원에 의해 작성되었고 스페인의 바르셀로나에서 사흘간의 회의를 기록한 것이다. 또한 이 마인드맵은 그가 일본으로 돌아와서 회의 성과를 보고하는 프레젠테이션의 토대가 되었다.

## 그룹 차원의 회의 마인드맵

개인 차원의 마인드맵과 마찬가지로 모든 참석자들이 볼 수 있도록 대형 칠판이나 스크린, 혹은 차트에 마스터 마인드맵을 만들도록 한다. 대필자로 선출된 사람은 모든 안건과 발언을 기록하고 그것을 회의의 전체 구조 안에 포함시킨다.

이렇게 하면 훌륭하고 기막힌 아이디어가 될 수 있는 문제들이 너무나 진부하게 보여버려지는 것을 막을 수 있다. 전통적인 회의 구성이나 의사록 기록 방법은 자연스러운 그룹 커뮤니케이션의 활성화를 방해한다.

그룹 마인드맵은 회의의 2가지 요소, 브레인스토밍과 계획 둘 다를 통합한다. 예를 들어 체스의 대부인 레이먼드 키니Raymond Keene, OBE, 아네트 키니Annette Keene, 반다 노스, 그리고 토니 부잔이 참석한 회의 내용을 요약하기 위해서 마인드맵을 사용한 적이 있었다. 그 회의는 Simpson's-in-the-Strand(런던에서 가장 유명한 영국식 전통 레스토랑으로 사보이 호텔에 있다. 또한 19세기 체스 발전에 중요한 역할을 했던 장소이기도 하다-옮긴이)를 마인드스포츠를 위한 국제 센터로서, 그리고 월드체커챔피언십World Draught(Checker) Championships, 월드메모리챔피언십World Memory Championships, 그 외 체스챔피언십, 도서박람회, 방대한 규모의 두뇌올림픽Mental Olympic Games 등을 포함한 일련의 이벤트 개최지로서 존속시킬 것인지 의논하기 위해 마련되었다.

참석자들은 위치와 재정 문제, 그리고 마케팅 문제 등을 깊이 고려했고 회의 결과 6개의 새로운 마인드스포츠 이벤트가 확정되었다.

회의에서 마인드맵을 사용할 때 얻을 수 있는 특별한 이점은 마인드맵이 회의의 내용을 한층 명료하고 균형 잡힌 그림으로 제시한다는 것이다. 전통적인 회의에서는 먼저 말하거나 제일 나중에 말하는 사람, 큰소리로 말하는 사람, 특이한 억양으로 말하는 사람, 수준 높은 어휘를 구사하는 사람, 또는 권위적인 입장에 있는 사람에게 우선권이 주어진다는 조사 결과가 있다. 마인드맵은 이러한 정보의 편견을 차단하고, 참가자 전원이 객관적이고도 원만하다고 느낄 수 있는 시각을 제시함으로써 균형 잡힌 참여를 조성하고 팀워크를 강화한다.

## 마인드맵으로 회의 주재하기

마인드맵은 회의를 주재할 때도 특히 유용하다. 의장은 기본 마인드맵에 안건을 기입하고 토의를 진행하면서 이 기본적인 마인드맵 틀에 생각을 덧붙여간다. 그리고 기본적인 요점들을 정리하여 기록하는데, 이것은 회의의사록이 된다. 색상 부호는 역할, 아이디어, 의문점, 그리고 중요한 부분을 표시하는 데 사용될 수 있다. 이런 식으로 회의를 주재하는 것은 마치 의자에 앉아서 생각의 별과 은하계를 안전하게 항해할 수 있도록 지휘하는 우주선의 선장과 같은 역할을 한다. 만약 회의 주제에 변동이 생기면 의장 옆자리에 공식 마인드맵 의사기록자를 두어 의장이 동시에 많은 안건에 참여할 수 있도록 하고, 회의의 진행 과정을 지속적으로 관찰할 수 있게 한다.

이 마인드맵 회의 방법을 이용해서 크게 성공한 사람이 피델리티Fidelity 사의 브루스 존스톤Bruce Johnstone이다. 〈머니Money〉 1월호에 게재된 존스톤에 관한 특집 기사에서 그는 자신이 어떻게 해서 지난 10년간 연평균 21퍼센트의 수입 상승을 기록했으며 '미국 최고의 소득자'가 되었는지 설명했다.

사무실에 있던 몇 권의 책 때문에 그는 자신의 두뇌를 최대한 활용하겠다고 결심하게 되었다. 그 책의 제목은 《두뇌 사용자 가이드The Brain User's Guide》와 《양쪽 뇌를 모두 사용하라 Use Both Sides of Your Brain》《《유즈 유어 헤드》의 미국판 도서명─옮긴이)였다. 그의 공부 성과 중 하나가 키워드와 아이디어를 한 장의 종이에 정리하는 노트 필기 다이어그램, 즉 마인드맵이었다. 격주로 열리는, 약 30명 정도의 분석 전문가와 펀드 매니저가 출석한 어느 임원 회의에서 존스톤은 회의 테이블 제일 끝자리에 앉아 토의 내용을 마인드맵으로 그리고 있었다. 회의는 미국 최고의 그로스 펀드(Growth Fund: 성장에 중점을 두고 자금 운용을 하는 투자 신탁─옮긴이)인 피델리티 마젤란Fidelity Magellan 펀드의 입안자인 피터 린치Peter Lynch가 에그 타이머(Egg Timer: 달걀 삶는 시간을 재는 모래시계─옮긴이)로 각 발언자에게 3분씩 시간을 할당한 상황에서 진행되고 있었다. 예를 들면 지난 11월의 한 회의에서 존스톤은 마인드맵에 녹색 가지를 그리고 그 위에 'AT&T─maybe─deregulated(규제 철폐)'라고 썼다. 자주색으로 가지를 추가하고는 그 가지 위에 '융통성─상승─비율'을 적었다. 또 한 가지를 추가하고는 'B 이동: AT&T를 사라'라고 썼다. 회의가 끝난 후에 존스톤은 25달러에 2만 주를 주문했다. 2주만에 그 주가는 27달러로 올랐다!

## 회의용 마인드맵의 장점

1 회의에 참석한 모든 사람들이 서로의 관점을 이해하게 된다.

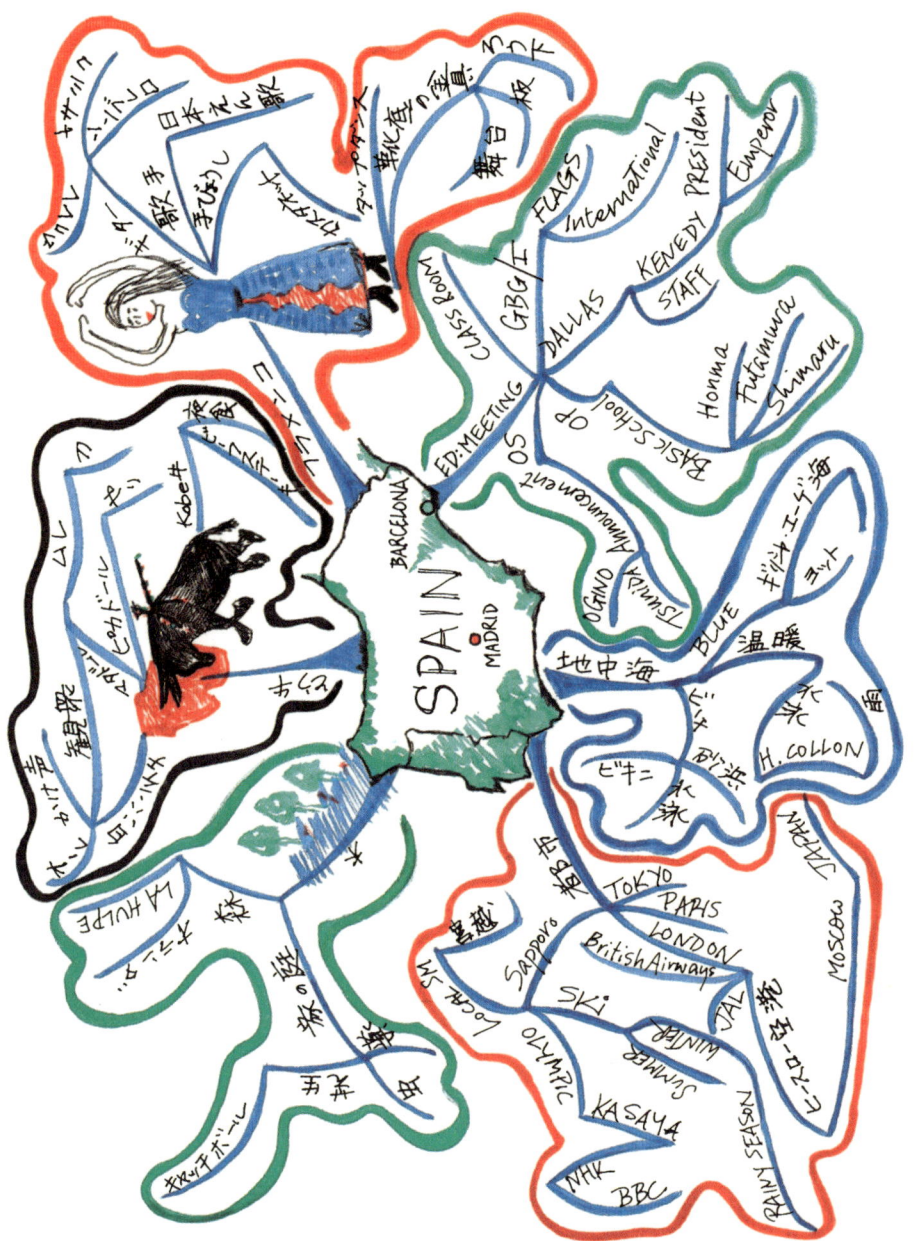

스페인에서 3일간에 걸쳐 개최된 회의를 여러 나라 언어로 표현한 다국어 마인드맵(290쪽 참조)

2 모든 참석자들이 회의 상황에 놓인다.

3 모든 참석자들은 회의의 구성원으로서 열정적으로 에너지를 끌어내면서 서로 돕는다.

4 회의를 완벽하게 기록하고, 선택한 핵심 결정 사항을 모두 이해하고 기억하게 된다.

5 효율적인 마인드맵은 회의 진행 속도를 높일 수 있고, 의사결정 시간을 단축시킬 수 있다. 대개 전통적인 회의에 소요되는 시간의 5분의 1 정도에 불과하다.

6 회의에서 언급된 목표를 달성할 가능성이 커진다.


## 결문

대부분의 회의는 프레젠테이션을 포함한다. 다음 장은 비즈니스에서 자신의 생각과 의견을 표현하는 능력을 향상시키는 마인드맵의 적용에 초점을 맞춘다.

# 프레젠테이션 마인드맵

THE MIND MAP BOOK

**SECTION D** _비즈니스와 전문직

## 개요

- 서문
- 마인드맵으로 프레젠테이션 준비하기
- 마인드맵 vs 직선식 프레젠테이션
- 마인드맵으로 프레젠테이션하기
- 프레젠테이션 마인드맵의 예
- 프레젠테이션 마인드맵의 장점
- 결문

## 서문

사람들과 직접 얼굴을 대하는 프레젠테이션이든, 라디오나 TV 같은 대중매체를 통한 것이든 간에 프레젠테이션은 오늘날 비즈니스에서 매우 중요한 부분을 차지한다. 그러나 많은 사람들이 아직도 대중 앞에 나서서 말하기를 두려워하고 거미, 뱀, 질병, 전쟁, 심지어 죽음보다 더 두려워한다.

이 장에서는 마인드맵이 이러한 두려움을 어떻게 극복하게 해주는지 살펴보고, 자신의 생각을 명료하고 재미있게, 그리고 효과적으로 준비하고 표현하는 데도 어떻게 도움이 되는지 알아본다. 또한 프레젠테이션에서 주의할 점과 재미있는 에피소드도 몇 가지 소개한다.

## 마인드맵으로 프레젠테이션 준비하기

비즈니스와 교육은 우리가 일반적으로 생각하는 것보다 훨씬 더 밀접하게 연관되어 있다. 비즈니스나 교육 둘 다에서 커뮤니케이션은 매우 중요하다. 모든 커뮤니케이션 활동은 정보를 나누어주고 받아들이는 것을 포함한다. 말하자면 가르치고 배우는 것이다.

그래서 비즈니스 프레젠테이션을 준비하는 것은 시험을 준비하는 것이나 글쓰기 마인드맵(22장 참조, 250쪽)을 준비하는 것과 비슷하고, 자기분석과 문제해결 마인드맵(18장과 19장 참조)과도 많은 유사성을 갖는다.

- 중심이미지를 그리고 난 후 첫 번째 단계는, 선택한 주제와 조금이라도 관련하여 마음속에 떠오르는 것은 어떤 생각이든 재빨리 속성 마인드맵으로 작성하는 것이다.
- 속성 마인드맵을 다시 한 번 보라. 주가지와 부가지를 구성하고 마음속에 떠오르는 다른 키워드가 있으면 채워 넣어라. 각 키워드는 자신의 프레젠테이션에서 적어도 1분 정도 소요될 것이기 때문에 1시간짜리 프레젠테이션이라면 최대 50개의 키워드와 이미지로 마인드맵을 제한하는 것이 좋다.
- 자신의 마인드맵을 다시 한 번 살펴보라. 관계없는 자료들은 과감히 지우고 마인드맵을 더 줄여나간다. 이 단계에서는 슬라이드, 비디오, 특히 참조 사항, 예문 등을 삽입하고자 하는 곳을 부호로 표시해야 한다.
- 주가지들의 프레젠테이션 순서를 정하고 번호를 적어둔다.
- 마지막으로 각 가지별로 연설 시간을 정하고, 마인드맵에 표시한 지시대로 따르기만 하면 된다.

## 마인드맵 vs 직선식 프레젠테이션

직선식 연설에는 다음과 같은 몇 가지 단점이 있다.

1 연설자가 계속해서 연설 노트를 참고해야 하기 때문에 관중과 눈 맞출 시간이 없다.

2 연설문에 시선을 유지해야 하기 때문에 몸짓으로 주요 요점을 강조하는 것이 불가능하다.

3 문어체는 구어체와 완전히 다르다. 문법적으로는 올바른 문장이라도 말로 설명하면 부적절하거나 지루할 수 있다. 마인드맵은 자연스러운 대화와 생각의 구조 간에 완벽한 균형을 제공한다. 이 강력한 결합이 효과적이고 자신만만한 프레젠테이션의 핵심이다.

4 사전에 준비해놓은 연설문은 항상 진부한 것이 되고 만다. 그것은 연설자가 청중의 즉각적인 요구에 적응하지 못하거나 다른 연설자가 만든 돌발적 상황에 반응해서 연설을 조절할 수 없기 때문이다.

5 프레젠테이션을 시작한 후 20분 정도 지나면 앞에서 30열까지의 사람들은 내용보다는 얼마나 더 남았는지를 궁금해한다.

6 융통성이 없는 형식에 전적으로 의존하는 것은 매우 위험하다.

7 연설자가 연설 노트에 얽매어 있기 때문에 상황에 맞게 연설을 조절하기 어렵다. 그래서 배정된 시간을 다 채우지 못하고 연설을 끝내는 경우도 있다.

여기 두 가지 재미있는 에피소드가 있다. 첫 번째 연설자는 미국의 워싱턴 D.C.에서 3일 동안 개최되는 디자인 회의에서 프레젠테이션을 하기로 되어 있었다. 이 회담에는 2300명의 관련 업계 대표들이 참석했고, 그의 차례는 75명의 연사 중에서 72번째였다. 그의 좌석은 칸막이 벽 뒤쪽이었고 연설 시간은 점심식사 직후로 배정되었다.

그는 노련한 연설자가 아니었다. 45분 간의 연설이 끝나갈 무렵에는 대부분의 참석자가 졸고 있었다. 그래서 그는 청중들을 깨우기 위해 "오, 하나님! 마지막 장이 없어졌습니다!"라고 소리쳤다. 그의 의도대로 청중들은 모두 잠에서 깨어났지만 마지막 쪽이 정말로 사라져버렸다. 극도로 당황한 그는 마지막 쪽의 내용이 무엇이었는지 도무지 기억

자연구조 도판 28

해낼 수가 없었다.

두 번째 연설자는 아무리 지루한 연설문을 준비했더라도 재미있게 말하는 것으로 유명한 해군 제독이었다. 그는 오디오 타이피스트가 음성기호로 나타내는 것과 똑같은 방법으로 연설문의 내용을 전혀 알지 못하면서도 완벽하게 읽어나갈 수 있었다.

그는 해군 장교들에게 강연을 해달라는 요청을 받았다. 시간이 없었기 때문에 그는 부관에게 1시간짜리 연설문을 작성하도록 지시했다. 그 후 강연을 시작하고 한 시간 정도 지난 후에 그는 연설문의 다음쪽 번호가 앞쪽 번호와 똑같다는 사실을 발견하고는 뭔가 잘못되어 가고 있다고 의심하기 시작했다.

사실은 이랬다. 그는 같은 연설문 사본을 2부 받았던 것이다. 그리고 더 끔찍한 사실은 그 사본의 쪽 번호가 1, 1, 2, 2, 3, 3 등의 순으로 배열되어 있었던 것이다. 사람들은 그가 제독이었기 때문에 설마 실수를 하고 있다고는 생각하지 못한 채 아마도 내용을 강조하려고 반복하고 있다고 믿었던 것이다! 그가 일찍이 마인드맵을 알았더라면 이렇게 당황하지 않아도 되었을 것이다.


## 마인드맵으로 프레젠테이션하기

직선식 연설문과는 대조적으로 마인드맵 연설문은 강연의 순서와 정확성뿐만 아니라 연설자에게 자유와 융통성을 제공해준다.

연설이 시작되기 전이나 연설 도중에 청중이 특별한 요구나 질문을 하더라도 즉시 마인드맵에 연결시킬 수 있다. 마찬가지로 갑자기 연설 시간이 늘거나 줄더라도 재빨리 프레젠테이션 내용을 수정할 수 있다. 마인드맵의 융통성은 강사가 자신의 연설 과정을 쉽게 관리하게 해주고 상황에 맞춰 프레젠테이션 속도를 빠르게 하거나 시간을 늘릴 수 있게 해준다. 프레젠테이션 시간을 정확히 지키는 것은 다른 연설자와 청중에 대한 예의일 뿐만 아니라 또한 그 자체로도 감동적이다.

마찬가지로 먼저 연설한 사람이 자신이 연설하려는 점과 유사한 내용을 훨씬 더 깊고 자세하게 강조했다면, 재빨리 자신의 마인드맵에 반영해서 그가 한 연설의 요지에 동조하고 강조함으로써 자신의 프레젠테이션 수준을 끌어올릴 수 있다!

또 한편으로는 이전의 연설자가 잘못되거나 비논리적인 말을 했다면 이 역시 자신의 마인드맵에 연결시켜 프레젠테이션 내용을 확장하고 토의와 논쟁에 붙일 수도 있다.

청중의 관심을 지속적으로 유지하고 그들이 연설자의 사고 패턴을 따르도록 하기 위해서는 연설 도중 마인드맵을 작성해서 그것을 '생각을 나타내는 간단한 작은 지도'라고 소개할 수도 있다.

## 프레젠테이션 마인드맵의 예

302쪽의 마인드맵은 미래학자인 존 나이스비트John Naisbitt의 미래 예언에 관한 프레젠테이션을 토대로 토니 부잔이 정리한 것이다. 중심이미지는 나이스비트의 얼굴이고 그의 머리 위로 뻗은 화살표는 1990~2000년까지의 미래에 대한 그의 통찰력을 나타낸다. 1부터 10까지의 번호가 매겨진 가지는 금세기 동안 나이스비트가 예언한 변화가 예견되는 10가지 분야를 나타낸다.

나이스비트의 예언을 요약하자면 이렇다.

① 앞으로의 경제는 정보에 달려 있고 전 세계적으로는 개방 추세로 나아갈 것이다. ② 예술, 오락, 문학, 종교적인 면에서 또 다른 르네상스를 맞이할 것이다. ③ 현재 상업의 중심지인 몇몇 도시들의 기능은 쇠퇴할 것이다. ④ 국가 복지 형태의 사회주의가 사라질 것이다. ⑤ 영어가 전 세계적 언어가 될 것이다. ⑥ 대중매체는 전자화되고 전 세계적인 통신망을 갖추게 될 것이다. ⑦ 주요 비즈니스 무대는 대서양에서 환태평양으로 이동할 것이다. ⑧ 정치는 개별적이고 기업적으로 변화할 것이다. ⑨ 모든 분야에서 성장이 무한하게 보일 것이다. ⑩ 무역은 자유무역 체제가 될 것이다.

이러한 변화들의 결과, 전체적으로 전쟁과 갈등이 줄어드는 추세를 보일 것이다. 이 모든 변화는 마인드맵의 왼쪽 상단 네모 안에 기록되어 있는 나이스비트의 첫 번째 메가트렌드MEGATRENDS 문맥에서 찾아볼 수 있다.

이 마인드맵은 하루에서 일주일까지 계속되는 지구 미래에 대한 토론의 토대를 마련해준다. 이것은 1987년 스톡홀름에서 열린 이틀 동안의 세미나에서 토니 부잔이 이 책 14, 16, 24장에서 설명한 기법들을 사용해서 만든 마인드맵이다. 이 세미나에서 존 나이스비트는 정부, 실업계, 전문직, 교육계 등 각계각층의 지도자들로 구성된 참석자들에게 자신의 생각을 발표했다.

303쪽 상단의 마인드맵은 영프레지던트위원회 회장인 토니 부잔이 선상에서 QE2를 강연하는 교수와 고위관리들의 국제적인 모임에서 하기로 되어 있던 환영 연설을 위해 준비한 것이다. 이 마인드맵은 기조연설의 토대가 될 뿐만 아니라 참가 단체들에게는 다시 살펴볼 여지를 제공해준다.

303쪽 하단의 마인드맵은 체스의 거장이며 〈타임스〉와 〈스펙테이터〉의 체스 기고가이고 체스에 관한 저서를 가장 많이 쓴 것으로 유명한 레이먼드 키니Raymond Keene의 것이다. 이것은 레이먼드 키니가 스페인의 TV 방송사 에스파냐의 'En Jaque'라는 프로그램에서 강연을 하기 위해 스페인어로 준비한 것이다. 마인드맵은 16세기 스페인의 위대한 체스 왕이자 작가인 루이 로페즈Ruy Lopez에 관한 것이었다. 다음은 레이먼드 키니의 강연 내용이다.

마인드맵의 가치는 연설을 준비하거나 기사를 쓸 때 2배로 증가한다. 작가는 생각의 나뭇가지들에 의해 새롭고 한층 대담한 사고를 하도록 끊임없이 자극을 받는다. 동시에 키워드나 이미지는 장황한 말과 글 속에서 주요 요점이 간과되지 않도록 하는 역할을 한다.

마인드맵은 특히 페이지를 넘기지 않고도 청중에게 연설의 전체 구조와 요점을 미리 알려주는 것이 가능하다. 항상 한 장의 용지에 작성하기 때문에 청중에게 자신이 말하고자 하는 바를 미리 알려줄 수 있고, 자신감을 가지고 논지를 입증하기 위해 요점을 되풀이하여 강조할 수도 있다. 직선식 노트로 연설할 때의 위험성은 단순히 원고가 멈춰버리는 곳에서 연설도 끝나버리는 것이다. 연설을 중간에 그만두어야 하는 상황은 본질적으로 아무 때나 일어날 수 있는데, 이때 내용의 중요성이 우선이기보다 연대기적 순서에 의해 결정되어 버린다.

연설자가 자신의 연설 주제에 대해 완전히 파악하고 있다면 키워드는 열정을 불러일으키는 촉매 역할을 해서, 중요한 내용을 전하기보다 유효 기간이 정해진 사실(즉, 연설은 주제의 생명이 시작됨과 더불어 시작되고 생명이 끝남과 동시에 끝나버린다)만을 무미건조하게 낭송하는 대신 원고 준비 없이도 즉석에서 연설할 수 있게 한다. 만약 연설자가 주제를 완벽하게

400쪽에 달하는 존 나이스비트의 책을 토니 부잔이 이틀 동안의 강의용으로 요약한 마인드맵(300쪽 참조)

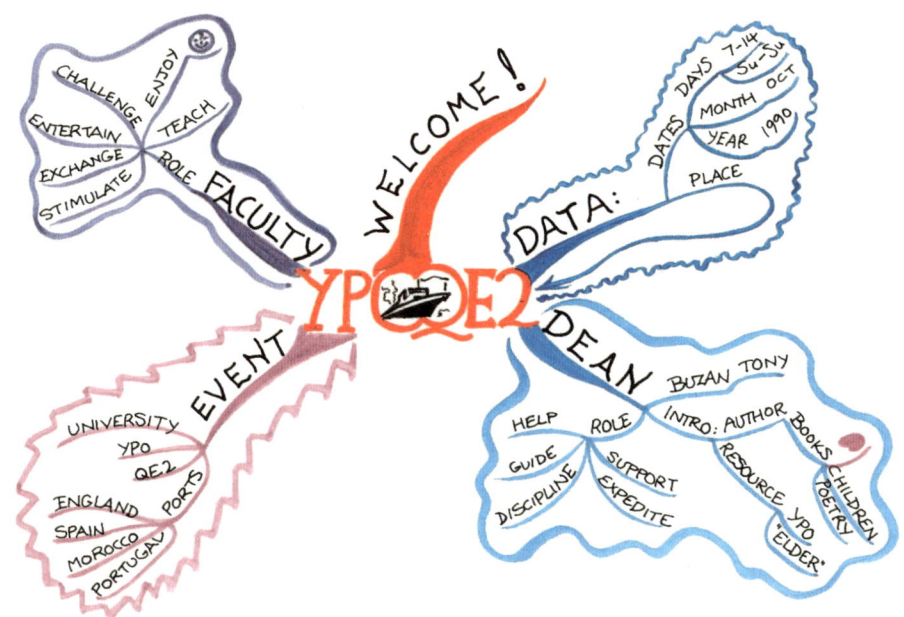

환영 연설을 위해 토니 부잔이 만든 마인드맵(301쪽 참조)

스페인 TV 프로그램에서 강연을 위해 준비한 레이먼드 키니의 마인드맵(301쪽 참조)

파악하지 못하고 있다면, 직선식 연설문은 연설을 더욱 악화시킨다. 기사를 쓰든 연설을 하든, 마인드맵은 프레젠테이션이라는 대양을 항해하기 위한 배의 운전대와 같은 것이다.

이것은 레이먼드 키니가 〈타임스〉에 기고한 기사의 일부다. 그리고 이것은 스페인의 한 TV 프로그램에서 강연하기 위해 사용한 마인드맵의 토대이기도 하다.

마인드맵이 프레젠테이션에 유용하다는 것이 입증되자, 신경심리학자이자 저술가인 마이클 J. 겔브는 방사사고와 마인드맵을 기반으로 한 《자신을 표현하라Present Youself》라는 책을 출간했다. 그 책을 프레젠테이션하기 위해 그가 마인드맵을 만들어 준비했다는 사실은 그리 놀랄 만한 일이 아니다.

## 프레젠테이션 마인드맵의 장점

1 청중과 눈을 맞추는 횟수가 많아져서 교감을 나눌 수 있다.
2 연설 중 화자가 자유롭게 움직일 수 있다.
3 화자와 청중을 밀접하게 연결시킨다.
4 더욱 폭넓은 영역의 두뇌 기능을 활용한다.
5 청중의 요구에 맞춰 프레젠테이션을 조절할 수 있고, 프레젠테이션 시간을 정확하게 지킬 수 있다.
6 키포인트를 변경하거나 확장하기가 쉬워진다.
7 화자나 청중 모두에게 기억하기 쉽고, 효과적이고, 재미있는 시간을 마련해준다.
8 화자 자신에게 자유를 부여한다.

## 결문

지금까지 회의 마인드맵과 프레젠테이션 마인드맵에 대해 살펴보았다. 다음 장에서는 초점을 넓혀 커뮤니케이션을 원활하게 하고 수많은 경영 상황에서 효율성을 높이기 위해 마인드맵이 어떻게 사용될 수 있는지 알아보고자 한다.

## 27

# 경영관리 마인드맵

**SECTION D** _비즈니스와 전문직

## 개요

- 서문
- 경영관리를 위한 마인드맵
- 경영관리 마인드맵의 예
- 경영관리 마인드맵의 장점
- 결문

## 서문

마인드맵을 이용한 경영관리는 그 자체가 한 권의 책이고, 여러 면에서 그것은 여러분이 거의 다 읽은 책이라 할 수 있다! 이 장에서는 이전에 설명한 모든 마인드맵 적용 방법들이 경영관리라는 환경에서 효율성과 생산성, 즐거움을 높이기 위해 어떻게 통합되는지 보여준다.

인터폴리스 사의 장 피터 식스가 만든 마인드맵(309~310쪽 참조)

자연구조 도판 29

영국 템플마케팅 사의 설립자인 나이젤 템플이 시장에 대한 소비자의 요구 사항을 알아보기 위해 작성한 마인드맵(310~311쪽 참조)

## 경영관리를 위한 마인드맵

마인드맵은 개인적 업무나 전문직 단체에서 직선식 노트를 사용해오던 사람은 누구나 다 이용할 수 있다.

우선 마인드맵 다이어리(20장 참조, 228쪽)를 이용해서 하루의 계획을 세울 수 있고 전화, 회의, 상담, 인터뷰 등 모든 업무를 마인드맵으로 할 수 있다. 그리고 업무 참가자들은 토의 내용이나 서로 합의한 사실을 충분히, 그리고 정확하게 파악할 수 있다.

마인드맵이 큰 비용절감을 가져올 수 있음을 이미 알고 있었던 EDS, 디지털 컴퓨터사, BP(British Petroleum)와 같은 회사는 직원 연수 과정에 마인드맵을 사용함으로써 총 연수비용의 80퍼센트를 절감하기도 했다! 시애틀의 보잉 항공사에서 프로젝트 책임자로 있는 마이크 스탠리Mike Stanley 박사는 항공기 설계 매뉴얼을 25피트(약 762센티미터) 길이로 된 한 장의 마인드맵으로 바꾸었고, 이로 인해 그는 회사로부터 포상을 받았다(17장 204~205쪽 참조). 스탠리는 이렇게 말했다.

> 마인드맵은 보잉 사에서 내가 추진하고 있는 품질향상 프로젝트에 없어서는 안 될 중요한 요소다. 이 프로젝트는 올해 1000만 달러 이상의 비용절감을 가져다주었다(이것은 당초 목표의 10배였다). 우리는 이곳 보잉 사에서 품질향상 프로젝트를 확인하기 위해 독특한 마인드맵 적용 기법을 개발해냈다. 한 달도 채 걸리지 않아서 500개 이상의 프로젝트가 수백만 달러의 잠재적 비용절감을 가져다준 것으로 확인되었다.

학습 속도와 학습 효과를 높여주는 것 외에도, 마인드맵은 학습한 정보의 80퍼센트가 24시간 내에 기억에서 사라지는 평상시의 기억 상실 곡선을 극복하게 해준다. 24장('마인드맵 노트 복습하기', 283쪽)에서 권하는 시간과 간격으로 마인드맵을 복습하면 학습한 것은 모두 두뇌에 저장되었다가 언제든지 두뇌가 필요하면 끄집어내 활용하게 된다. 앞에서 다룬 기술들(의사결정하기, 자신과 타인의 생각을 조직화하기, 개인과 그룹의 창의성, 분석, 문제 규정과 문제해결, 목표 시간과 목표량 설정, 그리고 특히 기억력과 커뮤니케이션)은 대체적으로 성공적인 경영관리에 있어서 필수적이다.

## 경영관리 마인드맵의 예

### 1 경영관리 구조

마인드맵은 조직을 구성하는 데 사용될 수 있고 조직의 안정된 비전 역할을 하기도 하며, 다른 사람에게 조직을 설명하는 데도 사용된다. 306쪽의 마인드맵은 네덜란드의 인터폴리스 보험회사의 부사장인 장 피터 H. 식스Jan Pieter H. Six가 작성한 것이다. 그는 자신의 조직을 구성하고 설명하는 데 조직, 기반, 협력, 획득, 판매, 재조직을 고려했다.


#### 조직

조직의 발전은 2가지 관점에서 바라볼 수 있을 것이다.

· 명령의 레벨 : 최고결정권자, 부, 지사, 과
· 상품(생물/무생물), 고객(농민/개인/비즈니스), 지역의 조직 구조에서의 우월성


#### 기반

인터폴리스 보험회사는 가톨릭 농업조합에 기반을 두고 있다. 농민들은 각 교구당 하나씩 4개의 가톨릭 농민조합으로 조직되어 있다. 이 조합은 은행, 연금센터, 보험회사, 상호화재보험회사와 같은 협력 기관을 운영하고 있다.


#### 협력

1969년에 연금센터와 4개의 보험회사가 인터폴리스 사로 합병되었다. 4년 후에는 5개 회사가 틸뷔르흐Tilburg 사에 합병되었고 조직 구조는 주로 상품에 의해 결정되었다.


#### 획득

1972년 인터폴리스 사는 우박 전문 보험회사인 헤겔루니에Hegelunie 사를 영입했고, 1985년에는 종합보험 전문회사인 드 트왈프 게베스텐De Twaalf Gewesten 사를 영입했다. 두 회사는 트리아돔Triadome이라는 공동 사무실을 열었다. 또한 최근에는 젖소 전문 보험회사인 파르덴-비-유니에Paarden-Vee-Unie 사가 인터폴리스에 영입되었다.

### 판매

인터폴리스 사는 중개자를 통해 상품을 판다. 주요 유통 채널은 800+ 라보뱅크스 Rabobanks, 60 LLTB-에이전트 그리고 100+ NEVAT-에이전트다.

현재 판매직원은 마케팅 부서와 5개 지역 판매 조직으로 구성되어 있다. 각 부서에는 종합보험 담당자와 특별보험 담당자가 있다.

### 재조직

조직의 재편성은 1987년과 1989년 사이에 많은 변화를 가져왔다. 1987년에 특별보험 조사관이 판매 부서에서 분리되어 몇몇 특별 부서로 옮겼고 3개의 지사가 더 생겨났다.

### 2 마케팅

마인드맵은 마케팅에서도 중요한 도구다. 영국의 템플마케팅Temple Marketing 사는 마케팅 매트릭스 마인드맵(Marketing Matrix Mind Map: MMMM)을 사용해서 모든 고객의 소비 욕구를 파악하고 있다.

307쪽의 마인드맵은 템플마케팅 사의 최고경영자이자 사장인 나이젤 템플Nigel Temple 이 만든 것이다. 그는 이 마인드맵을 토대로 모든 고객에 대한 마케팅 전략을 구상한다.

그의 마인드맵은 다음 사항들을 고려한다.

- 고객이 사고 싶어 하는 상품의 종류
- 비즈니스와 마케팅 대상
- 대중매체를 통해 고객에게 전달하고자 하는 주요 메시지
- 상담계약의 본질과 구조
- 여러 가지 매체의 이용과 전반적 마케팅 계획에서 어떤 매체를 포함시키고 제외시킬 것인가 하는 문제
- 고객의 반응과 이를 관리하기 위한 수단
- 가까운 장래와 중장기 시장 목표

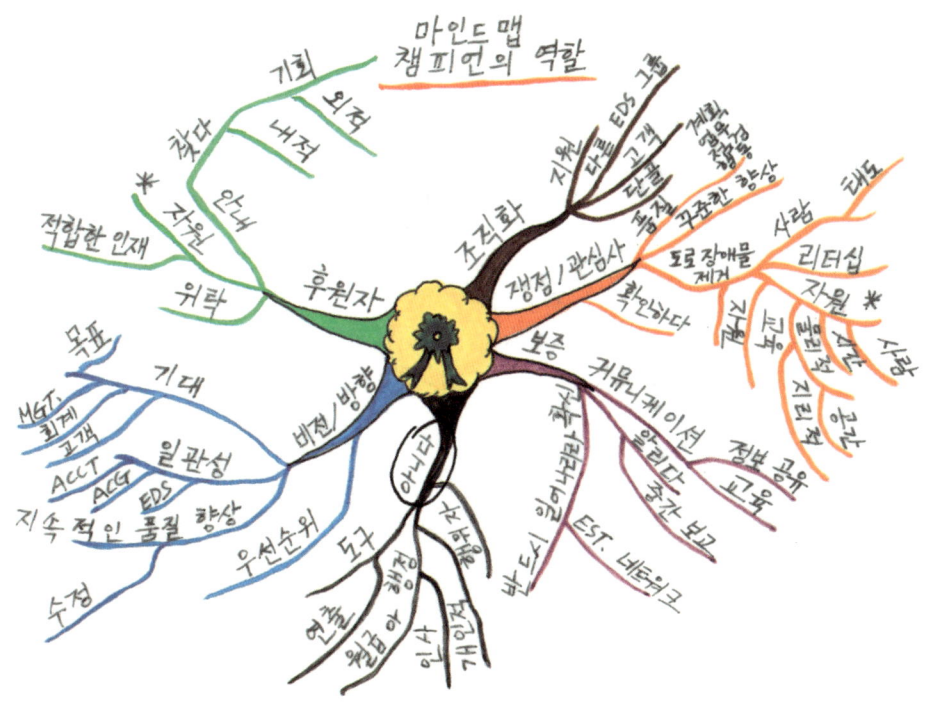

완성된 EDS '챔피언십' 마인드맵(311~312쪽 참조)

우리는 모든 단계에서 회계 계획과 수익-경영관리 절차를 개선하기 위해 마인드맵을 사용하고 있습니다. 예를 들면 브레인스토밍 회의에서 우리는 마인드맵이 창의적인 성과를 논리정연한 순서로 기록하는 데 강력한 도구라는 것을 깨달았습니다.

## 3 리더십

정보 시스템 업체인 일렉트로닉 데이터 시스템스EDS는 사원들의 정신 교육을 기업의 최고 목표로 삼고 있다.

이 캠페인의 한 가지 주요 특징은 리더십을 향상시키는 것이다. 이를 달성하기 위해서는 개인 프로젝트의 목표가 무엇인지를 완전히 이해하고 여러 가지 다양한 프로젝트에 대한 리더 혹은 '챔피언' 의 목표를 설정하는 것이 중요하다.

각 프로젝트 그룹에서 챔피언의 역할을 분명히 하기 위해 그룹의 전 구성원은 아무 내용도 적혀 있지 않은 마인드맵을 받아(313쪽 마인드맵 참조) 그룹으로 마인드맵을 작성한

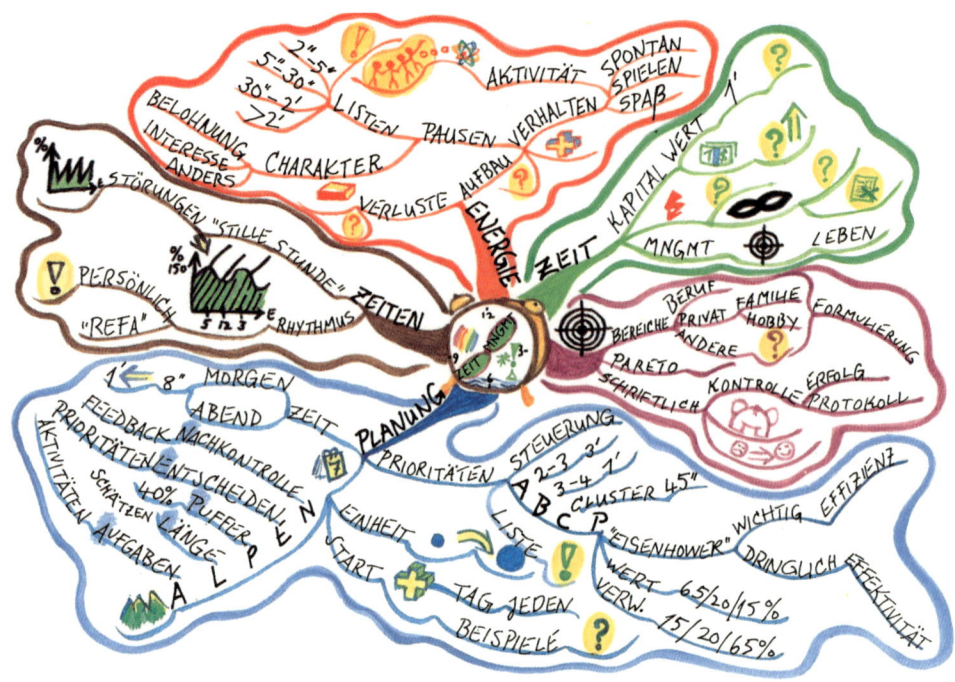

독일에 있는 국제경영자협회의 토머스 H. 샤퍼의 마인드맵. 일상생활에서 시간 관리의 효과적인 사용을 보여준다(312~314쪽 참조).

다. 이 프로젝트의 총책임자로 마인드맵을 작성한 짐 메서슈미트Jim Messerschmitt와 토니 메시나Tony Messina는 이 과정을 이렇게 설명했다.

> 마인드맵은 아주 효과적이었어요. 시간도 아주 적게 걸렸고, 우리가 하려고 하는 것과 챔피언 리더의 목적이 무엇인지 모두가 완전히 이해했습니다.

완성된 리더십/챔피언 마인드맵의 예는 311쪽에 있다.

### 4 시간 관리

20장에서 논의했듯이 마인드맵은 특히 시간 관리에 유익하다. 위의 마인드맵은 독일 괴팅겐Göttingen 시 국제경영자협회의 토머스 H. 샤퍼Tomas H. Schaper가 작성한 것이다. 그의 마인드맵은 일상생활에서의 효과적인 시간 관리에 대해 다른 경영자들에게

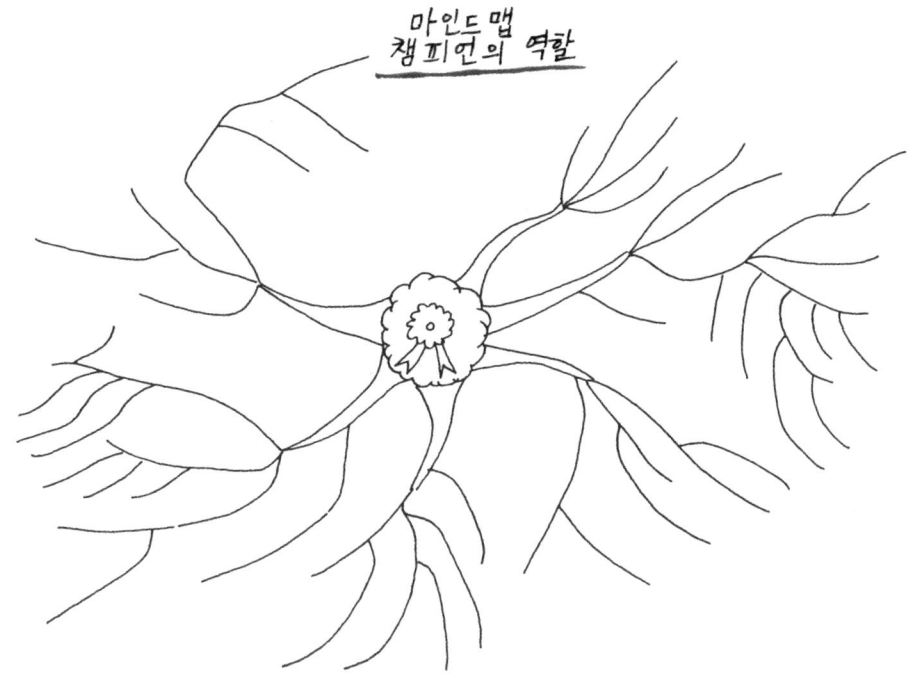

마인드맵
챔피언의 역할

EDS 리더십 프로젝트의 총책임자인 짐 메서슈미트와 토니 메시나가 만든 '챔피언십' 마인드맵의 첫 번째 단계.
완성된 마인드맵은 311쪽에 있다.

교육하는 것을 다루고 있다. 이 마인드맵은 목표 분야에 초점을 맞추고 있다.

- 계획의 특징(개인의 시간 관리에서 주요 단계 설정을 위해 독일어 기억 부호 'ALPEN(각각의
  철자 A·L·P·E·N을 기억하고자 하는 단어와 결합시켜 연상결합을 이끌어낼 때 사용하는 독일의 기억 촉
  진 어휘-옮긴이)'을 활용한다)
- 생물학적 리듬의 특징
- 적절한 시간 관리를 통한 에너지 극대화

마인드맵 사용에서 흔히 나타난 결과처럼 샤퍼도 마인드맵으로 당초의 목표를 몇 배
나 초과해서 달성했다. 이 마인드맵 덕택에 그는 시간 관리와 자기 관리를 능률적으로
할 수 있었고 경영자 동료들에게 도움을 줄 수 있었다. 마인드맵은 관심의 초점이 되었

고, 도움을 받기 위해 사람들이 몰려들면서 그는 이 분야에서 전문가가 되었다.

### 5 회계사의 업무 – 업무 개발

마인드맵은 회계 분야에서도 점차 그 가치를 인정받고 있다. 영국 공인회계사협회에서 주최한 경연대회에서 수상한 학생들은 마인드맵으로 시험 준비를 했고, 프라이스워터하우스Price Waterhouse 사와 같은 유명한 회사들의 세무상담자들도 문제해결과 고객 상담 등에 마인드맵을 사용하고 있다. B.H. 리&컴퍼니B.H. Lee & Company 사의 공동 설립자이자 공인회계사이며 세무 컨설턴트인 브라이언 리Brian Lee의 마인드맵(315쪽)에서 우리는 업무 개발과 확장에도 마인드맵이 사용되고 있음을 알 수 있다. 리의 마인드맵에는 3가지 중점 사항이 있다. 위험, 업무 개발, 확장이 그것이다. 그는 자신의 마인드맵을 다음과 같이 설명하고 있다.

#### 위험

주된 위험은 지나치게 깊이 관여하고 지나치게 확장함으로써 자원을 남용하는 데 있다. 사업을 확장할 때 동업자와 직원들의 직업 구조에 존재하는 위험은 무엇인가? 수입과 지출, 재투자 계획에서 예상되는 압박은 무엇인가? 그리고 얼마나 많은 에너지가 잘못 배정되고 유용되었거나 지나치게 제한된 것으로 드러났는가? 등을 고려하는 것이 중요하다.

#### 업무 개발

우리는 개발해야 할 필요가 있을 뿐만 아니라 통합해야 할 필요도 있다. 새로운 고객을 확보하면서 단골 고객을 잃어버린다면 득이 될 것이 하나도 없다. 또한 개발은 고객뿐 아니라 직원에게도 적용된다는 사실을 깨닫는 것이 중요하다. 개발은 마케팅, 광고, 추천, 특히 현재의 고객에 의해 이루어질 수 있다. 이 모든 것들은 예산 회의를 열고, 다른 서비스와 세미나를 강조하고 특별 이벤트를 개최함으로써 지원 받을 수 있다.

#### 확장

우선 확장의 범위를 명확히 할 필요가 있다. 그러면 많은 질문들을 해결할 수 있다. 확장의 주

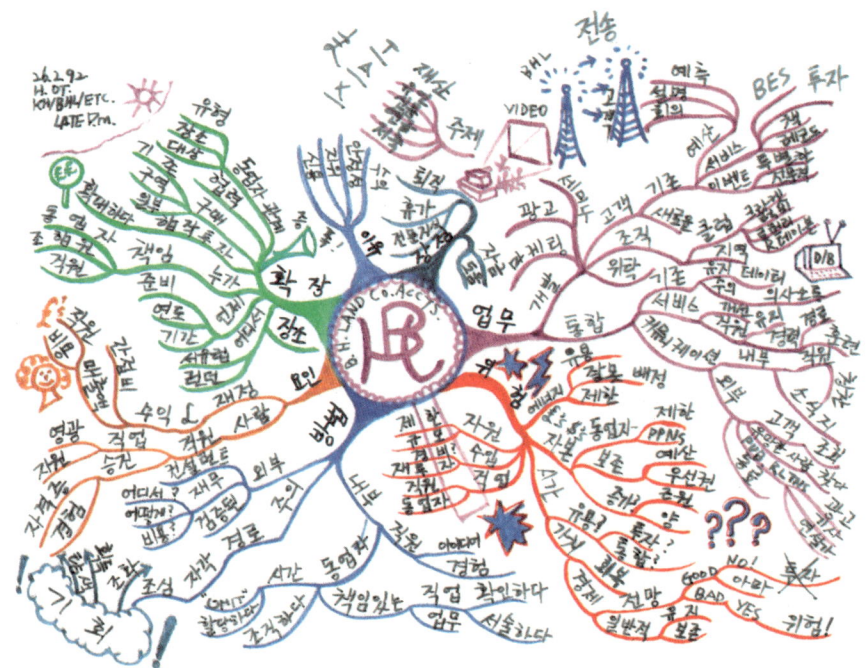

B. H. 리&컴퍼니 사의 회계사인 B. H. 리가 작성한 마인드맵. 비즈니스 업무의 개발, 위험, 확장을 담고 있다(314~315쪽 참조).

체는 누구인가? 동업자인가, 조합원인가, 고객인가, 직원인가? 언제 확장하는가? 기간은 얼마나 걸리는가? 확장할 곳은 어디인가? 공동 출자, 다른 사업체 인수, 동업, 제휴 등을 통해 확장할 계획인가? 확장의 기회가 왔음을 어떻게 확신하는가? 동업자를 어떻게 설득할 것인가? 사업체를 확장하고, 은퇴해서 휴가를 즐길 수 있는가? 책임 부담은 줄이면서도 실제로는 더 많은 수익을 올릴 수 있는가? 확장에 드는 비용(자본금, 기자재비, 소득세)은 어느 정도인가? 확장을 성취하고 기회를 확신하는 방법을 사용하는 데는 신중을 기해야 한다. 확장의 이유는 무엇인가? 자금원은 어디인가? 수지가 맞는가? 안전한가? 모두가 원하는 지위를 충족시키는가? 이에 대한 답을 얻기 위해서는 객관적·주관적인 모든 지식을 총동원해야 한다.

브라이언 리는 마인드맵을 이렇게 요약했다.

회계는 전통적으로 매우 논리적이고 때로는 엄격한 틀 속에서 행해진다. 그러나 마인드맵은 이러한 한계를 초월하여 사고를 확장시킨다.

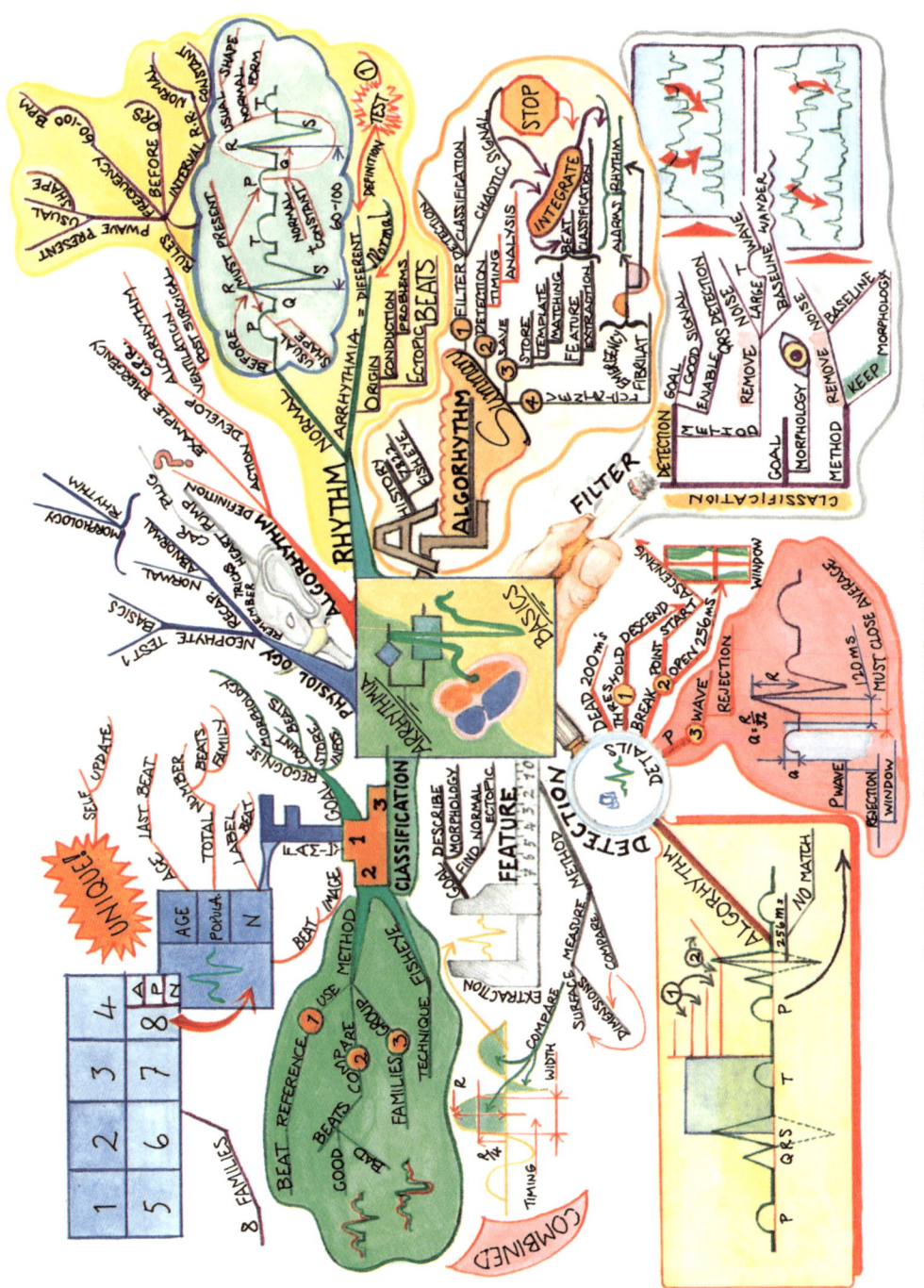

장-루크 캐스터가 나흘간의 트레이닝 과정을 위해 만든 마인드맵(317~319쪽 참조)

## 6 다목적 용도

휴렛팩커드 메디컬프로덕츠 유럽 그룹Hewlett Packard Medical Products Group Europe의 이사인 장-루크 캐스트너Jean-Luc Kastner는 최근 한 가지 문제점에 봉착했다. 그의 회사에서는 심장박동의 율동을 모니터하고 분석해서 주치의가 조기에 심부전 상태를 발견해 적절하고 올바른 조치를 취할 수 있도록 하는 컴퓨터 시스템을 만들고 있었다. 그들은 전문 트레이너들로부터 직접 강습을 받는 4일간의 '심장 부정맥 트레이닝 과정'을 운영했다.

그런데 트레이닝 과정 담당자가 갑자기 건강이 나빠져서 두 달간 휴직을 하게 되었다. 총책임자로서, 그리고 트레이닝 과정에 대한 충분한 정보를 가진 유일한 사람으로서 캐스트너가 어쩔 수 없이 그 담당자의 역할을 맡아야만 했다. 이런 응급 상황으로 인해 그는 알고 있는 지식을 조직화하고 보충하여 트레이닝 과정을 맡아 교육해야 하는 상황이 되었다. 다음은 트레이닝 과정 개요와 캐스트너가 진행한 내용이다.


'심장 부정맥 트레이닝'은 HP 적응 보조 엔지니어들에게 아래 제시된 분야에 대한 깊이 있는 지식을 제공하고자 하는 취지에서 마련된 과정이다.
· 인간의 심장생리학
· 심장 율동의 주요 문제점과 중요성
· 컴퓨터 알고리즘(컴퓨터 용어로서 어떤 문제의 해결을 위해 사용하는 절차나 방법 – 옮긴이) 작업
· 부정맥 시스템의 작용


참가자들은 다음 사항들을 수행할 수 있어야 한다.
· 최종 사용자인 간호사나 의사들을 교육할 수 있어야 한다.
· 장치 사용 시 심각한 상황을 유발할 수도 있는 몇 가지 주의점을 설명할 수 있어야 한다
   (아직까지는 컴퓨터가 심장병 전문의만큼 우수하지는 않다).


### 마인드맵 티칭법 사용하기

이 트레이닝 과정은 매우 어려운 과목을 마인드맵으로 가르치는 것을 테스트하기에 아주 이상적일 것 같다. 나는 다음에 제시한 사항들을 목표로 현재의 자료를 마인드맵으로 정리

하여 5일 안에 트레이닝 과정을 개발했다.

a) 모든 학생들이 4일 과정의 마지막에 치르는 수료 테스트를 통과할 수 있도록 한다.

b) 모든 학생들이 스스로 자기만의 참고 자료를 만들 수 있게 한다.

c) 의료 기록 사본을 제외하고는 오버헤드 프로젝터(Overhead Projector: OHP)와 같은 투사기를 사용하지 않도록 한다.

d) 한 달 후 100퍼센트까지 회상력을 끌어올리도록 한다(경우에 따라 최저 40퍼센트도 양호하다).

e) 교사나 학생 모두가 교육과정을 즐기도록 한다.


트레이닝 구성

이 트레이닝은 하나의 '로드맵'으로 마스터 마인드맵을 사용하도록 구성되어 있다. 각 가지는 하나의 주요 주제를 나타내고, 플립 차트(강연 등에서 사용하며, 한 장씩 넘기게 되어 있는 도해용 카드) 위에 각 가지별로 자세한 마인드맵을 그대로 재현할 수 있도록 마인드맵을 개발했다. 그리고 두 시간마다 휴식을 취하도록 구성했다.


교육과정

트레이닝 과정이 시작되면서 참가자들은 모든 개인적인 필기구들을 강의실 밖에 두고 오도록 지시를 받았다. 참가자들이 앉아 있는 책상에는 A3 백지 몇 장과 여러 가지 색상의 컬러펜만이 놓여 있었다.

그리고 참가자들에게 마인드맵이 소개되었고, 앞으로 4일 동안 그들은 교사가 플립 차트에 그리는 모든 마인드맵 노트를 각자가 그대로 옮겨 작성하라는 지시를 받았다.

강좌는 40분 교육에 10분 휴식으로 구성되어 있는데, 이 휴식 시간 동안에는 참가자들이 환자들에게 전기심전도(Electro-cardiograms: ECGS) 자극을 주는 컴퓨터 보조훈련도구를 이용하게 했다. 또한 참가자들은 과정이 진행되는 동안 지식을 테스트 받았다.

마스터 마인드맵의 가지 하나가 완성되었을 때 참가자들은 자신의 마스터 마인드맵을 개발하라는 지시를 받았다. 이를 위해서 커다란 종이가 벽에 부착되었고, 전체가 한 그룹이 되어 마스터 마인드맵을 만드는 데 참가했다(316쪽 참조).

그날의 마지막에는 참가자들이 각자의 용지에 마스터 마인드맵을 베껴 그리게 하고, 그날 교육 받았던 기록 자료들을 복습하도록 했다.

다음 날 아침, 참가자들 중 한 명이 전날 그룹으로 작성한 마스터 마인드맵을 복습했다. 그러고 나서야 그 다음 활동이 시작되었다.

과정의 마지막 날 최종 테스트를 받기 전에 그룹은 마스터 마인드맵을 복습하고 자세하게 토론했다. 그러고 나서 수료에 필요한 최종 시험이 두 시간 동안 치러졌다.

### 결과

우리는 위에서 개략적으로 설명한 요강을 바탕으로 트레이닝 과정을 운영하고 있다(영국, 프랑스, 독일, 이탈리아, 그리고 아일랜드에서 온 12명의 학생들이 그때 과정에 참여했다). 12명 전원이 20점 만점에 18점, 지금까지 최고 성적이었다.

한 달 후 나는 비공식적으로 조사를 해보았는데, 그들의 회상률은 70퍼센트 이상으로 아주 뛰어났다. 사실상 10개의 질문 중에서 그들은 평균 9개를 답할 수 있었다!

이 트레이닝 과정의 피드백은 우수했다. 학생들은 이 방법이 예전에 슬라이드를 활용하면서 진행했던 과정보다 훨씬 더 성공적이고 유익하고 재미있었다고 말했다. 심지어 몇몇 학생들은 마인드맵을 기반으로 한 강좌의 속도가 영어 실력이 그다지 좋지 않았던 참가자들에게도 무리가 없었다고 말하는 학생들도 있었다. 이것은 마인드맵을 기반으로 한 트레이닝이 성공적임을 증명해주는 것이다.

마인드맵을 기반으로 한 트레이닝 과정은 비슷한 결과를 보여준 다른 참가자들에 의해 그동안 4번 실행되었다.

마인드맵 티칭은 21세기형 혁신적 티칭 도구다.

## 경영관리 마인드맵의 장점

1 발전된 경영관리로 조직이 개선되고 직원들은 사기가 충전되어 더욱 열심히 일하는 동기가 부여된다. 이는 몸이 아파서 결근하는 날이 줄어들고 회사의 공적 이미지가 쇄신된다는 것을 의미한다.

2 직원들 간의 커뮤니케이션이 잘 이루어진다.

**3** 트레이닝을 한층 능률적이고 효과적으로 만든다.

**4** 마케팅과 판매 촉진에 더욱 집중하게 하여 판매 실적의 향상을 가져온다.


### 결문

컴퓨터 마인드맵은 아주 최근에 개발된 것이다. 다음 장에서는 컴퓨터 기술 체계가 어떻게 인간의 기술 체계와 상호 작용하는가를 다룰 것이다.

# 28

# 컴퓨터 마인드맵 만들기

SECTION **D** _ 비즈니스와 전문직

## 개요

- 서문
- 컴퓨터 마인드맵의 작성과 편집
- 복잡성 관리
- 공유
- 정보 추가
- 지식 전달
- 변환 – 다르게 바라보기
- 팀 작업
- 결과 도출
- 컴퓨터 마인드맵의 미래
- 결문

## 서문

컴퓨터 마인드맵핑 소프트웨어는 한때 상상으로만 여겼던 새롭고 환상적인 기능들을 마

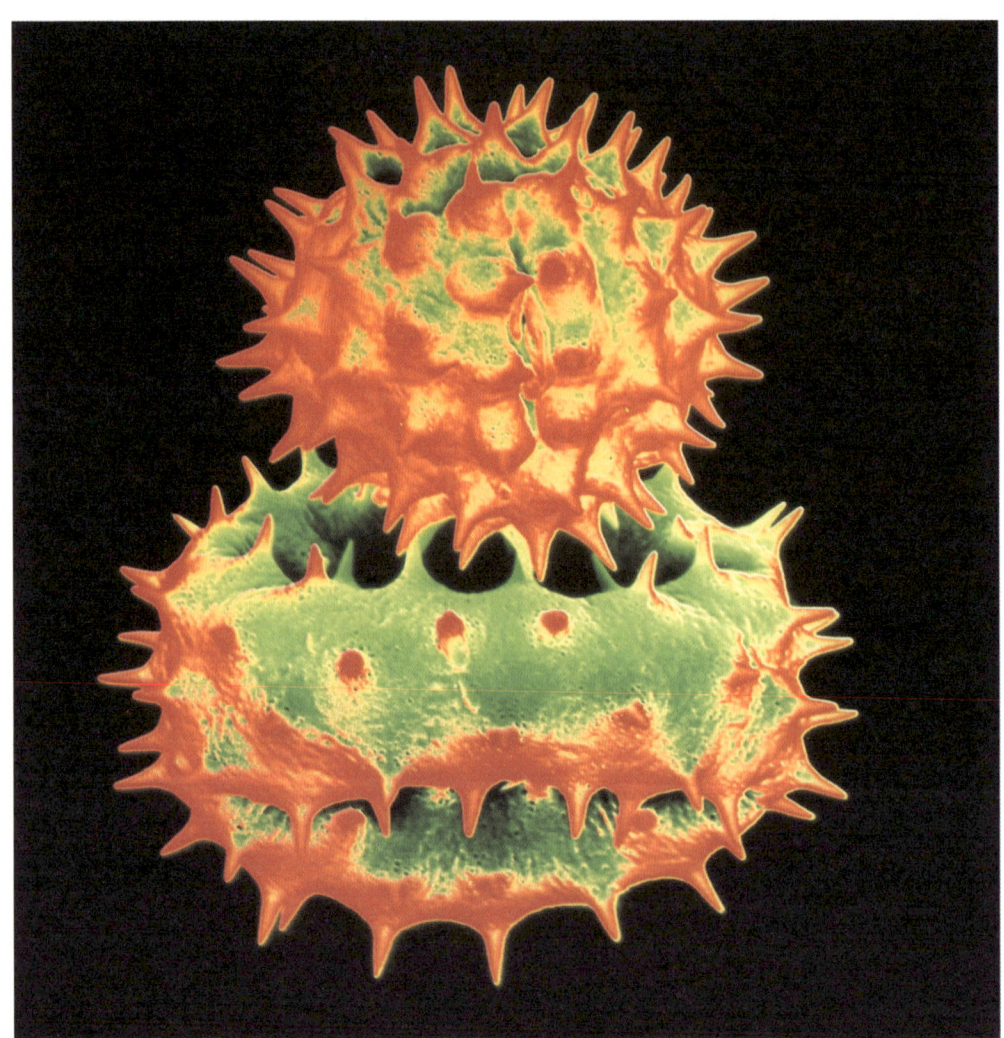

자연구조 도판 30

인드맵퍼에게 제공한다. 일반적으로 알고 있는 바와 같이 컴퓨터는 전통적인 마인드맵핑 기법이 지닌 무한한 시각적 다양성, 이동성, 그리고 '최소 도구 요건(종이와 컬러펜만을 사용하는 것)'을 아직까지 따라가진 못한다. 하지만 그 차이는 빠르게 줄고 있다! '디지털 잉크 (Digital Ink: 키보드 대신 전자펜으로 컴퓨터 화면에 글을 써서 입력하는 태블릿 PC 기술을 말한다—옮긴이)'는 컴퓨터 화면에 간단히 손으로 글을 써서 데이터를 입력하는 수준에까지 이르렀다.

새로운 소프트웨어는 아래에 제시하는 여러 기능들을 통해 개인의 생산성 향상에 획기적으로 기여하고 있다.

- 마인드맵을 자동으로 생성한다.
- 편집을 할 수 있다.
- 분석한다.
- 다른 관점을 창조해낸다.
- 인터넷과 연계할 수 있다.
- 정보의 출처 자료를 링크한다.
- 현재 정보에서 새로운 마인드맵을 창출해낸다.
- 마인드맵을 공유할 수 있다.
- 마인드맵을 보고서, 프레젠테이션, MS 프로젝트 문서로 변환할 수 있다.

마침내 마인드맵이 지식관리(Computer Aided Thinking®: CAT) 프로그램이 된 것이다.

이 장에서는 여러분에게 컴퓨터 마인드맵핑을 소개하고 부잔 그룹과 전략적 제휴 관계에 있는 게일Gael 사에 의해 개발된 생산적인 사고 툴인 MindGenius®로 만든 마인드맵 작품들을 다룬다.

## 컴퓨터 마인드맵의 작성과 편집

컴퓨터 마인드맵을 만드는 작업은 간단하다. 제일 먼저 중심이미지에 해당하는 키워드를 입력하면 즉시 새로운 마인드맵의 중심이미지가 생성된다. 부연 설명하자면 이 키워드(중심이미지)는 입력되자마자 컴퓨터가 화면의 중앙에 컬러로 된 중심이미지를 자동으로 생성하여 위치를 잡아준다. 중심이미지가 만들어진 다음에는 주개념, 즉 주가지를 간단하게 입력하고는 엔터Enter 키를 친다. 그러면 주가지가 적절한 위치에 자동으로 생성되어 배치된다. 여러분은 단지 생각하면서 입력하고 엔터 키를 치기만 하면 눈앞에서 마인드맵이 만들어진다. 생각의 정확한 구성이나 적절한 배치는 걱정할 필요가 없다. 생각하는 순서에 따라 마인드맵이 생성되고 생각이 흘러가는 대로 방사상으로 펼쳐진다. 자유롭게 창의적인 생각을 할 수 있게 되는 것이다!

컴퓨터 마인드맵핑은 사고 과정의 창조 부분과 편집 부분을 완전히 구분할 수 있게 해준다. 주의를 흐트러뜨리지 않고 컴퓨터로 자유롭게 생각을 펼쳐나간다. 자유로운 생각의 흐름을 완전히 펼친 후에 자신의 마인드맵으로 다시 되돌아가서 색깔을 입히고 기억이 잘 되도록 재미있는 이미지를 덧붙일 수 있다.

가지는 언제든지 재배치하고 다시 색깔을 입힐 수 있으며, 이미지도 원하는 대로 추가할 수 있고 가지의 복사와 이동도 가능하다. 심지어는 구조화 작업이 완전히 끝난 후에도 필요하면 재조직화할 수 있다. 이 모든 작업이 간단히 마우스를 클릭하는 것만으로 이루어진다. 각 가지별 특징(모양, 폰트, 색상, 연결 유형 등)은 필요에 따라 가지마다 따로따로 변화를 주거나 미리 설정된 스타일을 적용할 수도 있다.

컴퓨터 마인드맵은 단번에 끝내는 것이 아니라 시간을 두고 장시간 작업을 할 수도 있다. 이때도 마인드맵을 다시 그릴 필요가 없다. 왜냐하면 컴퓨터 마인드맵은 심사숙고하고 새로 경험하고 이해하는 데서 얻는 새로운 생각과 통찰력을 추가로 적용하거나 수정하는 유연함을 지니고 있을 뿐만 아니라, 수정된 내용을 자동적으로 재구성하기 때문이다.


## 복잡성 관리

다른 정보들과의 연계를 통해 더욱 거대하고 복잡해진 컴퓨터 마인드맵은 이제 그 한계를 극복할 수 있다. 여러분의 마인드맵은 더 이상 종이 크기에서 오는 한계를 갖지 않는다. 오직 상상력의 크기에 의해서만 한계가 결정된다. 즉, 한계가 없다는 얘기다!

컴퓨터 마인드맵의 가장 중요한 특징은 마인드맵의 복잡성을 하나에서 열까지 탐색하고 관리하는 능력이다. 여러분은 자신이 어디에 있는지를 알아야 하고, 언제든지 조정할 수 있는 상태여야 하며, 특정 부분을 보는 능력을 지니되 전체적 맥락에서도 바라볼 수 있어야 한다. 이는 확대, 스크롤, 팬 등의 일반적인 기능으로는 해결될 수 없다.

이러한 일반적인 기능과 달리 마인드맵 탐색기 기능은 마인드맵의 계층 구조를 보여준다. 이는 작업 분류 구조와 비슷하다. 마인드맵 탐색기에서 하나의 가지를 클릭하면 선택한 항목에 해당하는 가지와 그 하위 가지 내용을 알 수 있는 새로운 마인드맵이 자동적으로 다시 생성되는데, 선택한 가지는 새로운 마인드맵에서 중심이미지로 나타난다.

이것은 마인드맵을 보는 사람으로 하여금 헬리콥터 뷰(Helicopter View: 멀리 하늘 위에서 육지를 보면 한눈에 모든 것이 들어오는데 이를 헬리콥터 뷰라 한다 - 옮긴이)의 시각을 갖도록 해준다. 그래서 마인드맵의 계층 구조에서 놓치는 바 없이 종횡으로 탐색할 수 있는 것이다. 가지를 펼치고 접는 옵션 메뉴의 기능을 결합한 마인드맵 탐색기의 특징은 사용자가 필요로 하는 마인드맵의 세세한 사항까지 볼 수 있게 해준다. 이는 사실상 사용자가 컴퓨터 화면의 크기에 더 이상 제약을 받지 않는다는 것을 의미한다. 많은 용지나 파일에 마인드맵을 나누어 펼칠 필요가 없다는 것이다.


## 공유

지식을 공유해야만 하는 상황에서 자신의 마인드맵을 다른 사람이 빠르게 이용할 수 있도록 하는 좋은 방법은 무엇일까? 그 방법으로는 여러 가지가 있다.


### 프린트하기

만일 누군가에게 마인드맵 복사본을 주고 싶다면 '프린트' 옵션을 사용하여 마인드맵을 다양한 포맷(한 장/여러 장, 컬러/흑백, 맵 형식/텍스트 형식)으로 프린트하여 줄 수 있다.


### 이메일

받는 사람의 주소만 알고 있다면, 자신의 마인드맵을 이메일에 첨부하는 기능을 사용하여 간단히 '보내기' 버튼을 눌러 보낼 수 있다.

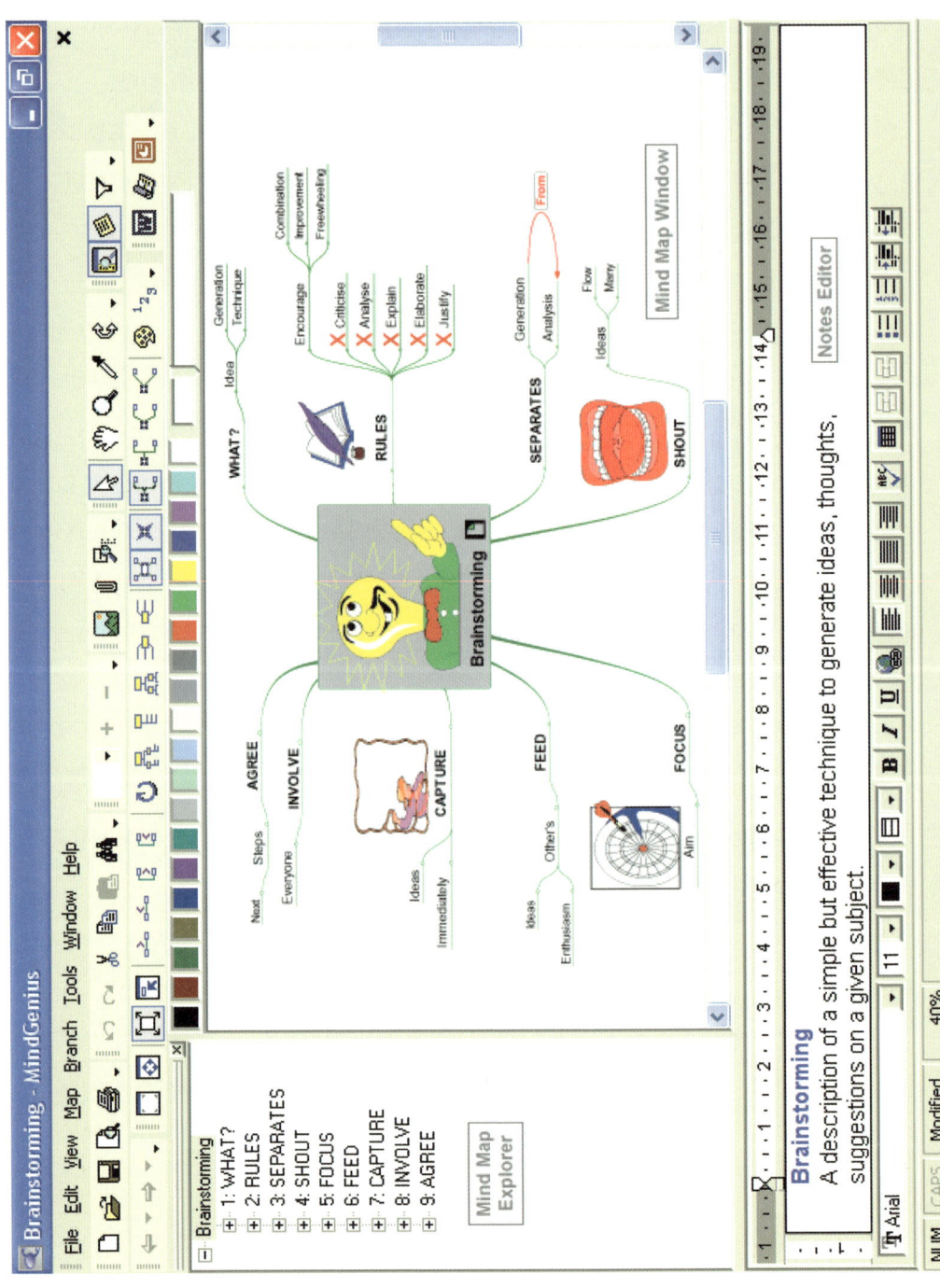

MindGenius® 소프트웨어를 사용하여 작성한 마인드맵을 화면에 띄운 모습(321~339쪽 참조)

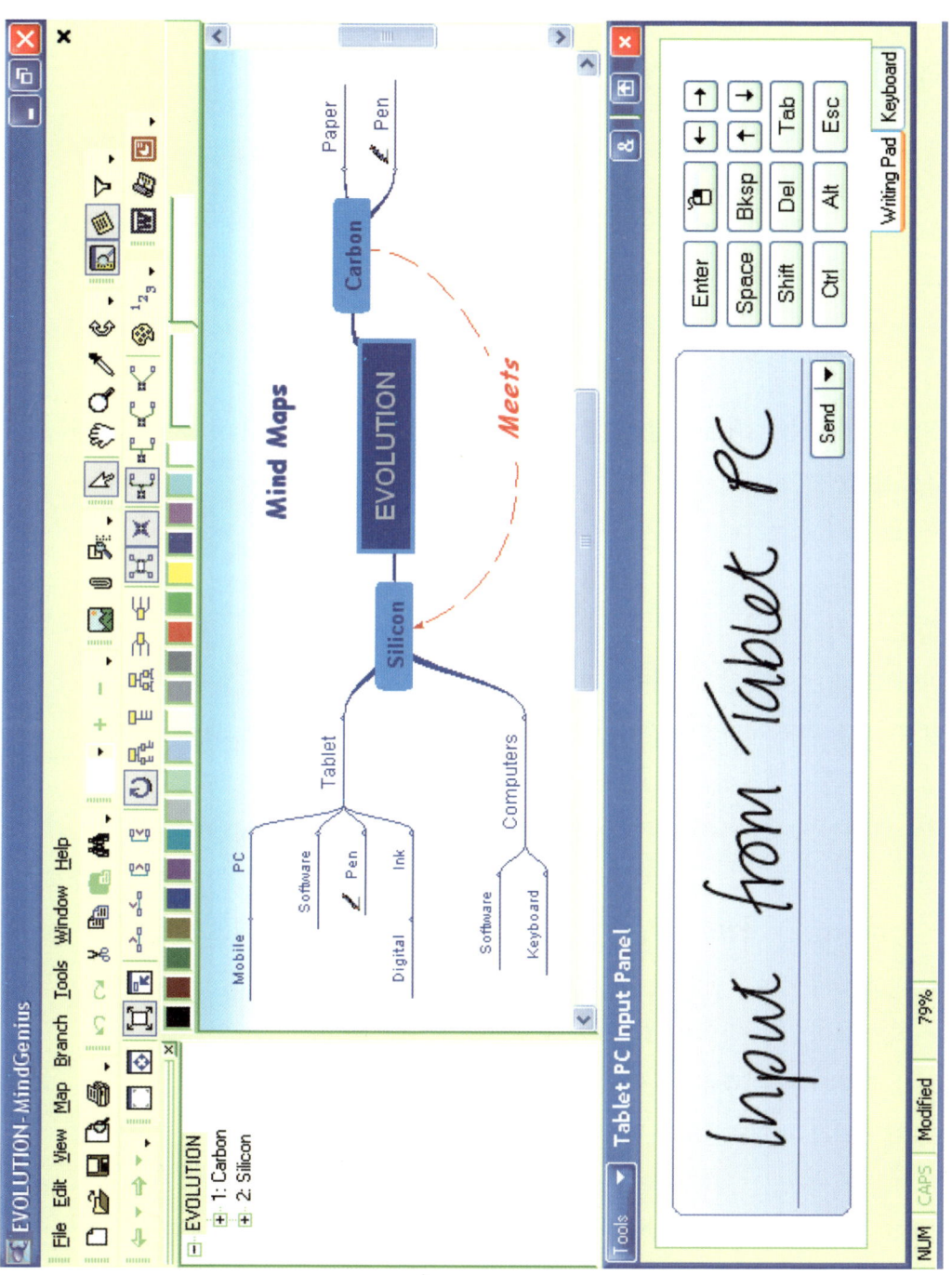

'디지털 잉크' 기술을 사용하여 마인드맵을 작성하는 장면(334쪽 참조)

### 뷰어

컴퓨터 마인드맵을 보고 사용할 수 있게 하는 '뷰어viewer' 응용 프로그램을 가진 사람과 마인드맵 파일을 공유할 수 있다.

### HTML

'HTML로 저장하기' 메뉴를 통해 마인드맵을 HTML 파일로 변환하여 웹 상에서 다른 사람과 공유할 수 있다. 변환된 파일은 모두 익스플로러 기능이 포함되어 있다.

### ADOBE

'PDF로 저장하기' 메뉴를 통해 PDF 파일을 열어볼 수 있는 모든 프로그램 사용자와 공유할 수 있다.

## 정보 추가

마인드맵퍼는 이제 상상하기만 하면 즉시 실행에 옮길 수 있는 최신 컴퓨터의 힘을 사용할 수 있다. 각각의 가지에 원하는 정보 속성을 부가하여 마인드맵에 생명을 불어넣고 폭넓고 다양한 추가 작업을 실행할 수 있도록 만들어 생산성을 높일 수 있다.

컴퓨터 마인드맵의 가지에는 다음과 같은 정보 속성을 추가할 수 있다.

- 범주(카테고리): 각각의 가지를 구별 짓고 의미를 부여하는 단어나 부호를 입력한다.
- 리소스: 주어진 가지와 관련 자료를 연결 짓는다.
- 작업 실행 일자: 작업 실행을 가지에 명시하고 실행 일자를 정한다.
- 연결(첨부) 파일: 컴퓨터로 불러올 수 있는 전자 파일을 가지에 링크한다.
- 지적 연결: 마인드맵의 계층 구조 전반에 걸쳐 링크를 만든다.

이러한 속성들은 컴퓨터 마인드맵에 정보를 추가하게 해주며, 마인드맵을 조사하고 분석하여 더욱 향상된 이해력을 갖도록 해준다.

## 지식 전달

'하나의 가지에 하나의 키워드만 사용하라'는 규칙은 새로운 생각이 잘 떠오를 수 있도록 여러 뜻을 지닌 모호함을 경험케 하려는 의도도 들어 있다. 그러나 마인드맵이 다른 사람들에게 주어졌을 때는 가지가 정확히 무슨 의미를 갖는지 이해할 수 없을지 모른다. 이럴 경우 컴퓨터 마인드맵에서는 각각의 가지에 워드프로세스 기능을 가진 '노트 편집기' 창을 사용하여 노트를 추가할 수 있다. 노트의 내용은 많든 적든 상관없이 내용 이해에 도움이 되는 메시지를 필요한 만큼 넣을 수 있다. 가지에 노트를 덧붙이는 것은 효과적으로 미리 쓰고 요약할 수 있는 강력한 기능을 제공한다.

컴퓨터 마인드맵은 폭넓고 다양한 출처 자료를 이용해 정보를 대조하고 이해하는 데 사용한다. 이 출처 자료는 컴퓨터 파일 형식을 주로 사용하는데 각각의 가지에 복수의 컴퓨터 파일을 링크할 수 있다. 자신의 컴퓨터가 정보를 가져올 수만 있다면, 즉 컴퓨터 마인드맵의 가지에서 직접 정보를 불러올 수만 있다면 정보 출처 자료가 자신의 컴퓨터 안에 있든, 인트라넷 혹은 인터넷에 있든 상관 없다. 따라서 컴퓨터 마인드맵은 다른 사람과 공유할 수 있는 프런트엔드Front-end 방식의 정보 출처와 지식 자료를 가지고 있다.


## 변환 – 다르게 바라보기

일과 부딪칠 때 우리는 이를 다른 관점에서 바라보기 위해 한 걸음 뒤로 물러나야 할 상황을 만나곤 한다. 왜 그런 것일까? 그렇게 하면 문제를 해결할 수 있는 생각과 기발하고 혁신적인 아이디어를 떠올리는 데 도움이 되기 때문이다. 컴퓨터 마인드맵은 이러한 일을 아주 수월하게 할 수 있도록 해준다.

마인드맵의 기본적인 구조(순서와 위계적 조직화)는 특정 분야의 일을 다루기 위해 개발된 다른 시각적 방법론과 매우 유사하다. 마우스를 한 번 클릭하는 것으로 마인드맵을 아래에 제시한 다이어그램으로 변환할 수 있다.

- 아웃라인(Outlines: 구조화된 형식의 리스트)
- 친화도(포스트잇을 활용하여 그룹으로 하는 브레인스토밍 기법)

- 조직도
- 깔때기형 다이어그램
- 입력 트리 다이어그램
- 출력 트리 다이어그램

컴퓨터 마인드맵은 이러한 입증된 다양한 기법들을 즉시 이용할 수 있는 데다 마인드맵을 다시 그릴 필요도 없다.

여러분은 컴퓨터 마인드맵을 조사하고 분석하여 그 내용에 대해 보다 의미 있는 통찰력을 얻을 수 있는 질문을 만들 수 있다. 그래서 자신이 설정한 여과 기준에 맞는 가지만을 볼 수 있도록 여과할 수 있고 여과된 출력으로부터 새로운 맵을 만들 수 있다. 즉, 옥석을 가려낸다.

알아야 할 것이 무엇인지는 여러분 자신이 잘 알고 있다. 그래서 여러분은 가지 속성 정보를 필터링하여 다음과 같은 질문에 대한 답을 구할 수 있다. 오늘 해야 할 작업은 무엇인가? 나와 특별히 관련 있는 가지는 무엇인가? 가장 우선적으로 해야 할 작업으로 확인된 것은 어느 가지인가? 가지를 모두 브레인스토밍할 것인가?

여러분은 서로 다른 여러 관점에서 자신의 마인드맵을 바라볼 수 있다. 다른 관점에서 본다는 것은 본질적으로 마인드맵에 관한 자신의 초점이 바뀐다는 것을 의미한다. 하나의 마인드맵이 아니라 여러 개의 마인드맵을 가지는 셈이다. 부연 설명하자면 오리지널 마인드맵과 다른 여러 가지 측면에서 바라보게 되는 것이고, 이는 사고의 변화를 일으키는 매우 중요한 자극제가 된다.

## 팀 작업

개인이 아니라 집단을 이루면 함께 생각하고, 각자의 다양한 경험들을 공유하고, 각자의 상상력이 풍부한 두뇌 능력 모두를 이용할 수 있게 되어 아이디어를 생성하는 데 서로 자극을 주고 영감을 준다. 그러면 마인드맵을 중심으로 하는 '창의적 모임'을 어떻게 형성할 것인가? 컴퓨터 마인드맵으로 쉽게 만들 수 있다.

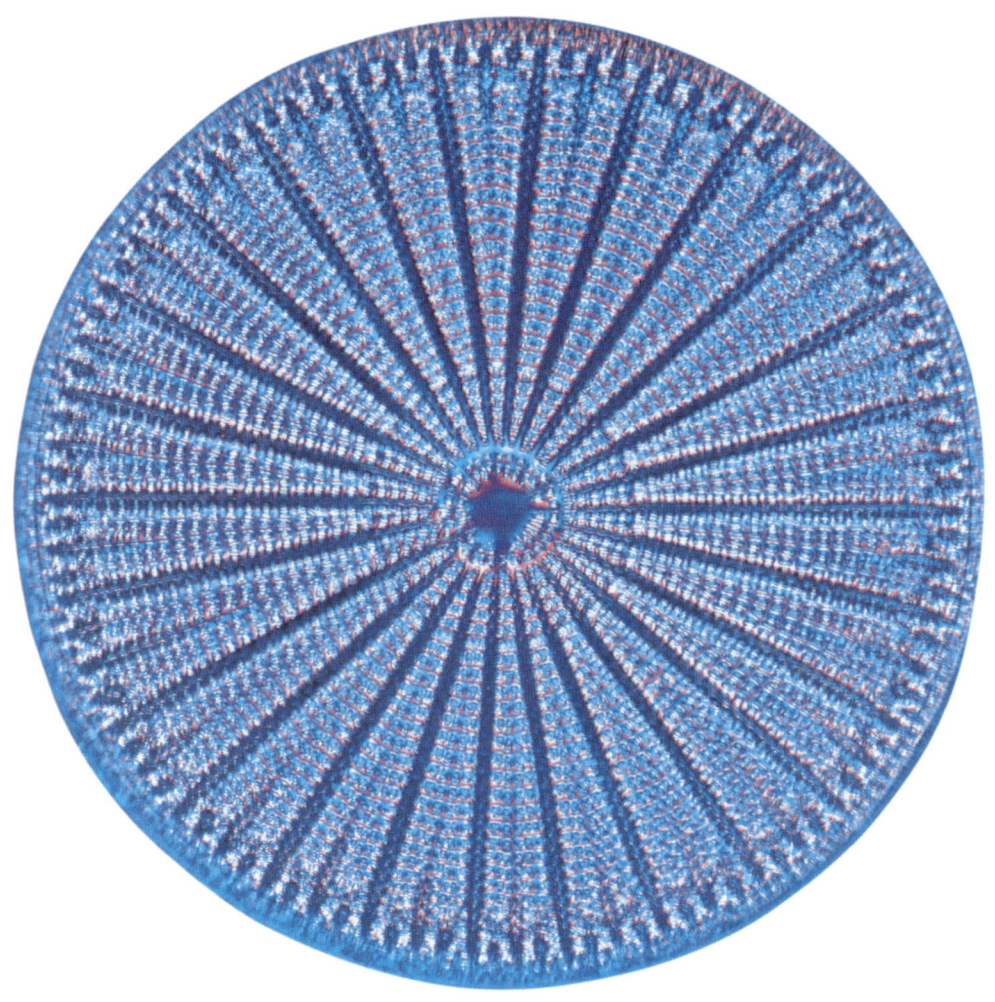

자연구조 도판 31

MEETINGS

**PRE-MEETING**

PLAN
- WHO? — CONTRIBUTION / ROLES
- WHAT? — PURPOSE / BENEFIT
- WHERE? — LOCATION / SUITABILITY
- WHEN? — TIMELINESS / AVAILABILITY

BOOK
- ROOM
- EQUIPMENT — AUDIO-VISUAL
- REFRESHMENTS
- PARKING

PRE-INFORM
- AGENDA — RESPONSIBILITY / ACTIVITIES / SEQUENCE
- DIRECTIONS — TRAVEL

PREPARE
- ACTIONS
- FEEDBACK
- CONFLICT — ELIMINATE / REDUCE

**POST-MEETING**

ACTION
- IMMEDIATE
- ASSIGN

COMMUNICATE
- OUTCOMES
- ACTIONS
- DECISIONS

**MEETING**

PREAMBLE
- INTRODUCTIONS
- OBJECTIVES

AGENDA
- FOLLOW
- SEQUENCE
- TIMING
- AMEND
- CONTROL

AOB
- NEW
- DISCUSS

RECORD
- OUTCOMES
- ACTIONS
- DECISIONS

SUMMARIZE

NEXT
- MEETING — REQUIRED? / WHERE? / WHEN?

컴퓨터로 만든 마인드맵이 비즈니스 환경에서 얼마나 효과적으로 사용될 수 있는지를 보여주는 사례

컴퓨터 마인드맵은 그룹이 보다 수월하게 공동 작업을 할 수 있도록 해준다. 서로 다른 장소에 있는 사람들이 똑같은 마인드맵을 함께 작업할 수 있다. 그리고 작업 참가자들은 세션에 로그인하여 설명을 달아 자신의 의견을 피력할 수 있다. 컴퓨터 마인드맵에 정보가 더해지면서 참가자들은 자신의 설명이 반영되어 변해가는 상황을 실시간으로 확인할 수 있다. 이러한 작업이 회사, 정부에까지 그 범위를 넓히게 되면 글로벌 마인드맵이 만들어지는 것이다!

수많은 마인드맵들이 개인들에 의해 만들어지지만 각각의 마인드맵은 흔히 팀의 한 부분으로, 혹은 조직의 구성으로 활용된다. 실제로 마인드맵 콘텐츠는 단체나 조직에서 승인 과정을 밟거나 아이디어의 단초를 제공하여 다른 사람들의 생각에 살을 붙여 더욱 풍성하게 한다. 여러분은 컴퓨터 마인드맵을 활용하여 진행 작업들을 재검토하거나 코멘트할 수 있다. 마인드맵은 작업 요청과 함께 목표 대상자들에게 컴퓨터로 배포되고, 배포되는 마인드맵은 작업 후 다시 배포자에게 되돌아왔을 때 목표 대상자들이 작업한 내용이 자동적으로 추출되어 하나의 마인드맵으로 통합될 수 있도록 특별히 설정한 속성으로 부호화되어 있다.

이렇게 마인드맵을 활용하면 여러분은 큰 그림을 볼 수 있고, 동의와 의견 일치에 이르는 시간을 상당히 절약하게 된다.

## 결과 도출

이제 와우 팩터(WOW Factor: 소비자들에게 호기심과 신선함을 느끼게 하여 입소문의 원인이 되는 핵심 요소-옮긴이)를 찾아보자! 수년 동안 비즈니스계는 '글로벌 랭귀지 도구'를 애타게 기다려왔고, 마침내 그 도구가 나타났다. 마인드맵이 바로 그것이다! 비즈니스에서 결정이란 보고서, 제안서, 프레젠테이션, 그리고 프로젝트 기획을 바탕으로 이루어진다. 지식관리CAT 소프트웨어인 마인드맵은 그 간격을 메워준다. 버튼을 클릭하기만 하면 컴퓨터 마인드맵은 워드 문서, 파워포인트 프레젠테이션, MS 프로젝트 플랜 파일로 변환된다. 컴퓨터 마인드맵은 이와 같은 프로그램 파일들로 변환하도록 해주는 다음과 같은 공통 구조를 지니고 있다.

| 마인드맵 | 워드 | 파워포인트 | MS 프로젝트 |
|---|---|---|---|
| 핵심 주제 | 문서 제목 | 프레젠테이션 제목 | 플랜 제목 |
| 주가지 | 문단 제목 | 슬라이드 제목 | 개요 |
| 부가지 | 하위 문단 제목 | 글머리 제목 | 작업 |
| 가지 노트 | 문단 텍스트 | 강의 노트 | 작업 노트 |
| 리소스 | – | – | 필수 리소스 |
| 작업 일자 | – | – | 작업 일자 |

컴퓨터 마인드맵의 이러한 기능은 여러분의 동료나 관리자 혹은 고객이 문서, 프레젠테이션, 프로젝트 플랜을 원할 때 적합한 기능이다. 추가 작업을 할 필요도 없다. 마인드맵 소프트웨어가 그 일을 대신할 것이기 때문이다.

이것은 비즈니스맨이나 전문직에 종사하는 사람들의 업무에 꼭 필요한 방대하고 다양한 업무를 처리할 수 있는 창의적 능력을 제공해준다. 따라서 다양한 파일로의 변환이 가능하여 엄청나게 강력한 이익을 가져다주는 위치에 있는 컴퓨터 마인드맵이 여러 프로그램 중에서 가장 유익하다는 것을 보여준다.

또한 위와 같은 구조의 정보를 이미 갖고 있다면, 정보를 긁어모아 마인드맵을 새로 만들 필요도 없다. 워드 문서, 파워포인트 프레젠테이션, MS 프로젝트 플랜 등의 파일에서 컴퓨터 마인드맵으로 불러들일 수 있다!

## 컴퓨터 마인드맵의 미래

컴퓨터 마인드맵이 마침내 우리 곁으로 한층 다가왔다. 컴퓨터 마인드맵을 통해 마인드맵핑은 오늘날 컴퓨터 세상에서도 진정한 잠재력을 지닌 분야로 인정받고, 직장에서는 이미 선택의 기술이 되어가고 있다. 또한 컴퓨터 마인드맵 기술은 끊임없이 발전하고 있다. 그렇다면 그 기술은 미래의 마인드맵 발전에 어떠한 영향을 미칠 것인가?

우선 컴퓨터 마인드맵의 미래를 암시하는 몇몇 마법 같은 기술들이 이미 개발되어 우리 곁에서 기다리고 있다. '디지털 잉크'라는 개념은 그 중심에 서 있다. 태블릿 PC는 사용자가 전자펜으로 직접 컴퓨터 화면에 자료를 입력하는 것이 가능하다. 사용자는 그저

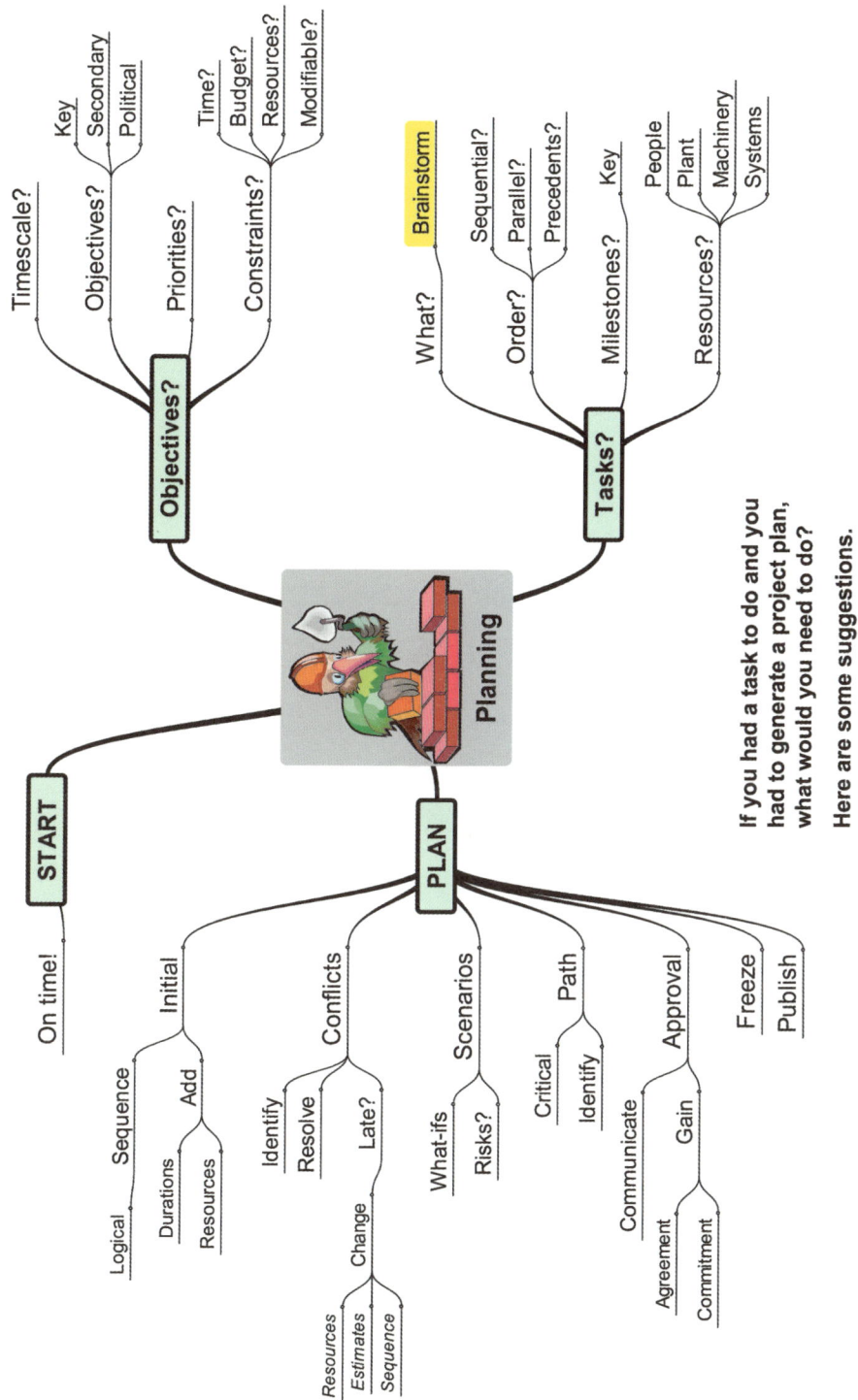

START

On time!

Objectives?
- Timescale?
- Objectives?
  - Key
  - Secondary
  - Political
- Priorities?
- Constraints?
  - Time?
  - Budget?
  - Resources?
  - Modifiable?

Tasks?
- What?
  - Brainstorm
- Order?
  - Sequential?
  - Parallel?
  - Precedents?
- Milestones?
  - Key
- Resources?
  - People
  - Plant
  - Machinery
  - Systems

Planning

PLAN
- Initial
  - Sequence
    - Logical
    - Durations
    - Resources
  - Add
- Conflicts
  - Identify
  - Resolve
  - Late?
    - Change
      - Resources
      - Estimates
      - Sequence
- Scenarios
  - What-ifs
  - Risks?
- Path
  - Critical
  - Identify
- Approval
  - Communicate
  - Gain
    - Agreement
    - Commitment
- Freeze
- Publish

If you had a task to do and you had to generate a project plan, what would you need to do?

Here are some suggestions.

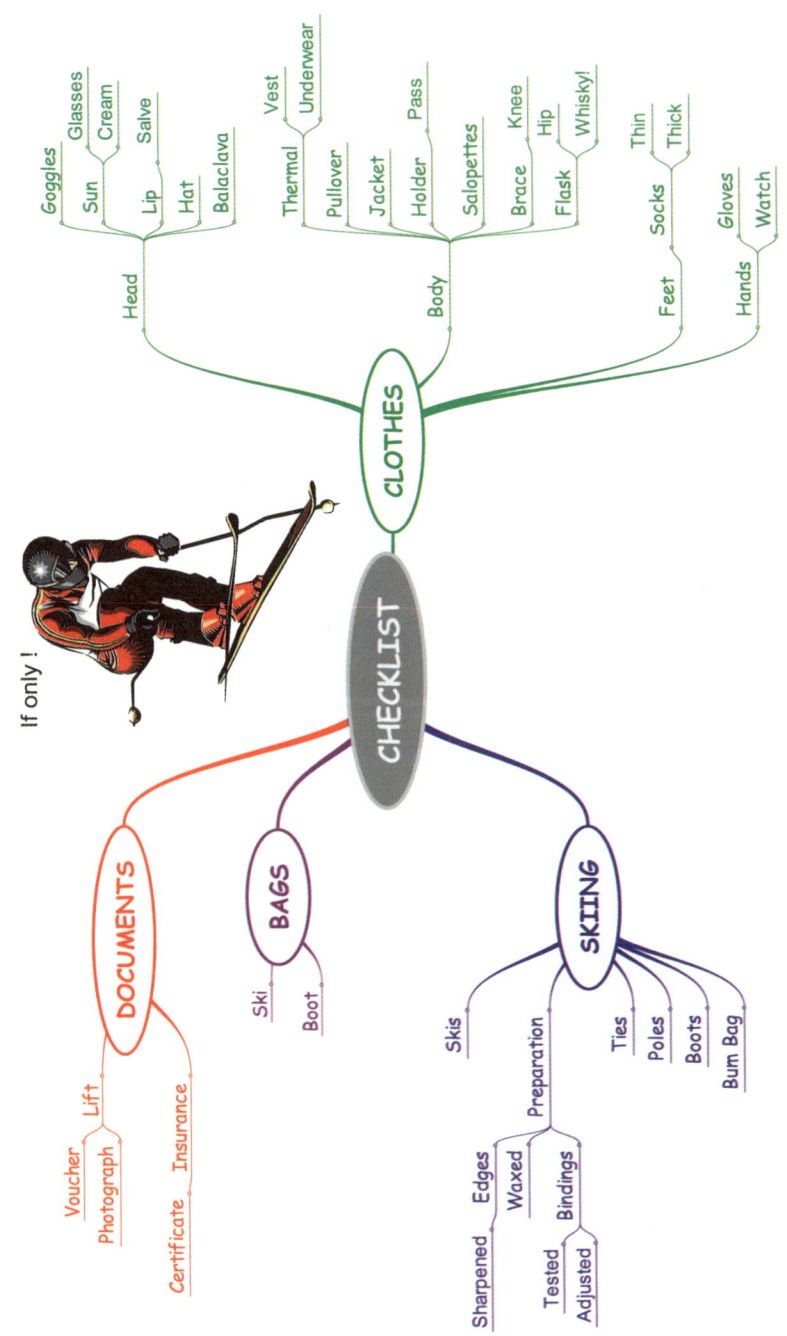

CHECKLIST

CLOTHES

Head
- Goggles
  - Glasses
- Sun
  - Cream
- Lip
  - Salve
- Hat
- Balaclava

Body
- Vest
  - Underwear
- Thermal
- Pullover
- Jacket
- Holder
  - Pass
- Salopettes
- Brace
  - Knee
  - Hip
- Flask
  - Whisky!

Feet
- Socks
  - Thin
  - Thick

Hands
- Gloves
- Watch

If only !

DOCUMENTS
- Voucher
  - Lift
- Photograph
- Certificate
  - Insurance

BAGS
- Ski
- Boot

SKIING
- Skis
- Preparation
  - Sharpened
    - Edges
  - Waxed
  - Bindings
    - Tested
    - Adjusted
- Ties
- Poles
- Boots
- Bum Bag

종이 위에 글을 쓰는 것처럼 하면 된다. 강력한 필적 인식 소프트웨어는 손으로 쓴 글자를 표준 텍스트로 바꾸는 기능을 갖고 있다. 또한 사용자는 손으로 쓴 글씨를 표준 텍스트로 변환하지 않고 필적 그대로 계속해서 사용할 수도 있다. 지식관리 소프트웨어는 디지털 잉크 입력 방식을 수용한다. 그래서 이젠 사용자가 자신의 컴퓨터 마인드맵을 직접 손으로 만들 수도 있다!

이 같은 사실로 비추어볼 때 마인드맵을 자신의 PC에 직접 손으로 그려 만들고, 분석하고 배포하는 작업으로 PC 기반의 컴퓨터 마인드맵을 사용하는 것은 자연스런 일이 될 것이 분명하다.

컴퓨터 마인드맵 세계에 크게 영향을 미친 기술은 그 밖에 또 무엇이 있을까? PC 기술은 초경량 노트북, 더욱 강력한 저전압 프로세스, 고성능 배터리, 무선 내장 성능과 무선망 배포 확산, 향상된 도킹Docking과 도킹 해제 성능 등의 분야에서 끊임없이 빠른 발전을 계속하고 있다. 이러한 기술 발전은 휴대용 PC에 기대하는 모든 것이 가능하게 한다. 컴퓨터 마인드맵도 이와 발맞춰 휴대성이 점점 용이해지고 있다. 여러분은 이동하면서 마인드맵을 만들어낼 수 있으며, 즉시 원하는 수신자에게 마인드맵(보고서, 프레젠테이션, MS 프로젝트 플랜 등의 파일 형식을 포함한 자료)을 전송할 수 있다.

컴퓨터 마인드맵은 비즈니스 언어로 현재 엄청나게 각광 받고 있다. 마인드지니어스Mind Genius를 만든 게일Gael 사와 같은 몇몇 회사는 이미 비즈니스 업무의 대부분을 마인드맵으로만 진행하고 있다. 이러한 마인드맵 기반의 업무 환경은 미래의 비즈니스에서 더욱 새롭고 시각적인 업무 방식을 제공할 것이다.

좀 더 미래로 가보자. 상하 계층을 넘나드는 연결 구조를 만들게 될 3D 마인드맵/마인드맵 입체 화상 모델은 다른 마인드맵 레이어(Layer: (시스템 등의 일부를 이루는) 층(단계)) 층들과 다양한 사고의 길로 들어가는 출입구, 즉 가상 마인드맵 통로가 되어 있을 것이다!

컴퓨터 마인드맵은 앞으로 다가올 흥미로운 미래의 모습을 내포하고 있다. 사고의 자유와 점점 발전하는 컴퓨터 능력이 결합하면, 개인과 회사가 핵심 목표를 달성하고 회사의 비전이나 삶의 비전을 성취하기 위해 자신과 조직의 굴레로부터 자유로워지고자 할 때 컴퓨터 마인드맵이 선택의 기술이라는 점을 확실히 알게 될 것이다.

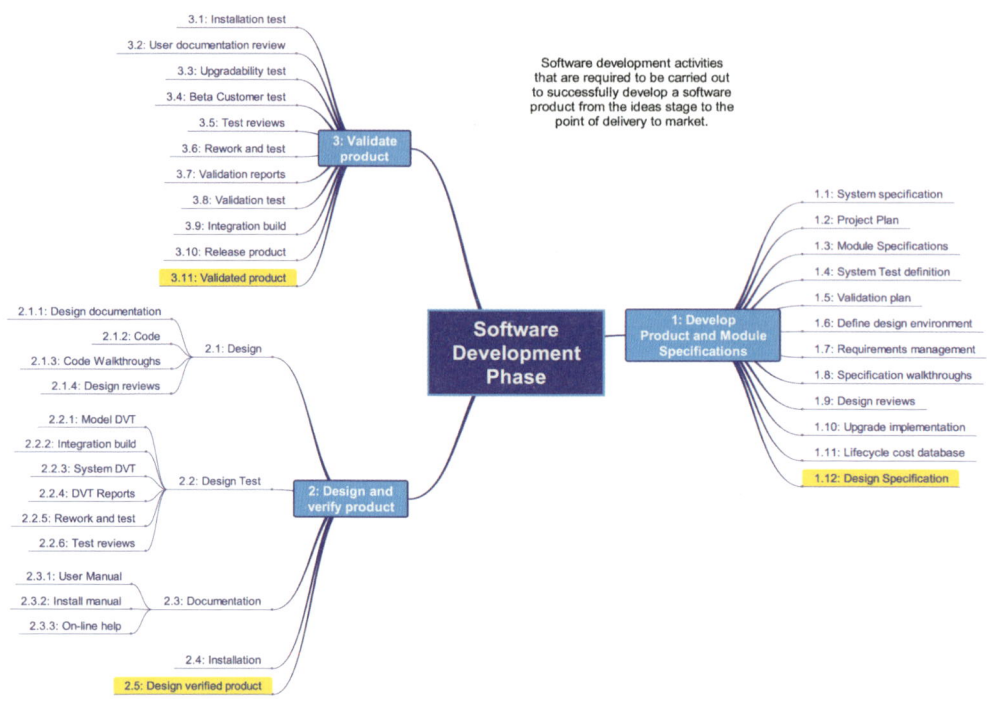

컴퓨터로 만든 마인드맵의 장점은 효과적이면서도 정교한 맵에서 분명하게 증명된다.

## 결문

인간의 지능과 기계가 앞뒤로 나란히 서서 협력하면서 성장하면 가장 가능할 것 같은 미래는 무엇인가?

마지막 장에서는 이미 예견된 지능 혁명Intelligence Revolution과 브레인 스타Brain Star들의 등장, 그리고 멘털 리터러시를 갖춘 사회와 방사사고의 찬란한 미래를 향해 나아가고 있는, 멘털 리터러시를 갖춘 개인들의 전망에 관한 나의 견해를 밝히고자 한다.

# Master Map

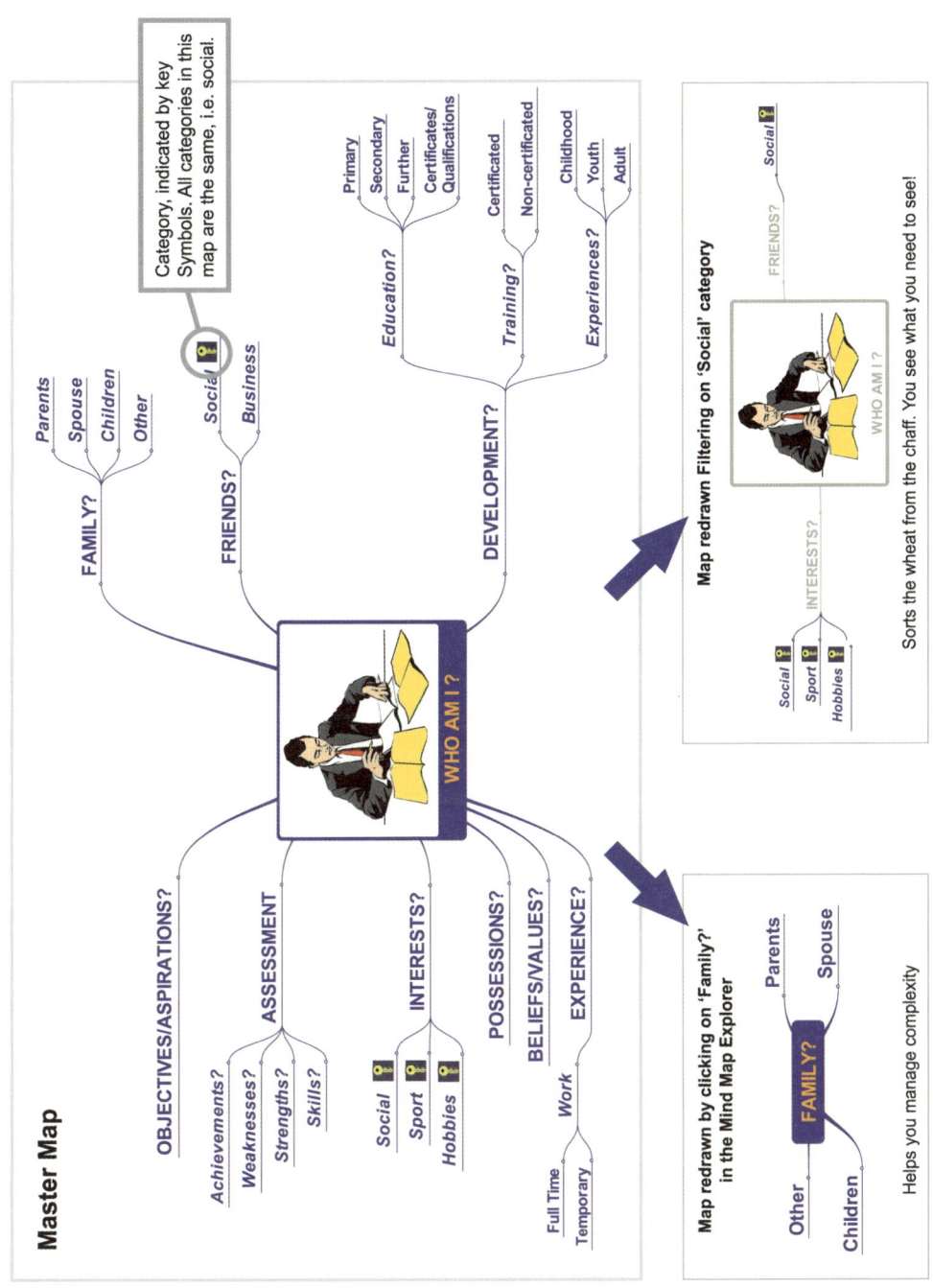

Category, indicated by key Symbols. All categories in this map are the same, i.e. social.

**OBJECTIVES/ASPIRATIONS?**
- *Achievements?*
- *Weaknesses?*
- *Strengths?*
- *Skills?*

**ASSESSMENT**

**INTERESTS?**
- *Social*
- *Sport*
- *Hobbies*

**POSSESSIONS?**

**BELIEFS/VALUES?**

**EXPERIENCE?**
- Full Time
- *Work*
- Temporary

**WHO AM I ?**

**FAMILY?**
- *Parents*
- *Spouse*
- *Children*
- *Other*

**FRIENDS?**
- *Social*
- *Business*

**DEVELOPMENT?**
- *Education?*
  - Primary
  - Secondary
  - Further
  - Certificates/ Qualifications
- *Training?*
  - Certificated
  - Non-certificated
- *Experiences?*
  - Childhood
  - Youth
  - Adult

Map redrawn Filtering on 'Social' category

**WHO AM I ?**

*INTERESTS?*
- *Social*
- *Sport*
- *Hobbies*

FRIENDS?
- Social

Sorts the wheat from the chaff. You see what you need to see!

Map redrawn by clicking on 'Family?' in the Mind Map Explorer

**FAMILY?**
- Parents
- Spouse
- Children
- Other

**WHO AM I ?**

Helps you manage complexity

앞과의 예를 보여주는 마인드맵. 이렇게 하면 마인드맵퍼가 특정 가지에 집중할 수 있게 된다(330쪽).

# 29

# 방사사고와 멘털 리터러시 세계

**SECTION E** _ 미래

## 개요

- 서문
- 지능 혁명
    두뇌 정보의 폭발적 증가

    브레인 스타

    마인드스포츠올림피아드/월드메모리챔피언십
- 멘털 리터러시
    1 멘털 리터러시를 갖춘 개인

    2 멘털 리터러시를 갖춘 가족

    3 멘털 리터러시를 갖춘 단체

    4 멘털 리터러시를 갖춘 사회

    5 멘털 리터러시를 갖춘 문명
- 방사사고 – 찬란한 미래

## 서문

마지막 장에서는 오늘날 사고와 두뇌 분야의 놀라운 성장과 새롭게 떠오르고 있는 영웅인 브레인 스타의 등장에 대해 살펴본다. 또한 방사사고와 미래형 마인드맵의 함축적 의미를 탐구하고 개인과 가족, 단체, 사회, 그리고 세계 문명에 대한 전망으로부터 멘털 리터러시Mental Literacy 세계의 가능성을 검토한다.


## 지능 혁명

《마인드맵 북》의 출판을 준비하고 있는 현재, 세계는 중요한 대변혁의 결정적인 고비를 맞고 있다. 지능이 자신의 본질을 이해할 수 있다는 사실을 발견했고, 그로 인해 스스로 능력을 높이고 양육할 수 있게 되었다. 동시에 우리는 우리의 가장 중요한 자산이 바로 지적 자본Intellectual Capital이라는 것을 깨닫고 있다.

일례로 올림픽 대표단들은 현재 훈련 시간의 50퍼센트를 정신력 강화와 체력 개발에 투자하고 있고, 미국 최고의 정보 테크놀로지 기업들은 사원들의 멘털 리터러시 능력을 개발하는 데 수십 억 달러를 투자하고 있다.

### 두뇌 정보의 폭발적 증가

1992년 인간의 두뇌 능력에 대한 관심은 폭발적으로 증가해 대중적 영역에까지 이르렀고, 국내외 매스컴과 언론에서 앞다투어 두뇌 작용에 관한 주요 특집 기사를 다루는 곳이 점점 늘어나고 있다.

· 〈포춘〉은 '두뇌 파워'를 커버스토리로 다루면서 '지적 자본'이 사회의 가장 가치 있는 자산이 되어가고 있다고 주장했다.
· 〈옴니Omni Magazine〉는 '두뇌와 노화' '두뇌 다이어트'라는 특집 기사를 두 차례에 걸쳐 게재했다.
· 독일의 〈슈테른Stern〉은 '멘털 피트니스Mental Fitness(마음도 몸처럼 다듬어 강화할 수 있다는 개념-옮긴이) 개발'을 대서특필했다.

- 〈시냅시아Synapsia〉는 '글로벌 브레인 개발The Development of a Global Brain' 이라는 특집 기사를 실었다.
- 〈뉴스위크〉는 과학이 어떻게 정신의 새로운 지평을 열어주고 있는가를 탐구하고, 멘털 리터러시를 특집 기사로 실어서 상당한 호평을 받았다.
- 〈타임〉은 약과 두뇌에 관한 기사를 다루었다.
- 〈US 뉴스〉는 창의적 사고에 대해 평소 지면의 2배에 달하는 분량의 특집 기사와, 정신과 인체 간의 관계를 헤드라인으로 다룬 특별호를 발간했다.
- 〈뉴사이언티스트The New Scientist〉는 20개의 두뇌를 표지 커버로 장식했다.
- 〈월스트리트저널〉은 두뇌 세포 연구를 대중화시켰다.
- 〈사이언티픽 아메리칸〉은 1992년 9월호에서 기억과 학습을 특집 기사로 한 '마음과 두뇌' 에 전면을 할애했다.

우리는 지금 이 언론 매체들의 활기찬 보도와 함께 국제 무대에서 급부상하고 있는 새로운 슈퍼스타를 보고 있다. 그들은 바로 브레인 스타다.

## 브레인 스타

20세기는 영화 스타들과 함께 출발해서 록 스타, 팝 스타, 스포츠 스타들로 빠르게 옮겨갔다. 21세기, 즉 '뇌의 세기The Century of the Brain' 는 건강한 신체에 건전한 정신이라는 원칙을 입증해주는 브레인 스타들과 함께 이미 시작되었다. 강건하고 정열적인 세계 체스 챔피언 게리 카스파로프Gary Kasparov는 방 벽에 자신의 포스터를 붙이고 세계 체스 명인이나 챔피언이 되는 꿈을 꾸는 전 세계 수백만 명의 어린이 팬들을 거느리고 있다.

이와 비슷하게 헝가리의 매력적인 소녀 쥬디트 폴가Judit Polgar도 세계 최연소 체스 명인으로서 동경의 대상이 되고 있다. 세계기억력대회에서 첫 대회를 비롯해 여섯 차례나 우승한 도미니크 오브라이언Dominic O'Brien은 마인드맵 기억법으로 전례 없는 엄청난 자료를 회상하여 신기록을 세울 수 있었고, 지금은 전 세계 TV에 정기적으로 출연하고 있다. 그리고 체스의 거장이자 게임과 사고에 관한 책들(100+!)의 세계 기록 보유자인 레이먼드 키니Raymond Keene는 자신의 마인드맵, 기사, 책 등을 통해 수많은 팬들을 거느리고 있는데 특히 TV 출연을 통해서(26장 301, 303쪽 참조)는 약 18만 명의 팬들이 그의 프로그램을 시청하기 위해 새벽 1시까지 TV 앞에 앉아 있게 했다.

유명한 천문학자이자 지구 밖 생물체의 지능을 연구하는 빌리언-달러-플러스Billion-dollar-plus의 책임자인 고故 칼 세이건Carl Sagan, 걸출한 브리지Bridge 게임 선수지만 배우로 더 유명했던 오마 샤리프Omar Sharif, 수평 사고(水平思考: 어떤 문제를 해결함에 있어 지배적인 고정관념에 얽매이지 않고 여러 각도에서 문제에 접근하여 결론을 내리려는 사고방식. 에드워드 드 보노가 처음 이 개념을 제안했다－옮긴이)를 수많은 청중들에게 강연하기 위해 전 세계를 순회하고 있는 에드워드 드 보노Edward De Bono, 체스를 대중들의 의식 속에서 다시 되살리고 50세의 나이에 복귀하여 보리스 스파스키Boris Spassky를 물리친 미국의 체스 천재 바비 피셔Bobby Fischer, 출판 역사상 최장기 베스트셀러를 기록한 《시간의 역사A Brief History of Time》를 저술한 케임브리지대학교의 물리학자 스티븐 호킹Stephen Hawking 등은 이 '뛰어난 두뇌 사단'의 또 다른 회원들이었다.

최근에는 수학 교수이자 세계 체커 챔피언으로서 대단히 박식한 65세의 메리언 틴슬레이Marion Tinsley 박사가 브레인 스타에 합류했다. 틴슬레이는 1954년 이래로 단 7게임만 지고 줄곧 세계 1위를 차지함으로써 나이와 정신력에 관한 근거 없는 모든 사회적 통념들을 일소시켰다. 그는 최근 세계 제2인자인 컴퓨터 프로그램 치누크Chinook를 물리쳤다. 그는 자신이 지닌 두뇌의 방사사고 능력에서 아주 작은 일부분만을 사용했을 뿐이라고 말했다. 약 270억 개가 넘는 포지션 데이터베이스를 갖고 1분에 300만 개의 동작을 계산해낼 수 있는 컴퓨터를 틴슬레이는 압도적으로 눌렀던 것이다!

이러한 추세에 발맞추어 '영국의 두뇌' 혹은 '위대한 지능의 소유자' 등과 같은 지능 퀴즈 프로그램과 브레인트러스트에서 주는 '올해의 최고 두뇌상'과 같은 메달 수상식 등이 점점 유행하고 있다. 올해의 최고 두뇌상에서 두뇌 게임의 수상은 최근 카스파로프Kasparov에게 메달이 돌아갔고, 육체 활용 분야에서는 치요노푸지Chiyonofuji에게, 엔지니어링 미디어 작품 분야에서는 진 로덴베리Gene Roddenberry에게 돌아갔다.

## 마인드스포츠올림피아드/월드메모리챔피언십(세계기억력대회)

최근의 조사에 따르면 약 1억 명이 넘는 사람들이 '트리비얼 퍼슈트(Trivial Pursuit: 사소하고 평범한 것들이 나오는 보드게임 – 옮긴이)'와 모노폴리(Monopoly: 부동산 취득 게임 – 옮긴이)를 하는 반면, 약 2억 명은 스크래블Scrabble이나 크로스워드Crosswords 퍼즐을 한다고 한다. 또 약 6000만 명은 브리지 게임을 하고, 약 2억 5000만 명은 체커 게임을 한다. 그리고 약 3억 명이 체스 게임을 한다. 마인드맵은 스스로 대변혁을 일으키기 때문에 전 세계에서 마인드스포츠라는 대변혁이 동시에 일어나고 있다. 제1회 마인드스포츠올림피아드는 전 세계 50여 개국에서 3000명이 넘는 참가자들이 모인 가운데 1997년 영국 런던에서 개최되었다. 그리고 세기가 바뀌면서 제4회 올림피아드가 열렸는데, 이때는 74개국에서 3만 명이 넘는 참가자가 모여 성황리에 개최되었다! 올림피아드 대회는 보드 게임, 카드 게임, 컴퓨터 게임, 그리고 기억력, 창의적 사고, 속독, 사고력, 마인드맵과 같은 정신 기술들을 주요 종목으로 채택하고 있다.

## 멘털 리터러시

이 모든 추세는 멘털 리터러시에 대한 관심이 점차 범세계적으로 증가하고 있음을 보여주고 있다. 멘털 리터러시에 대한 정의를 내리자면 이렇다.

MIND MAP

일반적으로 리터러시는 알파벳 문자와 숫자, 그리고 문자와 수의 무한한 순열 조합을 이해하는 것을 뜻한다. 멘털 리터러시는 두뇌의 생물학적 알파벳과 대뇌피질, 뇌세포, 학습, 기억력과 창의력 등을 포함한 두뇌의 행동 양상을 이해하는 것이다.

두뇌의 방사상 생물학적·개념적 구조를 강조하는 《마인드맵 북》은 멘털 리터러시로 가는 입문서이자 개인, 가족, 단체, 사회, 문명 세계에 긍정적인 영향을 미치는 개념이 될 것이다.

### 1 멘털 리터러시를 갖춘 개인

역사적으로 볼 때 멘털 리터러시를 갖추지 못한 '정신적 문맹인 상태'에서는 개인의

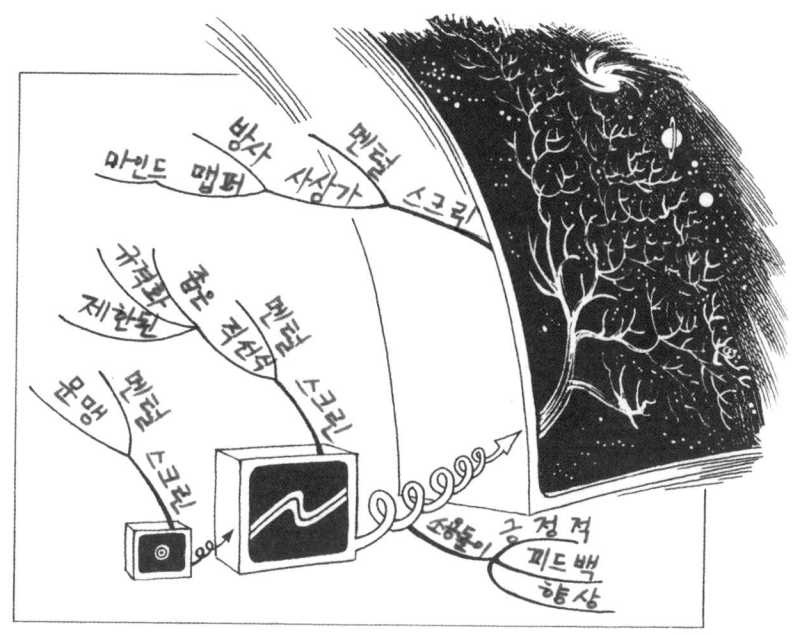

정신적 문맹, 직선식 사고, 방사사고에 관한 '멘털 스크린'의 크기를 비교한 그림.
방사사고를 하는 사람의 자동 자기향상 피드백 루프는 멘털 스크린을 한없이 키울 가능성이 높다(345쪽 참조).

정신이 이러한 개념적인 틀을 확장하는 데 도움이 되는 가장 기본적인 멘털 리터러시 도구조차 사용하지 못하고 상대적으로 소개념적인 틀 속에 갇혀 있다. 심지어는 전통적으로 '잘 교육 받은' 개인이나 지식인조차 이용할 수 있는 생물학적·개념적 사고 툴들 중 한 부분만 사용할 수 있다는 사실에 상당한 제약을 받고 있다.

### 인식력의 확대

멘털 리터러시를 지닌 사람은 방사상으로 공동 작용하는 사고 엔진을 가동할 수 있고, 개념적인 틀과 무한한 가능성을 지닌 새로운 패러다임을 창조할 수 있다. 위의 삽화는 정신적 문맹, 직선식 사고, 방사사고 정신에 관한 '멘털 스크린Mental Screen'을 나타낸 것이다. 제일 오른쪽에 있는 마지막 스크린은 지능을 갖춘 기계의 본질에 의해 계속 성장하여 크기와 면적이 무한한 가능성을 지닌 채 확대됨을 보여준다. 이렇게 엄청난 지적 자유를 만끽하게 하고 각 개인의 두뇌가 지닌 타고난 능력(치밀하고, 능률적이면서 아름답고, 잠재적으로 무한한 한계를 가진 강력한 발전소)을 반영하는 것은 바로 방사사고를 하는 사람의 자동 자기향상 피드백 루프(Feedback Loop: 출력의 일부를 입력으로서 사용하여 시스템을 수정 또는 제어하는 시스템의 구성 요소 또는 처리 – 옮긴이)다. 방사사고의 원리를 두뇌에 적용하면 선택하고, 기억하고, 창의적 사고를 하는 주요 지적 활동의 폭을 자유롭게 넓힐 수 있다. 자신의 사고 구조를 알면 의식적인 정신 과정뿐만 아니라 잠재의식적 정신 과정까지도 사용하여 선택과 의사결정을 하게 된다. 광대한 대륙, 행성, 은하계, 그리고 인간 두뇌의 소우주는 멘털 리터러시를 지닌 사람들이 탐험해주기만을 기다리고 있다.

멘털 리터러시를 지닌 사람은 또한 기억력과 창의적 사고의 핵심 원동력을 실제 그대로 볼 수 있다. 사실상 기억력과 창의적 사고는 같은 시간에 다른 장소를 차지하고 있는 동일한 정신 과정이다. 기억은 과거를 현재에서 재창조하는 것이다. 창의성은 현재에서 미래로 기억과 동일한 정신 구조를 투영하는 것이다. 마인드맵으로 기억력이나 창의력 둘 중 하나를 의식적으로 개발하다 보면 자동적으로 둘 다 커지게 된다. 개인이 멘털 리터러시 기술을 개발하고 그 인식 스크린을 확대시키는 가장 효과적인 방법은 10장(115쪽)에서 설명한 방사사고 가이드라인을 그대로 따라 하는 것이다. 그 가이드라인은 '위대한 두뇌들'(2장과 부록 '위대한 두뇌들의 노트' 퀴즈를 참조하라)이 사용하는 것과 똑같은 정신기술을 개발하기 위해 마련된 훈련이다. 두뇌의 모든 기능을 가장 폭넓게 사용한 것으로 누구나 인정하는 레오나르도 다 빈치는, 이런 가이드라인들을 완벽하게 반영하고 충분히 그 기능을 다하는 멘털 리터러시를 갖춘 두뇌 개발을 위해 다음 4가지 원칙을 만들었다.

MIND MAP

## 멘털 리터러시를 갖춘 두뇌 개발을 위해 레오나르도 다 빈치가 정한 규칙들

1 과학을 예술적으로 연구하라
2 예술을 과학적으로 연구하라
3 감각을 개발하라 – 특히 보는 법을 배워라
4 모든 것은 다른 모든 것과 연결되어 있다는 것을 인식하라

현대의 마인드맵핑 용어로 말하자면 다 빈치는 이렇게 말했을 것이다.

자신의 모든 두뇌 기능을 개발하라, 두뇌가 정보를 받아들이는 모든 메커니즘을 개발하라.
그리고 두뇌가 공동 작용하고 방사형 우주에서 끝없이 방사상으로 뻗어나가는 연상결합기
라는 것을 인식하라.

마인드맵 가이드라인과 다 빈치의 규칙을 적용함으로써 두뇌는 자신만의 독특한 개인
적인 표현들을 개발하고, 지금까지 생각지 못했던 분야를 탐험할 수 있다. 페트르 아노
킨 교수는 1장 41쪽에서 인용한 말을 한 후 이어서 이렇게 말했다.

"지금까지 두뇌의 전 잠재력을 탐험한 인간은 없다. 그러므로 우리는 인간 두뇌의 잠재력
에 대한 그 어떤 제한적 한계도 인정하지 않는다 ― 그것은 무한하다!"

## 2 멘털 리터러시를 갖춘 가족

멘털 리터러시를 가진 가족에서 강조되는 것은 성장, 커뮤니케이션, 학습, 창의력, 그
리고 사랑이다. 각 가족 구성원은 다른 가족 구성원들이 경이적인 방사사고를 하면서 말
로 표현할 수 없을 정도로 복잡하다는 것을 깨닫고 가족을 소중히 생각한다. 존 레이더
플랫John Rader Platt은 이렇게 말했다.

두뇌가 지닌 이러한 복잡성의 특징이 우리가 더욱 뚜렷이 인지할 수 있도록 눈으로 봐서
알 수 있을 만큼 선명하게 변형될 수 있다면, 생물학적 세계는 물리적 세계와 비유되는 걸
어다니는 빛의 세계가 될 것이다. 대폭발을 일으키는 태양은 장미 덤불에 비유될 정도로
희미하고 단순하게 사그라질 것이고, 지렁이는 횃불이 될 것이고, 개는 빛의 도시가 될 것
이고, 인간은 빛나는 태양처럼 두드러지고 물리적 세계의 우중충한 밤을 서로 밝혀주는 섬

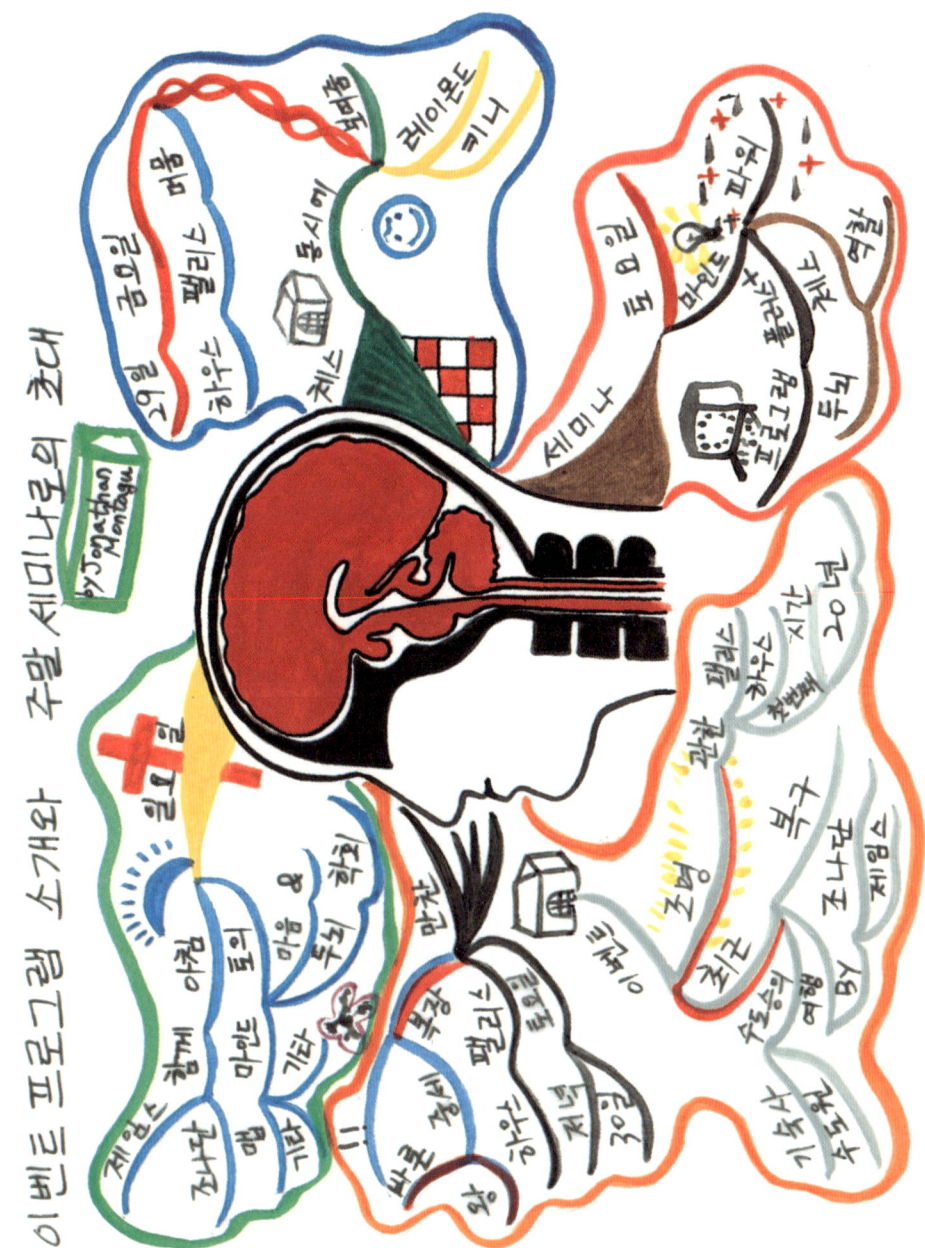

이른 봄날부터의 조나던 몬태규(Jonathan Montagu)가 주말에 있을 세미나 개요를 마인드맵한 것(350쪽 참조)

멘탈 리터러시 사회를 만들기 위한 계획을 그린 세이크 탈리브의 마인드맵(351~352쪽 참조)

광처럼 폭발할 것이다. 서로의 눈에 상처를 줄 정도다. 후광을 가진 진기하고 복잡한 인간

의 머리를 보라.

그렇지 않은가?


아니다, 맞다.


### 3 멘털 리터러시를 갖춘 단체

앞으로 멘털 리터러시를 갖춘 단체(클럽, 학교, 대학 또는 기업체)는 가족과 똑같은 원리와

이해, 그리고 비전을 지닌 확대 가족의 모습으로 나타날 것이다.

그 첫 번째 징후는 1990년대 초반에 이미 나타나기 시작했다. 두뇌를 사용하는 방법을

배우고 싶은 사람 누구에게나 개방되어 있는 국제자선단체 브레인트러스트는 10개국에

유즈유어헤드 지사를 내고 전 세계에 회원이 있는 유즈유어헤드 클럽 저널인 〈유즈 유어

헤드/시냅시아Synapsia〉를 발간하고 있다.

학교에서도 점점 많은 교사들과 학생들이 멘털 리터러시에 합류하고 있고, 영국의 유

명한 이튼Eton 공립학교에서는 교내 브레인클럽의 회원이 창설 원년에 300명을 넘어섰

다(348쪽 참조)!

그 사이에 영국의 더럼대학교에서는 제임스 리James Lee가 주창하여 멘털 리터러시의

확산을 위해 클럽이 조직되었고, 영국의 모든 대학을 연결하는 네트워크 시스템을 갖추

게 되었다.

비즈니스계에서도 역시 멘털 리터러시 경향이 가속화되고 있다. 25장(287쪽), 26장(295

쪽), 27장(305쪽)에서 보여준 수많은 사례 외에 전문직 작가들과 사상가들도 똑같은 결론

에 이르고 있다. 피터 드러커Peter Drucker는 저서 《혁신과 기업가 정신Innovation and

Entrepreneurship》에서 "미래의 경영자는 학습 가이드로서의 역할만 하게 될 것이다"라고

예측했다. 존 나이스비트John Naisbitt도 《메가트렌드 2000Megatrends 2000》에서 모든 메가

트렌드의 기초를 이루는 메가트렌드를 확인함으로써 2000년대를 향해 나아가는 인류의

10가지 트렌드를 한마디로 요약했다. "배우는 방법을 배우는 것이 가장 중요한 점이다."

26장(302쪽의 마인드맵)을 참조하라.

《미래 쇼크Future Shock》의 저자 앨빈 토플러Alvin Toffler도 최신작 《권력 이동Power Shift》에서 이렇게 말했다. "미래의 문맹은 더 이상 글을 읽을 줄 모르는 사람을 의미하는 것이 아니다. 배우는 방법을 배울 줄 모르는 사람을 가리키는 말이 될 것이다."

### 4 멘털 리터러시를 갖춘 사회

멘털 리터러시를 갖춘 개인과 가족, 단체가 증가함에 따라 우리는 곧 멘털 리터러시를 갖춘 사회의 출현을 볼 수 있을 것이다. 이러한 트렌드의 중요성과 그 함축적인 의미를 깨달은 미국의 상원은 의회에서 1990년대를 '두뇌의 시대Decade of the Brain'라고 공표했다.

> 미국 의회의 상원과 하원에서는 1990년 1월 1일부터 시작되는 10년간을 '두뇌의 시대'로 정했다. 그리고 미국의 대통령은 미국의 모든 공직자와 국민들에게 이러한 시대에 맞는 적절한 프로그램과 활동을 요청하는 성명서를 공표하도록 권한을 부여 받았다.

이 발안은 미국에서 이미 상당한 효과를 거두고 있다. 두뇌에 대한 활발한 연구와 탐구를 조장한 것은 물론이고 EDS와 같은 기업체에서는 멘털 리터러시의 증진을 목적으로 하는 '교육 복지' 프로그램을 시작했다. 또한 두뇌의 학습 능력을 이해하는 새로운 방법을 모색하고, 전국적인 규모의 평생학습 프로그램을 개설하고, 미래가 필요로 하는 학교를 연구하는 '교육 2000'이라는 프로그램이 시작되었다. 게다가 라디오와 TV 프로그램, 그리고 일반 대중매체에서 나날이 증가하는 두뇌 관련 특집 프로그램은 이러한 지적 기류가 형성되는 데 한몫을 했다.

학계에서는 '두뇌의 시대'라는 일반적인 자극과 '인간 지능 개발 장관Minister for the Development of Human Intelligence'이라는 직책을 만들어낸 베네수엘라의 특별한 독창력을 중요하게 생각하고 있다.

349쪽의 마인드맵은 아랍의 철학자이자 사상가인 세이크 탈리브Sheikh Talib가 만든 것으로, 멘털 리터러시를 갖춘 사회를 개발하려는 계획을 마인드맵으로 정리한 것이다. 언어를 아우르는 속성을 보여주는 이 마인드맵은 교육, 정치, 경제의 안정된 기반을 다루고 있으며 농업, 서비스, 운영 메커니즘, 산업, 커뮤니케이션, 마케팅이라는 다른 주요 요소들을 포함하고 있다.

마인드맵의 오른쪽에 있는 '정보 기술'은 현대 사회가 의사소통하는 방법과 비즈니스를 행하는 방법에서 더욱더 중요해졌기 때문에 강조되어 있다. 왼쪽의 '교육' 가지는 학사모를 쓰고 서로 마주보고 있는 두 눈을 보여준다. 세이크 탈리브는 이렇게 말하고 있다.

이것은 교육자들을 교육할 필요가 있음을 강하게 시사하는 것이다. 많은 국가들이 그러한 교육의 엄청난 중요성을 깨닫지 못하고 이 임무를 게을리 해왔다. 어떤 단계에서든 수정이 이루어지려면 계획이 훌륭해야 성공할 수 있다. 그러므로 계획은 유연하고 활동적이어야 한다. 즉, 살아 있는 계획이어야 한다.

이 특별한 마인드맵에 관한 재미있는 에피소드가 하나 있다. 이 마인드맵의 초기 단계에 한 젊은 여직원이 이것을 슬쩍 훔쳐보았다. 그래서 탈리브가 무엇을 보았느냐고 물었다. 여직원은 잠시 생각하더니 이렇게 대답했다. "그것은 더 좋은 사회를 만드는 것에 관한 그림입니다." 그 여직원은 아랍어를 읽지 못할 뿐만 아니라 마인드맵의 주제에 대해 미리 알고 있었던 것도 아니었다. 이것은 마인드맵이 커뮤니케이션의 기본 도구로서 성공적이라는 것과 인간의 두뇌가 어떻게 작용하는지에 관한 연구의 중요성을 명백하고 생생하게 보여주는 예다.

## 5 멘털 리터러시를 갖춘 문명

현재 세계는 멘털 리터러시를 갖춘 사회에서 멘털 리터러시를 갖춘 문명으로 발전하는 한 단계에 지나지 않는다. 그 단계는 실제 21세기의 여명기에 자선단체 브레인트러스트가 21세기는 두뇌의 세기가 될 것이고, 세 번째 밀레니엄은 마음의 밀레니엄이 될 것이라 선언함으로써 시작되었다. 이에 대해 좀 더 알고 싶거나 비슷한 마인드를 가진 사람들과 교류하고 싶으면 www.msoworld.com(마인드스포츠올림피아드 공식 홈페이지-옮긴이)을 활용하기 바란다. 우리는 아직 발달되지도 않은 태아 상태의 두뇌를 이제 겨우 흉내 내기 시작한 정보 구조를 가지고 컴퓨터, 위성, 미디어 네트워크 등을 통한 방사사고의 폭발로 인해 전 세계에 걸쳐 첫 단계를 밟아가고 있다. 그래서 커뮤니케이션과 이해가 점점 더 빨라지고 복잡해져감과 동시에, 더욱 접근하기 쉽고 이해하기 쉬운 지구를 상상하고 계획하는 것이 점차 가능해지고 있다. 지금부터 약 400만 년이 지나면 글로벌 브레인이 등장한다고 말한 철학자 올라프 스태플든(Olaf Stapledon: 영국의 작가이자 철학자로 《스타메이커Star Maker》《시리우스Sirius》 등의 작품을 통해 현대 과학소설사에서 가장 영향력 있는 인물 가운데 하나로 추앙되고 있으며, 다이슨 구Dyson sphere나 유전공학, 테라포밍(Terraforming: 지구화라고도 하며 지구가 아닌 다른 행성 및 위성, 기타 천체의 환경을 지구의 대기 및 온도, 생태계와 비슷하게 바꾸어 인간이 살 수 있도록 만드는 작업-옮긴이) 등 다양한 미래의 과학기술 아이디어를 제시했다-옮긴이)의 상상력이 실현에 점점 가까워지고 있다. 그는 소설 《스타 메이커》에서 이렇게 말하고 있다.

인간의 모든 두뇌를 포함하여 행성 전체를 둘러싸고 있는 방사 시스템은 인종 간의 경험을 통해 인종 자체의 육체적 근거가 된다. 개인은 인간의 모든 육체에 자신이 통합되어 있음을 깨닫게 된다. 그는 모든 연인들의 상호 간 포옹을 비롯한 모든 신체적 접촉을 직관적으로 단번에 알아차린다. 모든 남녀들의 무수한 발을 통해서는 온 세상을 지척에 두어 한 손에 닿을 듯 파악한다. 모든 사람들의 눈을 통해 세상을 보고, 눈으로 보는 모든 분야를 한눈에 이해한다. 이리하여 그는 그 행성 전체를 느끼는 즉시 바로 이해하고, 계속해서 변화하는 하나의 둥근 모양으로 인식한다.

그뿐만이 아니다.

그는 이제 개인들 위에 군림하듯이 그룹의 마음 위에 군림한다. 그는 살아 있는 뇌세포를 조사하듯 그들을 지켜본다. 뿐만 아니라 모든 것을 천문학적으로 이해한다. 인간의 모든 눈과 관측 장치를 통해서 자신이 항해하고 있는 세계를 주시하고, 외부로 눈을 돌려 우주를 응시한다. 그는 자신이 살고 있는 세상의 가장자리부터 태양계에 이르기까지 행성들과 태양을 마치 쌍안경으로 보는 것처럼 입체적으로 인식한다. 게다가 그가 인식하고 있는 '현재'는 한순간이 아니라 무한한 시간이다.

과연 우리가 이러한 멘털 리터러시 미래로 다가가기 시작하는 것이 가능하기나 한 것일까? 《마인드맵 북》은 그 가능성을 제시한다.

## 방사사고 – 찬란한 미래

그 가능성을 알아보기 위해서는 잠시 우주에서 두뇌로 되돌아가 경제와 오염, 그리고 전반적인 지구의 상태에 관한 실망스런 뉴스 더미 속에서 레이더 플랫의 희망의 횃불을 찾을 필요가 있다. 우리의 현재 상황을 완전히 이해하려면, 나아가 미래를 좀 더 현실적으로 해석하고자 한다면 미래의 모든 가능성에 가장 중대한 영향을 미치는 단 하나의 요소를 아주 자세하게 살펴보는 것이 필수적이다. 이 중대한 요소는 전반적인 환경도 아니고, 경제학 이론이나 심리학 이론도 아니고, 심지어는 '인류의 근본적인 호전성'도 '되돌릴 수 없는 역사의 물결'도 아니다. 불을 보듯 뻔하고 너무도 분명한 중대한 그 요소는 《마인드맵 북》에서 지금까지 다루어온 주제이고, 방정식의 나머지를 기록하고 관리하고 지시하는 인간 두뇌의 방사사고다.

이 믿을 수 없을 만큼 복잡하고 신비스런 기관을 더 많이 이해하고, 인류라는 가족(우리 자신과 우리의 동료 인간들)에 관해 좀 더 많이 이해하며, 모든 사물의 내적 연관성과 상대성을 더 많이 이해하는 데 미래를 향한 우리의 희망이 존재한다.

틀림없이 그렇게 될 수 있다.

**아니 그렇게 할 수 있다!**

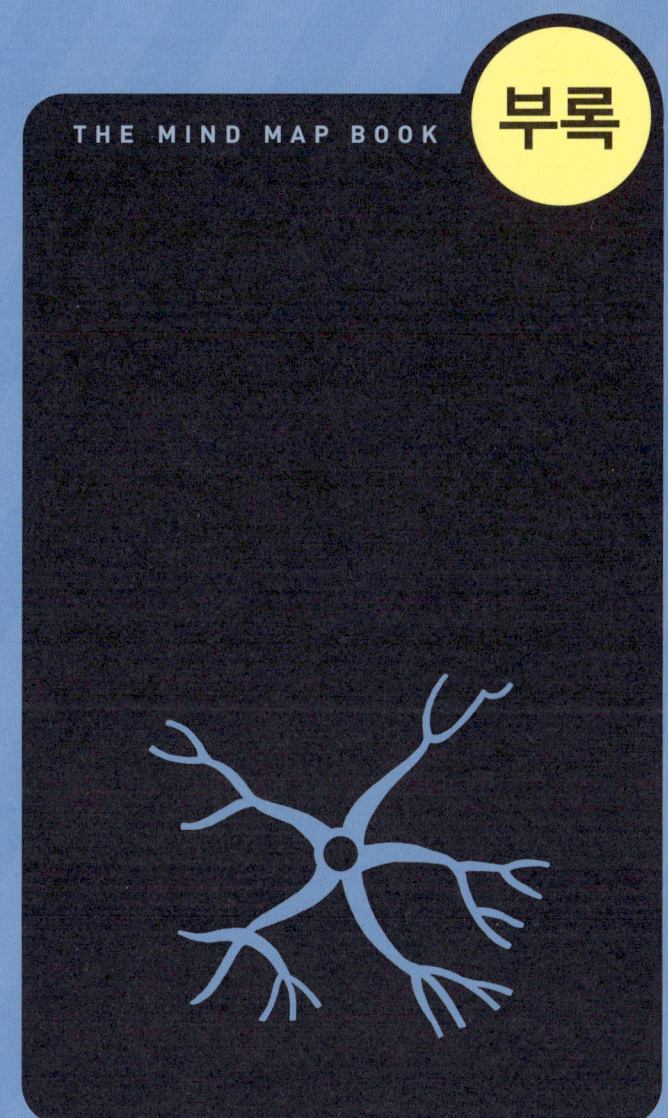

THE MIND MAP BOOK

부록

## 위대한 두뇌들의 노트 퀴즈

부록은 정치, 군사, 건축, 미술, 시, 과학, 문학 분야의 위대한 사상가 17인의 노트를 다루고 있다. 이 노트들은 첨단 지능을 소유한 사람들은 보통 사람들의 두뇌 기능 영역보다 큰 영역을 사용하는 것이 당연함을 보여준다. 여기서는 여러분의 정보와 재미를 위해 이 노트들을 퀴즈 형태로 실어놓았다. 각각의 노트와 그 노트를 작성한 위대한 사상가를 맞추어보라. 이 책이 출간되기 전까지 이 퀴즈의 최고 점수는 17점 중 7점이었다!

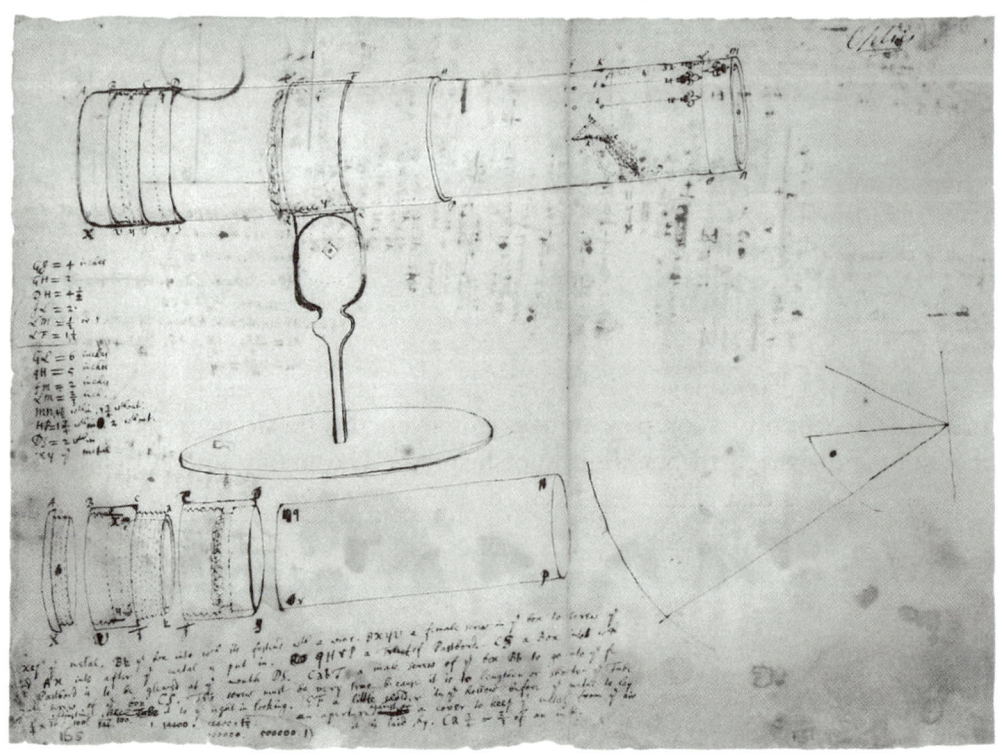

위대한 두뇌 노트 A

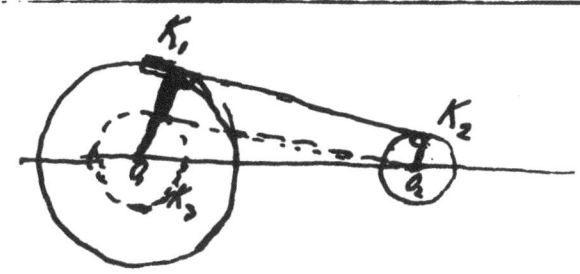

The radius of $K_3$ is the difference $r_3 = r_1 - r_2$.

The tangent $O_2 \rightarrow K_3$ is $\parallel$ to the tangent on $K_1$ and $K_2$ and can be easily constructed. This gives the solution.

A. E.

위대한 두뇌 노트 B

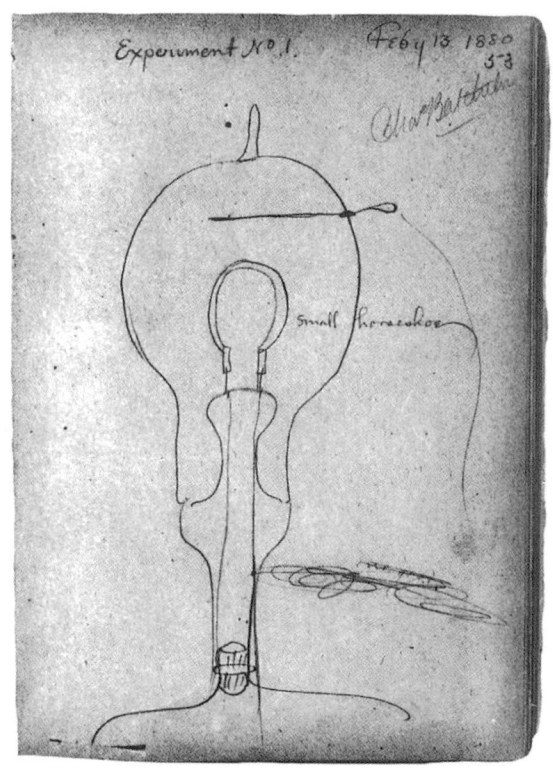

위대한 두뇌 노트 C

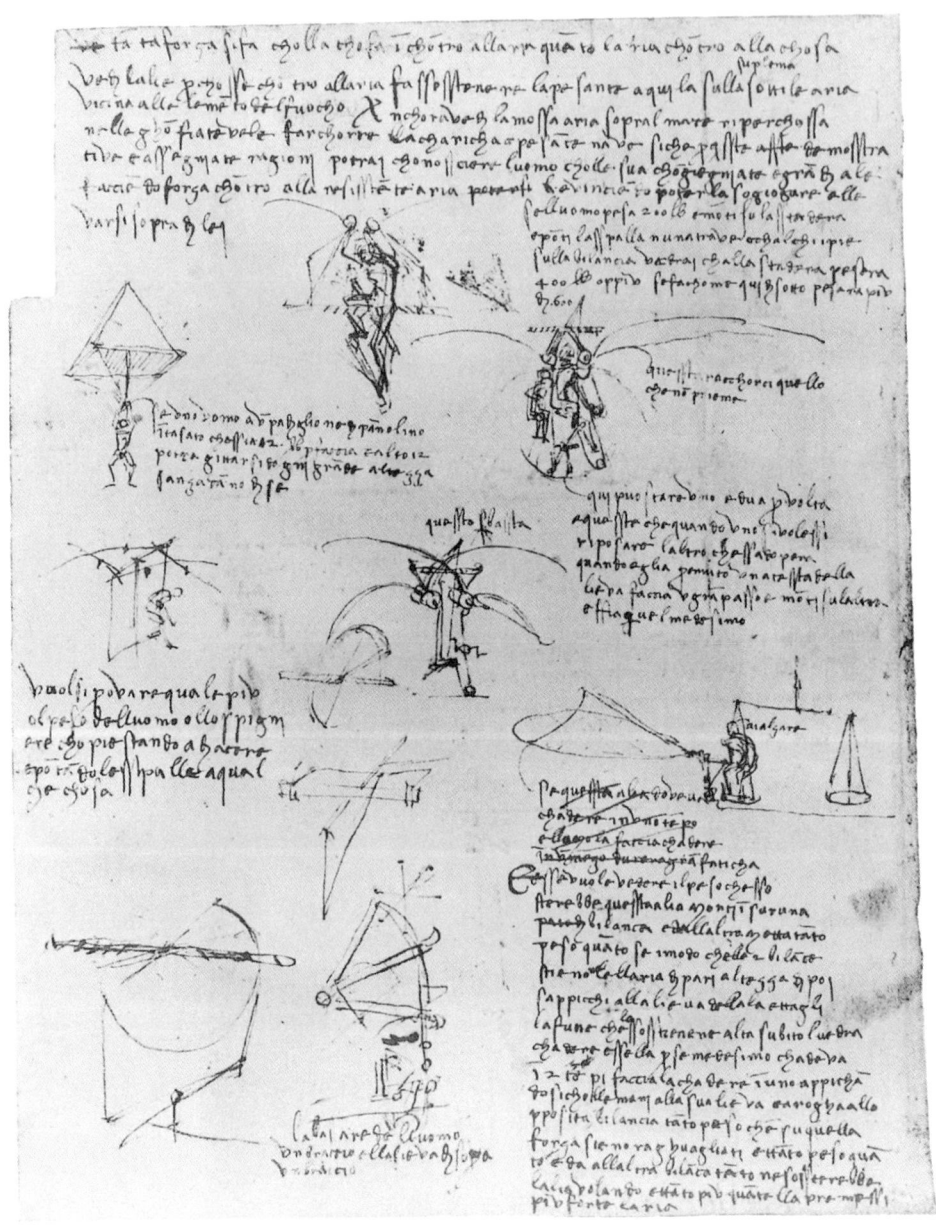

위대한 두뇌 노트 D

In the annexed designe of this experiment

A B C <sup></sup> representeth ye Prism set endwise to sight, close by ye hole F of ye window E G. Its verticall angle A C B may conveniently be about 60 degrees. M N designes ye lens. Its breadth 2½ or 3 inches. S F one of ye straight lines in wch difform rayes may be conceived to flow successively from ye Sun. F P & F R two of those rayes unequally refracted, which ye Lens makes to converg towards ℓ, & after decussation to diverge again. And H I ye paper at divers distances on which ye colours are projected: which in ℓ constitute whitenesse, but are red & yellow in R, r, & ρ; & blew & purple in P, p, & π.

If you proceed further to try ye impossibility of changing any uncompounded colour, wch I have asserted in ye 3d & 13th propositions; 'tis requisite yt ye Room be made very dark, least any scattering light mixing wth ye colour, disturb & allay it & render it compound, contrary to ye designe of ye experimt. 'Tis also requisite that there be a perfecter separation of ye colours then after ye manner above described can be made by ye refraction of one single Prism; & how to make such further separations will scarce be difficult to them that consider ye discovered laws of refractions. But if tryall shall be made wth colours not throughly seperated there must be allowed changes proportionable

위대한 두뇌 노트 E

위대한 두뇌 노트 F

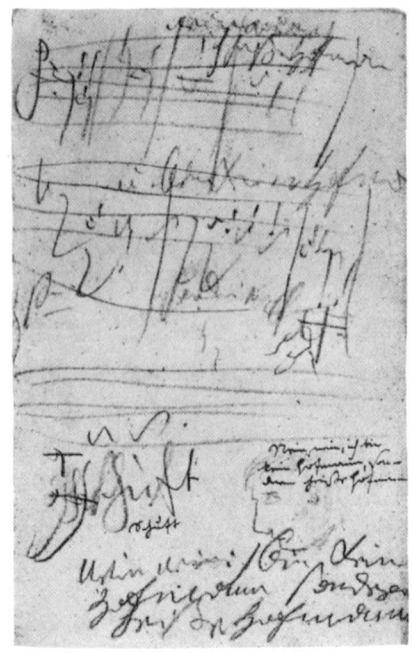

위대한 두뇌 노트 G

위대한 두뇌 노트 H

위대한 두뇌 노트 I

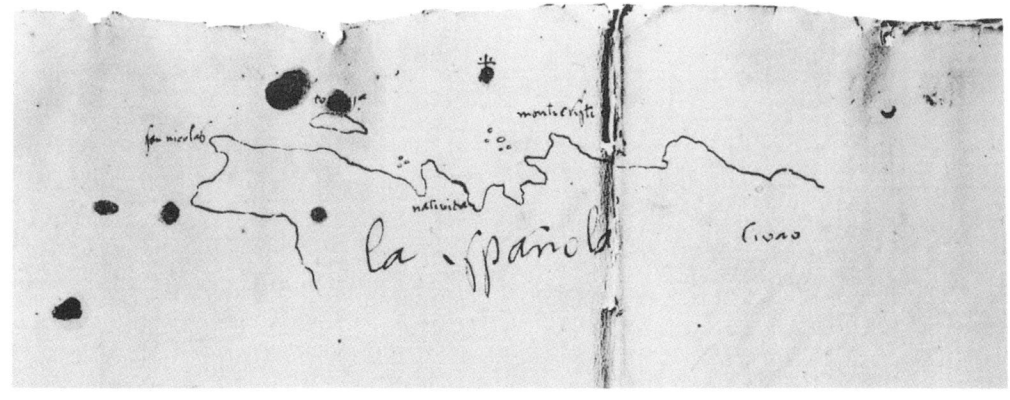

위대한 두뇌 노트 J

위대한 두뇌 노트 K

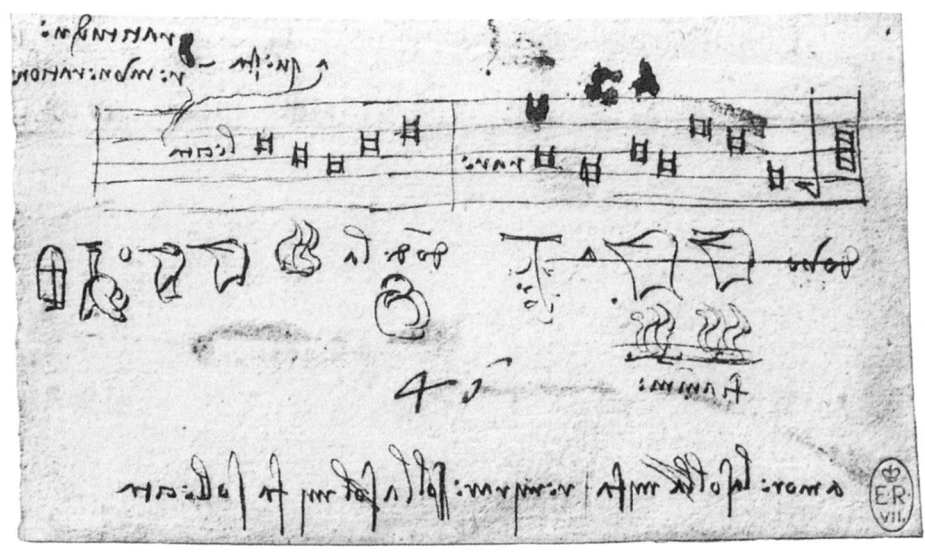

위대한 두뇌 노트 L

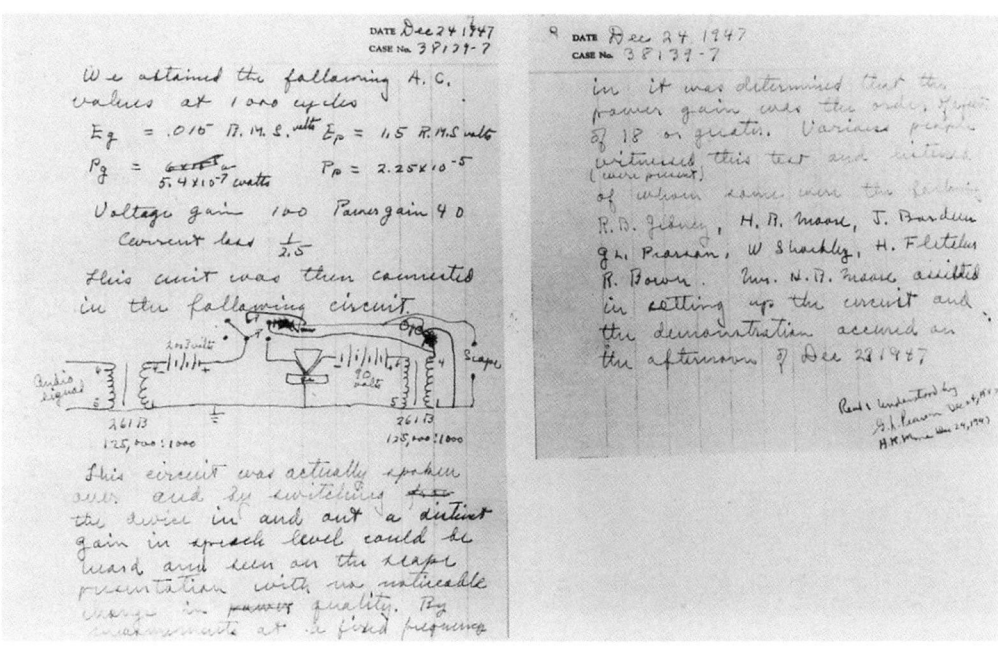

위대한 두뇌 노트 M

위대한 두뇌 노트 N

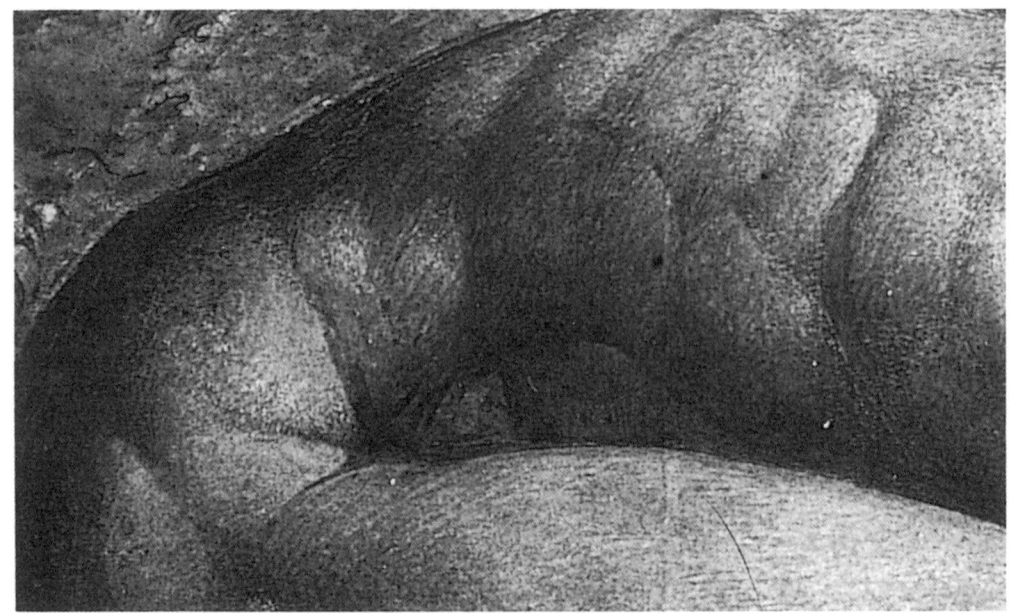

위대한 두뇌 노트 O

위대한 두뇌 노트 P

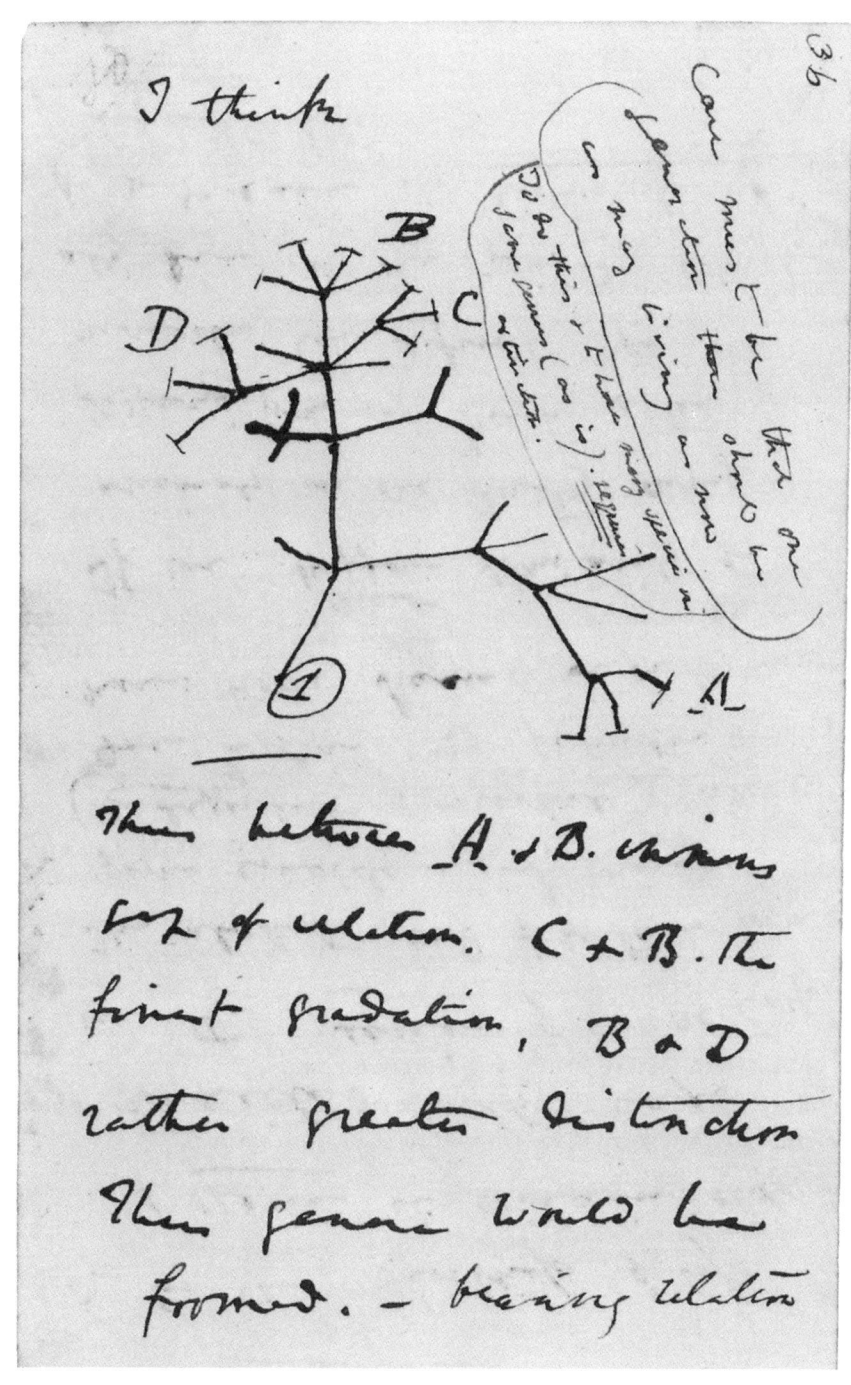

위대한 두뇌 노트 Q

# 자연구조 도판 퀴즈 해답

| 쪽 | 도판 번호 | 해답 |
|---|---|---|
| 2~3 | 자연구조 도판 1: | 성운星雲 |
| 23 | 자연구조 도판 2: | 나미비아(남아프리카의 대서양에 면한 공화국)의 퀴버 Quiver 나무 |
| 42 | 자연구조 도판 3: | 번개 |
| 56 | 자연구조 도판 4: | 인슐린Insulin 분자 |
| 62 | 자연구조 도판 5: | '혼돈 속의 질서'(컴퓨터 그래픽: AABABABABAABA BAB… 순으로 변화하는 매개변수로 논리적 방정식을 설명하는 리아프노프Lyapunov. A는 횡좌표, B는 세로좌표, 사진의 오렌지색 그림은 주기성을 나타내고 뒷배경의 검은색은 혼돈을 나타낸다.) |
| 70 | 자연구조 도판 6: | 규조(Diation: 규조과에 속하는 식물의 총칭이며 규소를 많이 함유한 미세한 단세포로 되어 있고, 유해로서 주로 세포막이 남아 규조토가 됨)의 현미경 사진 |
| 73 | 자연구조 도판 7: | 톱야자Saw Palmetto 나뭇잎 |
| 78 | 자연구조 도판 8: | 민들레 씨앗 머리 |
| 89 | 자연구조 도판 9: | 거대한 산호 |
| 98 | 자연구조 도판 10: | 괄태충 모양의 조개 |
| 103 | 자연구조 도판 11: | '날개가 일곱인 새'(컴퓨터 그래픽: 비행기의 되풀이되는 점에 착안한 무질서한 유인자. 이 그림에서 점들은 무질서하게 움직인다. 수많은 점들만이 체계적인 구조를 식별할 수 있도록 허용한다) |
| 119 | 자연구조 도판 12: | 아침 이슬을 머금은 거미집 |
| 146 | 자연구조 도판 13: | 숫공작이 꼬리를 펼친 모습 |
| 150 | 자연구조 도판 14: | 거대한 산호 |

# 위대한 두뇌들의 노트 퀴즈 해답

| 쪽 | 노트 번호 | 해답 |
| --- | --- | --- |
| 54(위) | 위대한 두뇌 노트 1: | 파블로 피카소 – 〈에이절 y 블랑코Asul y Blanco〉 원고(1894년) 중에서 |
| 54(아래) | 위대한 두뇌 노트 2: | 레오나르도 다 빈치 – 스케치 |
| 356 | 위대한 두뇌 노트 A: | 아이작 뉴턴 – 망원경을 그린 자필 스케치 |
| 357(위) | 위대한 두뇌 노트 B: | 앨버트 아인슈타인 – 한 여학생의 질문에 대한 답변 도식 |
| 357(아래) | 위대한 두뇌 노트 C: | 토머스 에디슨 – 1880년 노트에 그린 전구 도안 |
| 358 | 위대한 두뇌 노트 D: | 레오나르도 다 빈치 – 낙하산과 초기 비행기의 날개 그림 |
| 359 | 위대한 두뇌 노트 E: | 아이작 뉴턴 – 1671년 6월 2일 올덴버그Oldenburg에게 보낸 빛에 관한 실험을 설명한 편지 |
| 360(왼쪽 위) | 위대한 두뇌 노트 F: | 미켈란젤로 – 해부 비율 연구 |
| 360(오른쪽 위) | 위대한 두뇌 노트 G: | 베토벤 – 1891년 손님과의 대화에 사용된 《담화집Conversation Books》의 한 쪽 |
| 360(아래) | 위대한 두뇌 노트 H: | 제임스 조이스James Joyce – 1920년대에 출간된 《율리시스Ulysses》에 나오는 레오폴드 블룸Leopold Bloom의 그림 |
| 361(위) | 위대한 두뇌 노트 I: | 빈센트 반 고흐 – 1888년 6월 아를Arles의 에밀 베르나르Emile Bernard에게 보낸 편지 |
| 361(아래) | 위대한 두뇌 노트 J: | 크리스토퍼 콜럼버스 – '산타마리아호Santa Maria'의 항해일지에서 발췌한 히스파니올라Hispaniola섬의 지도 스케치 |
| 362(위) | 위대한 두뇌 노트 K: | 윌리엄 블레이크William Blake – 〈순수의 노래Songs of Innocence〉 중 '어린양The Lamb' |

# 참고 문헌

**Aiken, E. G., Thomas, G. S.,** and **Shennum, W. A.** "Memory for a lecture: Effects of notes, lecture rate, and information density." *Journal of Educational Psychology* **67** (3), 439~444, 1975.

**Anderson, J. R.** *Cognitive Psychology and Its Implications*. Second edition. New York: W. H. Freeman & Co., 1985.

**Anderson, J. R.** "Retrieval of propositional information from long-term memory." *Cognitive Psychology* **6**, 451~474, 1974.

**Anokhin, P. K.** "The Forming of natural and artificial intelligence." *Impact of Science on Society, Vol. XXIII* **3**, 1973.

**Ashcraft, M. H.** *Human memory and cognition*. Glenview, Illinois: Scott, Foresman & Co., 1989.

**Atkinson, Richard C.,** and **Shiffrin, Richard M.** "The Control of Short-term Memory." *Scientific American*, August 1971.

**Baddeley, Alan D.** *The Psychology of Memory*. New York: Harper & Row. 1976.

**Bever, T.** and **Chiarello, R.** "Cerebral dominance in musicians and non-musicians." *Science* **185**, 137~139, 1974.

**Bloch, Michael.** "Improving Mental Performance" biographical notes. Los Angeles: Tel/Syn 1990.

**Borges, Jorge Luis.** *Fictions* (especially 'Funes, the Memorious' ). London: Weidenfeld & Nicolson, 1962.

**Bourne, L. E., Jr., Dominowski, R. L., Loftus, E. F.,** and **Healy, A. F.** *Cognitive Processes*. Englewood Cliffs, NJ: Prentice-Hall Inc., 1986.

**Bower, G. H.,** and **Hilgard, E. R.** *Theories of Learning*. Englewood Cliffs, NJ: Prentice-Hall Inc., 1981.

**Bower, G. H., Clark, M. C., Lesgold, A. M.,** and **Winazenz, D.** "Hierarchical retrieval schemes in recall of categorized word lists." *Journal of Verbal Learning and Verbal Behavior* **8**, 323~343, 1969.

**Breznitz, Z.** "Reducing the gap in reading performance between Israeli lower- and middle class first-grade pupils." *Journal of Psychology* **121** (5), 491~501, 1988.

**Brown, Mark.** *Memory Matters*. Newton Abbot: David & Charles, 1977.

**Brown, R.,** and **McNeil D.** "The 'Tip-of-the Tongue' Phenomenon." *Jounal of Verbal Learning and Verbal Behavior* **5**, 325~337.

**Bugelski, B. R., Kidd, E.,** and **Segmen, J.** "Image as a mediator in one-trial paired-associated learning." *Journal of Experimental Psychology* **76**, 69~73, 1968.

**Buzan, Tony. The Mind Set.** Incoporates a smaller format edition of *The Mind Map Book*, plus revised and updated editions of *Use Your Head, Use Your Memory, Master Your Memory* and *The Speed Reading Book*. All revised editions published by BBC Worldwide, London, 2000.

*Head Fist!, The Power of Creative Intelligence, The Power of Spiritual Intelligence, The Power of Social Intelligence, The Power of Verbal Intelligence, Head Strong, How to Mind Map, Mind Maps for Kids*, All London: Harper Collins, 2003.

**Buzan, Tony.** WH Smith GCSE Revision Guides (60).

**Carew, T. J., Hawkins, R. D.,** and **Kandal, E. R.,** "Differential classical conditioning of a defensive withdrawal reflex in Aplysia California." *Science* **219**, 397~400, 1983.

**Catron, R. M.,** and **Wingenbach, N.** "Developing the potential of the gifted reader." *Theory into Practice,* **25** (2), 134~140, 1986.

**Cooper, L. A.,** and **Shepard, R. N.** "Chronometric studies of the rotation of mental images. In Chase, W. G. (Ed.) *Visual Information Processing.* New York: Academic Press, 1973.

**Daehler, M. W.,** and **Bukatko, D.** *Cognitive Development.* New York: Alfred A. Knopf, 1985.

**Domjan, M.,** and **Burkhard, B.** *The Principles of Learning and Behavior.* Monterey, Cal.:Brooks/Cole Publishing Co., 1982.

**Dryden, Gordon,** and **Vos, Jeanette** (Ed.). *The Learning Revolution.* California: Jalmar Press, 1993.

**Edwards, B.** *Drawing on the Right Side of the Brain.* Los Angeles: J. P. Tarcher, 1979.

**Eich, J., Weigartner, H., Stillman, R. C.,** and **Gillin, J. C.** "State-dependent accessibility of retrieval cues in the retention of a categorized list." *Journal of Verbal Learning and Verbal Behavior* **14**, 408~417, 1975.

**Erickson, T. C.** "Spread of epileptic discharge." *Archives of Neurology and Psychiatry* **43**, 429~452, 1940.

**Fantino, E.,** and **Logan, C. A.** *The Experimental Analysis of Behavior: A Biological Perspective.* San Francisco; W. H. Freeman & Co., 1979.

**Frase, L. T.,** and **Schwartz, B. J.** "Effect of question production and answering on prose recall." *Journal of Educational Psychology* **67** (5), 628~635, 1975.

**Friedman, A.,** and **Polson, M.** "Hemispheres as independent resource systems: Limited-capacity processing and cerebral specialisation." *Journal of Experimental Psychology: Human Perception and Performance* **7**, 1031 ~1058, 1981.

**Gawain, S.** *Creative Visualization.* Toronto: Bantam Books, 1978.

**Gazzaniga, M.** "Right hemisphere language following brain bisection: A 20-year perspective." *American Psychologist* **38** (5), 525~537, 1983.

**Gazzaniga, M.** *Mind Matters.* Boston: Houghton Mifflin Co., 1988.

**Gazzaniga, M.** *The Social Brain.* New York: Basic Books Inc., 1985.

**Gazzaniga, M.** and **DeDoux, J. E.** *The Integrated Mind.* New York: Plenum Press, 1978.

**Gelb, Michael J.** *How to Think Like Leonardo da Vinci.* Delacorte Press, 1998.

**Gelb, Michael** and **Buzan, Tony.** *Lesson from the Art of Juggling.* USA: Crown Harmony 1994.

**Glass, A. L.,** and **Holyoak, K. J.** *Cognition.* New York: Random House, 1986.

**Godden, D. R.,** and **Baddeley, A. D.** "Context-dependent memory in two natural environments: On land and under water." *British Journal of Psychology* **66**, 325~331, 1975.

**Good, T. L.,** and **Brophy, J. E.** *Educational Psychology.* New York: Holt, Rinehart and Winston, 1980.

**Greene, R. L.** "A common basis for recency effects in immediate and delayed recall." *Journal of Experimental Psychology: Learning, Memory and Cognition* **12** (3), 413~418, 1986.

**Greenfield, Susan.** *Brainpower: Working out the Human.* Element Books, 2000.

**Greenfield, Susan.** *Human Brain: A Guided Tour.* Phoenix, 2000.

**Grof, S.** *Beyond the Brain: Birth, Death, and Transcendence in Psychotherapy.* New York: State University of the New York Press, 1985.

**Haber, Ralph N.** "How We Remember What We See." *Scientific American,* 105, May 1970.

**Halpern, D. F.** *Thought and Knowledge: An Introduction to Critical Thinking.* Hillsdale, NJ: Erlbaum, 1984.

**Hampton-Turner, C.** *Maps of the Mind.* New York: Collier Books, 1981.

**Hearst, E.** *The First Century of Experimental Psychology.* Hillsdale, NJ: Lawrence Erlbaum Associate, 1979.

**Hellige, J.** "Interhemispheric interaction: Models, paradigms and recent findings. In D. Ottoson (Ed.) *Duality and unity of the brain: Unified functioning and specialization of the hemispheres.* London: Macmillan Press Ltd., 1987.

**Hirst, W.** "Improving Menory." In M. Gazzaniga (Ed.) *Perspectives in memory research.* Cambridge, Mass.: The MIT Press, 1988.

**Hooper, J.,** and **Teresi, D.** *The Three-pound Universe.* New York: Dell Publishing Co. Inc., 1986.

**Howe, M. J. A.** "Using Student' Notes to Examine the Role of the Individual Learner in Acquiring Meaningful Subject Matter." *Journal of Educational Research* **64**, 61~63.

**Hunt, E.,** and **Love, T.** "How Good Can Memory Be?" in A. W. Melton and E. Martin (Eds.) *Coding Processes in Human Memory.* Washington DC: Winston/Wiley, 1972.

Hunter, I. M. L. "An exceptional memory." *British Journal of Psychology* **68**, 155~164, 1977.

**Kandal, E. R.,** and **Schwartz, J. H.** "Molecular biology of learning: Modulation of transmitter release." *Science* **218**, 433~443, 1982.

**Keyes, Daniel.** *The Minds of Billy Milligan.* New York: Random House, 1981.

**Kimble, D. P.** *Biological Psychology.* New York: Holt, Rinehart and Winston Inc., 1988.

**Kinsbourne, M.,** and **Cook, J.** "Generalized and lateralized effects of concurrent verbalization on a unimanual skill." *Quarterly Journal Experimental Psychology* **23**, 341~345, 1971.

**Korn, E. R.** "The use of altered states of consciousness and imagery in physical and pain rehabilitation." *Journal of Mental Imagery* **7** (1), 25~34, 1983.

**Kosslyn, S. M.** *Ghosts in the Mind's Machine.* New York: W. W. Norton & Co., 1983.

**Kosslyn, S. M.** "Imagery in Learning." In M. Gazzaniga (Ed.) *Perspectives in Memory Research.* Cambridge, Mass: The MIT Press, 1988.

**Kosslyn, S. M., Ball, R. M.,** and **Reiser, B. J.** "Visual images preserve metric spatial information: Evidence from studies of image scanning." *Journal of Experimental Psychology: Human Perception and Performance* **4**, 47~60, 1978.

**LaBerge, S.** *Lucid Dreaming.* New York: Ballantine Books, 1985.

**LaPorte, R. E.,** and **Nath, R.** "Role of performance goals in prose learning." *Journal of Educational Psychology* **68**, 260~264, 1976.

**Leeds, R., Wedner, E.,** and **Bloch, B.** *What to say when: A guide to more effective communication.* Dubuque, Iowa: Wm. C. Brown Co. Publishers, 1988.

**Loftus, E. F.** *Eyewitness Testimony.* Cambridge, Mass.: Harvard University Press, 1979.

**Loftus, E. F.,** and **Zanni, G.** "Eyewitness testimony: The influence of wording of a question." *Bulletin of the Psychonomic Society* **5**, 86~88, 1975.

**Luria, A. R.** *The Mind of a Mnemonist.* London: Jonathan Cape, 1969.

**Madigan, S. A.** "Interserial repetition an coding processes in free recall." *Journal of Verbal Learning and Verbal Behavior* **8**, 828~835, 1969.

**Matlin, W. M.** *Cognition.* New York: Holt, Rinehart & Winston Inc., 1989.

**Mayer, R. E.** *Thinking, problem solving, cognition.* New York: W. H. Freeman & Co., 1983.

**Mendak, P. A.** "Reading and the Art of Guessing." Reading World **22** (4), 346~351, May, 1983.

**Miller, G. A.** "The magical number seven, plus of minus two: Some limits on our capacity for processing information." *Psychological Review* **63**, 81~97, 1956.

**Miller, W. H.** *Reading Diagnosis Kit.* West Nyack, NY: The Centre for Applied Research in Education, 1978.

**Neisser, U.** *Memory Observed: Remembering in Natural Contexts.* San Francisco: W. H. Freeman & Co., 1982.

**Nelson, T. O.** "Saving and forgetting from long-term memory." *Journal of Verbal Learning and Verbal Behavior* **10**, 568~576, 1971.

**North, Vanda.** *Get Ahead.* Buzan Centres Limited.

**Ornstein, R.** *The Psychology of Consciousness.* New York: Harcourt Brace Jovanovich, 1977.

**Paivio, A.** "Effects of imagery instructions and concreteness of memory pegs in a mnemonic system." *Proceedings of the 76th Annual Convention of the American Psychological Association,* 77~78, 1968.

**Paivio, A.** *Imagery and Verbal Processes.* New York: Holt, Rinehart & Winston Inc., 1971.

**Penfield, W.,** and **Perot, P.** "The Brain's Record of Auditory and Visual Experience: A Final Summary and Discussion." *Brain* **86**, 595~702.

**Penfield, W.,** and **Robert, L.** *Speech and Brain-Mechanisms.* Princeton, NJ: Princeton University Press, 1959.

**Penry, J.** *Looking at Faces and Remembering Them: A Guide to Facial Identification.* London: Elek Books, 1971.

**Recht, D. R.,** and **Leslie, L.** "Effect of prior knowledge on good and poor readers' memory of text." *Journal of Educational Psychology* **80** (1), 16~20, 1988.

**Reid, G.** "Accelerated learning: Technical training can be fun." *Training and Development Journal* **39** (9), 24~27, 1985.

**Reystak, R. M.** *The Mind.* Toronto: Bantam Books, 1988.

**Rickard, J. P.,** and **DiVesta, F. J.** *Journal of Educational Psychology* **66** (3), 354~362, 1974.

**Robertson-Tchabo, E. A., Hausman, C. P.,** and **Arenberg, D.** "A classical mnemonic for older learners: A trip that works!" In K. W. Schaie and J. Geiwitz (Eds.) *Adult development and aging.* Boston: Little, Brown & Co., 1982.

**Robinson, A. D.** "What you see is what you get." *Training and Development Journal* **38** (5), 34~39, 1984.

**Rogers, T. B., Kuiper, N. A.,** and **Kirker, W. S.** "Self-reference and the encoding of personal information." *Journal of Personality and Social Psychology* **35**, 677~688, 1977.

**Rosenfield, I.** *The Invention of Memory: A New View of the Brain.* New York: Basic Books Inc., 1988.

**Rossi, E. L.** *The Psychology of Mind-Body Healing: New Concepts of the Therapeutic Hypnosis.* New York: W. W. Norton & Co., 1986.

**Ruger, H. A.,** and **Bussenius, C. E.** *Memory.* New York: Teachers College Press, 1913.

**Russell, Peter.** *The Brain Book.* London :Routledge & Kegan Paul, 1979.

**Schachter, S.,** and **Singer, J. E.** "Cognitive, social and physiological determinants of emotional state." *Psychological Review* 69, 377~399, 1962.

**Schaie, K. W.,** and **Geiwitz, J.** *Adult Development and Aging*. Boston: Little, Brown & Co., 1982.

**Siegal, B. S.** *Love, Medicine and Miracles*. New York: Harper & Row, 1986.

**Skinner, B. F.** *The Behavior of Organisms: An Experimental Analysis*. New York: Appleton-Century-Crofts, 1938.

**Snyder, S. H.** *Drugs and the Brain*. New York: W. H. Freeman & Co., 1986.

**Sperling, G. A.** "The information available in brief visual presentation." *Psychological Monographs* **74**, Whole No. 498, 1960.

**Sperry, R. W.** "Hemispheric deconnection and unity in concious awareness." *Scientific American* **23**, 723~733, 1968.

**Springer, S.,** and **Deutch, G.** *Left Brain, Right Brain*. New York: W. H. Freeman & Co., 1985.

**Standing, Lionel.** "Learning 10,000 Picture." *Quarterly Journal of Experimental Psychology* **25**, 207~222.

**Stratton, George M.** "The Mnemonic Feat of the 'Shass Pollak.'" *Physiological Review* **24**, 244~247.

**Suzuki, S.** *Nurtured by love: a new approach to education*. New York: Exposition Press, 1969.

**Tart, C. T.** *Altered States of Consciousness*. New York: John Wiley & Sons Inc., 1969.

**Thomas, E. J.** "The Variation of Memory with Time for Information Appearing During a Lecture." *Studies in Adult Education,* 57~62, April 1972.

**Toffler, A.** *Power Shift: knowledge, wealth and violence in the twenty first century*. London: Bantam Books, 1992.

**Tulving, E.** "The Effects of Presentation and Recall of Materials in Free-Recall Learning." *Journal of Verbal Learning and Verbal Behaviour* **6**, 175~184.

**Van Wagenen, W.,** and **Herren, R.** "Surgical division of commissural pathways in the corpus calloseum." *Archives of Neurology and Psychiatry* **44**, 740~759, 1940.

**von Restorff, H.** "Uber die Wirkung von Bereichsbildungen im Spurenfeld." *Psychologische Forschung* **18**, 299~342.

**Wagner, D.** "Memories of Morocco: the influence of age, schooling and environment on memory." *Cognitive Psychology* **10**, 1~28, 1978.

**Walsh, D. A.** "Age difference in learning and memory." In D. S. Woodruff and J. E. Birren (Eds.) *Aging: Scientific perspectives and Social Issues*. Monterey, Cal.: Brooks/Cole Publishing Co., 1975.

**Warren, R. M.,** and **Warren, R. P.** "Auditory illusions and confusions." *Scientific American* **223**, 30~36, 1970.

**Wolford, G.** "Function of distinct associations for paired-associate performance." *Psychological Review* **73**, 303~313, 1971.

**Yates, F. A.** *The Art of Memory*. London: Routledge & Kegan Paul, 1966.

**Zaidel, E.** "A response to Gazzaniga: Language in the right hemisphere: Convergent perspectives." *American Psychologist* **38** (5), 542~546, 1983.

# COPYRIGHT

**토니 부잔의**
**마인드맵® 북**

**초판 1쇄 발행** 2010년 3월 30일　**초판 22쇄 발행** 2019년 8월 5일
**개정판 1쇄 발행** 2025년 10월 24일

지은이 ｜ 토니 부잔 · 배리 부잔
옮긴이 ｜ 권봉중

발행인 ｜ 홍은정

주　소 ｜ 경기도 파주시 심학산로 12, 4층 401호
전　화 ｜ 031-839-6800
팩　스 ｜ 031-839-6828

발행처 ｜ ㈜한올엠앤씨
등　록 ｜ 2011년 5월 14일
이메일 ｜ booksonwed@gmail.com

* 책읽는수요일, 라이프맵, 비즈니스맵, 생각연구소, 지식갤러리, 스타일북스는
　㈜한올엠앤씨의 브랜드입니다.